3D 이미지로 완벽히 되살린 생생한 역사
차원이 다른 세계사

DK
3D 이미지로 완벽히 되살린 생생한 역사
차원이 다른 세계사

DK 지식백과 편집위원회 지음 | 강창훈 옮김

책과함께 어린이

3D 이미지로 완벽히 되살린 생생한 역사
차원이 다른 세계사

1판 1쇄 2021년 4월 25일
1판 2쇄 2025년 9월 30일

지은이 | DK 지식백과 편집위원회 **자문** | 필립 파커

옮긴이 | 강창훈
고려대학교 동양사학과를 졸업하고 같은 학교 대학원에서
중국사 전공으로 석사 학위를 받았다. 쓴 책으로
《중국사 편지》,《일본사 편지》,《세 나라는 늘 싸우기만 했을까?》,
《새로 쓴 아틀라스 세계사》 등이 있으며, 옮긴 책으로《우리가 주인공인 세계사》,
《옥스퍼드 중국사 수업》 등이 있다.

펴낸곳 | (주)도서출판 책과함께
주소 | 서울시 마포구 동교로 70 소와소빌딩 2층
전화 | 02-335-1982 **팩스** | 02-335-1316
전자우편 | prpub@daum.net
블로그 | blog.naver.com/prpub
등록 | 2003년 4월 3일 제25100-2003-392호
ISBN 979-11-88990-99-3(73900)

이 책의 한국어판 저작권은 영국 'Dorling Kindersley'와의 독점 계약으로
'(주)도서출판 책과함께'가 소유합니다. 저작권법에 의하여 한국 내에서 보호를 받는
저작물이므로 무단 전재 및 복제를 금합니다.

Knowledge Encyclopedia History
First published in Great Britain in 2019 by
Dorling Kindersley Limited
One Embassy Gardens, 8 Viaduct Gardens, London, SW11 7BW

Copyright© Dorling Kindersley Limited, 2019
A Penguin Random House Company
All rights reserved.
Korean Translation Copyright© CUM LIBRO 2021

www.dk.com

차례

1장. 고대 세계

연표	008
현생 인류의 조상들	010
아프리카를 벗어나다	012
초기 인류	014
최초의 농부	016
고대 거석들	018
메소포타미아	020
고대 이집트	022
이집트의 종교	024
이집트인의 일상생활	026
고대 그리스	028
고대 그리스 문화	030
페니키아인	032
유라시아의 유목 민족	034
켈트족의 유럽	036
페르시아 제국	038
헬레니즘 세계	040
고대 인도	042
중국 최초의 황제	044
중국 한나라	046
고대 로마	048
로마 군대	050
로마인의 일상생활	052
게르만족	054

2장. 중세 세계

연표	058
교회의 권력	060
비잔티움 제국	062
중세 일본	064
초기 이슬람 세계	066
바이킹	068
중세 유럽	070
동남아시아의 제국들	072
북아메리카 문화	074
중국의 황금기	076
십자군 전쟁	078
사하라 이남의 왕국들	080
폴리네시아의 팽창	082
몽골 제국	084
고대 아메리카	086
중국 명나라	088

3장. 탐험의 시대

연표	092
르네상스	094
조선	096
오스만 제국	098
인쇄 혁명	100
키예프 공국과 초기 러시아	102
대항해 시대	104
아메리카 정복	106
종교 개혁	108
무굴 제국	110
과학 혁명	112
식민지 초기의 아메리카	114
네덜란드의 황금기	116
일본 에도 시대	118
대서양 노예 무역	120
절대 왕정	122

4장. 혁명의 시대

연표	126
7년 전쟁	128
산업 혁명	130
미국의 독립	132
미국의 팽창	134
오스트레일리아와 태평양의 식민화	136
프랑스 혁명	138
나폴레옹 전쟁	140
라틴아메리카의 해방	142
국민 국가의 발달	144
의학의 발전	146
미국 남북 전쟁	148
서부 개척 시대의 삶	150
자동차	152
미국 이민	154
제국의 시대	156
초기 비행	158

5장. 현대 세계

연표	162
제1차 세계 대전	164
서부 전선	166
러시아 혁명	168
미국의 호황과 침체	170
독재자의 시대	172
영화의 황금기	174
제2차 세계 대전이 시작되다	176
홀로코스트	178
제2차 세계 대전 당시의 아프리카	180
제2차 세계 대전이 전 세계로 확산되다	182
식민지들의 독립	184
냉전	186
베트남 전쟁	188
흑인 민권 운동	190
1960년대	192
중동의 갈등	194
식민지 독립 이후의 아프리카	196
현대 아시아	198
더 푸르른 미래	200

용어 풀이	202
찾아보기	204
도움 주신 분	208

고대 세계

현생 인류는 약 30만 년 전에 아프리카에서 출현했고, 약 10만 년 뒤 전 세계로 퍼져 나가기 시작했다. 기원전 9000년경부터 일부 집단이 농경을 발전시키고 최초의 도시를 건설했다. 그 결과 세계 여러 지역에서 위대한 문명이 탄생했다. 가장 오래된 문명은 서아시아와 이집트에서 시작되었고 유럽, 인도, 중국 등지에서도 문명이 형성되었다.

고대 세계 · 연표

기원전 268~232년: 아소카 왕
아소카 왕은 인도 마우리아 제국의 영토를 크게 넓혔고, 수많은 불교 기념물을 만들었다.

사르나트의 한 신전에 있는 아소카 석주의 기둥머리

기원전 221~210년: 진시황제
중국을 최초로 통일한 진나라 왕은 '최초의 황제'라는 의미로 스스로 '진시황제'라 불렀다. 그는 현재 '병마용'이라 불리는 수천 개의 병사 인형과 함께 지하에 묻혀 있다.

기원전 206~기원후 220년: 한 왕조
한 왕조는 400년 넘게 중국을 다스렸다. 중국인들은 이 무렵에 종이, 손수레, 나침반을 발명했다.

중국 손수레

기원전 336~323년: 알렉산드로스 제국
그리스를 통합한 마케도니아의 알렉산드로스 대왕은 페르시아 제국을 정복하고 그 여세를 몰아 인도를 침략했다. 323년 그가 세상을 떠난 뒤 제국도 몰락했다.

알렉산드로스 대왕

기원전 450~100년경: 라텐 문화
'라텐' 문화는 스위스 유적지인 라텐에서 이름을 따온 것이다. 켈트 문명의 황금기를 장식했으며 청동과 금으로 수준 높은 공예품을 만들어 냈다.

켈트족의 예술품인 '배터시의 방패'

고대 세계

초기 인류는 작은 무리를 이루고서 새로운 식량을 찾아 이동 생활을 했다. 그러나 농경이 발달하며 점차 비옥한 땅에 정착했고, 대규모 공동체를 이루기 시작했다.

가장 이른 시기의 도시는 5,000여 년 전 메소포타미아(오늘날 이라크)와 이집트 나일 강에서 건설되었다. 수 세기 후 그리스 문명, 페니키아 문명 그리고 로마 문명이 지중해 연안을 따라 발전했다. 아시아에서는 페르시아 만 연안, 오늘날 파키스탄에 있는 인더스 강, 중국 양쯔 강에서 문명이 생겨났다. 고대에는 서로 다른 지역과 교역을 하는 한편, 전쟁을 벌여 영토와 자원을 차지함으로써 세계 제국을 탄생시켰다.

아부심벨의 람세스 2세 조각상

기원전 1550년경~1069년: 신왕국
이집트 신왕국 시대의 파라오들은 '왕가의 계곡'의 숨어 있는 무덤에 묻혔다. 신왕국의 파라오 람세스 2세는 66년 동안 이집트를 다스렸고, 자기 모습을 수많은 조각상으로 남기도록 했다.

기원전 2055~1710년: 중왕국
분열의 시기를 거친 이집트는 중왕국 시대에 파라오 아래 힘을 합쳤다. 이 시기에 만들어진 예술 작품을 통해 이집트인들의 일생생활을 알 수 있다.

중왕국 시대 무덤에 있던 유물

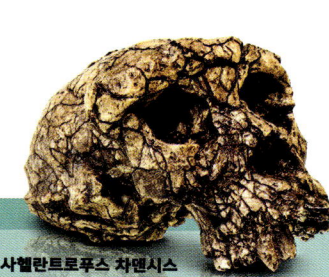

사헬란트로푸스 차덴시스

700만~600만 년 전: 사헬란트로푸스 차덴시스
가장 오래된 인류의 조상으로 직립 보행을 했다. 땅 위에서만큼이나 많은 시간을 나무에서 보냈을지도 모른다.

189만 년 전: 호모 에렉투스
현생 인류와 팔다리 길이가 비슷한 인류 최초의 조상이었다. 불을 사용했고 손도끼를 만들어 썼다.

호모 에렉투스

20만 년~1만 8,400년 전: 현생 인류가 전 세계로 퍼져 나가다
오늘날 인류에 해당하는 현생 인류는 동아프리카 밖으로 여행했고, 남극 대륙을 제외한 모든 대륙으로 퍼져 나갔다.

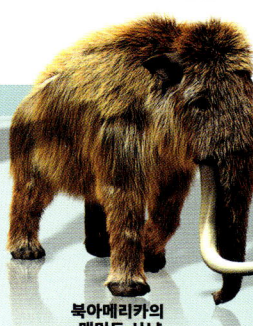

북아메리카의 매머드 사냥

아우구스투스 황제

기원전 27년: 로마 제국
아우구스투스가 로마 최초의 황제가 되었다. 기원후 117년이 되면, 로마 제국은 서쪽으로는 스페인과 영국, 동쪽으로 시리아와 홍해에 이르는 가장 넓은 영토를 지배한다.

아르미니우스

기원후 9년: 게르만족이 로마를 제압하다
아르미니우스 족장이 지휘하는 게르만족 동맹이 토이토부르크 숲 전투에서 로마군에 승리를 거두었다.

로물루스 아우구스툴루스

기원후 476년: 서로마 제국의 멸망
기원후 286년 로마 제국은 동서로 분열되었다. 476년 마지막 황제 로물루스 아우구스툴루스가 게르만족 출신 용병 대장 오도아케르의 반란으로 왕좌에서 쫓겨나며 서로마 제국은 멸망했다.

기원전 492~479년: 페르시아 전쟁
페르시아 제국의 왕, 다리우스 1세가 그리스로 쳐들어갔으나 아테네군에게 크게 지고 말았다. 그 뒤를 이은 아들 크세르크세스 1세 역시 결국 그리스 도시 국가 연합에 패했다.

페르시아와 그리스 전사들

기원전 500~336년경: 고전기의 그리스
이 시기 그리스인들은 철학, 정치학, 과학 분야에서 엄청난 발전을 이루어 냈고, 최초로 극장을 탄생시켰다. 그리스 문화는 지중해 전역으로 퍼져 나갔다.

로마 병사

기원전 1200년경: 페니키아
페니키아 해양 문명은 오늘날 서아시아 레바논을 기반으로 탄생했다. 페니키아인들은 지중해를 무대로 무역을 주름잡았다.

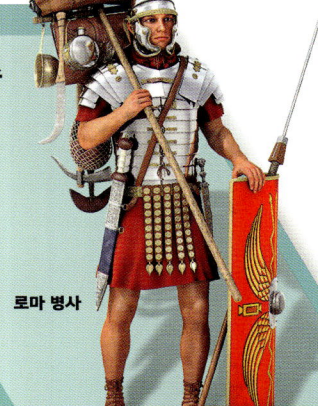
페니키아 화물선

기원전 559~330년경: 페르시아 제국
서아시아 페르시아인들은 넓은 지역을 정복했다. 페르시아 제국은 이집트에서 북서 인도까지 뻗어 있었다. 페르시아 통치자들은 정복한 땅의 주민들이 그들의 관습과 종교를 유지하도록 허용해 주었다.

기원전 510년경: 로마 공화정
로마인들이 왕을 몰아내고 공화정을 수립했다. 로마 공화정은 선출된 관료와 귀족 회의인 원로원이 다스렸다. 로마는 공화정 시대에 지중해 전역으로 뻗어 나갔다.

크노소스 궁전의 황소 벽화

기원전 2900~1450년: 미노아 문명
유럽에서 처음으로 문명을 일으킨 미노아인은 크레타 섬에 크노소스와 같은 궁전을 지었으며 지중해 전역에 무역 중심지를 세웠다.

기원전 2500년경부터: 인더스와 메소포타미아의 교역
고대 인도의 인더스 문명 사람들은 다른 문명권인 메소포타미아의 수메르인들과도 교역했다.

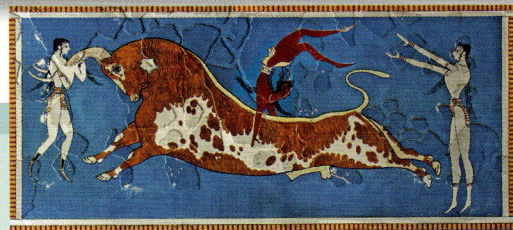
인더스의 황소 조각상

카프레

기원전 9000년경: 최초의 농부들
인류 대부분이 사냥과 채집으로 살아가는 와중에, 한곳에 머물며 먹을 것을 생산하는 집단이 생겨났다. 식량으로 쓸 작물을 기르고, 가축을 길들여 땅을 갈게 했다.

초기 농기구

기원전 3300~3100년경: 메소포타미아 최초의 도시들
메소포타미아에서 인류 최초의 도시들이 건설되었다. 메소포타미아인들은 정치, 종교 그리고 점토판에 새겨 쓰는 문자('설형 문자')를 발전시켰다.

설형 문자가 새겨진 점토판

기원전 2686~2181년: 고왕국
고왕국 시대 이집트인들은 통치자인 파라오를 위해 피라미드 무덤을 비롯한 다양한 기념물을 만들었다. 이집트의 3대 피라미드는 쿠푸, 카프레, 멘카우레의 무덤이다.

현생 인류의 조상들

현생 인류의 뇌는 약 150만 년 전에 살았던 우리의 조상, 호모 하빌리스의 거의 두 배 크기다.

현생 인류는 두 발로 서서 걸은 유인원 가운데 유일하게 살아남은 종이다. 현생 인류가 출현하기 전부터 지구에는 여러 인류 종들이 있었는데, 이들을 '호미닌'이라고 부른다. 약 700만 년 전 아프리카에 처음 나타났다.

호미닌은 같은 영장류에 속하지만 이후 침팬지로 진화하는 계통과는 다른 인류의 조상이다. 수백만 년이 흐르는 동안 점차 두 다리로 걷기 시작했고, 뇌가 점점 커졌으며, 도구를 만들고 불을 다스리는 법을 배웠다. 이와 같은 적응 과정이 현생 인류에게도 전해졌다.

사헬란트로푸스 차덴시스
지역: 아프리카
시기: 700만~600만 년 전

직립 보행을 한 가장 이른 시기의 유인원으로, 중앙아프리카 서부에 살았다. 호수와 숲 그리고 풀이 우거진 삼림 지대였다. 두 다리로 서서 걸을 수 있었지만, 땅에서만큼이나 많은 시간을 나무 위에서 보냈을지도 모른다.

오스트랄로피테쿠스 아파렌시스
지역: 아프리카
시기: 385만~295만 년 전

조상인 사헬란트로푸스처럼 나무에 오를 줄은 알았지만 동아프리카 초원 지대에서 더 잘 적응했다. 두 다리로 더욱 꼿꼿이 설 수 있게 되며 더 빨리 달릴 수 있을 뿐 아니라, 확 트인 평원에서 포식자와 먹이를 더 쉽게 발견할 수 있었다.

호모 하빌리스
지역: 아프리카
시기: 240만~140만 년 전

'손재주 있는 사람'이라는 뜻의 호모 하빌리스는 뇌가 오스트랄로피테쿠스보다 50퍼센트 더 컸다. 강가의 조약돌을 다른 돌로 쳐서 모서리가 날카로운 돌도끼를 만들었다.

직립 보행
호모 에렉투스는 오늘날 인류처럼 똑바로 서 있었을 것이다.

긴 다리
호모 에렉투스는 다리가 길어 포식자로부터 도망칠 수 있었다.

눈
호모 에렉투스는 눈이 하얗게 진화되었을지도 모른다. 그러면서 시력이 좋아졌을 것이다.

구운 고기
호모 에렉투스는 사냥한 고기로 요리도 했을 것이다. 이로써 에너지 섭취가 늘어 뇌가 더욱 발달했을 것이다.

체온 조절
호모 에렉투스는 몸에 털이 적고 땀샘이 커서 더 이른 시기의 호미닌보다 체온을 낮게 유지할 수 있었다.

불
불을 피워 주위를 밝히거나 따뜻하게 했고 포식자들을 막았다.

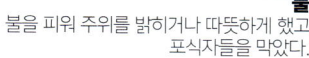

현생 인류는 역사상 존재한 인류 종들 가운데 유일하게 전 세계로 뻗어 나갔다.

99% 동물 중에서 우리와 가장 가까운 친척인 침팬지와 인간의 DNA가 일치하는 비율.

호모 에렉투스

지역: 아프리카, 아시아
시기: 189만~14만 3000년 전

호모 에렉투스는 '곧선 사람'이라는 뜻이다. 현생 인류와 몸과 팔다리 크기가 비슷한 최초의 호미닌이었다. 불을 다루는 법을 익혔고, 날이 다이아몬드 모양인 손도끼를 비롯하여 새로운 석기들을 만들어 썼다.

어린이
호모 에렉투스는 유년 시절이 짧았고, 12살 무렵 사춘기를 맞이했다.

땅 파기
채소 뿌리나 줄기를 파내는 데 막대기를 사용했을지도 모른다.

강한 턱
입안 근육이 강하여 질긴 음식도 씹을 수 있었다.

도구
다이아몬드 모양의 도구로 가죽을 벗겼다.

조각상
현대 과학자들은 호모 에렉투스가 돌을 깨서 조각상을 만들었다는 사실을 밝혀냈다.

호모 하이델베르겐시스

지역: 유럽, 아프리카
시기: 70만~20만 년 전

1908년, 처음 발견된 유적지가 독일 하이델베르크에 있어서 이런 이름이 지어졌다. 창을 이용해 코끼리와 같은 동물들을 사냥했으며, 추위에 적응하고 은신처를 만든 최초의 호미닌이기도 했다.

호모 네안데르탈렌시스

지역: 유럽, 아시아
시기: 40만~4만 년 전

현생 인류와 가장 가까운 친척으로, 1856년 화석이 발견된 곳이 독일 네안데르 계곡이라 이런 이름이 지어졌다. 도구를 잘 만들었고 모피로 만든 옷을 입었으며 동굴 벽화를 그리고 시신을 땅에 묻었다.

호모 사피엔스

지역: 전 세계
시기: 30만 년 전~현재

우리 종, '생각하는 사람' 호모 사피엔스는 호미닌 가운데 가장 다재다능하다. 아프리카에서 기원하여 전 세계로 퍼져 나갔고, 결국 다른 모든 호미닌 종을 대신했다. 또 언어와 문자를 발전시킴으로써 수많은 사람들이 서로 소통하며 함께 일할 수 있게 되었다.

인류는 대나무 뗏목을 타고 오스트레일리아로 항해했다. 　　초기 인류는 육지로 연결된 길을 따라 오늘날 영국, 일본 열도 같은 커다란 섬에 도착했다.

사냥
초기 인간들은 육지로 연결된 길을 따라 아시아에서 북아메리카로 이동했는데, 동물들을 데리고 갔을 것이다.

아프리카를 벗어나다

현생 인류는 30만 년 전 아프리카에서 출현했다. 10만 년 뒤 기후가 습해져 사하라 사막을 건널 수 있게 되자, 그 너머의 세계를 탐험하기 시작했다.

아프리카 밖으로 이주할 이 당시만 해도, '호미닌'이라는 현생 인류와 유사한 여러 다른 종들이 함께 존재했다. 유럽과 서아시아의 네안데르탈인과 동아시아의 데니소바인은 흔히 볼 수 있었다. 모든 초기 인류는 사냥과 채집을 했고 신선한 먹을거리를 찾아 이동 생활을 했다. 정말이지 걸핏하면 새로운 땅을 찾아 떠났다. 현생 인류는 새로운 환경에 잘 적응하고 멀리 이동할 수 있는 능력 덕분에, 다른 모든 호미닌이 약 4만 년 전에 멸종하는 와중에도 살아남을 수 있었다. 그리고 수많은 세대를 거치며 이동 범위를 점차 넓혀 나갔다. 약 1만 5,000년 전이 되었을 때, 현생 인류는 남극 대륙을 제외한 모든 대륙으로 퍼져 나가 있었다.

도구 사용
북아메리카에서 처음 살았다고 알려진 사람들은 클로비스인이었다. 그들은 도구를 만들 줄 알았고 다이아몬드 모양의 독특한 날을 사용했다.

- 19만 4,000년 전~8만 8,000년
- 12만 년~4만 5,000년 전
- 8만 년~4만 년 전
- 5만 년~2만 5,000년 전
- 1만 8,000년~1만 5,000년 전
- 해수면이 낮은 시기에 육지였던 지역
- 초기 인류의 화석 유적

이종 교배의 결과물

과학자들은 현생 인류와 다른 호미닌 종의 DNA를 비교 연구했다. 그 결과 우리가 이들 호미닌들과 많은 유전자를 공유한다는 사실을 밝혀냈다. 초기 인류는 아프리카를 떠나 다른 호미닌들과 만났고 이들과 교배해 자손을 낳기도 했다. 즉 현생 인류는 이러한 이종 교배의 산물인 것이다.

네안데르탈인　　현생 인류

고대 세계 ○ 초기 인류

11만 년 전 지금까지 발견된 것 가운데, 가장 오래된 장신구가 만들어진 시점.

초기 인류

기원전 6만~4만 년에 지구는 빙하기를 겪고 있었다. 유럽과 북아시아에 살고 있던 초기 인류는 춥고 건조한 기후를 견뎌야 했다. 당시 유럽과 아시아의 넓은 지역이 스텝, 즉 나무 없는 초원으로 덮여 있었다.

25~50명이 작은 무리를 이룬 채, 그때그때 머물 수 있는 곳을 찾아다니며 이동 생활을 했다. 지도자가 따로 없었고 남녀 모두 중요한 역할을 했다. 남성이 큰 동물을 사냥하는 동안, 여성은 먹을 수 있는 식물을 채집하고 아이를 키웠다. 초기 인류는 바느질용 뼈바늘과 낚시용 작살 등 다양한 도구를 사용했다. 이곳저곳을 돌아다녔기 때문에 여러 가지 먹을거리를 접할 수 있었고, 그 결과 식단이 다양해졌다. 또 기후 변화에도 잘 적응했다.

매머드 사냥

빙하기에 초기 인류는 유럽과 아시아 스텝 지대에서 매머드를 비롯하여 다양한 포유동물을 사냥했다. 매머드로부터 고기, 옷을 만들 가죽 그리고 은신처를 짓고 창을 만드는 데 필요한 뼈와 엄니를 얻을 수 있었다.

오두막 매머드 뼈와 가죽으로 오두막을 짓기도 했다.

창 매머드의 턱을 날로 삼아 창을 만들었다.

옷 동물 가죽과 모피로 두꺼운 옷을 해 입었다.

동굴 벽화

초기 인류는 약 4만 년 전부터 동굴 벽에 동물을 그렸다. 동굴 벽화는 유럽, 아프리카, 오스트레일리아에서 발견되었다. 손가락에 붉은 오커(황토)를 바르거나 막대기에 숯을 묻혀 그린 것이었다. 이러한 선사 미술은 인류가 최초로 상상력과 창조력을 발휘했음을 보여 준다.

라스코 동굴 벽화 2만 년 된 이 그림은 말과 야생 소를 그린 것으로, 프랑스 라스코 동굴에서 발견되었다.

7만 3,000년 전 지금까지 발견된 것 가운데 가장 오래된 그림이 그려진 시점. 현생 인류의 가장 가까운 친척인 네안데르탈인도 동굴 벽화를 그렸다.

엄니
매머드는 5미터까지 자라는 엄니를 이용해 인류의 공격을 막았다.

털
매머드는 두꺼운 지방층과 긴 털로 덮여 있었다.

2012년 독일에서 4만 3,000년 전 것으로 보이는 상아와 뼈로 만든 플루트가 발견되었는데, 지금까지 알려진 것 가운데 가장 오래된 악기이다.

장신구
동물 뼈와 이빨, 바닷조개, 구슬로 목걸이를 만들었다. 바닷조개로 만든 목걸이가 바다에서 멀리 떨어진 곳에서 발견된 것으로 보아, 인류는 매우 먼 거리를 여행했던 것 같다.

사냥꾼
덩치 큰 동물을 쓰러뜨리려면 무리 지어 함께 사냥해야 했다.

옷

초기 인류는 동물 가죽을 뼈바늘로 꿰매어 옷을 만들어 입었다. 추위로부터 몸을 보호하기 위해서뿐 아니라 남에게 보여 주고 싶은 마음도 있었다. 오늘날 러시아 순기르 근처에서 3만 년 전에 묻힌 한 남자의 유골이 발견되었는데, 매머드 상아 구슬 3,000여 개가 달린 옷을 입고 있었다. 머리에는 여우 이빨로 장식한 모자를 쓰고 있었다.

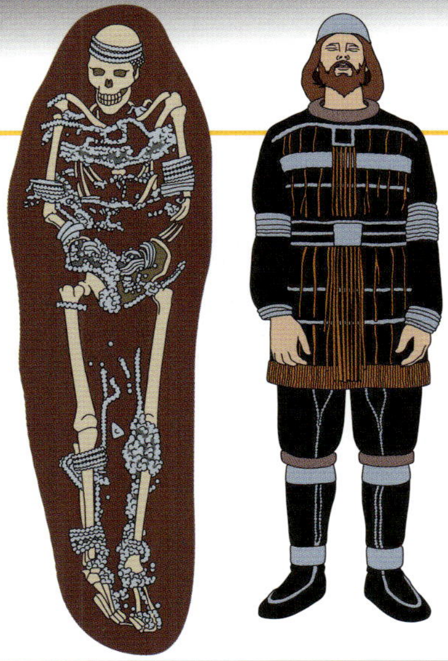

언어

현생 인류는 혀를 고정시키는 설골(舌骨)이 있어서 다양한 소리를 낼 수 있다. 네안데르탈인도 마찬가지였다. 두 종 모두 말을 할 수 있었지만, 현생 인류가 더욱 복합적인 방식으로 언어를 사용했던 것으로 보인다.

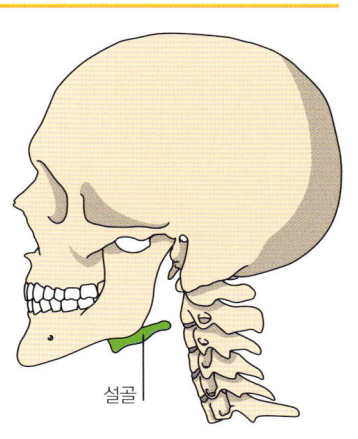

설골

최초의 농부

3만 5,000년 전에 개가 처음으로 가축이 되었다.

기원전 9000년경, 살아가는 방식이 바뀌기 시작했다. 끊임없이 이동하며 야생 동물을 사냥하고 식물을 채집해 왔던 인간들이 이제 한곳에 머물며 농사를 지어 먹을거리를 생산한 것이다.

사람들은 비옥한 토양에 씨를 뿌려 작물을 기르는 한편, 양과 염소 같은 동물을 가축으로 길들이고 키우는 법을 익혔다. 농경이 시작된 것이다. 그리하여 수렵이나 채집을 할 때보다 훨씬 많은 식량을 생산할 수 있었다. 농부들은 음식이 남으면 먹을 것이 부족할 때를 대비해 저장을 했다. 농경은 수렵이나 채집보다 더 믿을 만한 식량 공급 방식이었던 것이다.

식량의 변화

농경이 수렵과 채집보다 더 생산적인 것은 사실이지만 식단은 예전보다 단조로워졌다. 농경 생활 초기에는 몇 가지 곡물을 길러서 먹고 살았는데, 몸에 꼭 필요한 비타민과 미네랄이 부족해 병에 걸리기 쉬웠다.

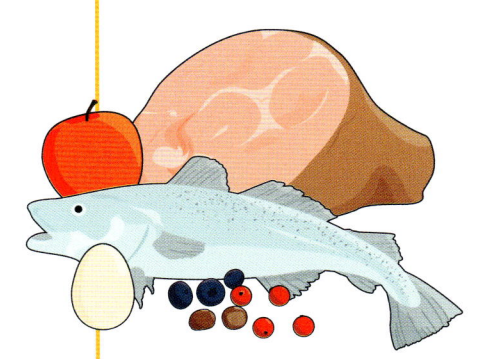
수렵과 채집을 하며 먹은 것
붉은 고기와 생선 그리고 영양이 풍부한 채소 등을 먹었다.

농사를 짓기 시작하며 먹은 것
음식 선택의 폭이 좁아서 날마다 주로 곡물을 먹었다.

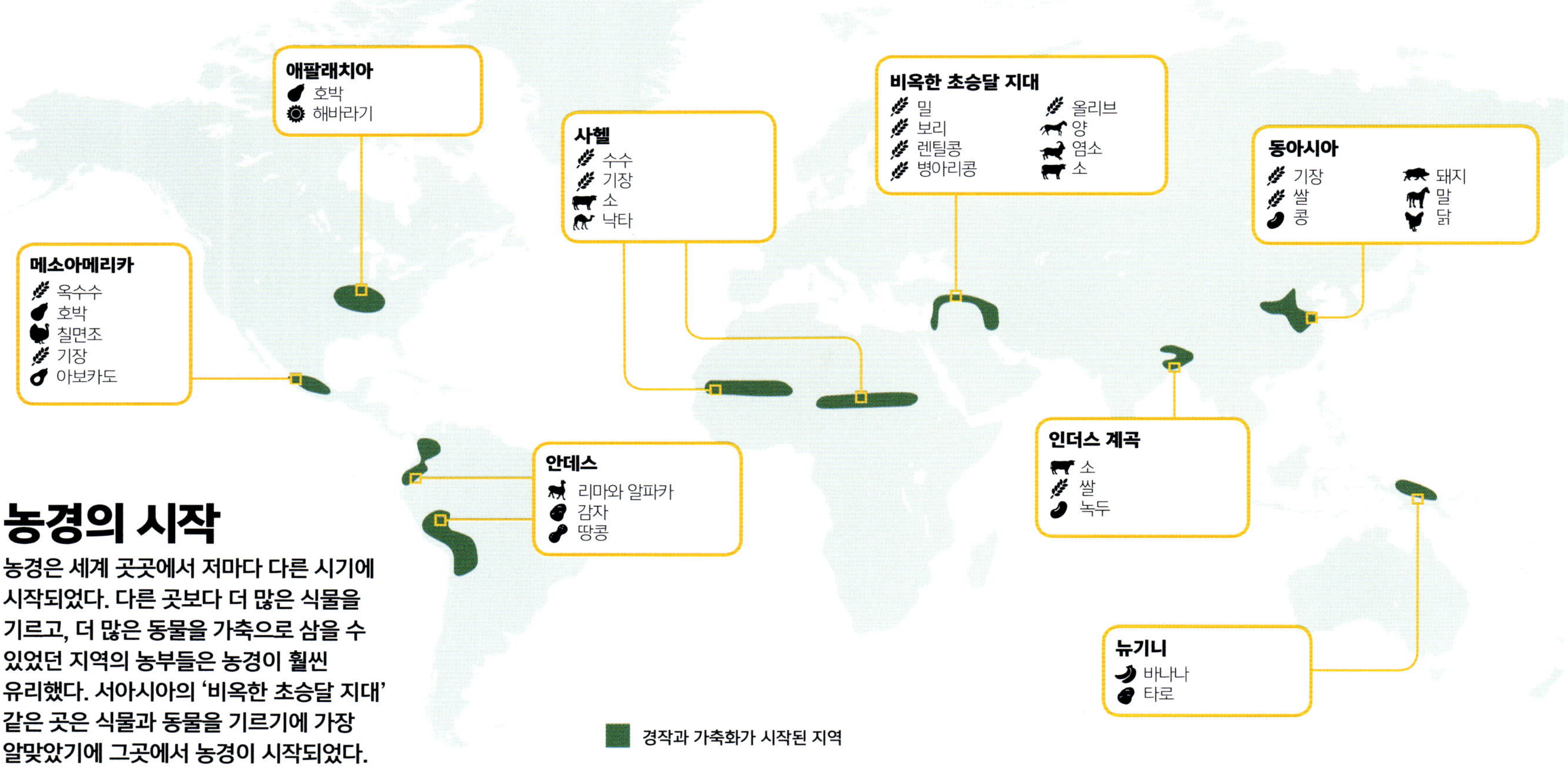

농경의 시작

농경은 세계 곳곳에서 저마다 다른 시기에 시작되었다. 다른 곳보다 더 많은 식물을 기르고, 더 많은 동물을 가축으로 삼을 수 있었던 지역의 농부들은 농경이 훨씬 유리했다. 서아시아의 '비옥한 초승달 지대' 같은 곳은 식물과 동물을 기르기에 가장 알맞았기에 그곳에서 농경이 시작되었다.

메소아메리카: 옥수수, 호박, 칠면조, 기장, 아보카도

애팔래치아: 호박, 해바라기

안데스: 리마와 알파카, 감자, 땅콩

사헬: 수수, 기장, 소, 낙타

비옥한 초승달 지대: 밀, 보리, 렌틸콩, 병아리콩, 올리브, 양, 염소, 소

인더스 계곡: 소, 쌀, 녹두

동아시아: 기장, 쌀, 콩, 돼지, 말, 닭

뉴기니: 바나나, 타로

■ 경작과 가축화가 시작된 지역

연표 — 가축화한 시기

농장에서 길러지는 동물들은 대부분 약 1만 년 전부터 가축화되었다. 그러나 몇몇은 이후에도 길들여지지 않았다.

기원전 8500년경	기원전 8500년경	기원전 8500년경	기원전 7500년경	기원전 7000년경	기원전 4000년경	기원전 3500년경
염소	소	양	닭	돼지	리마	말

야생 동물들은 대부분 가축이 될 수 없다. 얼룩말은 너무 공격적이고, 가젤은 겁이 너무 많다.

400만 제곱킬로미터.
밀이 지구 표면을 이만큼 덮고 있다.

초기 도구

한곳에 머물며 살면서 무거운 도구도 사용할 수 있게 되었다. 더는 들고 다닐 필요가 없었기 때문이다. 인간은 토기를 만들기 시작했다. 토기는 무겁고 깨지기도 쉬워서 이동 생활을 하는 데는 알맞은 도구가 아니었다. 초기 농부들은 부싯돌 조각을 날카롭게 다듬어서 낫과 도끼를 만들었다.

항아리
토기 덕분에 음식을 끓이고 저장할 수 있었다.

낫
부싯돌 날로 만든 낫으로 곡물을 수확했다.

도끼
곡물이 잘 자라도록 돌도끼로 나무를 베고 땅을 고르게 했다.

맷돌
돌 두 개를 가지고서 곡물을 갈았다. 이때부터 맷돌을 사용한 것이다.

시간 측정

농부들은 작물을 심을 시기를 알아야 했다. 그래서 태양과 별들의 궤도를 추적하여 계절을 측정했다. 이집트의 농경은 해마다 일어나는 나일 강의 범람에 달려 있었다. 이집트 농부들은 매년 8월 밝은 별 시리우스가 떠오르면 나일 강이 곧 범람한다는 사실을 알고 있었다.

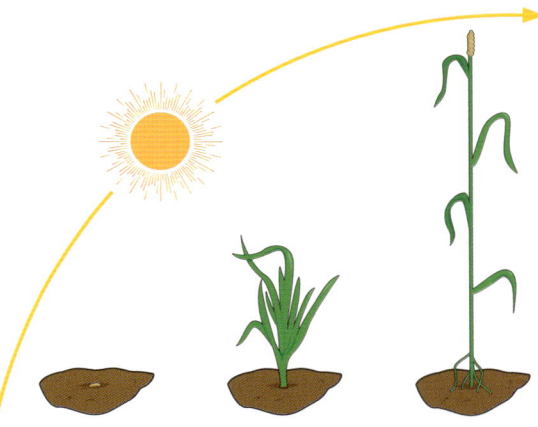

야생 양

가축이 된 양

선택적 번식

지키고 돌보기 좋은 동물을 가축으로 삼았다. 가축으로 길러지면 야생일 때보다 몸집이 작고 공격성이 약해진다. 가축에게 필요한 것들을 얻어야 했으므로, 야생 양 중에서는 털이 가장 두껍고 뿔이 가장 짧은 것을 골랐다. 그 결과, 야생 양의 후손들은 털이 더 두꺼워지고 뿔은 더 짧아졌다.

최초의 정착

농경 마을이 커지면서 점차 도시가 되었다. 최초의 도시는 1만 년 전 서아시아에 나타났다. 이곳에서 사람들은 양, 염소, 소를 기르고 밀, 보리, 콩을 재배했다. 도시는 직물, 항아리, 보석 제조의 중심지가 되었다.

입구 지붕을 통해 집으로 들어가게 되어 있었다.

베틀 방직과 같은 수공업은 지붕 위에서 이루어졌다.

집 점토와 벽돌로 된 집들이 빼곡히 들어차 있었다.

소 우리에 가두었다가 무거운 짐을 나르게 하거나 잡아먹었다.

차탈회위크
초기 도시 가운데 하나로 오늘날 터키에 있다. 기원전 7400~6200년경에 있었던 인구 수천 명이 되는 도시였다.

인구 증가
먹어야 하는 양보다 더 많은 식량을 생산하자 인구가 증가했다.

협업
넓고 큰 토지에서 많은 사람들이 함께 일하면 더 많은 식량을 생산할 수 있었다.

전쟁
식량과 땅을 지키기 위한 무력 충돌이 일어났다.

고대 세계 — 고대 거석들

약 4만 2,000 '우줌 알 히리' 거석을 이루고 있는 돌의 수.

괴베클리 테페

지금까지 발견된 가장 이른 시기의 거석 구조물로 오늘날 터키에 있다. 기원전 1만 년경에 세워졌으며 최소 20개의 원형 구조로 이루어져 있다. 이 그림에는 구조물이 단 두 개만 보인다. 이후 거석들과 달리 수렵과 채취를 하다 농사를 막 짓기 시작한 사람들이 세운 것이다.

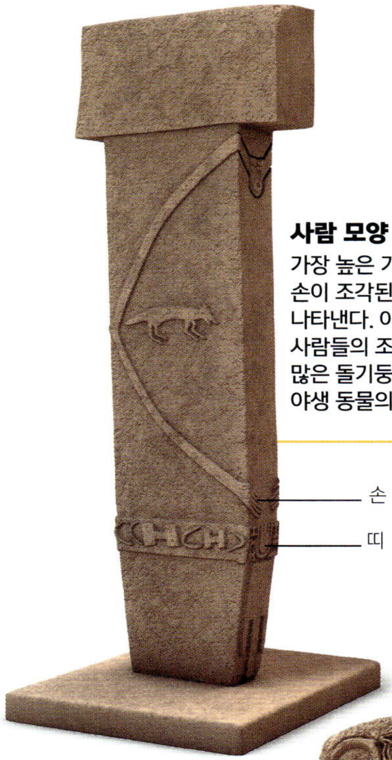

높은 기둥
가장 높은 이 두 기둥은 5미터가 넘었다.

사람 모양 기둥
가장 높은 기둥은 T자형이다. 띠, 팔, 손이 조각된 이 기둥은 인간의 모습을 나타낸다. 아마도 괴베클리 테페를 만든 사람들의 조상이었을 것이다. 많은 돌기둥에 사자, 뱀, 염소, 새, 곤충 등 야생 동물의 모습이 새겨져 있다.

측면 기둥
상대적으로 작지만 높이가 4미터에 이르렀다.

- 손
- 띠

D 구역
고고학자들은 구역마다 기호를 붙였는데, 이 원형 신전은 지름 20미터로 괴베클리 테페에서 가장 크다.

- 독수리가 사람 머리를 붙잡고 있는 모습을 표현한 것일지도 모른다.
- 전갈 한 마리가 독수리를 향해 기어오른다.
- 머리 없는 몸

독수리석
머리가 없는 사람 한 명과 함께 독수리 세 마리가 보인다. 독수리가 살을 깨끗하게 발라낼 수 있도록 시신을 드러내 놓는 것이 이들의 장례 풍습이었던 것 같다.

카르나크

위치: 프랑스
시기: 기원전 4500~3300년

3,000개가 넘는 거석들이 길게 늘어서 있다. 이 돌들의 높이는 0.9미터~2.4미터이다. 왜 이렇게 해 놓았는지는 여전히 미스터리다. 다만 돌이 저마다 조상을 한 명씩 나타내며, 그 안에 조상의 영혼이 깃들어 있다고 여겼을 수도 있다.

간티야

위치: 몰타
시기: 기원전 3600~3200년경

오늘날 몰타에 있는 간티야 신전이다. 낮과 밤의 길이가 같아지는 춘분과 추분에 떠오르는 태양과 일렬이 되도록 늘어서 있다. 3월과 9월의 이날, 떠오르는 태양이 사원 중앙의 방을 비춘다.

뉴그레인지

위치: 아일랜드
시기: 기원전 3200년경

뉴그레인지에는 무덤 한가운데 작은 방과 이어지는 긴 지하 통로가 있다. 해가 가장 짧은 동지에 떠오르는 태양이 통로를 비추어, 무덤 속 방이 환해질 수 있도록 세심하게 설계되었다.

225 킬로미터. 웨일스에서 스톤헨지까지 돌을 옮긴 거리.

안벽
이 구역에는 2차 벽이 있었다.

입구
짧은 복도를 지나 안으로 들어갈 수 있었다.

목재 굴림대
이 돌들은 아마 목재 굴림대로 운반되었을 것이다. 가까운 곳에서 캐낸 돌이라도 돌투성이의 거친 지면에서 옮겨 날라야 했다.

조각하는 사람
기둥을 배치하기 전에 도안을 새겨 넣었다.

옷
단순한 옷을 입었을 것이다.

벽
기둥과 마찬가지로 현지에서 나는 석회암 덩어리와 진흙으로 만들었다.

고대 거석들

약 1만 2,000년 전 세계 최초로 메가리스(그리스어로 '거석')라 부르는 거대한 기념물이 세워졌다.

거석은 세계 곳곳에서 발견된다. 유럽과 서아시아에서는 공동묘지로 건설되었다. 나란히 서 있는 돌들을 보면 어떤 의도로 만들었는지 미스터리다. 어쩌면 신전이었을지도 모른다. 거석은 인간이 만든 것 중, 시간이 지나도 모습이 변하지 않는 첫 영구 구조물이었다. 당시 사람들은 죽은 조상들이 살아 있는 존재처럼 강력한 힘을 발휘한다고 생각했던 것 같다. 아마도 조상들을 기념하거나 숭배하기 위해 돌을 세웠을 것이다. 일 년 중 특정한 날의 일출과 일몰 시간에, 해가 떠 있는 위치에 맞추어 돌을 세우기도 했다. 그러나 왜 그렇게 했는지는 아직 밝혀지지 않았다.

우줌 알 히리
위치: 시리아/이스라엘
시기: 기원전 3000~2700년

5개의 원형 석벽이 겹겹으로 감싸고 있다. 가장 큰 원은 지름이 160미터에 이른다. 특정한 날의 일출과 관계있을 뿐 왜 만들었는지 역시 미스터리다. 한가운데에는 무덤이 있다.

스톤헨지
위치: 영국
시기: 기원전 3000~2000년

현지에서 캐낸 거대한 돌들이 원을 이루며 서 있다. 기둥처럼 세워진 두 돌 사이에 다른 돌이 수평하게 올려져 있다. 그 안쪽으로 다소 작은 돌들이 원형을 이루고 있는데, 이 돌들은 수백 킬로미터 떨어진 웨일스에서 온 것으로 보인다.

한국의 고인돌
위치: 남한과 북한
시기: 기원전 700~200년경

고인돌은 세 개 이상의 거대한 돌이 탁자처럼 배열되어 있는 무덤으로, 대개 흙더미로 덮여 있다. 더 이른 시기의 고인돌은 서유럽에서 발견되지만, 수적으로는 한국이 훨씬 많다. 고인돌을 덮었던 흙더미는 비바람에 날려 사라졌다.

고대 세계 · 메소포타미아

세계 최초의 도시는 메소포타미아 남부의 우르이다.

아슈르
아시리아인의 최고신, 아슈르를 모신 주요 사원은 제국의 오래된 수도인 아수르에 있었다. 아슈르는 날개 달린 원반 속의 궁수(활을 쏘는 사람)로 묘사되기도 했다.

왕실 사냥
아시리아 왕인 아슈르바니팔의 궁전은 니네베에 있었다. 궁전은 그가 사자를 사냥하는 장면을 묘사한 세공품으로 장식되어 있었다.

함무라비 법전
기원전 1754년 바빌론의 함무라비 왕은 비석에 유명한 법전을 새겼다. 왕이 정의의 신 샤마슈로에게 법전을 받는 모습이 맨 위에 보인다.

아카드의 사르곤
역사가들은 이 구리로 만든 머리가 아카드 제국 최초의 지배자인 사르곤, 혹은 그의 손자 나람신을 나타낸 것으로 보고 있다.

메소포타미아

메소포타미아는 고대 그리스어로 '두 강 사이의 땅'이라는 뜻이다. 오늘날 서아시아 이라크에 있는 티그리스 강과 유프라테스 강 유역을 가리킨다. 고대에 이곳에 살았던 메소포타미아인들은 5,000여 년 전 세계 최초의 도시를 건설했다.

초기 메소포타미아에는 하나의 민족만 살았던 것이 아니었다. 메소포타미아 남부의 수메르에 처음으로 도시가 건설되었는데, 수메르인들은 이후 아카드, 바빌로니아, 아시리아 등 북부 제국에서 온 사람들에게 정복되었다. 이러한 잦은 갈등과 전쟁을 벌이며, 메소포타미아인들은 최초로 군대를 발전시킬 수 있었다. 그뿐만 아니라 정치 제도와 종교 같은 문명의 근본이 되는 특징들이 생겨났다.

연표

메소포타미아의 역사
고대 메소포타미아에서는 수천 년에 걸쳐 잦은 전쟁이 벌어지며 다양한 제국이 등장했다. 도시들이 서로 지배권을 다투는 사이 또 다른 민족이 침입했다. 마지막 침입자는 페르시아인이었다. 메소포타미아는 페르시아에 정복되며 그 제국의 일부가 되었다.

기원전 6000~4000년경 — 최초의 농부들
농부들이 메소포타미아 북부에서 남부로 이동하여 수메르의 남부 평야에 자리 잡았다. 다 함께 힘을 모아 밭에 물을 대고, 수로와 도랑, 저수지를 건설했다. 시간이 흐르며 마을은 점점 커졌고 상업이나 수공업을 전문으로 하는 사람들도 생겨났다. 기원전 4500년경 메소포타미아인들은 물레를 개발했다.

기원전 3300~3100년경 — 도시 국가가 등장하다
수메르에 10여 개 도시가 세워졌다. 이 도시들을 다스린 것은 '엔시'들로, 신의 대리자로 여겨졌다. 수메르인들은 설형(쐐기 모양) 문자를 점토판에 새겨 기록했다.

설형 문자 점토판

기원전 3000년경 — 청동을 만들어 내다
수메르인은 구리와 주석이라는 부드러운 두 금속을 섞어 더욱 단단한 금속인 청동을 발명했다. 청동으로 도구, 무기, 항아리를 비롯해 조각품도 만들었다. 다만 메소포타미아 지역에서는 구리와 주석 같은 금속이 나지 않아 청동을 만드는 데 필요한 재료를 다른 지역에서 수입해야 했다.

기원전 2325년경 — 아카드 제국
사르곤 왕이 수메르 전체를 정복하고 아카드 제국을 세웠다. 오늘날 아라비아어, 히브리어와 관계가 있는 아카드어가 점차 수메르어를 대신하며, 수메르 신들에게 아카드어로 된 새로운 이름이 지어졌다. 예를 들어 우르의 주요 신 '난나'는 '신(Sin)'이라는 이름으로 불렸다.

우르의 왕과 왕비의 무덤에는 수많은 보물이 들어 있다.

907 아시리아 설형 문자에 사용된 기호의 수.

메소포타미아의 제국들

북쪽 아시리아와 그 남쪽에 있는 바빌로니아는 메소포타미아 전체를 아우르는 거대한 제국이었다. 두 제국은 더 넓은 땅을 차지하려고 전쟁을 벌였다. 이 지도는 기원전 859~669년 아시리아 제국의 성장과, 기원전 539년 바빌로니아 제국이 페르시아 제국에 멸망될 때까지의 영역을 나타낸다.

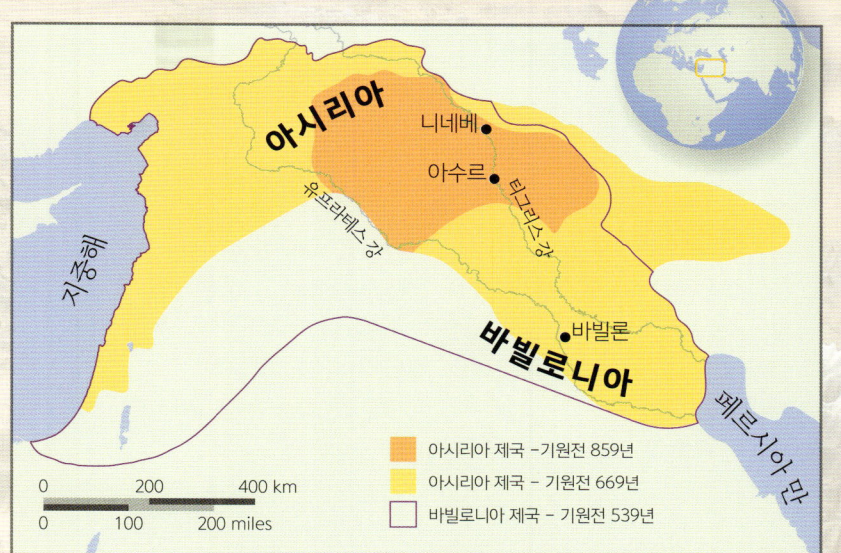

아시리아 제국 – 기원전 859년
아시리아 제국 – 기원전 669년
바빌로니아 제국 – 기원전 539년

자그로스 산맥

티그리스 강

라가시 전투
기원전 2450년경 라가시와 움마 사이에 벌어진 기록상 가장 오래된 전투다. 라가시가 승리했다.

고대 메소포타미아
고대 메소포타미아인들은 강과 해안 가까이에 도시를 세웠다. 티그리스 강과 유프라테스 강 유역은 땅이 기름져서 농사를 짓기에 더없이 좋았다. 그러나 돌, 목재, 금속 같은 자원은 부족해 모두 먼 지역에서 수입해야 했다.

라가시
움마
우루크

우르의 지구라트
수메르에는 도시마다 수호신이 있었다. 수메르인들은 지구라트라는 거대한 신전에서 신들을 숭배했다. 우르에 있는 지구라트는 달의 신, 난나의 신전이었다.

우르

길가메시
《길가메시 서사시》는 기원전 2000년 전에 쓰인 것으로 세계에서 가장 긴 시간 동안 살아남은 이야기다. 우루크의 왕 길가메시의 모험담을 담고 있다.

페르시아 만

기원전 1900년경
바빌로니아 제국
서부 사막에서 온 아모리인이 메소포타미아 대부분을 정복하며, 바빌론 도시를 중심으로 바빌로니아 제국을 세웠다. 기원전 1595년 아모리 왕조가 멸망한 뒤에도 바빌론은 중요한 도시로 남았다.

기원전 1595~1530년경

전차를 탄 히타이트인
히타이트인과 카시트인
히타이트와 카시트라는 외부에서 온 두 민족이 말이 끄는 전차를 도입하여 바빌로니아를 침입했다. 카시트인은 약 500년 동안 바빌론을 지배했다.

기원전 911~609년경

두르샤루킨의 아시리아 왕궁에 있는 수호상
아시리아 제국
북쪽에서 온 호전적인 아시리아인이 메소포타미아를 정복하고 이집트에서 오늘날 이란에 이르는 제국을 세웠다. 이들의 언어인 아람어는 중동에서 표준어가 되었다.

기원전 612년
아시리아의 멸망
아시리아는 정복적인 지역 주민들을 가혹하게 통치하여 반란을 불러일으켰다. 마침내 나보폴라사르가 메디아 군대와 연합하여 기원전 612년, 아시리아를 멸망시켰다. 그러고는 옛 바빌로니아 제국처럼 바빌론을 수도로 하는 신바빌로니아 제국을 세웠다.

기원전 539년
바빌론 함락
페르시아 제국의 키루스 왕이 신바빌로니아 제국을 점령했다. 그는 스스로 '바빌론의 왕, 수메르와 아카드의 왕, 전 세계 왕'이라 칭했다. 그의 통치하에 바빌론은 메소포타미아에서 가장 중요한 도시로서 위상을 이어 갔다.

고대 이집트

5,000년 전 고대 이집트인은 세계 최초의 통일 국가를 건설했다. 문자를 발명했고 아름다운 예술 작품을 창조했으며 무덤과 신전을 건설했는데, 그중 일부는 지금까지도 남아 있다.

고대 이집트는 세계에서 가장 오랫동안 안정을 유지한 문명이었다. 그곳 사람들은 3,000여 년 동안 같은 언어를 사용했고 같은 신을 숭배했다. 이 시기를 통틀어 이집트를 다스린 '파라오'는 신의 살아 있는 대리인으로 여겨졌다. 해마다 나일 강이 범람했는데, 이집트인들의 생활은 이 주기에 따라 일과 종교 의례를 일정하게 반복했다.

강력한 파라오

파라오는 사람들에게 오래 기억되기를 바랐다. 그래서 자신의 조각상을 세우고, 종교 의식을 행하거나 군대를 지휘하는 모습을 묘사한 세공품을 만들어 사원을 가득 채웠다. 그들은 죽은 뒤에 신으로 숭배되었다.

카프라
파라오 카프라(기원전 2559~2532년)는 사자 몸에 자신의 얼굴을 한 거대한 스핑크스를 만들었다.

파라오의 무덤

고왕국의 파라오들은 죽어서 피라미드라는 거대한 돌무덤에 묻혔으나, 신왕국의 파라오들은 지하의 숨겨진 무덤에 묻혔다.

초기 피라미드

기원전 2650년경 파라오 조세르를 위해 최초의 피라미드가 건설되었다. 조세르의 고위 관료 임호테프가 설계한 것으로 보인다.

임호테프

조세르의 피라미드
역사학자들은 계단 모양의 이 피라미드를 세계 최초의 석조물로 보고 있다.

나일 강의 제국

고대 이집트인들은 나일 강변 사막에 제국을 세웠다. 이집트 역사 내내 사막 지형이 외부의 침입을 막아 주었다. 원래는 남부의 상이집트와 북부의 하이집트로 나뉘어 있었다. 이집트가 통일되고 한참이 지난 뒤에도 파라오는 '두 왕국의 통치자'로 불렸으며, 두 개의 왕관을 겹쳐 씀으로써 자신의 그러한 면모를 과시했다.

파라오는 '위대한 집'을 뜻하며, 왕을 부를 때 사용하는 존칭이었다.

146 미터. 파라오 쿠푸의 피라미드 높이.

멘투호테프 2세
전쟁의 시기를 거쳐 이집트를 다시 통일한 멘투호테프 2세(기원전 2055~2004년)는 중왕국을 세웠다.

하트셉수트
하트셉수트(기원전 1473~1458년)는 강력한 여성 파라오였다.

투트모세 3세
전사의 모습을 한 투트모세 3세(기원전 1479~1426년)는 아시아의 한 제국을 정복했다.

고대 이집트의 역사
이집트의 긴 역사는 크게 고왕국, 중왕국, 신왕국, 이렇게 세 시기로 나뉜다. 고대 이집트 역사가들은 파라오의 이름을 기록하고 번호가 붙은 왕조들의 목록에 이를 올렸다.

기원전 3100년경 — 이집트가 통일되다
두 개의 왕국이었던 이집트가 파라오 나르메르에 의해 처음으로 통일되었다. 이를 기념하기 위해, 팔레트에 그가 상이집트와 하이집트의 왕관을 동시에 쓴 모습을 새겼다.

나르메르 팔레트

쿠푸의 대형 피라미드
조세르 이후 파라오들은 표면이 매끄러운 피라미드를 만들었다. 가장 큰 것은 기자에 있는 쿠푸의 피라미드로 세계에서 가장 큰 석조 건축물이다. 무덤 속에는 방, 즉 묘실이 있는데 바닥이 아닌 높은 곳에 위치해 있다.

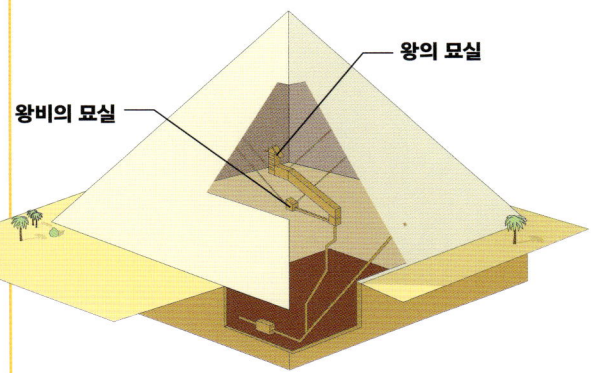

- 왕의 묘실
- 왕비의 묘실

피라미드 내부
쿠푸의 피라미드는 내부 구조가 복잡하다. 최소 세 개의 방과, 방을 연결해 주는 통로 그리고 두 통풍 공간이 있다.

기원전 2686~2181년 — 고왕국
고왕국의 파라오들은 멤피스에서 나라를 다스렸고, 기자에 피라미드와 기념물들을 만들었다. 엄청나게 많은 사람들이 피라미드를 짓는 데 동원되었다.

기자의 대형 스핑크스

상형 문자
기원전 3300년경, 이집트인들은 상형 문자라 부르는 문자 체계를 세계 최초로 발명했다. 생각, 소리, 어휘를 나타내는 그림 부호를 사용했는데, 여러 부호들을 결합하여 구성할 수도 있었다. 문자는 왼쪽에서 오른쪽으로 또는 오른쪽에서 왼쪽으로 썼다. 상형 문자는 기호가 어느 쪽을 향해 있는지에 따라 다르게 읽었다. 오른쪽을 향해 있다면 그 문장은 오른쪽에서 왼쪽으로 읽어야 한다.

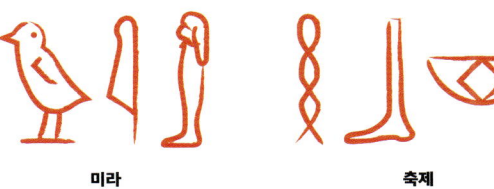
미라 / 축제

강

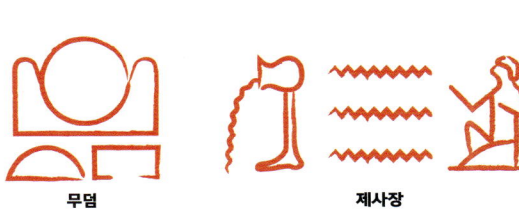
무덤 / 제사장

기원전 2055~1710년 — 중왕국
26년간 분열의 시기를 거친 뒤, 이집트가 다시 통일되며 중왕국 시대가 열렸다. 아름다운 미술품과 시로 기억되는 시기로, 이때 만들어진 많은 작품들이 이집트인의 일상생활을 묘사했다.

기원전 1650년 — 왕국이 침입을 받다
유목 민족인 힉소스가 서아시아에서 이집트 북부로 이동하여 중왕국을 파괴했다. 이집트 파라오들이 남부를 통치하는 동안, 그들은 북부를 지배했다.

기원전 1550년 — 신왕국이 시작되다
테베의 통치자 아흐모세는 힉소스인을 몰아내고 이집트를 다시 통일하여 신왕국을 세웠다. 테베의 신 아문이 이집트의 주요 신이 되었다.

왕가의 계곡
신왕국 파라오들은 수도 테베의 서쪽 사막에 있는 왕가의 계곡에 묻혀 있다. 이 무덤 속에 있던 보물들은 이미 고대에 거의 대부분 도굴되었다.

투탕카멘의 보물
기원전 14세기에 지어진 파라오 투탕카멘의 무덤은 유일하게 도굴되지 않았다. 1922년 영국 고고학자 하워드 카터가 발견할 당시 보물들로 가득 차 있었다.

투탕카멘의 데스마스크

기원전 1352~1336년 — 태양 숭배
파라오 아크나톤은 새로운 종교를 받아들이고 태양신인 아톤을 섬기도록 했다. 그러고는 아케트아텐이라는 새로운 수도를 세웠는데 태양을 숭배하기 위한 야외 신전이 갖춰져 있었다.

태양 숭배

카르투슈
타원형 한쪽에는 선이 그어져 있고, 그 안에 파라오의 이름이 상형 문자로 새겨져 있다. 이 문자는 람세스 2세의 이름을 적은 것이다.

기원전 1279~1213년 — 위대한 파라오
람세스 2세는 66년 동안 나라를 다스린 파라오이자 약 100명의 자녀를 둔 아버지였다. 히타이트와 카데시에서 전투를 벌인 것으로 유명하다. 그는 전차를 타고 히타이트와 한손으로 싸워 이겼다고 주장했다.

기원전 664~332년 — 말기
끊임없이 외세 침략을 받으며 국력이 크게 약해졌다. 3,000여 년 역사를 이어 가던 이집트는 기원전 332년 알렉산드로스 대왕에게 정복되고 말았다.

고대 세계 · 이집트의 종교

람세스의 이름은 '라(Ra)에 의해 태어났다'는 의미이며, 이는 태양신 '레(Re)'의 또 다른 이름이다.

이집트의 신들

이집트에는 많은 신이 있었다. 인간, 동물 또는 둘이 합쳐진 모습 등 다양하게 묘사되었을 것이다. 시간이 흐르면서 어떤 신은 통합되어 또 하나의 새로운 신이 탄생하기도 했다. 예를 들어 신왕국에서는 태양의 신 레가 호루스와 합쳐져 레호라크티가 되었다.

오시리스
죽음의 신, 오시리스는 보통 미라로 묘사된다. 녹색 피부는 재생, 즉 다시 태어남을 상징한다.

이시스
대지를 지키는 신, 이집트 어머니 신인 이시스는 태양 원반이나 소뿔 왕관을 썼다.

세트
사막, 혼돈, 폭풍의 신인 세트는 동물의 머리를 하고 있다.

아누비스
자칼의 머리를 한 아누비스는 무덤을 보호하면서 미라가 되는 과정을 지켜보았다.

토트
기록의 신으로, 부리가 갈대 펜을 닮은 새 이비스의 머리를 하고 있다.

바스트
이 수호의 여신은 인간에게 해로운 동물을 사냥하는 고양이의 머리를 하고 있다.

이집트인의 사후 세계

이집트인은 죽은 뒤 오시리스 왕국에서 부활할 수 있다고 믿었다. 그러려면 그 영혼이 머물 곳으로 무덤 안에 있는 육체가 여전히 필요했을 것이다. 그래서 할 수만 있다면 자기 시신을 미라로 만들어 보존하도록 했다.

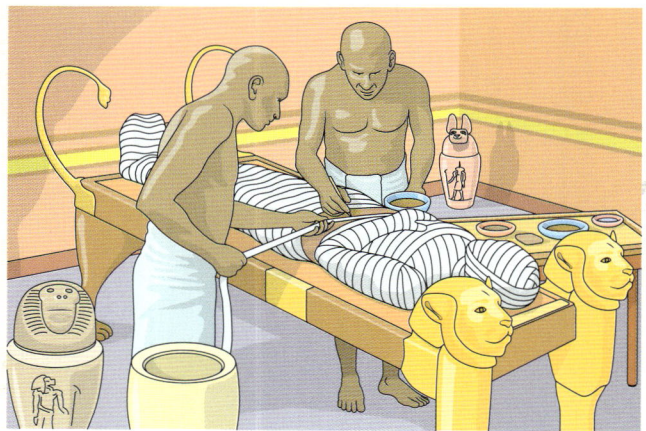

시신을 보존하기
내장을 제거한 뒤, 시신을 천연 탄산소다(소금)로 말리고 붕대로 감쌌다.

레호라크티
신전 입구 위에 레호라크티 상이 있다.

왕실 가족
파라오 다리 주위에 부인, 어머니, 아이들의 작은 조각상들이 서 있다.

왕가의 결혼
람세스가 히타이트의 공주와 결혼하는 장면이 돌에 묘사되어 있다.

아부심벨

이집트 남부 누비아 지방에 바위산을 파내 만든 거대한 신전이 지어졌다. 이는 람세스 2세가 신들인 프타, 아문, 레호라크티와 더불어 파라오인 자신에게 바치는 신전이었다. 이처럼 람세스는 신들과 지위가 동등하다는 것을 내세움으로써, 자신의 위대한 힘으로 누비아인들에게 깊은 인상을 심어 주려 했다.

2,000 고대 이집트에서는 적어도 이 만큼의 신들을 숭배했다.

20 미터. 아부심벨 신전에 있는 네 개의 람세스 조각상 각각 높이.

파라오의 왕관
람세스가 상이집트의 왕관과 하이집트의 왕관을 한데 겹쳐 쓰고 있다.

측실
문서, 종교 의식용 도구, 음식, 제물을 보관하는 장소이다.

성소
일 년에 두 번, 즉 2월과 10월에 떠오르는 태양이 신전 깊숙한 곳까지 일직선으로 들어와 레호라크티, 람세스, 아문의 조각상을 비추었다. 그러나 가장 왼쪽에 있는 어둠의 신, 프타의 조각상은 항상 어둠에 싸여 있었다.

작은 기둥의 방
제사장들은 날마다 성소 앞에 있는 작은 방으로 제물을 가지고 왔다.

큰 기둥의 방
이 방에는 람세스를 오시리스로 묘사한 9미터짜리 조각상이 여덟 개 있다.

위대한 파라오
람세스 2세는 이집트를 66년 동안 다스리며 자기 조각상을 만드는 데 다른 누구보다 많은 시간을 들였다. 자신이 오래 기억되기를 바라는 마음으로, 심지어 이전 파라오의 기념물에 자기 이름을 새기기까지 했다. 그러니 훗날 그를 높여 '람세스 대제'라 부른 것도 놀랄 일은 아니다.

"람세스는 레의 선택을 받고 아문의 사랑을 받아 영원한 생명을 부여받았다."
— 아부심벨의 비문

이집트의 종교

이집트인들은 질서 있는 세계에서 살며, 신들이 지켜보는 가운데 파라오의 다스림을 받고 있다고 믿었다. 나일 강이 범람하고 태양이 떠오르고 식물이 땅에서 자랄 수 있게 하는 것도 다 신들 덕분이라 생각했다.

파라오는 하늘의 신인 호루스의 지상에서의 모습일 뿐 아니라 하늘에 있는 다른 여러 신들의 아들로 여겨졌다. 죽은 뒤에는 죽음의 신 오시리스로 간주되었다. 각 지역마다 주로 숭배 받는 신이 있었다.

창조의 신 '프타'는 멤피스에 신전이 있었던 반면, 태양의 신 '레'는 헬리오폴리스에서 숭배를 받았다.

고대 세계 · 이집트인의 일상생활

2만 고대 이집트 기록에 따르면 당시 이만큼의 도시와 마을이 있었다.

나일 강의 순환

해마다 나일 강을 범람시킨 것은 이집트 남쪽 에티오피아에 내린 여름비였다. 불어난 강물은 비옥한 검은 흙을 계속 날라다 주었고 농부들은 거름을 줄 필요도 없었다. 이집트인의 한 해는 크게 세 시기로 나눌 수 있다. 아케트(나일 강이 넘치는 범람기), 페레트(물이 빠져서 씨를 뿌리는 생장기), 쉐무(작물을 거두어들이는 수확기)이다.

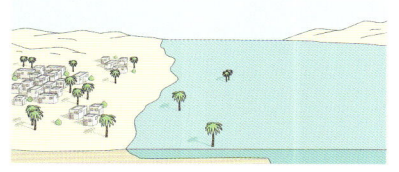
아케트(범람기)

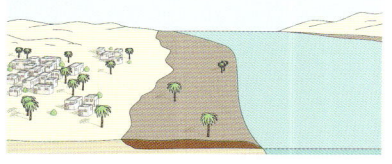
페레트(생장기)

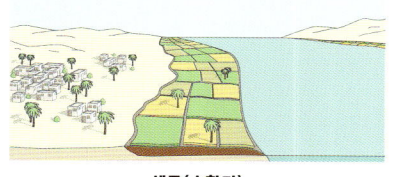
쉐무(수확기)

이집트인의 옷
고대 이집트인들은 평범한 흰색 린넨 옷을 입었다. 남자들은 천을 허리에 두른 쉔티라는 옷을, 여자들은 위아래가 하나로 된 긴 드레스를 입었다. 신왕국 시대에는 장식한 옷이 유행했지만 부자들만 입을 수 있었다.

옥상
집마다 지붕이 있었다. 가족들은 날이 따뜻할 때 지붕 위에서 잠을 잤을 것이다.

베틀
린넨은 아마라는 식물로 만들었는데, 베틀을 이용해 천을 짰다.

가마
도기는 가마 속에서 숯에 타는 동안 붉은색이 되었다.

항아리
천천히 회전하는 바퀴를 사용해 항아리를 만들었다. 도공은 보통 남자였다.

이집트인의 일상생활

고대 이집트인들은 대부분 농부였다. 나일 강둑을 따라 늘어선 마을에 살았고 파라오, 제사장 또는 귀족이 소유한 넓은 토지에서 일했다.

이집트에서는 농사를 나일 강에 의존했다. 나일 강은 매년 여름 범람하여 들판을 덮었다. 비가 오면 많은 농부들이 마을을 떠나 파라오를 위한 건설 공사에 동원되었다. 나일 강 물이 빠지면 돌아와 땅을 갈고 작물을 키웠다. 가장 바쁜 시기는 추수철이었다. 해가 떠서 질 때까지 수확했다.

음식과 음료
이집트 무덤에서 나온 조각이다. 남자들은 빵, 여자들은 맥주를 만들고 있다. 고대 이집트인들은 생선, 양파, 콩도 자주 먹었다.

곡물 양을 측정하기
곡물 창고는 동그란 것과 네모난 것 두 종류가 있다. 네모난 곡물 창고에서는 '필경사'라 불리는 관리들이 농부들이 가져온 곡물의 양을 기록했다.

비둘기장
이집트인들에게 비둘기는 고기의 공급원이었다. 진흙 벽돌로 만든 탑에 저장했다.

샤두프
물을 끌어올릴 때는 샤두프를 사용했다. 한쪽 끝에 평행 추를 단 장대다.

짐을 끄는 동물
이집트인들은 소를 키워 쟁기를 끌도록 했고 고기, 가죽, 우유를 얻었다.

타작
농부들은 수확한 곡물에서 겉껍질을 분리할 때 소가 밟게 했다.

낚시
이집트인들은 그물을 놓았을 뿐 아니라 작살과 갈고리가 달린 줄을 사용했다.

갈대로 만든 배
파피루스 갈대를 다발로 묶어 작은 배를 만들었다.

건축 자재
사원과 무덤은 돌로 만든 반면, 집을 짓는 데는 진흙 벽돌을 사용했다. 진흙 벽돌은 젖은 진흙과 짚을 섞어 나무틀에 넣은 뒤 태양에 말려 만들었다.

나일 강변의 삶

이집트 마을들은 나일 강과 사막 사이의 좁은 들판을 따라 늘어서 있었다. 방 두세 개짜리 작은 집에서 살았고 가구도 많지 않았다. 땅바닥이나 낮은 의자에 앉았고 짚으로 만든 깔개에 누워 잤다. 집 말고 가장 중요한 건물은 곡물 저장 창고였다.

세. 이집트 남성의 기대 수명. 여성은 30세였다.

고대 이집트인들은 사후 세계에도 힘든 일이 있다고 믿었다.

2,500 제곱킬로미터. 아테네 도시 국가의 면적.

델포이의 톨로스
이 신전은 아폴로 신이 오라클이라는 제사장을 통해 신탁을 내렸다는 장소이다.

델포이

올림피아

올림픽 경기
고대 올림픽은 최고신 제우스를 기리기 위해 올림피아에서 4년마다 열렸다. 선수들은 복싱, 레슬링, 원반던지기뿐 아니라 육상과 전차 경주 종목에서도 경쟁을 벌였다.

스파르타

스파르타 전사
전사들은 둥근 방패를 든 채 중무장했다. 어릴 때부터 군사 훈련을 받은 스파르타인들은 그리스에서 가장 두려워하는 전사였다.

> 현세대가 현재 우리를 보고 놀라듯이, 미래 세대도 우리를 보고 놀랄 것이다.
>
> 기원전 430년 아테네의 정치가 페리클레스가 아테네인들에게 한 연설.

고대 그리스

2,500여 년 전 고대 그리스인은 서양에 가장 큰 영향을 끼친 문명을 탄생시켰다. 그리스 문화의 전성기를 '고전기'라고 하는데, 기원전 500년경에서 기원전 336년까지 지속되었다.

그리스는 단일 국가가 아니었다. 정치적으로 독립된 도시 국가인 폴리스가 1,000여 개 있었다. 폴리스끼리 서로 경쟁하며 전쟁을 벌이면서도, 같은 그리스인으로서 정체성을 공유했다. 올림픽 같은 스포츠 축제를 열어 한마음이 되었고 외부의 침략이 있을 때면 똘똘 뭉쳐 싸웠다. 이 시기 그리스에서는 철학, 정치학, 과학, 역사, 연극이 눈부시게 발전했다. 마케도니아의 알렉산드로스 대왕이 그리스를 통합하고 이웃 페르시아 제국을 정복하며 이러한 고전기는 막을 내렸다.

그리스 중부와 남부의 도시 국가들

고전기에 수많은 폴리스가 그리스 중부와, 그리스 본토 남부의 펠로폰네소스 반도에 모여 있었다. 폴리스에는 저마다 다른 법, 화폐, 달력이 있었다. 이러한 여러 폴리스를 이끈 것은 예술의 중심지이자 대규모 해군을 자랑하는 아테네와, 남성 시민들이 하루 대부분을 전투 훈련에 보내야 하는 스파르타였다.

그리스인들은 지중해와 흑해 연안에 식민지를 건설했다.

1 최초의 올림픽 당시 치러진 종목의 수.

2,918 미터. 고대 그리스인이 신들의 고향으로 여긴 올림포스 산의 높이.

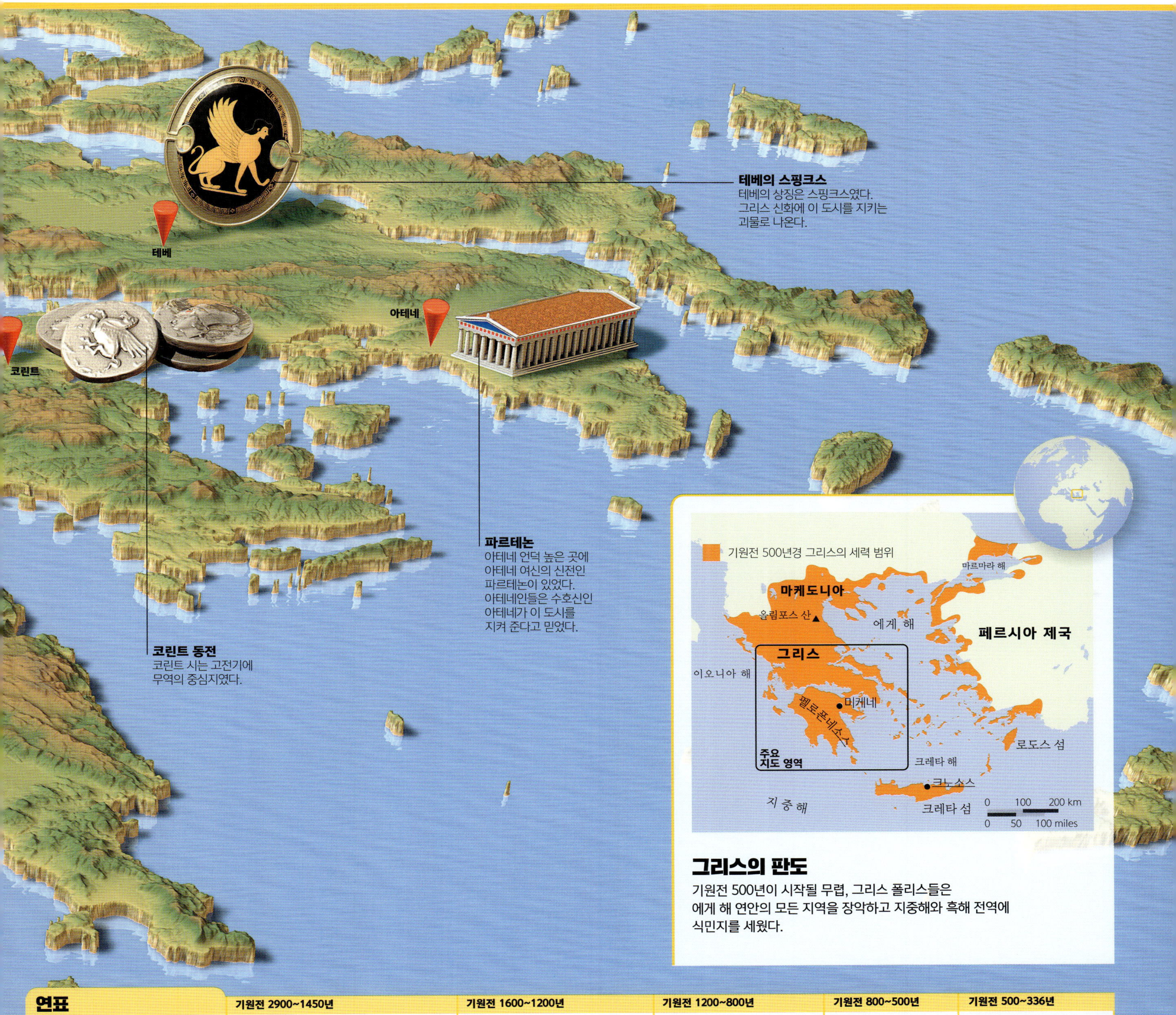
테베
아테네
코린트
테베의 스핑크스
테베의 상징은 스핑크스였다. 그리스 신화에 이 도시를 지키는 괴물로 나온다.
파르테논
아테네 언덕 높은 곳에 아테네 여신의 신전인 파르테논이 있었다. 아테네인들은 수호신인 아테네가 이 도시를 지켜 준다고 믿었다.
코린트 동전
코린트 시는 고전기에 무역의 중심지였다.
기원전 500년경 그리스의 세력 범위
마르마라 해
마케도니아
올림포스 산
에게 해
페르시아 제국
그리스
이오니아 해
미케네
펠로폰네소스
로도스 섬
주요 지도 영역
크레타 해
크노소스
지중해
크레타 섬
0 100 200 km
0 50 100 miles

그리스의 판도

기원전 500년이 시작될 무렵, 그리스 폴리스들은 에게 해 연안의 모든 지역을 장악하고 지중해와 흑해 전역에 식민지를 세웠다.

연표

고대 그리스 시대

그리스 문명은 처음에 크레타 섬과 미케네에서 싹텄으나, 이들 문명 모두 시간이 흘러 몰락하고 말았다. 수백 년 뒤 찾아온 고전기에 지중해에서 그리스의 영향력이 되살아났다.

기원전 2900~1450년

미노아 시대

미노아인들이 크레타 섬에 커다란 궁전을 세웠는데 황소 이미지로 장식되어 있었다. 또한 지중해 동부에서 활발한 무역 활동을 벌였다.

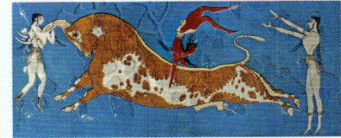

황소가 뛰어오르는 모습을 그린 미노아 벽화

기원전 1600~1200년

미케네 시대

미케네 문명은 그리스 본토에서 발전했다. 호전적이었던 미케네인들은 기원전 1450년경 크레타를 정복하여 지중해 동부의 패권을 차지했다.

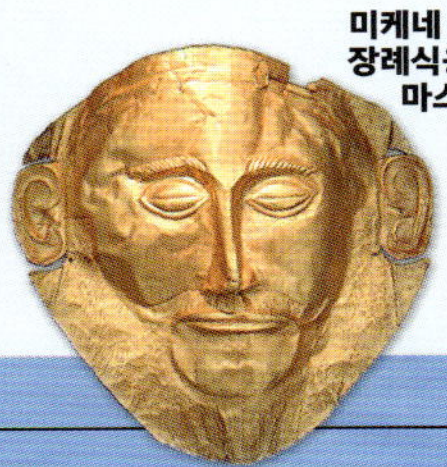

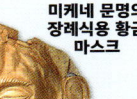

미케네 문명의 장례식용 황금 마스크

기원전 1200~800년

암흑기

기원전 1200년경, 외부 침입으로 주요 궁전들이 모두 파괴되며 미케네 문명은 몰락했다. '암흑기'로 접어든 그리스는 문자가 사라지고 장거리 무역이 쇠퇴했으며 그리스어는 여러 다른 방언들로 갈라졌다. 한편, 철 생산 기술이 그리스 전역에 널리 퍼졌다.

기원전 800~500년

상고기

상고기('오래된 시대')는 그리스 문명이 암흑기에서 점차 회복한 시기였다. 새로운 알파벳이 도입되고 교역이 다시 이루어졌으며, 지중해에 그리스인들의 식민 도시가 점차 많이 세워졌다.

기원전 500~336년

고전기

그리스 문명은 고전기에 최고 전성기를 맞이했다. 기원전 490년과 기원전 480년, 페르시아가 침략했지만 아테네와 스파르타가 연합하여 승리를 거두었다. 그러나 기원전 431~404년에 이 두 폴리스는 긴 전쟁을 벌였고, 다른 폴리스들 대부분이 아테네와 스파르타, 둘 중 한편이 되어 맞붙었다. 최종 승자는 스파르타였다.

고대 그리스 문화

기원전 500~336년 그리스 고전기에 도시 국가에서 역사상 가장 훌륭하다고 할 수 있는 정치인, 사상가, 작가들이 나타났다. 그들의 사상과 생각은 지금까지도 큰 영향을 미치고 있다.

그리스가 풍요로워지면서 시민들은 세계를 새롭게 인식하기 시작했다. 사상가들은 더 많은 질문을 던졌고, 시인과 예술가들은 자신들이 본 것을 기록하기 시작했으며, 천문학자들은 우주를 이해하려고 노력했다. 2,500년이 지난 오늘날까지 그 영향이 이어졌고 수학, 과학, 건축 등에 대한 지식은 이들 위대한 학자들의 업적에 토대를 두고 있다.

'철학(philosophy)'은 고대 그리스에서 온 말이다. '필로스(philos)'는 사랑, '소피아(sophia)'는 지혜를 뜻한다.

그리스 철학

그리스 철학자들은 사람들이 행동하는 방식에서 계절의 변화, 더 나아가 별의 움직임에 이르기까지 자신들을 둘러싼 세계를 이해하길 바랐다. 지식과 지혜를 추구하면서 새로운 사고방식과 생각을 시도했다. 이 위대한 철학자들 중에는 학교를 세워 생각을 더 멀리, 더 넓게 펼쳐 낸 이들도 있었다.

> **"지식은 영혼을 위한 음식이다."**
> 플라톤의 대화편, 〈프로타고라스〉, 기원전 5세기.

민주정

기원전 508년경, 아테네인들은 민주정('국민에 의한 통치')이라는 새로운 정부 제도를 탄생시켰다. 아테네 민주정 아래에서 시민들은 새로운 법에 대한 찬반을 묻는 투표에 참여할 수 있었다. 그러나 민주정이 모든 사람에게 해당되는 것은 아니었다. 노예가 아닌 성인 남성 자유민만이 투표할 수 있었다. 그리스 여성들이 투표권을 가진 것은 1952년이다.

프닉스
아테네인들은 '프닉스'라는 아크로폴리스 인근의 한 언덕에서 모였다. 유명한 정치가 페리클레스가 이곳에서 연설을 하는 모습을 볼 수 있었다.

문학과 희곡

초기 그리스 문학은 쓰인 것이 아니라 공연되었고, 세대에서 세대로 전해졌다. 기원전 6세기에 사포를 비롯한 시인들이 시를 쓰기 시작했다. 연극 공연이 기원전 5세기의 문학을 지배했고 최초의 역사가인 저명한 헤로도토스도 이 무렵 글을 쓰기 시작했다. 이 시기 작가들은 우리가 오늘날 즐기고 있는 문학의 양식을 창조했다.

도편 추방제

기원전 506년 아테네의 입법자 클레이스테네스가 '도편 추방제'라는 새로운 법을 도입했다. 한 개인의 권력이 지나치게 커지는 것을 막기 위한 제도이다. 국가에 해를 끼칠 만한 사람의 이름을 적어 찬성표가 일정 수 이상 나오면 10년 동안 추방되어 살아야 했다. 그러나 아테네의 시민권이나 재산을 잃지는 않았다.

도편
추방시키고 싶은 사람의 이름을 '오스트라카'라는 도편(도자기 파편)에 썼다.

호메로스

가장 유명한 그리스 시인으로 기원전 8세기에 살았다. 그에 대해 확실하게 알려진 사실은 거의 없지만, 전해 오는 말로는 장님이었다고 한다. 그의 장편 서사시 《일리아스》와 《오디세이아》는 입에서 입으로 전해지다가 수백 년이 지난 뒤에야 문자로 기록되었을 것이다.

그리스 신화

그리스 신화는 고대 그리스인들이 세계를 어떻게 보았는지 풀이한 이야기들의 모음이다. 사람들에게 어떻게 행동해야 하는지(또는 왜 그렇게 해서는 안 되는지)를 알려 주는 이야기들도 있었고, 장소와 사물이 어떻게 창조되었는지를 드러내거나 신들이 사람들의 삶에 어떤 영향을 미쳤는지를 보여 주는 이야기들도 있었다. 신, 영웅, 괴물의 이야기를 담고 있는 그리스 신화는 지난 수천 년 동안 예술가와 작가들의 모티프가 되었고, 지금도 여전히 상상력을 자극하고 있다.

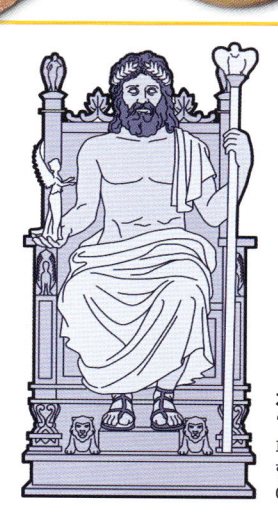

제우스
'신들의 왕'인 그는 아프로디테, 페르세우스, 아폴로, 트로이의 헬레네 등 수많은 신들과 영웅들의 아버지였다.

포세이돈
제우스의 아우이다. 바다의 신일 뿐 아니라 지진과 자연 재해도 맡아서 처리했다.

3만 아테네 인구 약 25만 명 가운데 투표에 참여한 시민의 추정치.

90 아이스킬로스가 썼을 것으로 추정되는 희곡의 수. 현재 7편만이 전해진다.

탈레스
그리스 초기 철학자. 이집트 피라미드 높이를 측정하는 방법을 찾아냈으며, 모든 물질의 원천은 물이라고 보았다.

데모크리토스
그의 이론 가운데 하나는, 존재하는 모든 것은 아주 작고 나눌 수 없는 입자들로 이루어져 있다는 것이다. 이러한 연구는 최초의 과학자들에게 길을 열어 주었다.

소크라테스
진리를 깨닫는 가장 좋은 방법은 질문하는 것이라고 생각했다(물론 그는 답을 안다고 주장하지는 않았다). 그가 직접 남긴 기록은 없다. 우리가 알고 있는 그의 업적의 다수는 제자 플라톤을 통해 알게 된 것이다.

플라톤
기원전 367년 아테네에 아카데미(교육 기관)를 세웠다. 그의 작품은 지금까지 많이 남아 있다. 특히 종교와 정치 분야에서 큰 영향을 미친 인물이다.

아리스토텔레스
스승 플라톤처럼 리세움이라는 학당을 세웠다. 화폐에서 음악, 자연에서 시, 언어에서 정치에 이르기까지 매우 다양한 주제로 글을 썼다. 훗날 그리스를 통일할 알렉산드로스를 가르치기도 했다.

호메로스의 영향력
호메로스의 이야기들은 수없이 되풀이되며 사람들의 영감을 자극했다. 예전에는 도기와 그림에 묘사되었고, 요즘은 영화로 만날 수 있다.

그리스의 극장
그리스 연극은 원형 무대에서 공연되었다. 주변을 둘러싼 언덕에 마련된 자리에서, 관객들은 공연을 감상했다. 5세기 중반에는 배우들이 옷을 갈아입을 수 있도록 무대 뒤에 '배경막'이 더해졌다.

연극과 극장

그리스 연극은 기원전 5세기에 최고 전성기를 맞이했다. 아이스킬로스, 소포클레스, 에우리피데스의 비극과 아리스토파네스의 희극이 공연되었으나, 안타깝게도 그들이 쓴 희곡들은 대부분 사라지고 없다. 공연은 수천 명을 수용할 수 있는 대형 야외극장에서 열렸다. 음향(소리의 이동)을 잘 아는 건축가들이 극장을 만들었기 때문에, 무대에서 멀리 떨어진 곳까지 배우의 대사가 들렸다.

아테나
지혜의 여신으로, 투구와 방패를 지니고 있다. 이 여신은 태어난 것이 아니라 아버지 제우스의 머리에서 만들어져 튀어나왔다.

아르테미스
사냥과 달의 여신으로, 그림에서는 종종 야생 사슴과 함께 등장하며 활이나 화살 통을 지니고 있다. 청년들을 지켜 주기도 했다.

헤라클레스
그리스 최고의 영웅이다. 이 사자 가죽을 입은 장사는 아내와 아이를 죽인 죄로 12가지 노역을 한 것으로 잘 알려져 있다.

1만 2,000 '티리언 퍼플'이라는 자주색 염료 1.4그램을 만드는 데 필요한 뿔고둥의 수.

페니키아인

페니키아 문명은 오늘날 서아시아 레바논 해안에 자리 잡은 항구 도시에서 시작되었다. 페니키아인은 땅에서는 제국을 건설하지 못했지만, 기원전 1200년부터 지중해 무역을 이끌었다.

페니키아의 주요 도시 비블로스, 티레, 시돈 등은 저마다 다른 군주가 통치하고 있었다. 이 도시 사람들은 서로가 같은 나라 사람이라고 여기지 않았다. 그들을 통틀어 페니키아인이라고 부른 것은 그리스인이었다. 페니키아는 어두운 적색을 의미하는 '포이노스'에서 온 말인데, 아마도 그들의 가장 값나가는 상품이었던 '티리언 퍼플' 염료에서 유래한 것으로 보인다.

페니키아인은 지중해를 횡단했을 뿐 아니라 유럽 대서양 연안과 서아프리카 연안을 탐험한 위대한 항해가였다.

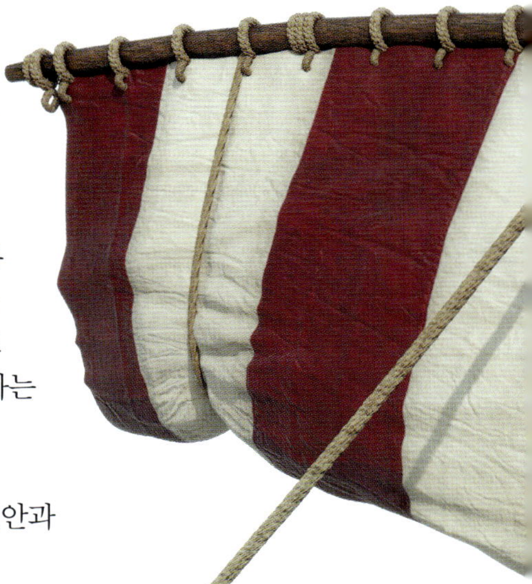

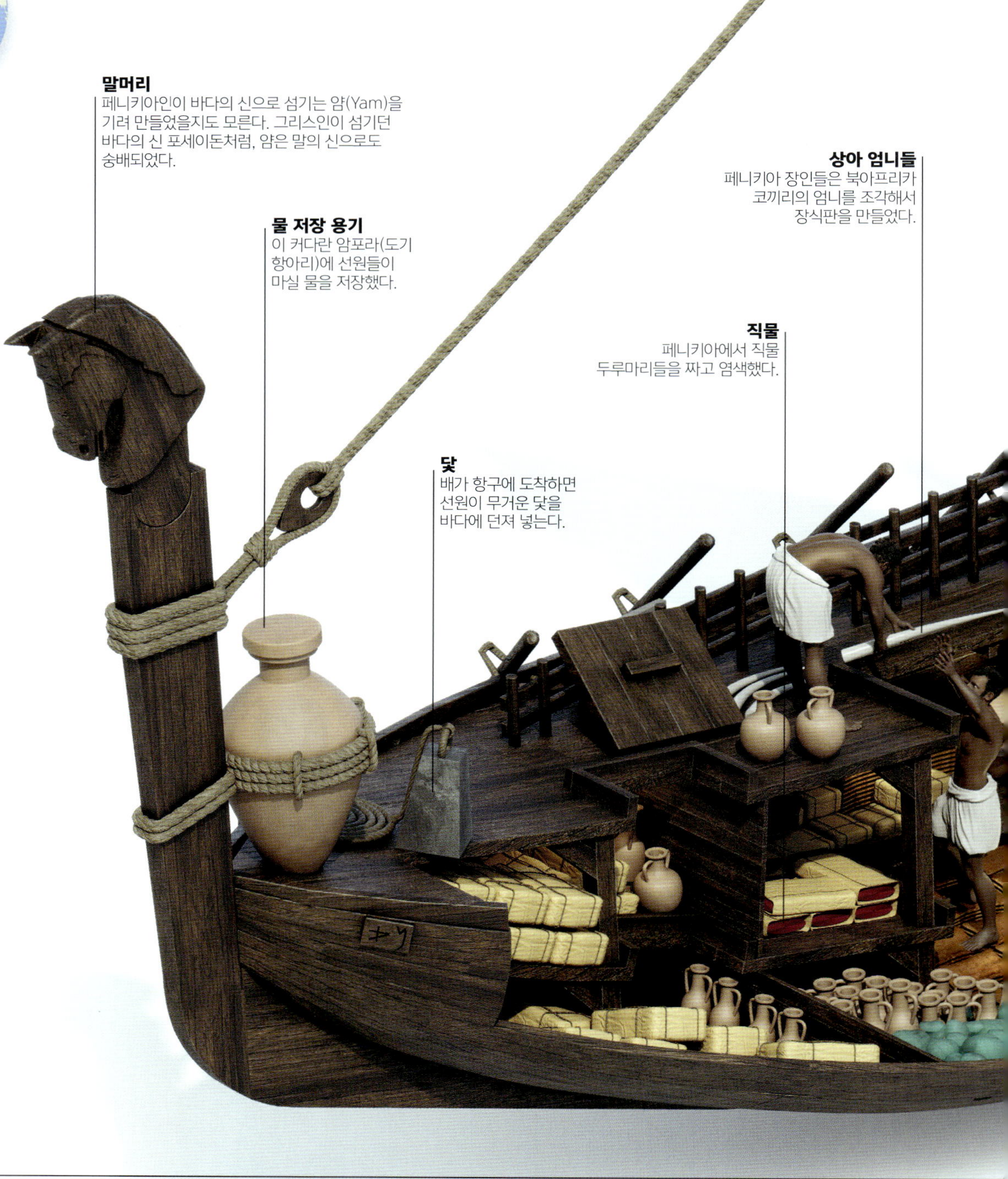
말머리
페니키아인이 바다의 신으로 섬기는 얌(Yam)을 기려 만들었을지도 모른다. 그리스인이 섬기던 바다의 신 포세이돈처럼, 얌은 말의 신으로도 숭배되었다.
물 저장 용기
이 커다란 암포라(도기 항아리)에 선원들이 마실 물을 저장했다.
상아 엄니들
페니키아 장인들은 북아프리카 코끼리의 엄니를 조각해서 장식판을 만들었다.
직물
페니키아에서 직물 두루마리들을 짜고 염색했다.
닻
배가 항구에 도착하면 선원이 무거운 닻을 바다에 던져 넣는다.

페니키아의 무역

페니키아 상인들은 상품을 판매할 새로운 시장을 찾아 지중해를 항해했다. 지중해에 수많은 무역 중심지를 세웠는데, 카디즈와 카르타고, 시칠리아의 팔레르모 등 여러 곳이 대도시가 되었다. 반면 키프로스의 키티온처럼 폐허로 남아 있는 곳도 있다.

스페인
카디즈
코르시카 섬
사르데냐 섬
로마
이탈리아
그리스
페르시아 제국
카르타고
북아프리카
렙티스
비블로스
시돈
티레
이집트
페니키아의 교역로
페니키아의 고국
0 500 1,000 km
0 250 500 miles

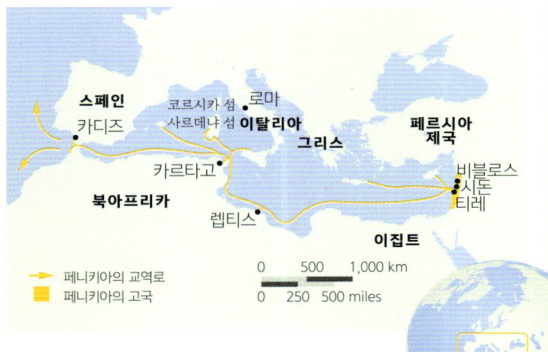

페니키아 문자

알파벳의 기원이 되었다. 문자가 22개뿐이어서 배우기가 쉽고 모두 자음이었다. 그리스인들은 여기에 모음을 추가했다.

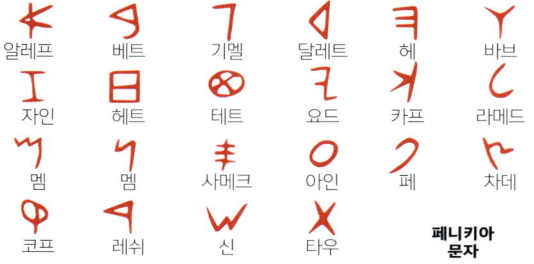

알레프
베트
기멜
달레트
헤
바브
자인
헤트
테트
요드
카프
라메드
멤
멤
사메크
아인
페
차데
코프
레쉬
신
타우
페니키아 문자

카르타고 제국

북아프리카 도시, 카르타고는 기원전 650년경 페니키아 지배에서 벗어나 카르타고 제국의 중심이 되었다. 시칠리아 서부, 코르시카, 사르데냐, 스페인 남부가 카르타고 영향권에 있었다. 카르타고는 로마와 세 차례 전쟁을 벌였는데, 로마인들은 이 전쟁을 '포에니 전쟁'이라고 부른다.

연표

1차 포에니 전쟁 (기원전 264~241년경)
카르타고는 시칠리아 섬을 놓고 로마와 싸웠다. 해군이 특히 강했던 카르타고를 상대로 로마가 승리하였다. 그 결과 로마의 해군력은 막강해졌다.

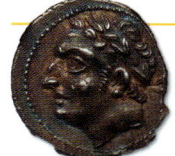

카르타고 동전에 한니발 모습이 보인다.

2차 포에니 전쟁 (기원전 218~201년경)
카르타고 한니발 장군이 코끼리 군단을 비롯해 군대를 이끌고 스페인에서 이탈리아로 갔다. 세 차례 큰 승리를 거두었지만, 지중해를 주름잡던 로마에 패하고 말았다.

3차 포에니 전쟁 (기원전 149~146년경)
로마가 카르타고를 점령하고 파괴했다. 카르타고의 모든 영토를 차지했고, 그곳 사람들을 죽이거나 노예로 삼았다.

《성경》에 따르면, 페니키아의 삼나무는 예루살렘 솔로몬 신전 지붕을 짓는 데 쓰였다.

기원전 5세기에 카르타고의 항해가인 한노가 아프리카 서해안을 탐험했다.

페니키아 무역선

몸체가 크고 넓고 둥글어서 화물을 많이 실을 수 있었다. 느리지만 안정적이었고, 돛에 의지해 항해했지만 바람이 멎으면 노를 저어 나아갈 수 있었다. 고대 아시리아 조각에서 볼 수 있는 말머리 모양이 뱃머리에 장식돼 있는데, 그리스인들은 이러한 배들을 '히포이'(말들)라고 불렀다.

티리언 퍼플
이 다채로운 자주색 염료는 페니키아인들이 많이 수출하는 품목 가운데 하나였다.

사각형 돛
이 단 하나의 돛으로 바람을 가르며 힘겨운 항해를 했다.

방향을 바꾸는 노
배 뒤쪽에 있는 노 두 개로 배의 진행 방향을 바꾸었다.

삼나무 뗏목
페니키아 삼나무는 향기가 나서 인기가 많았다. 건축에 쓰일 목재가 부족한 그리스, 이집트, 메소포타미아로 수출되었다.

암포라
지중해 연안에서 생산되는 올리브 기름이나 와인을 이 커다란 도기 항아리에 담았다.

금속 덩이
키프로스에서 온 구리에 주석을 섞어 청동 제품을 만들었다. 각 면을 손으로 잡을 수 있게 해 놓은 생김새가 쇠가죽을 닮았다.

사치품
페니키아의 도시들은 수공예품 생산의 중심지였다. 유리 제품과 상아 조각품을 만들었으며 장인들은 메소포타미아와 이집트 예술의 영향을 받았다. 페니키아인들은 이러한 양식을 지중해 전역에 퍼뜨렸다.

상아로 만든 스핑크스

얼굴에 턱수염이 달린 모양 보석

유리 암포라

유라시아의 유목 민족

고대 유럽과 아시아의 스텝 지대(나무가 없는 거대한 평원)에서는 유목민들이 한곳에 머무르지 않고 말, 양, 소 같은 가축들을 먹일 풀을 찾아 이곳저곳으로 옮겨 다녔다.

유목민들은 작은 부족을 이루며 살았다. 말 타는 솜씨가 뛰어나 엄청나게 빠른 속도로 이동하며 적들을 벌벌 떨게 했다. 그래서 유목민 집단이 단결하면 주변 나라에 치명적인 위협이 되었다. 가장 큰 위협은 훈족으로부터 찾아왔다. 훈족은 4세기와 5세기에 아시아와 유럽의 넓은 지역을 정복했다.

기원전 3500~3000년경
아시아 스텝 지대에서 처음으로 말을 길들였다. 인간에게 가장 빠른 교통수단이 생긴 것이다.

기원전 900~200년경
스키타이인은 흑해 북부 스텝 지대에서 살았던 유목 민족으로, 러시아 북동부 시베리아에서 중국에 이르기까지 활동 무대를 넓혀 나갔다.

기원전 215~212년경
중국 최초의 황제(진 시황제)가 중국 북쪽 국경을 따라 장성을 건설했다. 기원전 3세기 북아시아와 중앙아시아의 많은 땅을 지배하던 흉노의 공격을 막기 위해서였다. 흉노 세력 중 일부는 훗날 유럽으로 건너 갔는데 그들이 훈족이란 이야기도 있다.

기원전 1세기
'월지'라는 유목 민족이 쿠샨 아래 통합되었다. 쿠샨 왕조는 중앙아시아의 일부인 아프가니스탄과 북인도를 아우르는 제국을 건설했으며 3세기까지 힘을 떨쳤다.

370년경
훈족이 오늘날 러시아 서부 볼가 강 너머 지역에서부터 서쪽을 휩쓸면서 유럽을 정복하기 시작했다. 이로써 유럽인들에게 이들의 존재가 처음 알려졌다.

441~453년
훈족의 지도자 아틸라는 동유럽과 중유럽을 휩쓸었다. 그러나 453년 아틸라가 죽자마자 그의 제국은 무너지고 말았다.

말을 탄 전사
시베리아 파지리크 계곡에 있는 스키타이 무덤에 걸려 있는 그림이다. 한 사람이 다리에 활통을 찬 채 말을 타고 있다.

켈트족의 유럽

4,147 영국과 아일랜드에 켈트족이 건설한 것으로 확인된 언덕 위 성채의 수.

켈트족은 고대 유럽 본토에서 영국 제도(영국과 아일랜드 및 주변 섬들)에 걸쳐 부족을 이루어 살았던 민족이다. 켈트족 문명은 기원전 6~5세기에 절정에 이르렀다.

'켈트'는 '켈토이'라는 말에서 유래한 것으로 유럽 전역에 살았던 사람들을 가리키는 그리스어였다. 로마인은 켈트족을 '갈리'(야만인) 또는 '골'이라고 했는데, 나중에는 그들이 정착한 지역의 이름으로 이어져 골(프랑스), 갈리시아(스페인), 갈라티아(터키)라고 불렀다. 켈트족은 수백 개의 부족을 이루어 살았다. 켈트족끼리는 서로 하나의 민족으로 여기지는 않았지만, 그들에게는 공통적인 종교적 신념과 관습이 있었고 숙련된 기술로 무늬가 화려한 금속 공예품을 만들어 냈다. 오늘날에도 스스로 켈트족이라고 여기는 사람들이 현대에는 잘 쓰지 않는 웨일스어와 게일어 같은 언어를 여전히 사용하고 있다.

켈트족 문화

켈트족은 여러 부족으로 나뉘어 있었지만 관습은 같았다. 시간이 흘러 새로운 문화가 등장했고, 청동 금속품을 만드는 기술이 두드러졌다.

언필드 문화

언필드 문화(기원전 1300~기원전 750년경)를 일군 사람들은 켈트족의 조상으로, 유럽 중부와 동부 그리고 이탈리아 북부에서 살았다. 시신을 화장하고 유골을 단지에 넣는 독특한 장례 관습으로 잘 알려졌다. 통치자의 유골은 청동 무기, 갑옷, 장신구와 함께 묻혔다.

도기 단지
이탈리아 타란토에서 발굴된 이 단지에는 유골이 들어 있었다.

할슈타트 문화

진정한 의미에서 최초의 켈트족 문화는 할슈타트 문화이다. 최근 오스트리아에서 발견된 고대 켈트족 묘지 이름에서 따온 것이다. 할슈타트인들은 무역, 특히 소금 채굴로 부를 쌓았다. 청동 무기와 기하학 무늬로 유명한 이 문화는 유럽 전역으로 퍼져 나가 오늘날 프랑스에 있는 루아르 강에서 중유럽의 다뉴브 강에 이르렀다. 시신을 화장하지 않았고 신들에게 제물로 바친다는 뜻에서 매장을 했다.

할슈타트 목걸이
오늘날 폴란드에서 발견된 이 청동 목걸이의 선 모양은 할슈타트 문화의 특징이다. 기원전 6세기 것으로 보인다.

라텐 문화

켈트족의 금속 제품은 기원전 450년경부터 할슈타트 문화의 기하학적 형태에서 벗어나 흘러가는 곡선을 표현했다. 이 새로운 문화는 스위스의 '라텐'에서 유래한다. 이곳 켈트족은 금이나 청동으로 된 물건들을 제물로 바치려고 호수에 던졌다. 값비싼 금속 제품을 물속에 던지는 라텐의 관습은 널리 퍼졌다. 아래 '배터시 방패'는 1857년 템스 강에서 발견되었다.

방패 덮개
배터시 방패는 사실 덮개일 뿐, 나무 방패의 앞면에 붙어 있었을 것이다. 청동으로 만들고 붉은 유리로 장식되었다.

켈트족의 생활

켈트족은 부족장, 왕, 여왕이 지배했다. 켈트족 사회에는 여러 계급이 있었는데, 땅은 대부분 전사 귀족이 소유했고, 사람들 대부분은 가난한 농부로 살았다. 그 밖에 바드(시인과 가수), 성직자, 장인, 상인도 있었다. 켈트족 사회에는 노예도 있었다. 전쟁 포로를 노예로 삼았다.

켈트족의 집

'라운드 하우스'라 부르는 둥근 초가집으로, 넓은 방 하나로 이루어져 있었다. 집 크기가 부자와 빈민을 가르는 주요한 기준이었다. 라운드 하우스로 이루어진 마을들은 둑, 도랑, 방책(끝을 예리한 통나무로 만든 벽)으로 둘러싸여 있었는데, 서유럽에는 이러한 성채가 수없이 많았다. 기원전 3세기부터 유럽 켈트족은 더 큰 도시를 건설하기 시작했는데, 로마인들은 이를 '오피둠'이라 불렀다. 로마 건축의 영향을 받아, 수많은 오피둠이 둥근 형태보다는 직사각형 집으로 채워졌다.

라운드 하우스 내부
1980년대에 웨일스의 카스텔 헨리스에서 발굴, 복원되었다.

켈트족과 로마

켈트족에 대해 알게 된 많은 부분은, 수 세기 동안 그들과 싸워 마침내 정복한 고대 로마인이 쓴 글을 통해서이다. 로마인들이 켈트족을 처음 마주한 건 기원전 390년경이었다. 수많은 켈트 부족들이 알프스를 넘어 오늘날 북이탈리아로 쳐들어갔다.

켈트족이 로마를 공격하다

기원전 390년 이탈리아에서 켈트족 가운데 하나인 세노네스족이 로마에 굴욕적인 패배를 안겼다. 전투에서 승리한 세노네스족은 로마를 점령하고 약탈했다. 그러나 전설에 따르면, 로마의 여신 유노에게 바쳐진 한 기러기 무리가 세노네스족이 침입할 거라고 경고했기 때문에, 그들은 중앙의 캄피돌리오 언덕은 점령하지 못했다고 한다. 로마인들은 세노네스족에게 금을 지불하여 도시를 떠나게 했다.

유노의 신성한 기러기를 새긴 로마의 조각상

로마인이 '골'이라고 부른 지역은 프랑스, 룩셈부르크, 벨기에 전체를 비롯하여 오늘날 서유럽의 상당 부분에 걸쳐 있다.

75,000 부디카의 군대가 죽인 로마인과 브리튼인 수의 추정치.

켈트족의 종교

켈트족은 수백 명의 신을 숭배했다. 부족들은 저마다 자기네 신을 섬겼지만 겹치기도 했다. 예를 들어, 아일랜드의 여신 '바드브'는 골의 여신 카투보두아의 영향을 받았을지 모른다. 켈트족은 신에게 값나가는 선물을 강, 호수, 못에 바쳤는데, 이 장소들을 다른 세계로 들어가는 입구로 여겼기 때문이다. 제물로 동물과 심지어는 사람도 바쳤다. 영국과 골에서는 제물을 바치는 일을 '드루이드'라는 성직자가 맡았다. 드루이드교는 로마가 금지한 종교였다.

야생의 신
'군데스트룹 가마솥'은 덴마크 습지에서 발견된 은 그릇으로, 켈트족의 뿔 달린 자연신 케르눈노스를 묘사한 것으로 보인다. 그릇 속 도안은 여러 문화의 영향을 받았다.

카이사르가 갈리아를 정복하다

기원전 58~51년 로마 장군 율리우스 카이사르가 여러 차례 전쟁을 벌여 켈트족을 정복했다. 기원전 55년과 기원전 54년에는 바다 건너 브리튼으로 두 원정대를 보냈다. 그는 《갈리아 전기》라는 책에서 당시 원정에 대해 이야기하며 켈트족의 사회와 관습을 묘사했다. 카이사르는 켈트족을 이끌던 베르킨게토릭스와, 프랑스에 있는 알레시아의 언덕 요새에서 끈질긴 전투 끝에 마침내 승리했다.

켈트족이 항복하다
베르킨게토릭스는 알레시아에서 카이사르에게 항복했다. 카이사르는 그를 로마로 데려갔고, 사슬에 묶어 승리의 행진을 함께 한 뒤 처형했다.

로마인과 브리튼인

기원후 43년, 로마 황제 클라우디우스의 군대가 브리튼을 침입하여 남동부를 빠르게 차지했다. 84년 로마인들은 켈트족 지도자들의 저항을 뚫고 브리튼 대부분을 손에 넣었다. 자기네 언어를 포기한 갈리아와 달리, 많은 브리튼인이 라틴어보다는 켈트어를 계속 사용했다. 켈트족의 생활 방식은 로마에게 정복되지 않은 스코틀랜드와 아일랜드에서도 지속되었다.

전사 여왕
로마에 점령된 이케니족의 여왕 부디카가 기원후 60년 로마에 저항하는 대규모 봉기를 일으켰다. 비록 패배했지만, 로마 도시 세 곳을 파괴했다.

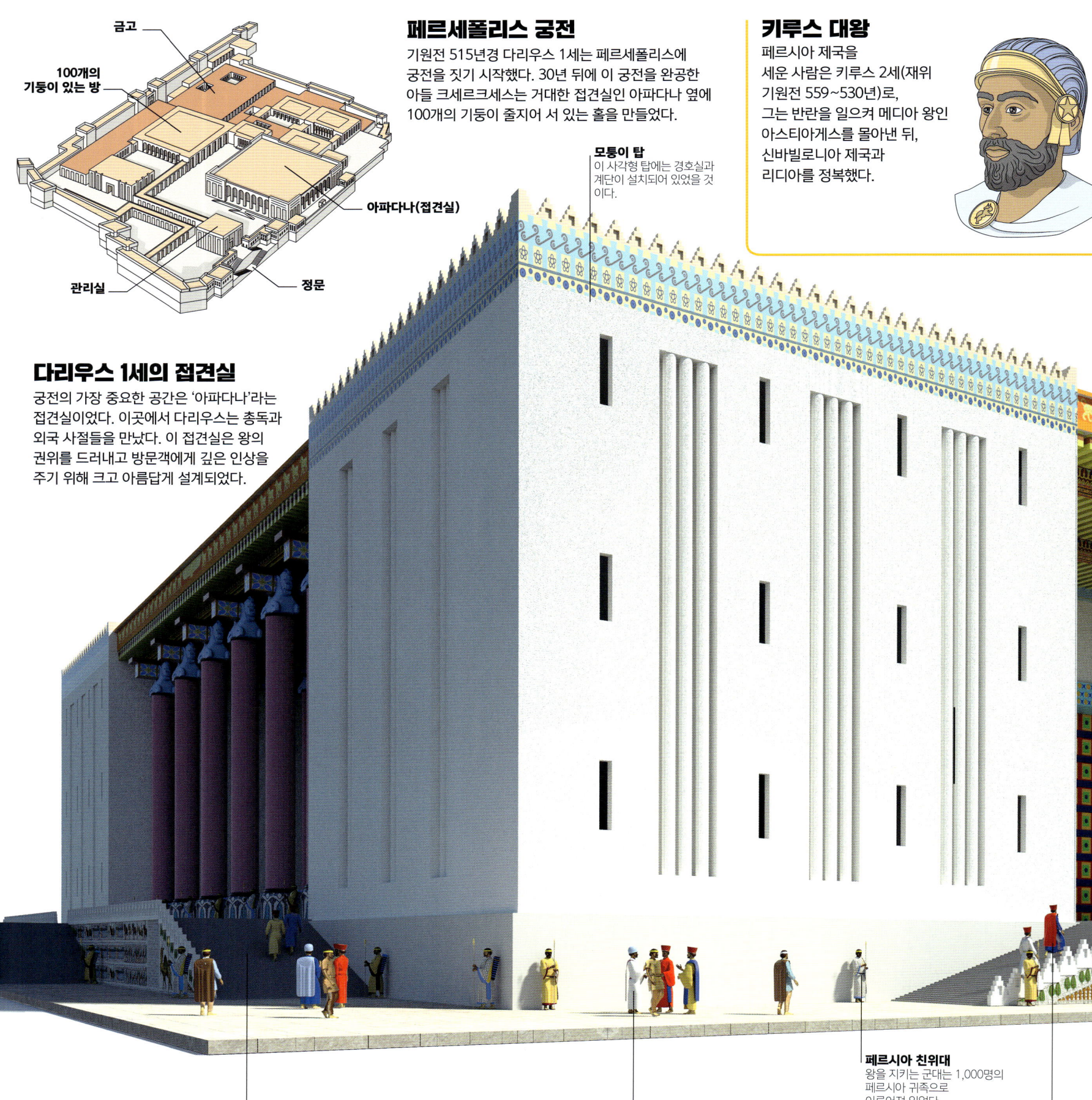

페르세폴리스는 그리스어로 '페르시아의 도시'라는 뜻이다.

기원전 330

페르시아 제국 최후의 통치자 다리우스 3세가 살해된 해.

아후라 마즈다

페르시아 종교
페르시아 왕들은 최고신 아후라 마즈다('지혜의 존재')를 대리해서 통치한다고 주장했다. 아후라 마즈다는 왕과 제국의 보호자로 여겨졌고, 예술 작품에서도 날개 달린 원반으로 묘사되었다. 이 고대 페르시아의 종교를 조로아스터교라 한다.

페르시아 제국의 번영
페르시아 제국은 키루스 2세의 아들인 캄비세스 2세(재위 기원전 529~522년) 때 이집트를 정복했고, 다리우스 1세(재위 기원전 522~486) 시기에 인도 북서부와 유럽으로 뻗어 나갔다. 다리우스는 제국을 여러 지역인 사트라피들로 나누고 새로운 수도 페르세폴리스를 건설했다. 이 지도는 다리우스가 다스리던 기원전 500년경의 모습이다.

페르시아 제국

기원전 6~4세기에 페르시아 제국은 세계 최고의 강대국이었다. 최고 전성기에는 영토가 이집트부터 인도 북서부까지 세 대륙에 걸쳐 있었다.

제국은 20개 사트라피(지방)로 나뉘어 있었다. 각 사트라피를 다스리는 사트라프(총독)는 대개 제국의 왕이 임명한 페르시아 귀족이었다. 사트라프들은 왕에게 조공(금, 상아, 노예와 같은 선물)을 바쳤다. 그리고 왕의 군대에 군사들을 보냈는데, 이들이 반란을 일으키면 혹독한 대가를 치렀다. 그런 경우가 아니라면 사트라프들은 자기 지역을 스스로 다스렸다. 각 지역 사람들은 고대 제국으로는 보기 드물게 자신들의 모국어, 관습, 종교를 유지할 수 있었다.

황소 조각상
기둥 위에는 황소 두 쌍이 조각되어 있었다. 황소의 힘은 왕의 권위를 나타냈다.

기둥
높이 20미터의 기둥 72개가 지붕의 나무 도리를 지탱했다.

왕의 모습
북쪽 계단에 있는 부조에는 다리우스 1세가 궁전에 있는 모습이 묘사되어 있었다.

조공을 바치러 온 사람들을 새긴 벽
벽에는 제국의 통치를 받는 사람들이 저마다 민족의상을 입고 선물을 가져오는 모습이 새겨져 있다.

전쟁

페르시아 전쟁
다리우스 1세는 수많은 그리스 도시들을 지배했다. 기원전 499년, 그리스 도시들이 페르시아에 맞서 봉기를 일으키자 아테네와 에레트리아에서 온 서부 그리스인들도 힘을 보탰다. 이에 다리우스는 봉기를 진압한 뒤 그리스 자체를 정복하기로 결심했다.

기원전 492년 · 다리우스의 1차 그리스 침입
다리우스의 사위 마르도니오스가 이끄는 페르시아 군대가 유럽으로 건너갔다. 페르시아인들은 트라키아와 그리스 북부의 마케도니아 왕국을 정복했다.

기원전 490년 · 마라톤 전투
다리우스는 그리스를 공격하려고 바다로도 병력을 보냈다. 페르시아인들은 수많은 그리스 섬들을 차지하고 에레트리아를 약탈했지만, 마라톤에서 아테네 군대에 패배하고 말았다.

페르시아인(왼쪽)이 그리스인과 싸우다

기원전 480~479년 · 크세르크세스 1세의 2차 침입
다리우스의 아들 크세르크세스 1세도 그리스 정복을 시도했다. 페르시아는 테르모필레에서 그리스에 승리를 거두고 아테네를 약탈했지만, 살라미스 해전과 플라타이아 전투에서 패했다.

기원전 479~448년 · 칼리아스 평화 조약
아테네가 이끄는 그리스 해상 동맹이 페르시아의 지배를 받던 그리스 동부를 해방시켰다. 그리스가 트라키아와 이오니아에서 승리함으로써 마침내 평화 조약을 맺고 전쟁이 끝났다.

헬레니즘 세계

기원전 4세기 마케도니아의 알렉산드로스 대왕이 대제국을 건설하며 고대사의 새로운 시대가 열렸다. 헬레니즘 시대(헬레네는 그리스라는 의미)에는 그리스 문화가 남쪽으로는 이집트, 동쪽으로는 오늘날 아프가니스탄 지역까지 확산되었다.

이집트의 알렉산드리아를 비롯한 새로운 헬레니즘 도시가 건설되었는데, 이곳 사람들은 그리스 옷을 입고 제우스와 포세이돈 같은 그리스 신을 믿었다. 고대 그리스어는 지중해 동부와 중동에서 공용어가 되었다. 그리스 미술은 훨씬 먼 곳까지 영향을 미쳤다. 인도 아대륙의 조각가들은 신체를 묘사할 때 그리스 미술 양식에서 영감을 얻었다.

안내등
이 등대는 세계 7대 불가사의 가운데, 유용하게 사람들에게 실질적인 혜택을 주었다. 불빛이 수백 년 동안 알렉산드리아 항구로 수많은 배들을 안전하게 안내했다.

신의 동상
등대 위에는 그리스 신의 동상이 있었다. 최고신 제우스나 바다의 신 포세이돈, 아니면 태양의 신 헬리오스였을 것이다.

신호를 보내는 거울
낮에는 경사진 거울이 태양 빛을 반사하여 신호를 보냈다.

불 피우는 방
해로 무렵이면 불을 피워 배들에 신호를 보냈다. 이 불은 밤새 타올랐다.

원통형 구역
등대 맨 위의 구역은 높이가 21미터 정도였는데, 도르래로 장작을 이 위에 올려 때웠다.

팔각형 구역
등대의 중간 구역은 팔각형이었던 것으로 보이는데, 높이는 30미터 정도였을 것이다.

바다의 괴물
탑의 기초를 이루는 사각형 구역 각 모서리에 트리톤 신의 조각상이 있었다. 트리톤은 바다의 전령으로 인간의 상체에 물고기 꼬리가 달린 모습이었다.

'문명 세계 최초의 도시'
알렉산드리아의 디오도로스 시켈로스, 《비블리오테카 히스토리카》, 기원전 1세기.

알렉산드로스 대왕

기원전 336년 알렉산드로스는 20세에 마케도니아 왕이 되었다. 마케도니아는 그리스 도시 국가들과 북쪽에서 경계를 이루던 고대 왕국이다. 알렉산드로스는 그리스를 통일한 뒤 군대를 이끌고 아시아로 진격했다. 승리를 거듭한 끝에 페르시아 제국을 정복하고 인도를 침략했다. 알렉산드로스의 제국은 당시까지 세계에서 가장 컸다. 그러나 기원전 323년 그가 죽자 제국은 분열되었다.

그리스 동전
알렉산드로스가 그리스 신화의 영웅 헤라클레스의 사자 가죽을 머리에 쓰고 있다.

알렉산드로스 제국

알렉산드로스의 유산은 바로 그가 정복한 땅에 세운 새로운 도시들이다. 그리스인, 마케도니아인들과 함께 건설한 것으로, 그중 20개를 자신의 이름을 따서 '알렉산드리아'라고 지었다. 가장 큰 도시는 이집트의 알렉산드리아로, 지중해 해안에서 가장 큰 항구 도시였다.

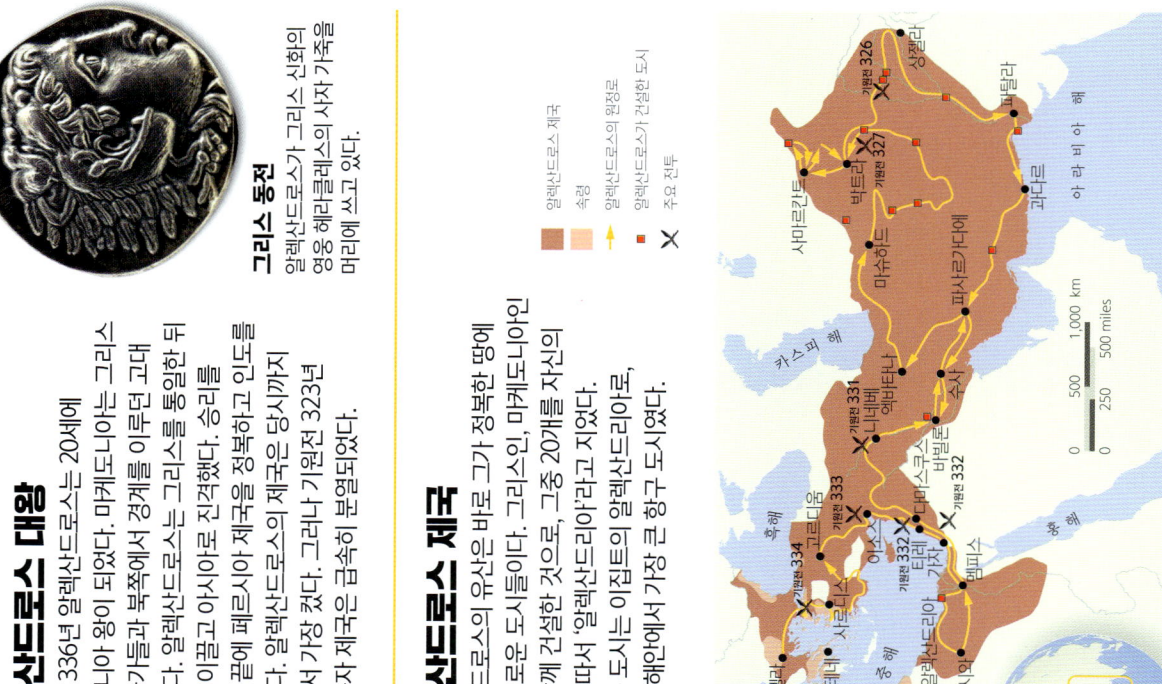

이집트 프톨레마이오스 왕조

알렉산드로스가 죽은 뒤, 부하 장군들이 제국을 여러 왕국으로 나누어 차지했다. 그중 프톨레마이오스는 스스로 이집트의 파라오로 선포했다. 이후 마케도니아인 통치자들은 모두 프톨레마이오스로 불렸는데, 그가 이 이름을 처음 사용했던 것이다. 통치자가 여성인 경우에는 베레니케 또는 클레오파트라라 불렀다. 왕국 전역에서 그리스 미술 양식으로 묘사되어 있었다. 반면 신전 벽화에서는 전통적인 이집트 파라오의 모습을 하고 있었다.

클레오파트라 7세
이집트 프톨레마이오스 왕조의 마지막 통치자는 클레오파트라 7세였다. 이후 로마 제국이 이집트를 차지했다.

약 **50만** 1세기경 알렉산드리아의 인구 수.

알렉산드리아 파로스 섬의 등대는 높이가 110미터였던 것으로 추정된다.

알렉산드리아 파로스 섬의 등대

기원전 3세기에 이집트의 그리스인 통치자가 알렉산드리아 항구 옆에 있는 작은 섬 파로스에 거대한 등대를 세웠다. 1500년 넘게 서 있었던 이 등대는 얼마나 유명했는지 로마 제국 시기에 파로스라는 말이 등대나 신호등을 나타내는 말로 쓰일 정도였다.

사각형 구역
기단 부분은 높이가 61미터였을 것으로 추정된다. 창고나 정비 시설이나 전망대로 갖추고 있었을 것이다.

독길
섬과 알렉산드리아를 연결하는 두길을 따라 물품이 등대로 운송되었다.

방어 기지
섬에서 6미터 정도 솟아 있는 기지가 바다 폭풍으로부터 등대를 보호했다.

짐을 나르는 짐승
등대 안쪽은 동물들이 짐짝을 싣고 수레를 끌고 갈 수 있도록, 바닥길로 쭉 둥 있어야 있었다.

방어하는 군사
등대 기단부에서 군사들이 적의 공격을 막았다.

고대 불가사의

알렉산드리아의 등대는 세계 7대 불가사의 중 하나이다. 세계 7대 불가사의는 기원전 2세기에 그리스 여행 작가들이 웅장한 광경과 기념물들을 뽑아 정리한 것이다. 7대 불가사의 모두 그리스, 이집트, 서아시아의 헬레니즘 세계 안에 있었다.

기자의 대형 피라미드
기원전 2589~2566년 파라오의 무덤을 위해 건설한 대형 피라미드는 유일하게 오늘날까지 원형 그대로 유지하고 있다.

바빌론의 공중 정원
이 대형식 정원은 공학 기술의 엄청난 성과라는 찬사를 받고 있지만 실제로 있었는지는 알 수 없다.

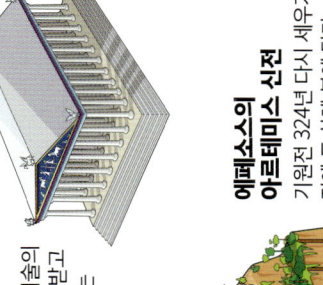

에페소스의 아르테미스 신전
기원전 324년 다시 세우기 전에 두 차례 불에 탔다. 규모가 다른 그리스 신전의 두 배였다.

올림피아의 제우스 상
기원전 435년경 그리스 조각가 피디아스가 금과 상아로 만들었는데, 높이가 13미터에 이르렀다.

마우솔로스의 영묘
이 대형 무덤은 기원전 350년경 페르시아 제국 카리아 지방의 마우솔로스 왕을 위해 만든 것이다.

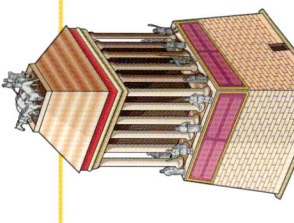

로도스의 거상
기원전 280년에 세워졌다. 태양의 신 헬리오스를 모사한 33미터 높이의 청동상으로, 로도스 항구에 우뚝 솟아 있었다.

고대 인도

기원전 2800년경부터 남아시아에서 인더스 문명이 번성했다. 이는 세계 최초의 위대한 문명 가운데 하나다. 2,000년이 넘게 흐른 뒤에 마우리아족, 그리고 수 세기 뒤에 굽타족이 이곳에서 제국을 건설했다.

오늘날 파키스탄에 있는 인더스 강 유역에 배수 시설을 갖춘 최초의 계획도시가 건설되었다. 그러나 이러한 인더스 문명은 기원전 1800년경 쇠퇴했다. 홍수 또는 전쟁 때문이었던 것으로 보인다. 인도 대부분 지역이 처음으로 통일된 것은 기원전 321년경 마우리아 제국이 등장하면서부터다. 이 제국이 몰락한 뒤 기원후 4세기에 굽타 제국이 등장하여 인도 미술과 과학의 황금기를 열었다. 고대 인도는 세계 주요 종교 가운데 힌두교와 불교가 탄생한 곳이기도 하다.

기원전 2500년경
인더스 강 유역에서 서아시아 메소포타미아에 있는 수메르인들과 교역을 시작했다.

기원전 1500년경
인더스 문명이 몰락한 뒤, 아리안으로 알려진 사람들이 중앙아시아에서 인도로 이주했다. 그들이 사용한 산스크리트어가 전국으로 퍼져 나가기 시작했다. 《베다》라는 산스크리트어 찬가는 가장 오래된 힌두교 경전이다.

기원전 321~303년
기원전 326~325년 알렉산드로스 대왕이 인도를 침입하자, 이에 자극을 받은 찬드라굽타 마우리아가 북인도를 점령하고 마우리아 제국을 세웠다.

기원전 268~232년
3대 군주 아소카 대왕은 마우리아 제국의 영토를 크게 넓힌 뒤 전쟁을 멈추었다. 그는 불교로 개종하고 스리랑카와 중앙아시아에 선교사를 파견해 불교를 전파했다.

기원후 320~330년
찬드라굽타 1세가 인도 북서부를 점령하고 굽타 제국을 세웠다. 굽타 제국 황제들은 힌두교도였지만 불교도 장려했다.

기원후 380~415년
찬드라굽타 2세가 굽타 제국을 다스렸다. 그는 미술과 과학을 후원하였다. 당시 굽타 제국의 천문학자와 수학자들은 세계에서 가장 앞서 나간 사람들이었다.

산치 대탑으로 가는 문
아소카 대왕은 많은 탑을 세웠다. 돌로 된 탑은 부처와 불교 스승들의 유물들을 보관하는 성스러운 구조물이었다. 인도 중부의 산치에 있는 탑들은 아소카 왕이 세운 이후에도 계속 보수되어 왔다. 이 조각은 산치 대탑으로 가는 문으로 기원전 1세기에 만들어졌다.

약 7만 명의 인부가 황릉 건설에 동원되었다.

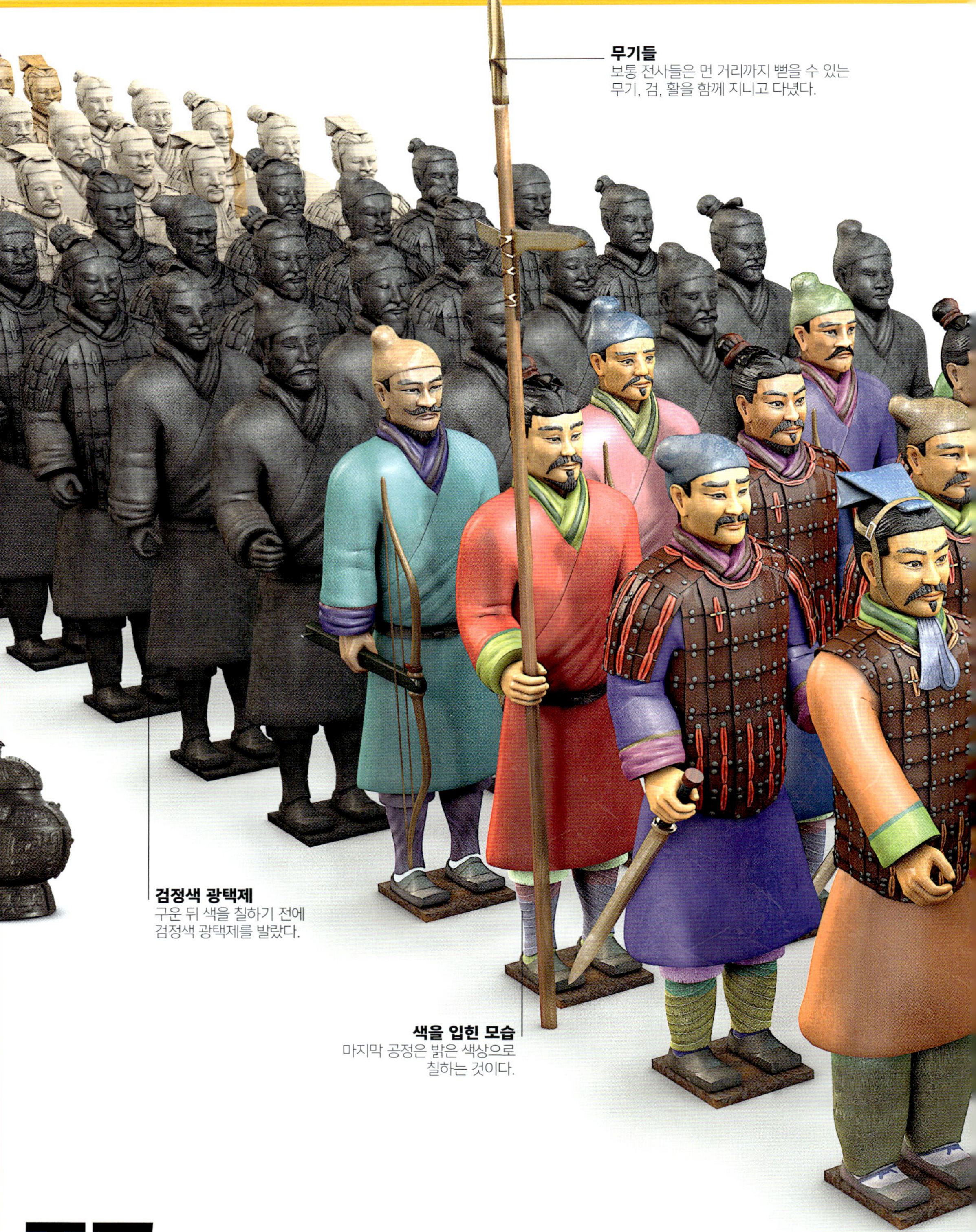
무기들
보통 전사들은 먼 거리까지 뻗을 수 있는 무기, 검, 활을 함께 지니고 다녔다.
점토로 만든 형상
무덤 가까이에서 구한 점토로 만들었다.
구운 조각상
조립이 끝나면 가마에서 구워 딱딱하게 굳혔다.
검정색 광택제
구운 뒤 색을 칠하기 전에 검정색 광택제를 발랐다.
색을 입힌 모습
마지막 공정은 밝은 색상으로 칠하는 것이다.

상나라와 주나라

진나라가 중국을 통일하긴 했지만, 그보다 앞서 상 왕조와 주 왕조가 있었다. 중국 북부에 있던 상나라(기원전 1600년경~1046년)는 한자를 처음 사용했다. 상 왕조를 정복한 주 왕조(기원전 1046~256년)가 통치하는 동안 한자 모양은 오늘날 사용하는 것과 더욱 비슷해졌다.

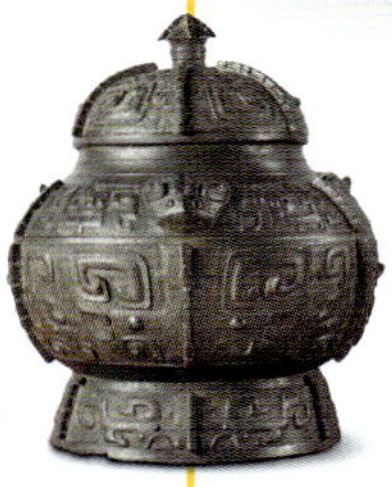
주나라 청동기

전국 시대

전국 시대(기원전 475~221년)가 시작될 무렵 중국은 수많은 작은 나라로 나누어져 있었는데, 이들 사이에 전쟁이 끊이지 않았다. 기원전 3세기가 되자 단 7개국만 남았다. 기원전 230~221년 중국 서부의 진나라가 다른 나라들을 차례차례 정복했다.

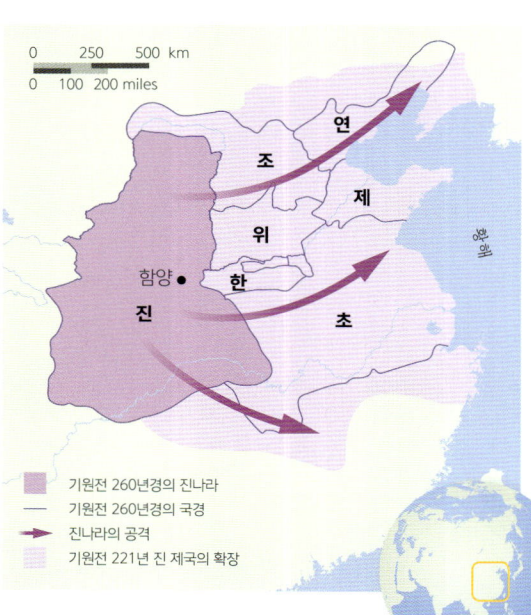

0 250 500 km
0 100 200 miles
연
조
제
위
함양
한
진
초
황해
기원전 260년경의 진나라
기원전 260년경의 국경
진나라의 공격
기원전 221년 진 제국의 확장

중국 최초의 황제

기원전 3세기, 진나라는 중국에 있던 7개국 가운데 하나였다. 기원전 221년 진나라는 이웃 나라들을 정복하고 통일 국가를 이룩했다. 진나라 왕은 최초의 황제라는 뜻으로 '시황제'라고 일컬었다.

진시황제는 모든 사람들에게 똑같은 문자 체계와 화폐를 강요하고 도량형을 통일했다. 그리고 인부들을 동원해 도로망과 수로를 만들고 북방 유목 민족의 침입에 대비해 큰 성벽을 쌓았다. 그러나 통치 방식은 지나치게 가혹하고 평판이 나빴다. 진 왕조는 기원전 210년 시황제가 죽은 지 겨우 4년 만에 멸망하고 말았다.

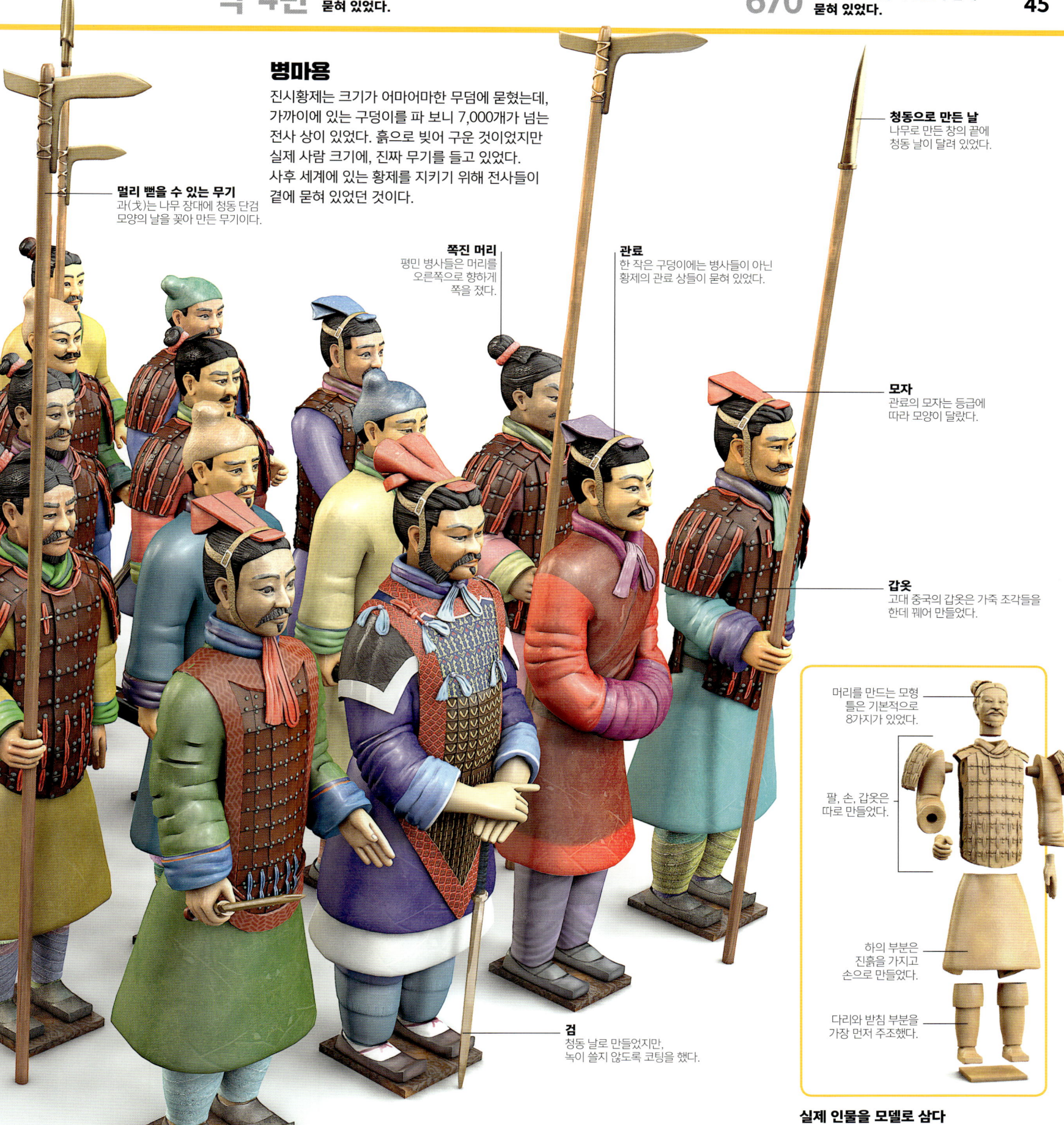

고대 세계 • 중국 한나라

5,767만 1,400 2세기 인구조사에 나온 한나라의 인구 수.

중국 한나라

기원전 210년 중국 최초의 황제가 죽은 뒤, 반란군을 이끌던 유방이 진 왕조를 무너뜨리고 기원전 202년 한 왕조를 세웠다. 한나라는 중국을 400년 넘게 다스리면서, 중국 문화의 수많은 전통과 가치를 세웠다.

한나라 황제들은 유학을 장려했다. 유학은 누구든 저마다의 위치에서 충실해야 한다고 가르친 철학이다. 한나라 때 처음으로, 통일된 달력인 태초력이 만들어져 오늘날에도 사용되고 있다. 그리고 실크로드라는 새로운 교역로가 열리며 중국을 로마 제국 동부까지 연결했다.

한 고조

기원전 3세기 초, 진 왕조의 폭정에 대항하여 봉기가 일어났다. 봉기를 이끈 건 농민 출신인 유방이었다. 그는 진나라의 수도 함양을 점령한 뒤 한나라를 세우고 스스로 황제(고조)가 되었다. 또 장안에 새로운 수도를 건설하고 유학자 관료들을 임용했다.

발명

한 왕조 시기에 중국은 종이, 지진계(지진을 감지하는 기구), 외바퀴 손수레, 나침반 등을 발명했다. 한나라 금속 장인들은 당시 세계에서 기술이 가장 뛰어났다. 철을 녹일 수 있을 만큼 용광로의 온도를 높여, 다양한 무기와 도구를 만들 수 있었다.

지진계
기원후 132년 한나라 학자 장형이 진동을 감지할 수 있는 계란 모양의 구리 용기를 만들었다. 공이 용의 머리들 가운데 하나에서 개구리의 입으로 떨어지는데, 이를 통해 지진이 어느 방향에서 일어났는지 알 수 있었다.

종이
기원후 105년 채륜이라는 관리가 종이를 발명했다. 나무껍질, 대나무 섬유, 물로 만들었기 때문에 대나무나 비단으로 만든 것보다 값이 쌌다.

나침반
최초의 나침반은 금속 숟가락이었다. 접시 위에서 균형을 잡으면 항상 남쪽을 가리켰다.

외바퀴 손수레
한나라의 외바퀴 손수레는 중심에 있는 바퀴 하나가 수레 전체의 무게를 지탱했다. 한나라 사람들은 이것을 '나무 황소'(木牛流馬)라고 불렀다.

교역

중국 장인들은 아름다운 비단, 도자기, 금속 공예품을 만들었다. 이 상품들은 실크로드를 타고 아시아 너머로 수출되었다. 누에고치에서 비단을 만드는 기술은 중국이 철저히 지켜 온 비밀이었다. 부유한 로마인들은 비단을 좋아했지만 만드는 법을 몰랐다.

청동 미술
한나라 사람들은 청동으로 많은 미술 작품을 만들었다. 한나라 황제들의 무덤은 청동 조각품과 장신구로 가득 채워졌다.

비단
한나라 귀족 부인 '대후'는 복잡한 그림이 그려진 비단에 덮인 채 무덤에 묻혀 있었다.

한나라 조정

한 왕조 초기만 해도 나라에서는 귀족과 고위 관료들의 추천을 받아 관리를 임명했다. 그러나 기원전 165년 문제(文帝)가 시험에 합격해야만 관리가 될 수 있는 제도를 새롭게 도입하자, 예전보다 더 많은 사람들에게 기회가 열렸다. 그러나 실제로는 부유층 가문의 자녀들만 교육을 받고 시험을 치를 여유가 있었다.

유학자
한나라 황제들은 기원전 6~5세기 철학자인 공자가 정한 원칙을 따랐다. 공자는 자신보다 신분이 높은 사람은 존경하고 신분이 낮은 사람은 공정하게 대해야 한다고 했다. 한나라에서는 지배자와 피지배자의 관계를 가장 중요하게 여겼기 때문에, 많은 황제들이 유학자들을 등용했다. 제7대 황제인 무제(武帝)는 유교 경전을 가르치는 태학(太學)을 설치했다.

한나라 조정의 학자들
한나라 황제들은 학자들을 불러다가 나랏일에 자문을 구했다. 이 그림은 한나라 헌제(獻帝)가 학자들과 함께 고전을 해석하고 있는 모습이다.

한나라 이후

기원후 2세기에 홍수 피해와 메뚜기 떼의 재앙 그리고 기근으로 중국은 황폐해졌다. 절망에 빠진 농민들은 한나라에 반기를 들었다. 황제들은 군대를 보내 반란을 진압했지만, 장군들이 황제를 배반하고 지방에서 세력을 이어 갔다. 한나라는 몰락하기 시작했고, 기원후 220년 마지막 황제 헌제가 황제의 자리에서 물러났다.

삼국 시대

220년부터 280년까지 중국은 북쪽의 위, 서쪽의 촉, 동쪽의 오, 이렇게 세 나라로 분열되어 있었다. 각국 통치자들은 중국 황제를 자처했고 끊임없이 전쟁을 벌였다. 가장 강했던 위나라가 263년 촉나라를 정복했다.

오나라를 세운 손권
삼국 시대 오나라의 첫 황제로 222부터 252까지 통치했다.

진 왕조

265년 위나라 장군 한 사람이 권력을 잡고 스스로 진 왕조 황제임을 선언했다. 그리고 280년 동쪽의 오나라를 정복하고 중국 대부분을 다시 통일했다. 그러나 진 왕조는 이웃 나라들의 침입을 받아 316년 무너지고 말았다.

서예
진 왕조 때 서예가 크게 발전했다. 왕희지는 진나라 최고의 서예가였다.

남북조 시대

386년 북위 왕조가 북중국을 다시 통일했다. 한편 오늘날 중국 남부에 해당하는 지역에서는 여러 왕조가 흥망을 거듭했다. 중앙아시아에서 상인과 선교사를 통해 불교가 전해져 중국 전역으로 널리 퍼졌다.

북위의 불상

수 왕조

수 왕조를 세운 문제(文帝)가 588년 중국을 다시 통일했다. 2대 황제이자 마지막 황제인 양제(煬帝)는 614년부터 618년까지 통치했다. 그는 인부 500만 명을 동원해 황하와 장강을 연결하는 운하를 건설했다.

대운하
양제의 대운하는 중국을 대표하는 두 개의 큰 강, 황하와 장강을 연결한다. 현재까지 세계에서 가장 긴 운하로 남아 있다.

고대 로마

로마는 기원전 8세기에 이탈리아 테베레 강 언덕의 정착촌에서 시작되었다. 점차 유럽과 지중해 연안으로 넓혀 나가며 제국으로 성장했다.

최고 전성기에 로마 제국은 오늘날의 스페인 서해안에서 시리아까지, 그리고 잉글랜드 북부에서 홍해에 이르기까지 영역을 넓혀 세계 인구의 사분의 일을 통합했다. 군사력과 기술력이 뛰어났던 로마 문명은 오늘날까지도 영향을 미치고 있으며 로마의 법, 예술, 문학, 건축, 정치는 여전히 현대 세계의 많은 부분을 이루고 있다.

초기 로마

전설에 따르면, 로마는 전쟁의 신인 마르스와 인간 사이에서 태어난 로물루스와 레무스가 세웠다. 고고학자들은 이들이 테베레 강가에 처음 정착한 시기를 기원전 8세기 경으로 보았다. 초기 로마는 특히 에트루리아인의 영향을 받았다. 에트루리아인은 오늘날의 터키에 있는 리디아에서 북이탈리아로 이주한 민족이었다. 그들은 로마에 하수 시설, 예술, 전차 경주에 관한 지식을 전해 주었다. 심지어 로마는 공화정을 세우기 전에 에트루리아 왕의 지배를 받기도 했다.

에트루리아 무덤 벽화
에트루리아인은 청동뿐 아니라 점토를 구운 조각상과, 아름다운 벽화를 만든 것으로도 유명하다.

로마 공화정

초기 로마 역사가들에 따르면, 기원전 509년경 로마의 마지막 왕 타르퀴니우스가 왕좌에서 쫓겨나면서 로마의 정치 제도가 바뀌었다. 왕정을 폐지하고 공화정을 세운 것이다. 그리하여 최고 관리인 집정관 두 명이 귀족 대표로 이루어진 '원로원'과 함께 나라를 다스렸다.

로마의 공학 기술

로마인은 앞서 나간 기술자들이었다. 로마 군대가 대단히 먼 지역까지 방어할 수 있었던 것은, 오늘날에도 일부분 사용되고 있을 정도로 잘 만들어진 도로망 덕분이었다. 로마인은 도시와 마을에 물이 공급되도록 수도교를 세웠고 강 위에는 다리를 설치했다. 또한 공장, 펌프, 무기, 댐, 심지어는 난방 장치도 설계했다.

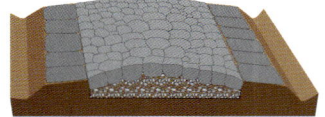

도로
다섯 겹으로 이루어진 로마의 도로는 오래 지속될 수 있도록 설계되었다. 로마인이 만든 도로 중 일부는 지금까지도 남아 있다.

수도교
로마인들은 엄청나게 큰 수도교를 만들어 호수에 있는 물을 공중목욕탕, 우물, 집, 공장으로 끌어 왔다.

율리우스 카이사르

로마 군대에서 훌륭한 장군으로 인정받은 카이사르는 라이벌인 폼페이우스를 제거한 뒤 로마 최고 권력자가 되었다. 그러나 기원전 44년 그가 왕이 되는 것을 두려워한 원로원 의원들에게 살해되었다.

카이사르의 죽음
카이사르는 3월 15일, 원로원 회의에 들어가던 중 칼에 맞아 목숨을 잃었다.

연표

고대 로마

로마는 역사적으로 세 가지 정부 형태, 즉 왕정, 공화정, 제정을 거쳤다. 이렇게 바뀌는 동안 로마의 영향력은 점점 커졌다.

기원전 753년 - 로마 건국
로마 초기 역사는 알려진 바가 거의 없다. 전설에 따르면 로마는 쌍둥이 형제 로물루스와 레무스가 건국했다. 로물루스가 동생을 죽이고 초대 왕이 되었으며, 자기 이름을 따서 도시 이름을 로마라 지었다.

기원전 509년 - 공화정이 시작되다
마지막 왕이 쫓겨나며 로마에서는 공화정이 시작되었다. 이는 기원전 27년 로마 제정이 시작될 때까지 이어졌다.

기원전 264~146년 - 포에니 전쟁
오늘날 북아프리카 튀니지에 있는 도시, 카르타고는 로마의 강력한 경쟁자였다. 로마와 카르타고는 기원전 264년~146년에 모두 세 차례 전쟁을 치렀다. 결국 로마가 카르타고에 승리를 거두고 그 도시를 잿더미로 만들었다.

기원전 73~71년 - 스파르타쿠스의 반란

로마 사회를 떠받친 건 노예들이었다. 기원전 135년~71년에 세 차례 대규모 노예 반란이 일어났다. 최후의 반란을 이끈 사람은 검투사 출신인 스파르타쿠스이다.

기원전 58~50년 - 카이사르의 활약
카이사르는 고대 갈리아 지방의 켈트족을 정복하여 오늘날 프랑스와 벨기에 대부분을 로마 영토로 삼았다. 한편 기원전 55년~54년에 브리튼을 침입했지만 별다른 성과를 거두지는 못했다.

기원전 27년 - 로마가 제국이 되다
기원전 44년 카이사르가 살해되자 그의 조카 손자인 옥타비아누스가 암살자들을 찾아 체포했다. 그는 경쟁자들을 물리치고 로마 최초의 황제가 되었으며, '존엄자'라는 의미의 아우구스투스라는 칭호를 받았다.

100만 기원후 1세기 수도 로마에 적어도 이 정도 인구가 살고 있었다.

고대 로마 여성은 자유민으로 태어났더라도 투표를 하거나 관리가 될 수 없었다.

로마 제국

기원후 117년 영토를 가장 크게 넓혔을 때, 약 500만 제곱킬로미터에 이르렀고 인구는 수천만 명이었다.

로마 초기 황제들

율리우스 카이사르는 로마 황제가 되지 못했지만, 그의 양아들이자 상속자인 옥타비아누스는 '아우구스투스'라는 칭호를 받고 황제가 되었다. 그리하여 기나긴 로마 황제 계보도의 맨 윗자리를 차지한 것이다. 로마 황제들 중에는 권력 있고 노련한 정치가도 있었지만 권력을 마구 휘두른 이들도 있었다.

아우구스투스 (기원전 27년~기원후 14년)
40년 넘게 통치했으며, 가장 성공한 황제라 할 수 있었다.

칼리굴라 (기원후 37~41년)
잔인하기로 유명했던 그는 암살된 수많은 로마 황제 가운데 한 사람이었다.

클라우디우스(41~54년)
위대한 행정가로 브리튼을 정복함으로써 로마 제국을 더욱 확장했다.

네로(54~68년)
후대 로마 역사가들에게 잔인하고 이기적인 황제로 악명을 떨쳤다.

- **황제** — 로마 제국의 최고 권력자
- **원로원 의원** — 로마를 통치했던 부유하고 강력한 입법자들
- **에퀴테스** — 부유하고 영향력 있는 귀족 가문
- **플레브스** — 노동자와 상인 등 일하는 사람들
- **해방 노예** — 이전에 노예였다가 자유의 몸이 된 이들
- **노예** — 아무 권리도 없는, 주인의 재산

제국의 중심

로마 제국 영토는 최고 전성기에 동서로 4,000킬로미터, 남북으로 3,700킬로미터에 이르렀다. 그 중심에는 도시 로마가 있었는데 1세기경에는 100만 명 넘게 살고 있었다.

기원후 100년의 로마
1세기 말 로마에는 궁전, 신전, 극장, 공중목욕탕, 기념물, 원형 경기장이 가득 들어차 있었다.

트라야누스(98~117년)
군인 황제 트라야누스는 로마 제국 영토를 최대로 넓혔다.

하드리아누스(117~138년)
제국의 경계를 표시하는 거대한 방벽이, 그가 통치하는 동안 브리튼에 세워졌다.

로마 사회

로마 제국 사람들은 사회적 지위에 따라 누릴 수 있는 권리도 달랐다. 맨 밑바닥에 있는 노예는 주로 로마에 정복된 외국인이었다. 가장 높은 곳에는 황제뿐 아니라 에퀴테스와 원로원 의원 같은 귀족 가문들이 있었다.

70년

콜로세움 건설을 시작하다

69년 베스파시아누스는 플라비우스 왕조를 세웠다. 10년 동안 통치하면서 콜로세움 건설을 시작한 것으로 유명하다. 로마 황제로서 최초로 아들에게 황제 자리를 물려주었다.

113년

트라잔 기념탑

로마에 있는 대리석 기념탑으로, 트라야누스 황제가 전투에서 승리한 것을 기리고 있다. 113년 완공된 이 탑은 이후 수많은 전투에서 승리의 기운을 북돋아 주었고 런던 트라팔가르 광장의 넬슨 기념탑과 같은 기념탑 건축에 영감을 주었다.

122년~

하드리아누스의 방벽

오늘날 스코틀랜드에 있었던 북방 부족들로부터 브리타니아를 방어하려고 쌓았다. 길이가 118킬로미터에 이르렀으며, 방벽에는 8킬로미터마다 요새가 하나씩 있었다.

286년

동로마 제국과 서로마 제국

3세기가 끝날 무렵, 광대한 로마 제국은 둘로 나뉘었다. 서쪽 절반은 밀라노와 라벤나에서 다스렸고, 동쪽 절반은 처음에는 니코메디아, 이후에는 콘스탄티노플(오늘날 이스탄불)에서 다스렸다.

312~330년

콘스탄티누스의 통치

콘스탄티누스 황제가 건설한 콘스탄티노플이라는 도시가 동로마 제국의 수도가 되었다. 로마 황제로는 최초로 기독교로 개종했지만, 이는 그가 죽기 바로 직전이었다.

476년

로마 멸망

서로마 제국은 4세기 말부터 쇠퇴하기 시작했다. 서유럽과 중유럽에서 침입해 오는 강력한 부족들을 막을 힘이 없었다. 마지막 서로마 황제 로물루스 아우구스투스는 476년 게르만족 왕에 의해 황제 자리에서 쫓겨났다.

로마 군대

로마 제국 군대는 고대 세계에서 가장 탄탄하고 효율적인 조직이었다. 적군들과 달리, 로마 병사들은 수준 높은 훈련을 받았고 군 복무로 생계를 꾸렸다.

최정예 병사는 '군단병(레기오나리)'이라 불리는 중장 보병이었다. 로마 시민권이 있는 사람들로, 18세쯤 입대하여 25년간 복무했다. 많았을 때는 훈련과 중장비를 갖추고 행군하며 점점 강인해졌다. 이들은 전투뿐 아니라 고된 노동도 했다. 임시로 마을 병영을 비롯해 요새와 도로도 만들었다. 군단병 외에 '보조병(아욱실리움)'이라 불리는 시민권이 없는 병사들도 있었다. 이들은 비교적 간단한 무기만 갖추고 궁수나 기병으로 전투에 임했다.

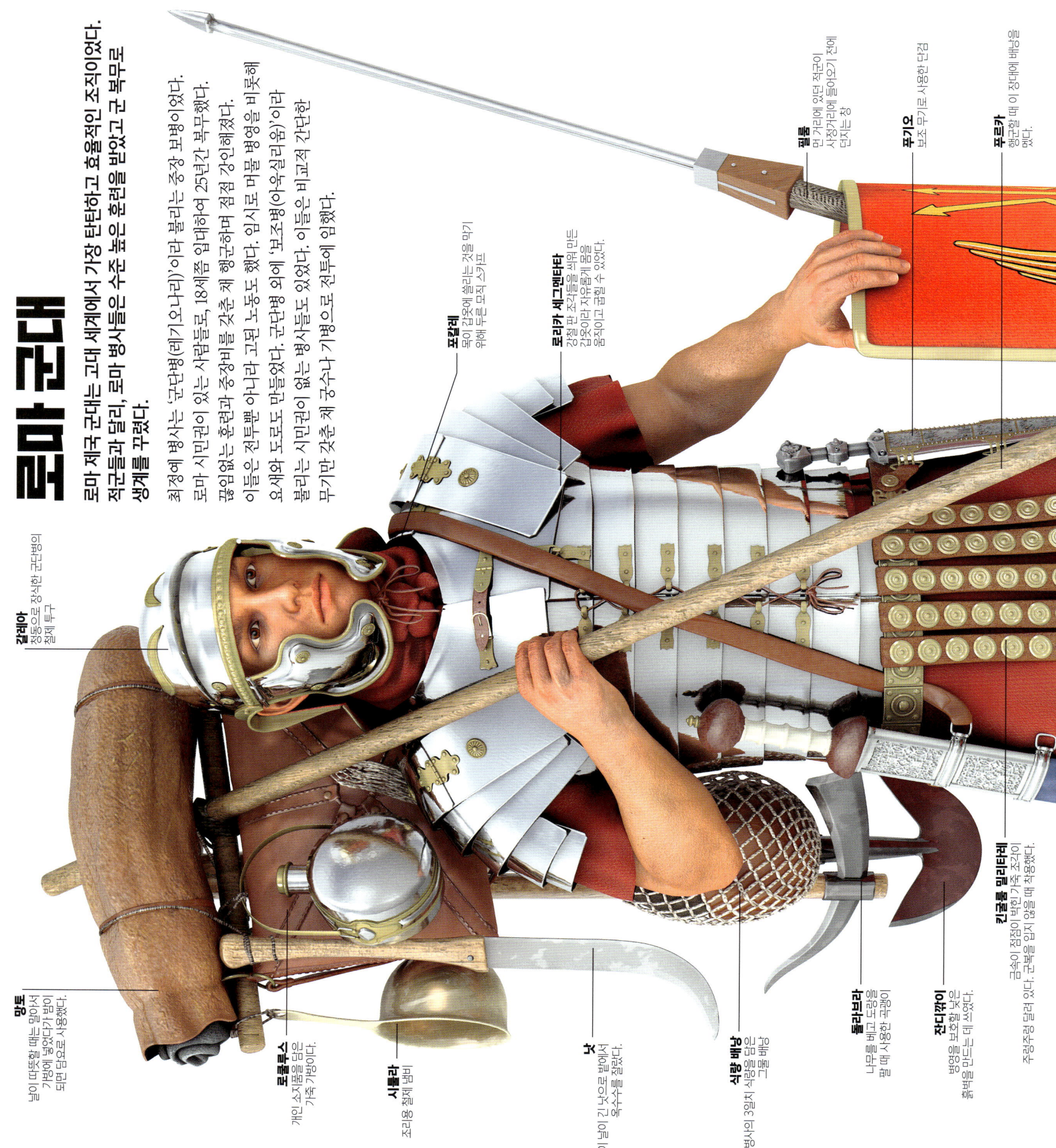

갈레아 청동으로 장식한 군단병의 철제 투구

필룸 먼 거리에 있던 적군이 사정거리에 들어오기 전에 던지는 창

무기오 보조 무기로 사용한 단검

푸르카 행군할 때 이 장대에 배낭을 걸었다.

필룸 적이 갑옷에 쓸리는 것을 막기 위해 두른 모직 스카프

포칼레 목이 갑옷에 쓸리는 것을 막기 위해 두른 모직 스카프

로리카 세그멘타타 강철 판 조각들을 쌓아 만든 갑옷으로, 자유롭게 몸을 움직이고 굽힐 수 있었다.

킹굴룸 밀리타레 금속 장식이 박힌 가죽 조각이 병영을 보호하는 낯. 흑벽을 만드는 데 쓰였다.

잔디깎이 병영을 보호하는 낯. 흑벽을 만드는 데 쓰였다.

돌라브라 나무를 베어 도랑을 팔 때 사용한 곡괭이

식량 배낭 병사의 3일치 식량을 담은 그물 배낭

낫 이 낱이 긴 낫으로 풀이나 옥수수를 잘랐다.

사툴라 조리용 철제 냄비

로풀루스 개인 소지품을 담은 가방에 넣었다가 밤이 되면 담요로 사용한 가죽 개보

망토 날이 따뜻할 때는 걸어서 가방에 넣었다가 밤이 되면 담요로 사용했다.

로마 군대의 핵심을 이룬 군단병들은 군장을 맨 채 5시간에 35킬로미터를 이동할 수 있었다.

37만 5,000 117년 당시 로마 군대의 총 병사 수.

16만 5,000 117년 당시 군단병 수.

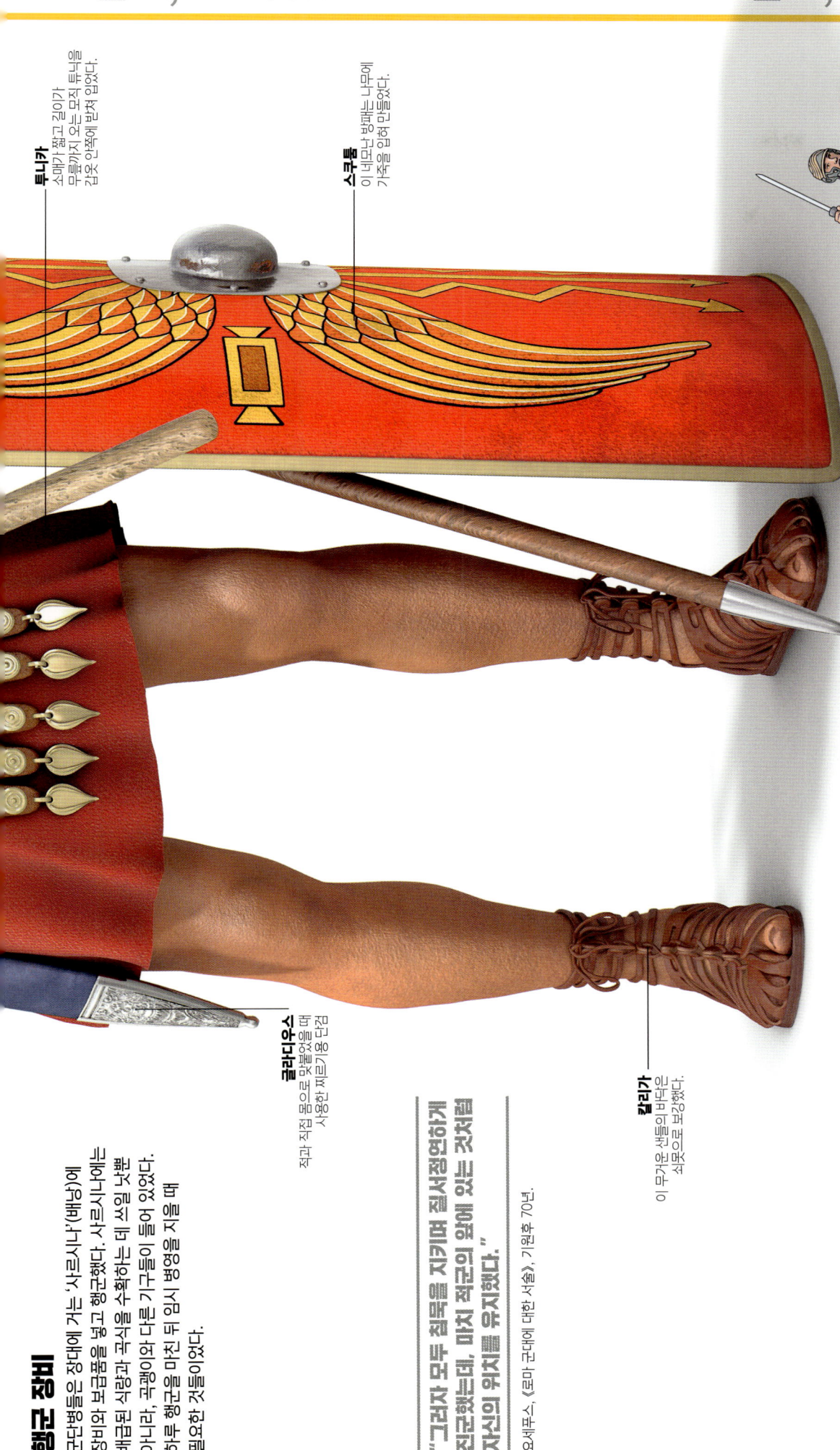

행군 장비

군단병들은 장거리 행군에 '사르시나'(배낭)에 장비와 보급품을 넣고 행군했다. 사르시나에는 배급된 식량과 취사용품을 수확하는 데 쓰일 낫뿐 아니라, 곡괭이와 다른 기구들이 들어 있었다. 하루 행군을 마친 뒤 임시 병영을 지을 때 필요한 것들이었다.

투니카 소매가 짧고 길이가 무릎까지 오는 모직 튜닉은 갑옷 안쪽에 받쳐 입었다.

스쿠툼 이 타원형 방패는 나무에 가죽을 덧댄 만들었다.

클라디우스 찌르고 직접 몸으로 맞붙었을 때 사용한 짧은 단검.

칼리가 이 무거운 샌들은 바닥에 쇠못으로 보강했다.

"그러자 모두 점호를 지키며 질서정연하게 진군했는데, 마치 적군의 앞에 있는 것처럼 자신의 위치를 유지했다."

요세푸스, 《로마 군대에 대한 서술》, 기원후 70년.

로마 군단(레기온)

로마 군대는 군단들로 이루어져 있었다. 기원후 117년 로마 제국이 영토를 가장 크게 넓혔을 때 제국 전체에 30개의 로마 군단이 있었다. 군단들은 지역마다 숫자와 이름이 있었고, 이들은 병사들의 출신 국적에 따라 짓거나 동물이나 번갯불 같은 사람이나 사물을 사용하기도 했다.

군단 하나에는 병사 5,500명이 소속되어 있었는데, 이것은 다시 '코호트'라는 10개의 대대로 구성되었다. 그리고 이 대대는 다시 100명의 병사가 소속된 10개의 백인대로 구성되었다. 각 군단에는 기병 부대가 별도로 있어서 적을 살피는 정찰병과 명령을 전하는 전령이들이 복무했다.

로마 기병 로마 기병 부대의 병사들은 말을 탄 채로 싸울 수 있는 숙련된 기마병이었다.

기병 부대 120명의 숙련된 기마병으로 이루어진 기병 부대가 각 군단을 따랐다.

소규모 대대 제2~10 대대는 각각 500명으로 이루어졌는데, 제10 대대의 전투 경험이 가장 적었다.

제1 대대 제1 대대는 800명으로 이루어졌는데, 군단에서 가장 경험이 풍부한 병사들이었다.

로마인의 일상생활

로마 제국에서는 부자와 빈민의 생활 차이가 컸다. **부유층은 호화로운 삶을 살았지만 가난한 백성들은 주로 열악한 빈민가의 작은 집에서 살았다.**

전통적인 상류층 로마 가정에서는 남성 중 가장 나이가 많은 사람이 가장이었다. 가장은 주로 '도무스'라는 고급 주택과 별장을 소유하고 있었다. 별장이 휴식을 취하고 사냥을 하는 장소라면, 도무스는 가장이 업무를 보고 사회생활을 하는 곳이었다. 매일 아침 손님들이 줄을 지어 그를 찾아왔는데, 이들은 상대적으로 덜 부유한 로마인들로 청탁을 하러 온 것이었다. 많은 노예들이 가족의 시중을 들었는데, 주로 하녀와 요리사의 역할을 하며 집안일을 모두 도맡았다. 노예들은 도무스 뒤뜰에 있는 작은 방에서 살았다.

아트리움
아트리움(안뜰)은 손님을 맞이하는 집에서 가장 공적인 장소였다. 지붕 사이 트인 공간으로 빛이 들어왔고, 바닥에는 빗물을 받는 장식용 연못이 있었다.

100만 기원후 1세기 수도 로마의 인구.

로마인의 도무스

이 복원도는 폼페이의 발굴 조사를 토대로 그린 것이다. 폼페이에는 수많은 집들이 79년 화산 폭발로 묻혔을 당시 모습 그대로 보존되어 있었다.

이아누아와 베스티불룸
이아누아(정문)는 도무스 본채를 차단하는 베스티불룸(현관)으로 통했다.

타베르나
거리와 마주하고 있는 이 공간은 상점으로 임대를 주었다.

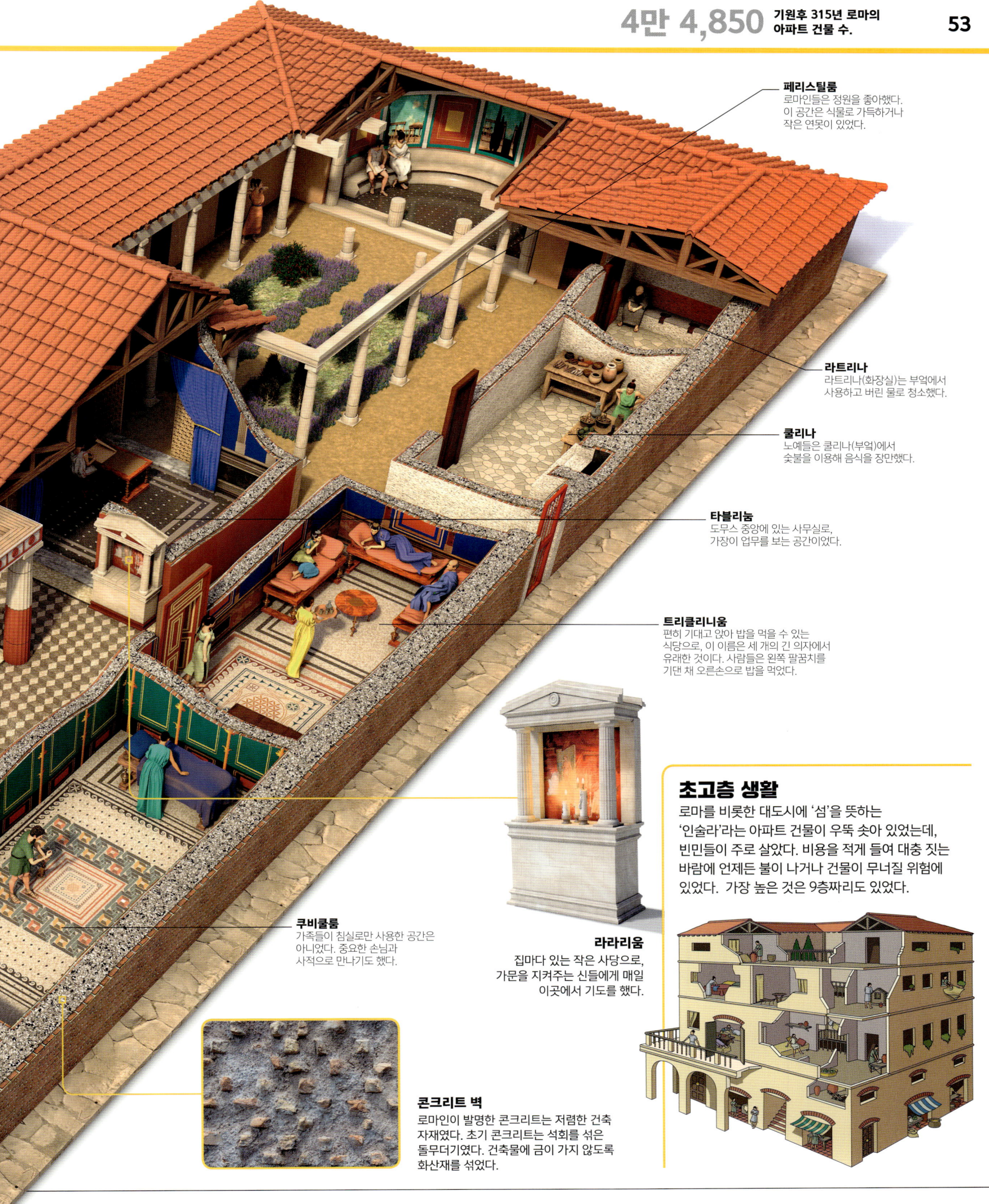

게르만족

기원전 250년, 로마인들에게 게르마니아로 알려진 지역(오늘날 스칸디나비아와 동유럽)에 수백 개의 게르만 부족들이 살고 있었다. 다수가 유목민이었고 장거리 이동을 했는데, 대륙을 누비면서 새로운 왕국을 세우고 오랜 제국들과 전쟁을 벌였다.

게르만족은 오늘날 독일, 스칸디나비아, 프랑스, 영국, 스페인, 북아프리카에 정착했고 로마 제국 국경 가까이 살았다. 통일되어 있지 않았던 게르만 부족들은 로마 제국뿐 아니라 자기들끼리도 싸웠다. 기원후 4세기와 5세기에 반란과 전쟁을 벌이며 서로마 제국의 멸망을 부추겼다. 이후 300년 동안 게르만족은 작은 왕국을 세워 나갔고, 그중 일부는 중세에 접어들며 유럽에서 주요한 왕국으로 성장했다.

3 서고트족이 로마를 약탈하는 데 걸린 날수.

로마와의 관계

600년 넘게 게르만족은 로마 제국을 침입했다. 기원후 4세기에 훈족이 게르마니아로 이동하자 그곳에 살던 부족들이 로마 제국 영토 안으로 밀려 들어왔다. 일부는 로마 땅에 평화롭게 정착하여 로마인들과 교역하고 로마의 전통을 받아들였다. 그러나 시간이 흘러 더 많은 땅을 넘보며 여러 차례 로마를 공격하기도 했다.

부족장 아르미니우스
기원후 9세기, 부족장 아르미니우스가 오늘날 독일 서부에 있는 토이토부르크 숲에서 로마 군대에 승리를 거두었다.

게르만 이교주의

많은 게르만 부족들은 저마다 신앙이 있었다. 자연과 그들 주변 세계를 대표하는 많은 신들을 숭배했다. 이러한 신앙을 한마디로 '게르만 이교주의'라고 한다. 그리고 요정, 도깨비, 용과 같은 초자연적 존재도 믿었다. 게르만족이 유럽 전역으로 이주함에 따라 각 부족의 종교적 믿음은 점차 변했다.

토르스룬다 판
청동으로 만든 토르스룬다 판은 1870년 스웨덴에서 발견되었다. 역사가들은 이 판에 묘사된 것이 게르만 신화일 것으로 보고 있다.

게르만 부족들

게르만족은 북쪽 스칸디나비아부터 남쪽으로는 흑해에 이르기까지 유럽 전역에 걸쳐 있었다. 기원후 476년 로마 제국이 멸망한 뒤 그 일부가 최초의 게르만 왕국들을 세웠다.

반달족
스칸디나비아에서 유럽 본토 전역으로 퍼져 나갔다. 기원후 5세기에 북아프리카에 정착했는데, 그곳에서 부족장 가이세리크가 반달 왕국을 세웠다.

기원후 455년 로마를 약탈하는 반달족

수에비족
마르코만니, 콰디, 롬바르드를 포함하는 부족들의 연맹체였다. 중유럽 엘베 강변을 따라 정착했고 서쪽으로 오늘날의 스페인으로 나아갔으며, 그곳에서 일부 부족들이 수에비 왕국을 세웠다.

기도하는 남자를 묘사한 수에비족 조각상

고트족
동고트와 서고트로 나눌 수 있다. 기원후 410년 고트족 지도자 알라리크 1세가 로마를 공격하여 약탈에 성공했다. 5세기 말 테오도리크 대왕이 오늘날 이탈리아에 동고트 제국을 세웠다.

테오도리크 영묘

게르만 전사들은 검에 붙어 있는 펜던트가 상처를 치료해 준다고 믿었다.

게르만족 예언자들은 숲과 같은 신성한 장소에서 의식을 치렀다.

전쟁과 무기

게르만 전사들은 보잘 것 없는 무기로 겁 없이 싸웠다. 철로 검을 만들긴 했지만 로마 군대의 강철 무기보다 약했다. 게다가 철은 귀한 금속이어서 게르만 전사들은 창, 나무 곤봉, 화살로 무장했다. 갑옷을 입는 경우는 드물었고, 대부분 작은 가지나 나무판자로 만든 방패를 손에 들었다.

서튼후의 투구
영국의 서튼후라는 무덤 유적지에서 기원후 7세기의 게르만족 투구가 발견되었는데, 철과 구리로 만든 것이었다.

왕과 부족장

게르만족을 다스린 건 전투력이 뛰어난 전사들이었다. 이들 부족장은 솔선수범했고 사납기로 소문나 있었다. 기울어 가던 로마 제국과 수세기 동안 전투를 벌인 뒤, 정착할 땅을 요구했다. 부족장은 군주가 되어 새로운 영토를 지배했다.

게르만 부족장
클로비스 1세는 기원후 482년 프랑크 왕국 최초의 왕이 되기 전까지만 해도 부족장에 지나지 않았다. 496년 그는 기독교로 개종했다.

게르만 사회

게르만족은 씨족사회를 기반으로 목재 가옥들로 이루어진 작은 정착촌에서 살면서 식량으로 삼을 작물과 동물들을 길렀다. 수 세기가 지나며 인구가 늘어 방어가 중요해졌고 부족장과 영주들의 권력 또한 커졌다. 그러자 젊은 전사들은 자신의 지도자에게 충성을 서약했다.

미드홀
커다란 방 하나로 이루어진 건물을 가리켜 '미드홀'이라고 하며, 연회장으로 사용되었다. 부족 주민과 전사들이 영주나 부족장들과 함께 축하를 나누는 장소였다.

게르만 사회에서는 속죄금(죄를 용서받기 위하여 내는 돈)이 신분에 따라 달랐다. 죽거나 다치면 그 가족이 가해자로부터 보상을 받을 수 있었다.

앵글로-색슨족
기원후 5~6세기에 독일 북부에서 영국으로 이주했다. '고대 영어'로 알려진 여러 앵글로-색슨 언어들이 나타났다.

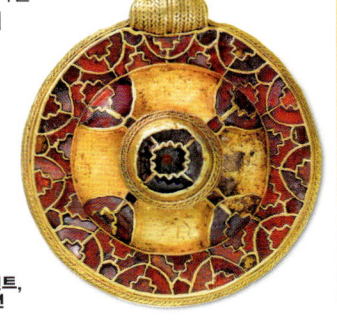

앵글로-색슨 펜던트, 기원후 600년

롬바르드족
기원후 6~8세기에 수에비족으로부터 떨어져 나와 롬바르드족 왕국을 세우고 오늘날의 이탈리아 대부분을 차지했다.

롬바르드족의 왕 로타르 1세

프랑크족
오늘날 독일에서 벨기에와 프랑스까지 퍼져 나갔다. 샤를마뉴가 세운 카롤링거 제국은 서유럽에서 강력한 왕국들 가운데 하나였다.

프랑크족의 왕 샤를마뉴

중세 세계

로마 제국이 붕괴하면서, 유럽은 5세기부터 15세기까지 1000년 동안 여러 왕국으로 분열되어 경쟁을 벌였다. 아라비아 반도에서 시작되어 세계로 뻗어나간 이슬람 제국 그리고 중국은 예술과 과학의 황금시대를 열었다. 일본에서는 무사들이 정권을 잡은 뒤 내전의 시대가 이어졌다. 아메리카, 아프리카, 남아시아 그리고 태평양에서는 새로운 문화가 출현했다.

58 중세 세계 ○ 연표

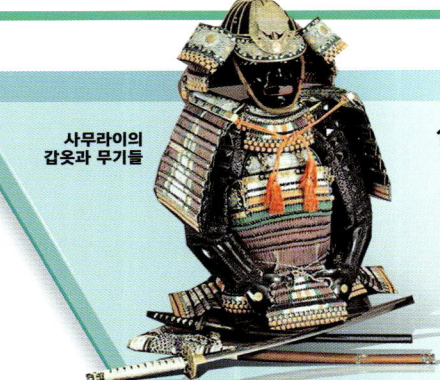
사무라이의 갑옷과 무기들

1190년경: 메사 베르데의 절벽 궁전
북아메리카 남서부에 살았던 푸에블로의 선조들이 오늘날 미국 콜로라도 주에 있는 메사 베르데에 '절벽 궁전'이라는 공동 주택을 지었다.

푸에블로의 선조들이 짠 바구니

13세기: 마오리가 뉴질랜드에 도착하다
'마오리'라는 폴리네시아인이 오늘날 뉴질랜드 여러 섬에 정착했다. 이들은 뉴질랜드를 '아오테아로아'라 불렀는데, '길고 흰 구름의 땅'이라는 뜻이다.

마오리의 가면

1185년: 무사들이 일본을 지배하다
군사 지도자 미나모토 요리토모가 사무라이 군대의 지지를 받아 권력을 장악했다. 그때부터 무사들 사이에 일본을 차지하기 위한 경쟁과 대립의 시기가 400년 넘게 이어졌다.

12세기: 그레이트 짐바브웨
남아프리카 짐바브웨 왕국은 '그레이트 짐바브웨'라는 수도를 건설했다. 그곳에 세운 탑들은 15세기 유럽인이 오기 전까지 사하라 이남 아프리카에서 가장 높은 건축물이었다.

그레이트 짐바브웨에 있는 새 조각상

크락 데 슈발리에

중세 세계

로마 제국이 몰락한 유럽에서는 고대 지식이 사라지고, 곳곳에 왕국이 들어서며 영토를 놓고 다투었다. 그러나 아시아와 아메리카에서는 오래된 제국들과 새로운 제국들이 팽창과 번영을 이어 갔다.

기독교가 유럽 전역으로 퍼져나갔고, 이슬람이라는 새로운 종교가 서아시아에서 북아프리카와 스페인 남부로 빠르게 퍼져 나갔다. 두 종교가 대립하며 수 세기 동안 전쟁이 이어졌다. 그 밖의 다른 지역에서는 중국과 인도의 뛰어난 문화가 동남아시아로 영향력을 넓혔고, 태평양 섬 곳곳에 폴리네시아인이 정착했다. 아메리카에서 탄생한 위대한 문명들은 15세기에 유럽인이 올 때까지 세계의 다른 지역으로부터 고립되어 있었다.

샤를마뉴

800년: 신성 로마 제국
샤를마뉴가 서유럽과 중유럽을 아우르는 이 제국의 첫 황제가 되었다.

802~1431년: 크메르 제국
동남아시아 크메르 제국 사람들이 수도 앙코르에 사원 수백 개를 세웠다.

앙코르 사원 조각상

794~1185년: 헤이안 시대
일본 황실에서 수준 높은 문화, 문학, 예술이 번성했다. 이 시기 불교가 일본 전역으로 전파되었다.

헤이안 시대의 불상

유스티니아누스 1세

527~565년: 유스티니아누스 1세
로마가 동서로 갈라진 뒤, 동로마 제국은 476년 서로마 제국이 무너지는 와중에도 살아남았다. 역사적으로 큰 업적을 남긴 동로마 제국의 황제, 유스티니아누스 1세는 북아프리카, 스페인, 이탈리아의 여러 지역을 정복하려고 군대를 보냈다.

미시시피 문화의 장식된 항아리

700년경~: 미시시피 문화
북아메리카에서는 미시시피 계곡 지역에 살고 있던 아메리카 원주민 부족들이 거대한 흙무덤을 건설했고 도기와 직물을 교역했다.

자발 알누르

610년경: 이슬람교가 탄생하다
이슬람 신앙에 따르면, 오늘날 자발 알누르('빛의 산')로 알려진 산의 한 동굴에서 예언자 무함마드가 천사의 계시를 받은 뒤 이슬람교를 전파하기 시작했다.

몽골군의 화살통

1206~1368년: 몽골 제국
칭기즈 칸이 중앙아시아의 몽골족을 통합했다. 몽골족은 아시아와 유럽에 걸친 드넓은 땅을 정복하며 역사상 가장 큰 제국을 세웠다.

송가이의 무덤

1335년경~1591년: 송가이 제국
무슬림이 세운 이 제국은 아프리카 역사상 가장 규모가 컸다. 서아프리카에서 니제르 강을 따라 이루어지는 교역을 통제했다.

명나라 자기 꽃병

1368~1644: 명 왕조
중국 명나라는 매우 고귀한 자기를 생산했다. 베이징의 자금성을 건설하고 만리장성을 증축하는 등 대규모 건축 프로젝트도 실행했다.

1095~1291년: 십자군 전쟁
유럽 기독교 군대가 십자군 전쟁이라는 종교 전쟁을 벌였다. 목표는 무슬림이 차지하고 있던 성지를 정복하는 것이었다. 십자군 전사들은 성을 점령하거나 '크락 데 슈발리에' 같은 성을 세웠다.

아야 소피아 성당

1054년: 교회가 동서로 분열되다
교회가 동로마 제국의 동방 정교회와 서유럽의 로마 가톨릭으로 갈리었다. 동로마 제국 수도인 콘스탄티노플의 아야 소피아 성당은 동방 정교회의 중심이 되었다.

레이프 에이릭손

960~1279년: 송 왕조
중국 경제가 급성장하고 인구가 5,000만에서 1억까지 두 배로 뛰었다. 송나라 황제도 당나라 황제처럼 예술을 크게 후원했다.

송 왕조의 동전

1000년경: 바이킹이 아메리카에 오다
바이킹 탐험가 레이프 에이릭손과 부하들이 유럽인 최초로 북아메리카 동부 해안에 도착했다. 그곳에서 발견한 포도 덩굴나무 이름을 따서 땅 이름을 '빈랜드'라고 지었다.

바이킹의 투구

793년: 바이킹이 린디스판을 습격하다
스칸디나비아에서 온 해양 민족 바이킹이 영국 해안에 있는 린디스판 섬의 기독교 수도원을 습격했다. 그 후 3세기 동안 바이킹은 유럽 곳곳의 해안 마을들을 공격했다.

바그다드

750~1258년: 아바스 왕조
이슬람 세계 전역에서 지식, 예술, 문화의 시대를 이끌었다. 이슬람 제국은 새로운 도시 바그다드를 수도로 삼아 통치했다.

당나라 무희 조각상

618~907년: 당 왕조
중국이 문화와 예술의 황금시대를 맞이했다. 당 왕조는 도자기, 서화, 시 등 다양한 분야의 예술을 후원했다.

코르도바의 메스키타

718년경~1492년: 스페인 레콩키스타
8세기 이슬람교도인 무슬림이 스페인 남부를 침략했다. 이들은 북아프리카의 무슬림이라는 의미로 '무어인'이라 불렸다. 무어인들은 코르도바의 메스키타와 같은 수많은 교회들을 이슬람교 예배당인 모스크로 바꾸었다. 스페인인은 오랫동안 레콩키스타('재정복')라는 전쟁을 벌인 끝에 무어인들을 몰아냈다.

중세 세계 • 교회의 권력

17 잔 다르크가 프랑스군을 이끌고 잉글랜드와 맞서 싸울 당시 나이.

연표
중세 기독교

여러 제국이 성장하고 왕국이 몰락하는 중에도 기독교는 계속해서 세력을 키워 나갔다. 기독교는 왕국과 강력한 제도가 세워지는 데 중요한 역할을 하는 한편 새로운 사상을 널리 퍼뜨렸다. 그러나 무력 충돌을 일으키고 다른 제국이나 문화권과 대립하기도 했다.

313~380년
로마 제국이 기독교를 공인하다

로마 제국에서 처음에는 기독교도를 핍박했다. 기독교도가 로마 신을 숭배하기를 거부했기 때문이다. 그러나 313년 콘스탄티누스 1세가 로마 제국에 있는 모든 기독교에게 종교의 자유를 허락하며 상황이 달라지기 시작했다. 380년에 이르러 테오도시우스 1세가 기독교를 로마 제국의 국교로 삼았다.

597년
캔터베리의 아우구스티누스

597년 아우구스티누스가 이끄는 수도사 집단이 기독교를 전파하러 로마에서 잉글랜드로 갔다. 아우구스티누스는 잉글랜드 도시인 캔터베리의 첫 대주교가 되었으며, 켄트 왕 에설버트를 비롯하여 잉글랜드인 수천 명을 기독교로 개종시켰다.

캔터베리의 아우구스티누스

711~1492년
스페인 레콩키스타

8세기부터 무슬림들이 오늘날 스페인과 포르투갈을 침략했다. 스페인 기독교 왕국들은 15세기 말까지 이 지역을 놓고 무어인들과 싸웠다. 700년 넘게 이어진 이 투쟁을 '레콩키스타'라고 한다.

교회의 권력

기원후 1세기부터 중동에서 확산되기 시작된 기독교가 마침내 유럽에 이르렀다. 그 후 유럽에서는 교회의 가르침이 일상생활의 일부가 되었다.

기원후 첫 1,000년 동안 교회가 통합되고 로마 가톨릭교회 최고 지도자인 '교황'이 교회를 이끌었다. 로마 가톨릭교회는 왕과 여왕이 사는 궁정에서 농부의 소소한 일상에 이르기까지 중세 사회의 모든 영역에 영향을 미쳤다. 교회는 권력이 커지면서 부를 쌓고 많은 땅을 차지했다. 그리고 예배하는 공간을 정성을 다해 만들고 아픈 사람들을 돌보았으며 교육을 제공했다. 또한 전쟁을 치르기 위해 군대를 양성하고, 힘 있는 군주들에게 영향력을 행사했다.

아헨 대성당
8세기 말 샤를마뉴가 통치할 때 건설된 아헨 대성당은 북유럽에서 가장 오래된 성당이다. 동로마 건축의 영향을 받아 지어졌다.

잔 다르크
농민 소녀 잔 다르크는 잉글랜드의 침략으로부터 프랑스를 구해 내라는 신의 계시를 받았다고 스스로 믿었다. 1429년 프랑스군을 이끌고 잉글랜드와 맞서 싸웠고, 많은 전투에서 중요한 역할을 했다.

교황청
1309~1377년 교황 클레멘스 5세가 로마 가톨릭교회의 본부를 로마에서 아비뇽의 교황청으로 옮겼다. 로마가 정치적으로 불안정했기 때문이다.

아비뇽

메스키타
8세기 오늘날 스페인을 침략한 무어인들은 코르도바의 메스키타와 같은 성당을 차지하고 정교한 모스크로 개조했다. 13세기에 코르도바를 탈환한 기독교인들이 다시 성당으로 고쳐 지었다.

코르도바

30 로마에 구(舊) 성 베드로 대성당을 건설하는 데 걸린 햇수.

13억 오늘날 추정되는 전 세계 가톨릭교도의 수.

800년

신성 로마 제국 황제가 된 샤를마뉴

샤를마뉴가 황제 자리에 오르다
800년 프랑크 왕 샤를마뉴가 교황 레오 3세에 의해 신성 로마 제국의 황제가 되었다. 이 제국은 서유럽과 중부유럽 대부분을 차지하고 있었다.

1054년

동서 교회의 분열
11세기 중엽, 로마를 기반으로 하는 로마 가톨릭교회와 콘스탄티노플을 기반으로 하는 동방 정교회가 분열되었다. 성경의 해석을 둘러싼 오랜 논쟁, 그리고 서쪽의 로마와 동쪽 그리스의 문화적 차이에서 비롯된 것이었다.

1084년~1250년경

다른 교파가 생겨나다
11~13세기에 유럽과 중동에 있는 수도원에서 다양한 종교 분파가 나타났다. 시토회, 카르투시오회, 가르멜회와 같은 신생 교파들은 독방에서의 생활, 침묵과 단순한 삶에 대한 서약, 훈련 그리고 영적인 삶에 집중했다.

1095년~1291년

십자군 전쟁
1095년 로마 교황 우르바노 2세가 군대를 보내, 이슬람 제국이 차지하고 있는 기독교 성지를 되찾자고 부르짖었다. 이후 기독교 군대와 무슬림 군대는 200년 넘게 수차례 전쟁을 벌였는데 이를 '십자군 전쟁'이라고 한다.

1455년

구텐베르크 성경
인쇄 혁명을 일으킨 요하네스 구텐베르크가 대량 생산한 최초의 서적은 성경이었다. 두 권에 1,286페이지 분량이었다. 부유한 교회 지도자들이 이 값비싼 성경을 구입했다.

구텐베르크 성경

기독교 유럽

로마 가톨릭교회는 4세기부터 로마의 '구(舊) 성 베드로 대성당'을 본부로 삼았다. 이후 이 건물은 철거되었고, 그 자리를 16세기에 지금의 성 베드로 대성당이 대신했다. 11세기 로마 가톨릭교회에서 갈라진 동방 정교회는 콘스탄티노플(오늘날 이스탄불)을 중심지로 삼았다.

구(舊) 성 베드로 대성당
4세기에 지어진 로마 가톨릭교회의 중심 건축물로, 세계에서 가장 큰 교회였다. 순례와 종교 의식의 성지가 되었다.

블라디미르 1세
키예프 대공국의 블라디미르 1세가 988년 동방 정교회를 국교로 정하고, 이 종교를 동유럽 전역으로 전파하는 데 중요한 역할을 했다.

케르소네소스

아야 소피아
이 성당은 6세기 유스티니아누스 1세 때 콘스탄티노플에 건설되어 동방 정교회의 중심 역할을 했다.

로마

콘스탄티노플

몬테카시노
몬테카시노의 언덕 꼭대기에 있는 수도원으로 529년 베네딕토 성인이 세웠다.

비잔티움 제국

395년 로마 제국은 동서로 분열되었다. 서로마 제국은 476년 이민족에게 멸망했지만, 동로마 제국은 계속 이어져 비잔티움 제국이라 불렸다.

비잔티움 제국은 수도 콘스탄티노플(오늘날 터키 이스탄불)의 원래 이름인 '비잔티움'에서 비롯되었다. 최고 전성기에 영토가 스페인 남부에서 북아프리카와 서아시아 일부 지역에 이르렀다. 백성들은 독실한 기독교 신자였고 그리스어를 사용했으며 자신들을 로마인이라 여겼다. 이방인과 주변 제국의 침략을 수없이 받으면서도 비잔티움 제국은 1500년 가까이 이어졌다.

527~565년
유스티니아누스 1세는 527년 황제가 되었다. 그가 제국을 다스리는 동안 수많은 군사 원정으로 영토를 넓혔으며 북아프리카와 이탈리아 일부를 점령했다.

600~900년
주변에 있는 이슬람 제국과 유럽, 페르시아에 영토 일부를 빼앗겼다.

976~1025년
바실리우스 2세가 다스린 황금시대로, 제국은 부유했고 위대한 예술과 문학 작품이 탄생했으며 군사력도 강해졌다.

1054년
교회가 분열하며 로마 가톨릭교회에서 동방 정교회가 갈라져 나왔다.

1095~1204년
십자군 전쟁이 벌어지는 동안 비잔티움 제국은 유럽 왕들과 동맹을 맺었다.

1204년
유럽 왕들과 맺은 동맹이 해체되고, 십자군이 콘스탄티노플을 공격하고 약탈했다. 그 결과 비잔티움 제국은 매우 약화되었다.

1204~1453년
주변의 침략이 끊이질 않자 제국은 더욱 힘을 잃어 갔고, 한낱 도시 국가로 축소된 콘스탄티노플이 1453년 오스만 튀르크에게 정복되었다.

비잔티움의 황후
이 모자이크는 테오도라 황후와 비잔티움 황실 여성들을 묘사한 것이다. 테오도라는 남편 유스티니아누스 1세와 비잔티움 제국을 다스렸다. 가운데 갈색 예복을 입고 사파이어와 에메랄드가 장식된 보석 왕관을 쓰고 있는 여성이다.

중세 일본

일본은 12세기 말부터 17세기 초까지 내전, 권력 투쟁, 외세의 침입 등 격동의 시간을 보냈다.

군사 지도자들은 '막부'라는 군사 정부를 수립해서 국가 권력을 장악하고 천황의 이름을 내세워 400년 넘게 일본을 통치했다. 이 최고 지도자들은 '쇼군'이라 불렸고, '사무라이'라는 충성스러운 전사들로 이루어진 군대를 지휘했다. 사무라이들끼리 권력을 차지하기 위한 경쟁이 뜨거워지며 전쟁이 자주 벌어졌다. 그러나 사회가 혼란한 가운데도 문화와 예술은 번성했다.

초기 일본

일본인은 조몬 시대였던 기원전 11000년부터 여러 섬에서 씨족 단위로 작은 마을을 이루어 살며 단순한 토기를 만들었다. 그리고 약 1만 년 뒤인 야요이 시대에 이르러 청동과 철을 이용했고 벼농사도 지었다.

고분 시대(300~552년)

정교한 흙무덤으로 유명한 시대이다. 위에서 내려다보면 열쇠 구멍 모양인 것을 비롯해 여러 무덤 양식이 있다. 시신과 함께 하니와(진흙으로 만든 원통 모양의 작은 조각상)들이 묻혀 있었다.

오사카 근처에 있는 다이센 고분으로 일본에서 규모가 가장 크다.

아스카 시대(552~710년)

일본 사회가 변화하기 시작했다. 한국에서 전래된 불교가 소가씨의 후원으로 널리 확산되었다. 소가씨는 645년까지 일본을 지배했다.

새로운 이름
이 열도는 아스카 시대에 '태양이 떠오르는 땅'이라는 뜻으로 '일본'이라 불리게 되었다.

나라 시대(710~794년)

불교가 대중화되어 일본 전역에서 주류 종교가 되었다. 도다이지 같은 커다란 불교 사원이 세워졌다. 시와 역사 문헌으로도 유명한 시대이다.

나라의 불상

헤이안 시대(794~1185년)

황실 문화가 화려하게 꽃핀 시기였다. 특히 문학의 전성기로 당시 무라사키 시키부, 세이 쇼나곤 등 여성 작가들이 쓴 작품은 지금까지도 사랑받고 있다.

1020년경 《겐지 이야기》를 쓴 무라사키 시키부

일본 사회

사무라이가 지배하는 일본 사회에서는 사회적 역할에 따라 권리가 달랐다. 사회 제도는 유럽과 비슷했지만, 일본 사회에서는 농민을 중요히 여겼다. 농부와 어부가 식량을 공급했기 때문이다. 반면 상인들은 상대적으로 천대받았다. 직접 생산하지 않고 남이 생산한 것으로 이익을 취했기 때문이다.

천황
최고 통치자였지만 실제 권력은 없었다.

쇼군
공식적으로는 천황의 2인자였지만 정치적으로 중요한 결정을 직접 내렸다.

다이묘
영향력 있는 영주를 가리킨다. 쇼군에게 충성을 맹세하고, 사무라이를 고용해 자신의 땅을 지켰다.

사무라이
이 무사 계급은 명예를 지키는 생활을 하면서 주군과 지역 사회를 섬기고 보호했다.

농민과 장인
자신들을 보호해 주는 대가로 사무라이에게 음식, 무기, 갑옷 등 여러 물자를 제공했다.

상인과 하인
지역 사회 모든 계층에게 서비스를 제공했다.

쇼군의 시대

헤이안 시대에 부유한 영주들이 전사를 고용해 자신의 땅을 지켰는데, 이 전사들을 사무라이라 했다. 12세기 말 겐페이 전쟁에서 승리한 미나모토 가문이 권력을 차지하고 최초의 막부(군사 독재로 통제하는 정부)를 세웠다. 경쟁 가문들 사이에 영토와 권력을 차지하기 위한 내전이 끊임없이 이어져 400년 넘게 일본 전역을 휩쓸었다.

성

처음에는 전략적으로 중요한 위치, 주로 교역로나 주요 하천 근처에 세워졌다. 시간이 흐르면서 영주와 그를 따르는 사무라이들이 공식적인 거처로 사용하기 시작했다. 그리하여 성은 영지를 다스리기 위해 건설한 건물 단지의 중심부에 세워졌다.

히메지 성
80채가 넘는 건물로 이루어져 있었으며 높은 기단에, 주변은 해자(성 밖을 둘러 파서 만든 못)로 둘러싸여 적의 접근을 막을 수 있었다.

사무라이의 검은 무척 예리해서 갑옷도 뚫을 수 있었다.

일본의 통일

16세기 후반 오다 노부나가, 도요토미 히데요시, 도쿠가와 이에야스, 이 세 명의 강력한 다이묘가 혼란스러웠던 전국 시대를 끝내고 일본을 통일해 나갔다. 도쿠가와 이에야스는 일본 역사상 마지막 막부인 에도 막부를 열었다.

10% 중세 일본 인구에서 사무라이 계급이 차지하는 비율의 추정치.

7 사무라이가 갖추어야 하는 덕목의 수. 여기에는 정직, 용기, 충성, 명예가 포함된다.

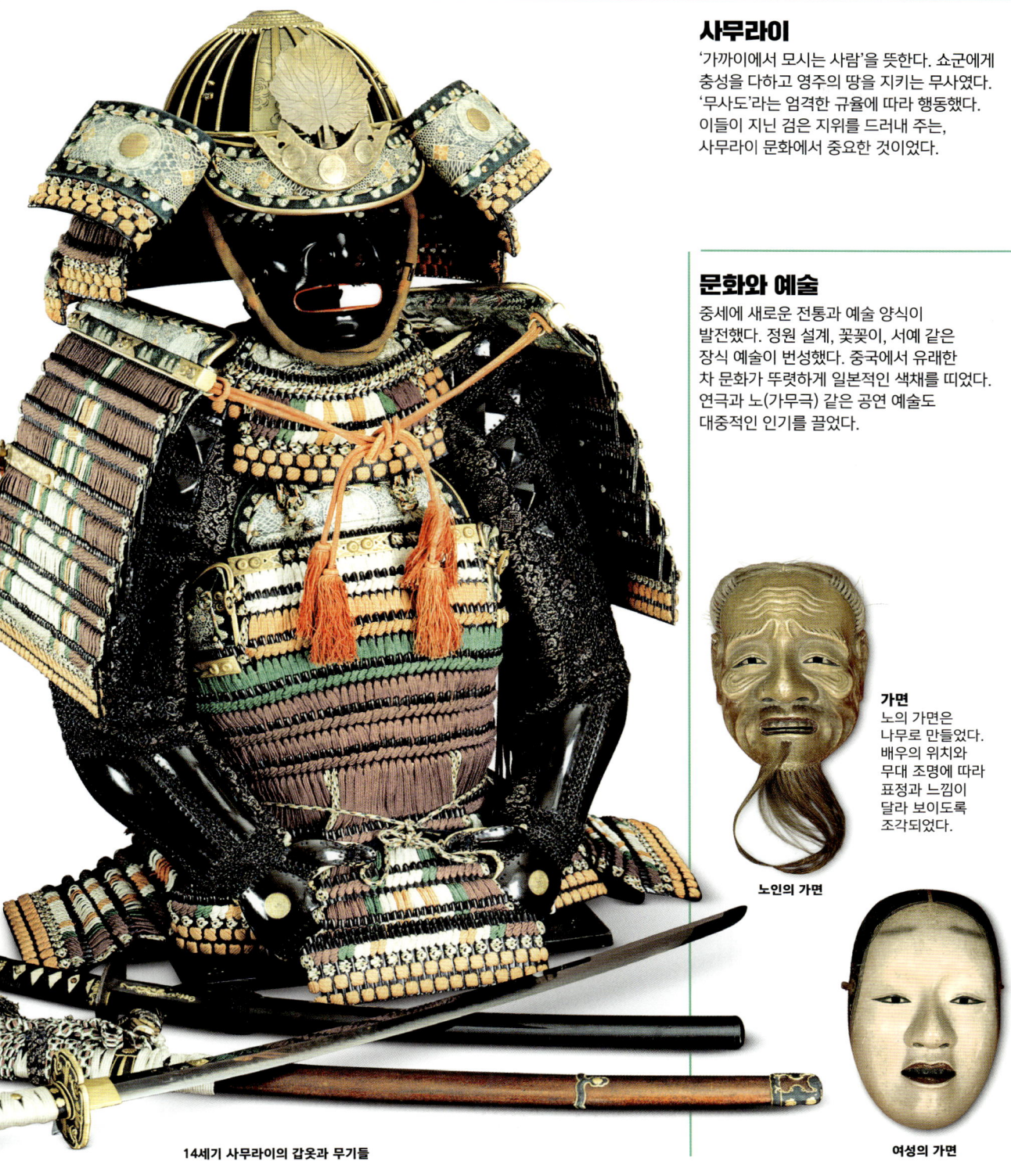

14세기 사무라이의 갑옷과 무기들

사무라이
'가까이에서 모시는 사람'을 뜻한다. 쇼군에게 충성을 다하고 영주의 땅을 지키는 무사였다. '무사도'라는 엄격한 규율에 따라 행동했다. 이들이 지닌 검은 지위를 드러내 주는, 사무라이 문화에서 중요한 것이었다.

문화와 예술
중세에 새로운 전통과 예술 양식이 발전했다. 정원 설계, 꽃꽂이, 서예 같은 장식 예술이 번성했다. 중국에서 유래한 차 문화가 뚜렷하게 일본적인 색채를 띠었다. 연극과 노(가무극) 같은 공연 예술도 대중적인 인기를 끌었다.

가면
노의 가면은 나무로 만들었다. 배우의 위치와 무대 조명에 따라 표정과 느낌이 달라 보이도록 조각되었다.

노인의 가면

여성의 가면

연표

사무라이 시대의 일본
군사 지도자인 미나모토 요리토모가 최초의 쇼군이 되자, 무사 계급인 사무라이들의 권력이 커졌다. 이후 400년 넘게 권력 투쟁이 벌어졌다.

1192년 미나모토 요리토모가 쇼군이 되다
경쟁하던 가문들에 승리를 거둔 미나모토 요리토모는 가마쿠라 막부를 열고 천황에게서 정치권력을 빼앗았다.

1274년과 1281년 몽골이 침략하다
몽골 제국의 통치자인 쿠빌라이 칸은 중국을 정복한 뒤 일본에 두 차례 함대를 보내 침략을 시도했다. 그러나 두 번 모두 거센 태풍에 밀려 포기해야 했다.

1331~1333년 겐코의 난
고다이고 천황이 쇼군의 경쟁자들에게 도움을 받아 가마쿠라 막부를 공격했다. '겐코의 난'이라는 내전이 벌어져 결국 가마쿠라 막부가 무너졌다.

1338년 아시카가 막부
장군 아시카가 다카우지가 가마쿠라 막부를 배신하고 고다이고 천황에게서 권력을 빼앗아 교토에 무로마치 막부를 세웠다.

1467~1477년 오닌의 난
이 사건 이후 100년 동안 내전이 벌어졌다. 이를 '전국 시대'라 하는데 세력을 키운 지방 다이묘들이 자기들끼리 싸우기 시작하며 일본 전체가 불안정해졌다.

1543년 일본의 화기(조총)
포르투갈 선원이 일본에 가져온 조총을 일본 장인들이 연구, 제조하여 대량 생산할 수 있게 되었다. 그 결과 전투 양상이 바뀌었다.

오다 노부나가
포르투갈 선원들이 일본에 가져온 조총으로 새롭게 무장한 오다 노부나가가 자신을 따르는 사무라이들과 함께 수많은 경쟁자를 물리치고 아시카가 막부를 무너뜨렸다. 1582년 죽을 때까지 일본 전체의 절반 가까이를 통일했다.

도요토미 히데요시
오다 노부나가가 죽은 뒤 후계자가 되었다. 정복 전쟁을 계속 벌여 마침내 전국 통일을 이룩했다. 1585년 도요토미 히데요시는 천황을 보좌하는 직책인 관백이 되었다.

도쿠가와 이에야스
도요토미 히데요시가 세상을 떠나자 권력을 차지하기 위한 내전이 또다시 벌어졌다. 도요토미 히데요시 밑에서 조용히 힘을 기르던 도쿠가와 이에야스는, 1600년 세키가하라 전투에서 승리한 뒤 반대 세력의 땅을 빼앗고 일본의 지배자가 되었다.

초기 이슬람 세계

6,200만 우마이야 왕조가 통치하던 시기 이슬람 제국의 인구 수.

메스키타
711년 '무어인'이라 불리는 무슬림들이 모로코에서 스페인에 도착했다. 이슬람이 스페인 건축에 끼친 영향은 코르도바 메스키타의 기도실 안에 있는 아치에도 잘 나타나 있다.

탕헤르 · 코르도바

이슬람 제국
8세기 중엽 최고 전성기에 이르며 영토를 최대로 넓혔다. 이슬람 제국은 오늘날 스페인에서 북아프리카를 거쳐 아시아까지 8,000킬로미터 넘게 뻗어 있었다.

이븐 바투타
위대한 탐험가 이븐 바투타(1304~1369년)는 거의 반평생 동안 세계 여행을 했다. 여행한 거리는 약 12만 킬로미터에 이르며, 오늘날 터키와 크림 반도, 인도, 중국 그리고 아프리카를 거쳐 갔다.

죽은 자들의 도시
카이로에는 무덤과 지하실들로 이루어진 공동묘지 구역이 있는데, 이슬람의 이집트 정복 시기에 건설되었다.

카이로

초기 이슬람 세계

이슬람교는 7세기 초 서아시아에서 예언자 무함마드가 창시했다. 겨우 100년 사이에 강력한 무슬림 군대가 이 새로운 종교의 영향력을 세 대륙에 뻗치며 이슬람 제국을 탄생시켰다.

이후 몇 세기 동안에도 이슬람 제국은 아시아, 아프리카 그리고 유럽으로 계속 뻗어 나갔다. 제국을 다스린 칼리프(무함마드의 '계승자')들은 과학, 수학, 의학 분야에서 새로운 사상이 발전할 수 있도록 후원했다. 이슬람 세계에서 온 여행자와 상인들은 멀리 곳곳을 여행하며, 이슬람 세계의 문화와 신앙을 전 세계에 퍼뜨렸다.

시대를 앞서간 과학자
이븐 알 하이삼 (965~1040년)은 '알하젠'으로도 알려졌다. 그는 과학적 방법의 개념을 세우기 위해 수많은 실험을 했다. 그래서 그를 '진정한 최초의 과학자'라 부른다.

이슬람 제국은 9~10세기에 세계 최초의 대학을 설립했다.

29 이븐 바투타가 세계 여행을 하면서 보낸 햇수.

초기 이슬람 지도자들

무슬림 신앙에 따르면, 이슬람교가 시작된 것은 610년 무함마드라는 상인이 한 동굴에서 천사를 만나면서부터이다. 천사는 무함마드에게 '알라(신)'를 말했고, 이는 이슬람교 경전인 《쿠란》이 되었다. 무함마드는 아라비아의 부족들을 이슬람 아래 하나로 묶었다.

3대 칼리프 우스만 이븐 아판

정통 칼리프 시대
632년 무함마드가 죽자 처음에는 그의 후계자로 선출된 네 명의 칼리프가 통치했다.

632~661년

우마이야 왕조
7세기 중엽, 무아위야가 4대 칼리프를 암살하고 우마이야 왕조를 세웠다. 그 후 스페인과 중앙아시아로 땅을 넓혀 나갔다.

우마이야의 대모스크

661~750년

아바스 왕조
750년 권력을 차지한 아바스 왕조는 학문, 예술, 문화를 장려했다. 13세기 수도 바그다드가 몽골 제국에 함락되면서 쇠퇴하기 시작했다.

아바스 왕조의 예술

750~1258년

파티마 왕조
10세기 아바스 왕조의 경쟁자인 파티마 왕조가 무함마드 딸의 후손이라 주장하며, 권력을 장악하고 북아프리카와 서아시아 일부를 지배했다.

파티마 직물

909~1171년

맘루크 왕조
이집트 지역에 왕조를 세우기 전까지만 해도 맘루크족은 노예 전사였다. 1260년에는 세계 최강 몽골군을 격퇴하기도 했다.

맘루크 도기

1250~1517년

연표

우마이야 모스크
오늘날 시리아의 다마스쿠스를 중심지로 삼았던 우마이야 왕조가 건설한 모스크로 규모가 엄청나다.

다마스쿠스

예루살렘

바위의 돔
예루살렘의 이슬람 사원은 7세기 우마이야 왕조가 무슬림, 기독교인, 유대인의 성지에 건설했다.

바그다드

바그다드
아바스 왕조는 오늘날 이라크에 새로운 수도인 바그다드를 건설했다. 바그다드는 원형 도시로 설계되었다.

메카

자발 알 누르
메카 가까이 있는 산으로 이곳에 신성한 동굴이 있다. 무슬림은 무함마드가 이곳에서 천사를 통해 신의 계시를 받았다고 믿고 있다.

문화의 황금기
750년경~1258년 아바스 왕조가 이슬람 문화의 황금기를 열었다. 과학, 수학, 예술, 기술 분야에서 위대한 업적을 남겼다.

아바스 왕조 도서관의 학자들

> "나는 끊임없이 지식과 진실을 추구했다."
>
> 이슬람의 과학자 알 하이삼, 《광학의 서》, 1021년.

중세 세계 ○ 바이킹

870 바이킹이 노르웨이에서 항해를 시작하여 아이슬란드를 발견한 해.

바이킹

스카디나비아 해양 민족으로, 새로운 땅과 자원을 찾아서 그리고 금과 은을 얻을 수 있다는 생각에 이끌려 모험에 뛰어들었다.

8~11세기 바이킹이 유럽 전역을 습격하여 마을들을 약탈하면서 무시무시한 악명이 널리 퍼졌다. 그러나 그들은 해적은 아니었다. 배를 만들거나 다루는 솜씨가 뛰어난 선원이자 항해가였고, 무엇보다 용감한 모험가였다. 바이킹은 서쪽으로는 북아메리카까지 항해하고 동쪽으로 오늘날 이라크 바그다드까지 육로로 여행할 정도였다. 새로운 교역로를 개척하여 모피, 공예품, 노예를 거래하기도 했다.

부엌
요리와 난방을 하느라 밤낮으로 난롯불을 피웠다. 요리용 가마솥은 천장에 걸거나 삼각대에 매달았다. 해가 저물면 가족들이 함께 식사하기 위해 모였다.

바이킹의 롱하우스

바다에 있지 않을 때는 '롱하우스'라는 넓고 폭이 좁은 집에서 생활했다. 여러 가족이 집 안에서 동물들과 함께 살았다. 그래서 사생활은 거의 없는 대신, 집은 아늑하고 따뜻했다.

연기 구멍
불을 피워서 나는 연기를 지붕 사이의 틈으로 내보냈다.

작물 재배
밀, 호밀, 보리, 귀리뿐 아니라 양파, 배추, 완두콩도 길렀다.

장작 패기
집 안에서 피운 불을 꺼뜨리지 않으려면 마른 장작이 많이 필요했다.

롱하우스의 바닥
흙을 단단히 다져서 만들었다.

진흙 반죽을 바른 벽
벽은 나뭇가지를 엮은 것에 점토, 흙, 모래, 짚을 반죽한 것을 발라 만들었다.

신분이 높은 바이킹들은 무기, 귀중품과 함께 배 안에 묻혔다.

841 바이킹 탐험가들이 아일랜드 더블린에 처음 정착한 해.

어떤 바이킹 배는 선원뿐 아니라 말을 태울 여유 공간도 있었다.

외양간 동물들
동물과 연장들을 롱하우스 맨 끝에 있는 외양간 쪽에 두었다.

지붕의 원재료
지붕은 목재 타일, 짚, 떼(잔디)와 같은 재료로 이었다.

바이킹의 롱쉽

모험심 많은 탐험가들
항해술이 뛰어난 바이킹은 롱쉽(longship)을 타고 엄청난 거리를 항해하면서 먼 곳까지 탐험했다. 배에는 커다란 돛뿐 아니라 노 24~50개가 달려 있었다. 그러니 선원이 적어도 이 수만큼 있어야 했을 것이다. 982년 바이킹 가운데 한 무리가 대서양을 건너 스코틀랜드와 아이슬란드를 거쳐, 그린란드에 도착했다. 1000년경 레이프 에이릭손은 유럽인 최초로 북아메리카 동부 해안에 도착했다.

바이킹 전사들
793년 바이킹이 잉글랜드 북동 해안에 있는 린디스판 섬의 기독교 수도원을 파괴했다. 이 폭력적인 사건으로 기독교 세계는 큰 충격에 빠졌다. 바이킹은 이후 3세기 동안 유럽에 침입해 영토를 점령하고 약탈을 벌여 나갔다. 그리하여 배를 보물로 가득 채웠으며 노예 사냥을 하고 새로운 목표물을 공격하기에 알맞은 거점을 마련했다. 또 평화롭게 떠나는 대가로 막대한 보상을 요구했다.

바이킹의 투구

귀한 대접을 받은 동물들
양, 소, 염소, 그리고 조류를 길러 고기, 계란, 우유 등을 얻을 수 있었다.

잠자는 공간
바이킹은 롱하우스의 벽을 따라 쭉 이어지는 나무로 만든 평상에서 먹고 일하고 잤다. 따뜻하고 아늑하도록 모피와 담요를 덮었다. 가구는 거의 없었다. 부유한 집이라도 의자나 침대 정도가 있는 것이 전부였다.

옷 만들기
여성들은 매일 옷을 만들며 시간을 보냈다. 베틀을 이용해 양털이나 황소 털로 천을 짰다. 바이킹은 간편하고 헐렁한 튜닉이라는 옷을 입었는데, 무늬나 모피로 꾸미기도 했다.

신과 종교
바이킹은 외눈 오딘, 초강력 번개의 신 토르, 말썽꾸러기 로키 등 다양한 신을 숭배했다. 모닥불을 피워 놓고, 신 그리고 거인과 괴물에 맞선 장대한 전투를 노래하고 시를 읊으며 이야기꽃을 피웠다. 시간이 흘러 바이킹은 유럽 전역에 정착하며 점차 기독교로 개종하였다.

저장 공간
잠긴 나무 상자에 옷, 담요, 귀중품이 보관되어 있었다.

토르의 망치
토르는 농부와 소작농이 좋아한 신이었다. 망치로 적들을 방어했다.

중세 유럽

720년에서 1400년경까지 많은 유럽 국가들이 봉건 제도를 바탕으로 세워졌다. 봉건 제도 아래, 왕과 여왕에서 농부에 이르기까지 각 신분마다 서로 지켜야 할 의무가 있었다.

봉건제는 북유럽과 서유럽 사람들 모두에게 영향을 끼쳤다. 왕국을 지키는 데 군대가 필요했던 군주는 영주들에게 땅을 나누어 주었고, 그 대가로 영주는 군주에게 잘 훈련돼 있고 무장된 기사를 제공했다. 이후 700년 동안 기사는 유럽 군주들에게 매우 중요한 군사력이었다.

마상 시합

전투 기술을 갈고닦고 뽐내기 위해 기사는 마상 시합에 참가했다. 말을 탄 채 창 시합을 벌이고 검술을 뽐냈으며 승마 기술을 선보였다.

철판 갑옷

15세기 무렵 석궁과 같은 개선된 무기가 등장하고 갑옷 제조법이 발전하면서, 기사들은 쇠사슬 갑옷 대신 철판으로 만든 갑옷을 입을 수 있게 되었다. 쇠사슬 갑옷보다 무거웠지만, 적으로부터 몸을 보호하기에 좋았다.

쇠사슬 갑옷

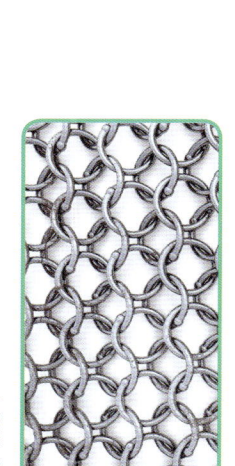

기사는 '호버크(hauberk)'라는 쇠사슬로 만든 셔츠를 입었다. 작은 금속 고리들이 연결된 형태여서 중세 무기 대부분을 효과적으로 방어할 수 있었다.

투구
철로 만들어졌다. 숨을 구멍을 낸 얼굴 가리개를 함께 착용하기도 했다.

방패
기사는 전투나 마상 시합 중에 나무와 금속으로 만든 방패로 몸을 보호했다.

문장
기사는 방패를 자기만의 문양(국가나 집안을 상징하는 그림이나 문자)으로 장식했다. 그 아래 달린 병사들은 이 문양으로 자신이 섬기는 기사임을 알아볼 수 있었다.

갑천
기사는 무기가 막 들어가게 만든 기죽 주머니에 검을 넣고 다녔다.

검
기사는 전투에서 검을 사용했다. 긴 창, 철퇴, 전투용 망치도 무기로 썼다.

군마
힘, 체력, 그리고 속도를 길러 주어야 했다.

약 **6,000** 잉글랜드 왕 헨리 2세가 전투에 소집한 기사의 수.

'기사(knight)'는 '하인(servant)'을 의미하는 옛 영어 단어에서 비롯된 것이다.

3,000 1179년 프랑스 라니쉬르마른에서 열린 최대 규모의 마상 시합에 참가한 기사의 수.

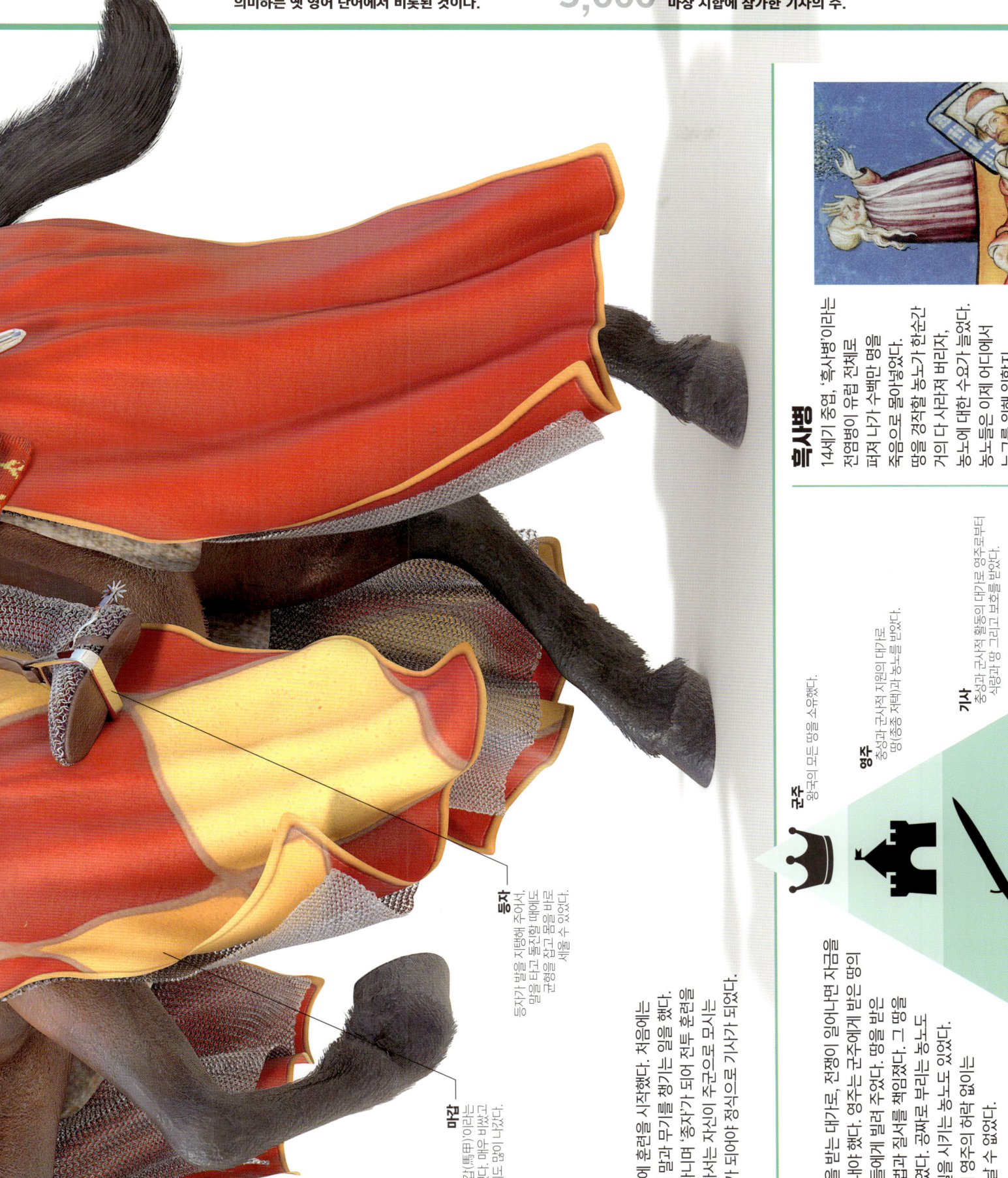

등자
등자가 발을 지탱해 주어서, 말을 타던 돌진할 때에도 균형을 잡고 몸을 바로 세울 수 있었다.

마갑
기사의 말에도 '마갑(馬甲)'이라는 특별한 갑옷을 입혔다. 매우 비쌌고 무게도 많이 나갔다.

영국의 기사

대개 귀족 출신으로 7세에 훈련을 시작했다. 처음에는 견습생으로 다른 기사의 말과 무기를 챙기는 일을 했다. 13세쯤에 기사를 따라다니며 '종자'가 되어 전투 훈련을 시작했고, 전투에 나아가서는 자신이 주군으로 모시는 기사를 보조했다. 21세가 되어야 정식으로 기사가 되었다.

봉건 제도

영주는 군주에게 땅을 받는 대가로, 전쟁이 일어나면 지금의 대개나 기사들을 보내야 했다. 영주는 군주에게 받은 땅의 일부를 성직자나 기사들에게 빌려 주었다. 땅을 받은 기사들은 그곳에서 법과 질서를 책임졌다. 그 땅을 경작하는 것은 농노였다. 공짜로 부리는 농노도 있었고, 돈을 주고 일을 시키는 농노도 있었다. 농노는 그 땅에 매인 채 영주의 허락 없이는 마음대로 다른 곳을 떠날 수 없었다.

흑사병

14세기 중엽, '흑사병'이라는 전염병이 유럽 수백만 명을 죽음으로 몰아넣었다. 땅을 경작할 농노가 한순간 거의 다 사라져 버리자, 농노에 대한 수요가 늘었다. 농노들은 이제 어디에서 누구를 위해 일할지 선택할 수 있게 되었고, 그 결과 봉건제가 쇠퇴했다.

군주 왕국의 모든 땅을 소유했다.

영주 충성과 군사적 지원의 대가로 땅(종종 저택과) 농노를 받았다.

기사 충성과 군사적 활동의 대가로 영주로부터 식량과 땅 그리고 보호를 받았다.

농노 식량과 노동력을 제공하는 대가로 보호를 받았다.

동남아시아의 제국들

동남아시아 정글의 부족과 촌락은 기원후 2세기부터 인도, 중국, 서아시아, 유럽 문화와 접촉하면서 도시 국가, 왕국, 제국으로 단계적으로 발전하기 시작했다.

초기 동남아시아 사회는 이웃 나라 인도와 중국의 정치, 종교, 예술, 건축의 영향을 받아 형성되었다. 이후 아라비아 상인들이 이곳을 찾아와 자신들의 문화를 퍼뜨렸고, 동남아시아는 다양한 문화의 영향을 받아 서로 뒤섞이면서도 독자적인 문화를 발전시켰다. 일부는 세계 다른 나라들과 해상 교역으로 크게 발전했고, 거대한 도시와 사원 수천 개를 만들면서 점차 제국으로 성장했다.

영향력이 컸던 제국들

여러 문화와 종교가 융합하여 동남아시아 왕국들 사이에 긴장을 일으킴으로써 경쟁과 전쟁 그리고 제국의 흥망성쇠가 이어졌다. 1세기부터는 크메르, 참파, 스리비자야, 파간, 대월 등 거대 제국들이 바다를 지배하기 위한 싸움에 뛰어들었다.

참파 왕국 (기원후 192~1471년)
오늘날 베트남 동남 해안에 있었던 참파 왕국은 작은 촌락 집단에서 비롯되었다. 참파는 붉은 벽돌로 이루어진 독특한 불탑을 세웠고, 더욱 강력한 이웃들의 공격을 여러 차례 받았지만 오랫동안 살아남았다.

베트남 미선 유적에 있는 고대 힌두 사원

스리비자야 제국 (650년경~1288년)
바다를 무대로 발전한 제국으로, 수도가 오늘날 인도네시아의 섬 수마트라에 있었다. 바닷길을 이용한 무역으로 크게 번성했지만 인도에서 일어난 촐라 왕국에게 해양 교역의 주도권을 빼앗기고 말았다.

스리비자야의 금속 화폐들

파간 제국 (849~1287년)
오늘날 미얀마 이라와디 강에서 건국된 파간은 도시 국가로 출발했지만, 이후 이웃 나라들을 아우르는 제국으로 성장했다. 불교 사원 수천 개를 지었다.

미얀마 술라마니 사원의 불상

대월 제국 (939~1804년)
오늘날 베트남 하노이를 중심으로 10세기에 출현했다. 대외 교역로를 뚫었으며, 강대국 몽골 제국과 크메르 제국의 침입을 이겨 냈다.

대월의 군사령관 쩐흥다오의 흉상

수코타이 제국 (1238~1438년)
13세기 초 크메르에서 갈라져 나와 타이(태국) 최초의 독립 국가가 되었다. 이 새로운 제국은 오늘날 라오스와 미얀마로 세력을 넓혔다.

수코타이 사기 접시

크메르 제국

크메르 제국(802~1431년)은 동남아시아 최고 강대국이라 할 수 있었다. 오늘날 남중국에서 말레이시아까지 세력이 뻗어 있었다. 흐르는 메콩 강은 교역과 여행의 길로 사용되었다. 위대한 건축가였던 크메르인들은 도로, 운하, 저수지를 건설했다. 제국의 수도 앙코르는 전성기에 세계에서 가장 큰 도시였다. 이곳에는 앙코르 와트를 비롯한 사원 수백 개가 있었다.

> "백성의 고통은 황제의 고통이다."
> 자야바르만 7세, 1181~1218년

앙코르 와트
12세기 초 크메르 제국의 통치자 수리야바르만 2세를 위해 수천 명이 동원되어 건설되었다. 원래는 힌두교 사원이었다. 면적이 2제곱킬로미터에 이르는 대규모 건축물 단지였다.

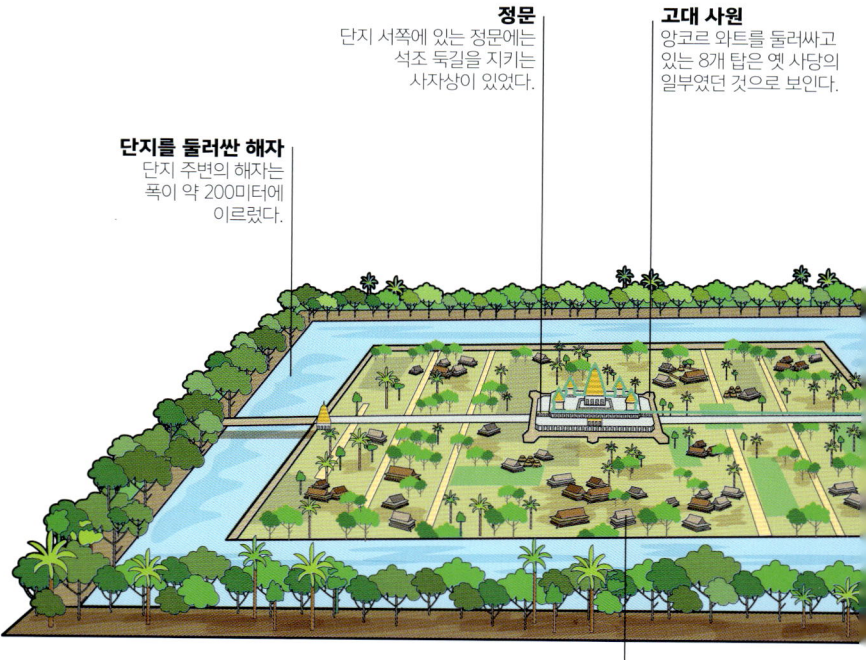

정문 단지 서쪽에 있는 정문에는 석조 둑길을 지키는 사자상이 있었다.

고대 사원 앙코르 와트를 둘러싸고 있는 8개 탑은 옛 사당의 일부였던 것으로 보인다.

단지를 둘러싼 해자 단지 주변의 해자는 폭이 약 200미터에 이르렀다.

크메르인의 집 크메르인들은 사원 주변의 초가집에서 살았던 것으로 보인다.

100만 12세기 앙코르의 인구 수.

200 앙코르 와트를 장식한 벽화의 수.

종교적 영향

상인, 정복자, 순례자를 통해 인도, 중국, 서아시아, 유럽의 종교가 들어와 제국에 영향을 미쳤다. 세계 4대 종교인 힌두교, 불교, 이슬람교, 기독교 모두 동남아시아 역사에서 중요한 역할을 했다.

1세기부터 힌두교
힌두 문화는 인도 북서부에서 육로를 통해, 그리고 인도 선원들이 들어오기 시작한 뒤에는 바다를 통해 전파되었다.

5세기부터 불교
인도와 중국을 통해 일부 제국에 불교가 전파되었다. 힌두교 사원 중 일부는 불교 사원이 되었다.

10세기부터 이슬람교
아라비아 상인들이 서아시아에서 동아시아까지 기나긴 교역로를 이동하는 동안 이슬람교가 전해졌다.

16세기부터 기독교
포르투갈 상인들이 기독교를 전했다. 네덜란드, 잉글랜드, 독일 선교사들이 새로운 신앙이 전파되는 데 한몫했다.

말라카 왕국과 향신료 무역

오늘날 말레이시아에 위치한 말라카 왕국은 15세기 해상 무역의 중심지였다. 16세기에 유럽인들이 와서 육두구, 메이스(말린 육두구), 정향, 후추를 교역했다.

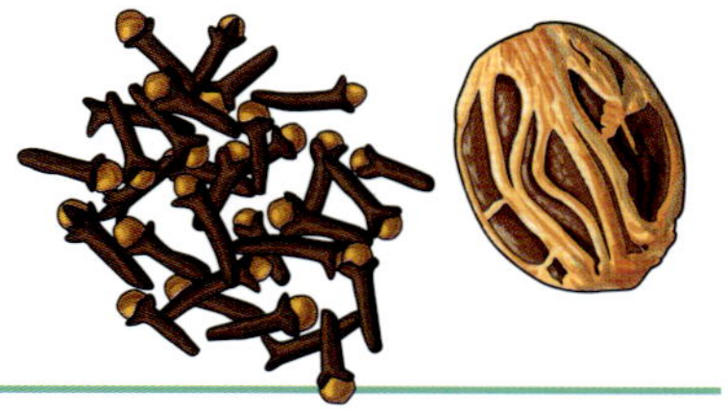

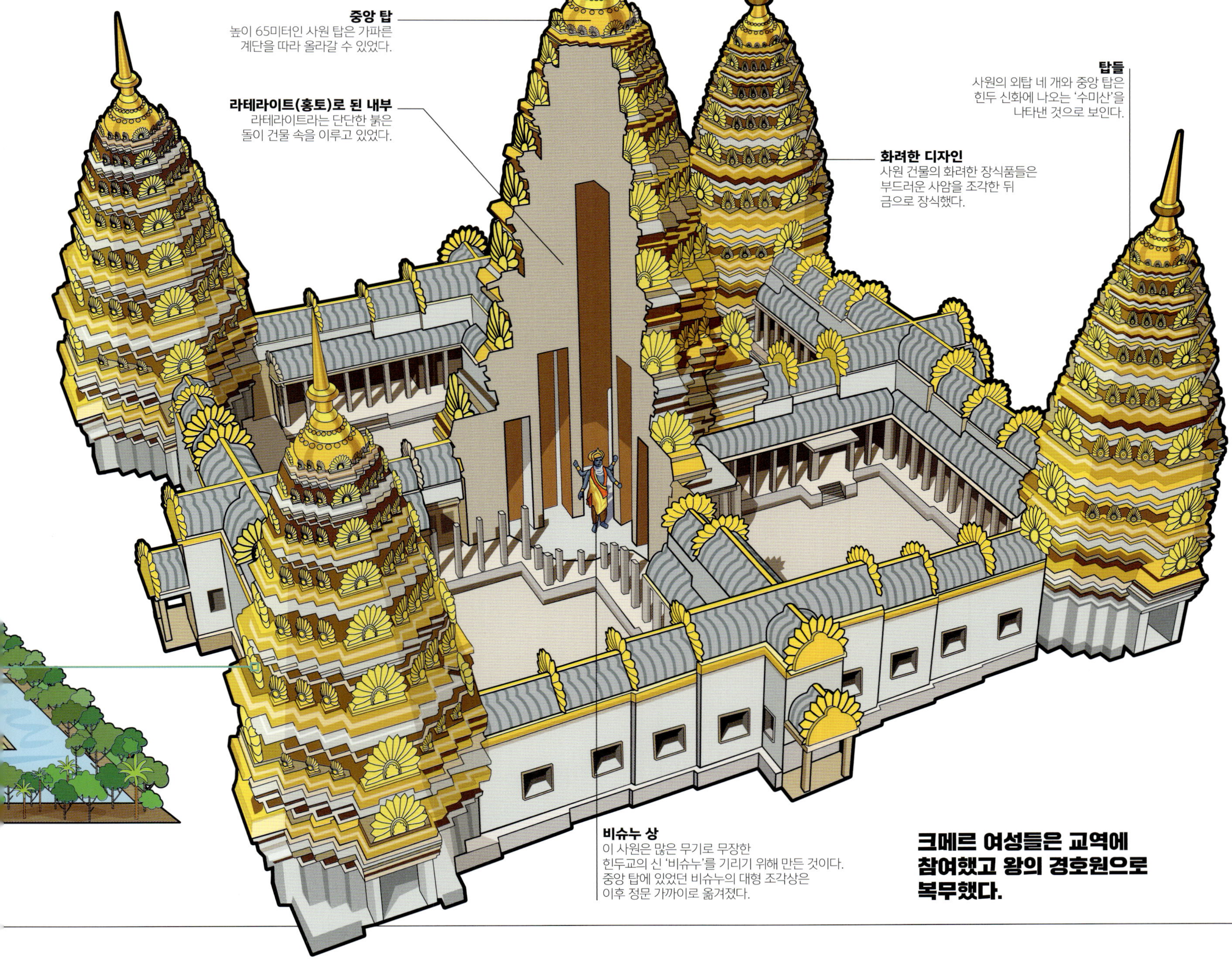

중앙 탑
높이 65미터인 사원 탑은 가파른 계단을 따라 올라갈 수 있었다.

라테라이트(홍토)로 된 내부
라테라이트라는 단단한 붉은 돌이 건물 속을 이루고 있었다.

탑들
사원의 외탑 네 개와 중앙 탑은 힌두 신화에 나오는 '수미산'을 나타낸 것으로 보인다.

화려한 디자인
사원 건물의 화려한 장식품들은 부드러운 사암을 조각한 뒤 금으로 장식했다.

비슈누 상
이 사원은 많은 무기로 무장한 힌두교의 신 '비슈누'를 기리기 위해 만든 것이다. 중앙 탑에 있었던 비슈누의 대형 조각상은 이후 정문 가까이로 옮겨졌다.

크메르 여성들은 교역에 참여했고 왕의 경호원으로 복무했다.

북아메리카 문화

15세기 말 유럽인들이 도착하기 전, 북아메리카에서는 원주민들이 다양한 풍경 속에서 여러 가지 독특한 문화를 발전시켰다.

초기 북아메리카 부족들은 식량을 구하기 좋은 환경을 찾아다니며 사냥하고, 먹을 수 있는 씨앗과 견과류를 모았다. 이후 일부 부족들이 농경을 시작하여 작물을 기르고, 가축을 길러 식량으로 삼거나 옷을 해 입거나 도구를 만드는 데 사용했다. 또 어떤 부족은 강가에 살거나 산 중턱에 집을 지었다. 수많은 부족들이 뛰어난 솜씨로 바구니나 도기를 만들고 조각을 하며 독특한 예술 작품을 창조했다.

바구니 세공
절벽에 집을 짓고 살았던 푸에블로의 선조들은 바구니 만드는 솜씨가 뛰어났다. 독특한 무늬를 짜 넣어 만든 바구니에 곡물, 견과류, 열매를 담았으며, 요리를 할 때도 썼다.

푸에블로의 선조들
시기: 기원전 1500년부터

오늘날 미국 애리조나 주, 뉴멕시코 주, 콜로라도 주, 유타 주의 산악 지역에서 살았는데, 처음에는 수렵과 채집을 하다가 나중에 농부가 되었다. 메사 베르데의 절벽 궁전(클립 펠리스)처럼 비바람을 막아 주는 대형 절벽에 터전을 마련했다.

사냥
부족한 곡물을 보충하려고 동물을 사냥했다.

옥수수 갈기
'마노'라는 둥그런 돌과 '마타테'라는 평평한 돌 접시를 이용해 옥수수를 갈았다.

항아리 제작
도기는 점토로 기다란 줄을 뽑아서 둘둘 휘감아 만들었다. 항아리는 기하학적 무늬로 장식되었다.

칠면조
가축으로 길러 잡아먹었다. 깃털과 뼈는 옷을 장식하고 도구를 만드는 데 사용했다.

아데나 문화
시기: 기원전 1000년경~기원전 100년

북아메리카 서부와 중부에서 살았던 부족 집단으로, 동물 떼를 따라다니며 간단한 작물을 기르는 등 수렵과 채집을 했다. 도구를 사용하고 도기를 제작했으며, 공동체 모임과 의식을 치르는 데 쓰일 커다란 흙 제방을 지었다.

오늘날 미국 오하이오 주에 있는 그레이트 서펜트 마운드(고분)

호프웰 문화
시기: 기원전 200년경~기원후 500년

아데나 문화에서 갈라져 나온 부족 집단으로 북아메리카 동부에 흐르는 강들을 따라 퍼져 나갔다. 조각 솜씨가 뛰어났으며, 강과 하천을 따라 거대한 교역망을 발전시켰다.

오리와 물고기를 나타낸 조각상

미시시피 문화
시기: 700년경~1600년

대부분 농부들로 옥수수, 호박, 콩을 기르며 미시시피 계곡과 그 주변 지역에서 흙 제방과 높직한 땅에 집을 짓고 마을을 이루며 살았다. 독특한 예술 작품과 도기를 만들었다.

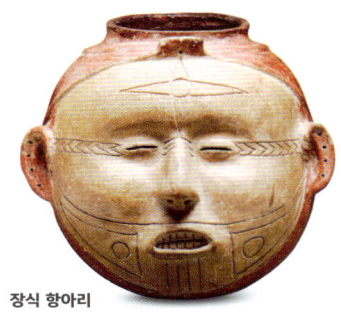

장식 항아리

약 100 메사 베르데의 절벽 궁전(클립 펠리스)에서 살았던 사람 수.

5,000만 명이 1400년대 말 북아메리카에 살고 있었다.

집
여러 층으로 이루어진 집들은 사다리로 드나들었다.

농작물 저장
뒤쪽에 있는 작은 방에 농작물을 보관했다.

가족
'절벽 궁전'에서 여러 세대가 함께 살았다.

도구
푸에블로의 선조들은 금속을 사용하지 않았다. 동물 뼈와 돌로 도구를 만들었다.

경작
푸에블로의 선조들은 절벽 위와 뒤편에 펼쳐진 기름진 땅에서 옥수수와 콩 같은 작물을 길렀다. 농사를 짓는 데 필요한 물을 확보하기 위해 둑도 세웠다.

키바
땅속에 지은 크고 둥근 방으로, 공동체의 중요한 모임과 종교 의식에 사용되었다. 이곳은 지붕에 난 구멍을 통해 출입할 수 있었다. 바로 화덕에서 나오는 연기를 내뿜는 구멍이었다.

그레이트플레인스의 사냥꾼들
시기: 늦어도 기원전 1만 년부터

북아메리카 중부의 대평원, 그레이트플레인스에 살았던 수많은 부족들은 수렵과 채집을 했다. 이동하는 들소 떼를 따라다녔고, 들소의 유골로 머리 장식과 같은 일상 용품을 만들었다. 유목을 하며, 만들고 해체하고 운반하기 편리한 원뿔 모양의 테페(천막)에서 살았다.

아메리카의 들소

북서 해안의 부족
시기: 기원전 9000년경부터

북아메리카 서부 태평양 연안을 따라 살았던 부족으로, 바다에서 식량을 구했다. 해안가 숲에 있는 나무로 카누와 집을 만들었다. 마카 부족은 바위에 사냥꾼, 제사장, 고래, 집을 나타내는 그림(암각화)을 새겼는데, 오늘날까지 남아 있다.

오늘날 미국의 워싱턴 주에 있는 마카의 암각화

도르셋과 툴레 문화
시기: 기원전 500년경부터

이 부족들은 북아메리카 대서양 지역에 살았다. 추운 날씨에 적응하면서 동물 뼈로 집을 짓고 모피로 만든 옷을 입었다. 도르셋 부족들은 바다표범을 사냥한 반면, 툴레 부족은 가죽이 덮인 카누를 타고 작살로 고래를 사냥했다.

오늘날의 캐나다 온타리오 주에 있는 툴레 부족의 집

중국의 황금기

400년간 분열과 경쟁의 시대를 끝내고 중국을 통일한 당 왕조는 7세기에 문화적이고 창조적인 황금기를 맞이했다.

새로운 왕조 아래 시, 도자기, 그림 분야가 크게 발전했다. 당 왕조는 학교를 세워 예술가를 기르고 과거 제도를 실시해 학자들을 정부로 끌어들였다. 당 왕조가 몰락하고 그 뒤를 이어 송 왕조가 등장하며 문화적, 경제적으로 계속 번영했다. 이 평화와 성장의 시기에 중국 인구는 1억 명을 돌파했다.

618~626년
수나라의 고위 관료 이연이 수 왕조의 짧은 통치를 끝내고 당나라 첫 황제가 되었으니, 그가 바로 '당 고조'이다.

626~649년
당 고조의 아들 당 태종은 학문과 예술을 장려하고 제국의 영역을 넓혔다.

690~705년
당 태종의 후궁이었던 무측천이 주 왕조를 세우고 황제 자리에 오르는 바람에, 당 왕조의 치세가 잠시 중단되었다.

712~756년
6대 황제 당 현종은 음악가와 시인을 위한 학교를 세웠다. '안록산의 반란'으로 황제 자리를 아들에게 내주었다.

820~907년
당 왕조는 암살과 부패로 쇠퇴했다. 분열된 제국 곳곳에서 지방의 군사령관인 절도사들이 반란을 일으켰다.

960~1126년
송 왕조는 집권한 뒤 중국 옛 전통을 되살렸으며, 생활 조건을 개선하고 쌀과 철 생산량을 늘렸다.

1127~1279년
송 왕조는 금 왕조에게 북쪽 땅을 빼앗긴 뒤 남쪽으로 내려와 통치를 이어갔지만, 결국 몽골 제국에 의해 멸망하고 말았다.

두루마리 그림
송 왕조 때 장택단이 그린 〈청명상하도〉는 가로 길이가 5미터가 넘는 그림이었다. 이 그림의 컬러 판본이 만들어진 것은 청 왕조(1644~1911년) 때이다.

십자군 전쟁

11세기 말 유럽 기독교 군대인 십자군이 전쟁을 일으켰다. 십자군은 기독교 성지를 구해 내야 한다며 이슬람 세력 아래 있던 예루살렘으로 향했다. 그곳은 기독교인과 무슬림 모두 신성하게 여기는 성지였다.

이후 200여 년 동안 유럽 왕과 귀족들이 이 원정에 앞장섰고, 수천 명의 기사들이 무슬림 군대와 싸우러 동쪽으로 왔다. 십자군은 처음에는 무슬림 제국의 분열을 이용하여 곳곳에서 승리를 거두고 주요 도시들을 차지했다. 그리고 새로 정복한 땅을 지키기 위해 작은 왕국들을 세우고 거대한 성을 지었다. 그러나 결국 성지를 차지하지 못한 채 유럽으로 돌아가야 했다.

약 5만 — 2차 십자군 전쟁에 참가한 십자군의 수.

여러 이유가 뒤섞인 전쟁
1~4차 십자군 전쟁이 벌어지는 동안 십자군 수천 명이 곳곳에서 격렬한 전투를 벌였다. 그러는 동안 기독교 군대와 무슬림 군대는 엎치락뒤치락하며 승리와 패배를 이어 갔고 영역에도 변화가 생겼다. 성지를 되찾자며 벌인 십자군 전쟁은 그 목적이 점차 변질되며 13세기 말이 되어서야 끝났다.

1차 십자군 전쟁 (1095-1099)
638년 무슬림이 예루살렘을 정복하며 수 세기 동안 지배했다. 이후 1095년 교황 우르반 2세가 십자군을 일으켜 성지를 되찾아야 한다고 처음 호소했다. 1년 뒤 십자군은 동쪽으로 진군하여 3년 만에 예루살렘을 탈환하고 네 개의 십자군 왕국을 세웠다.

예루살렘 포위

2차 십자군 전쟁 (1147-1149)
1차 십자군 전쟁에서 패한 셀주크 왕조는 십자군 왕국에 대항하는 '지하드'를 선언하며 본격적인 반격에 나섰다. 지하드는 성전, 즉 '거룩한 전쟁'을 뜻한다. 십자군은 오늘날 시리아에 있는 다마스쿠스에서 셀주크 군대에 패하고 말았다.

3차 십자군 전쟁 (1189-1192)
40여 년이 지난 뒤 이집트를 통치하던 술탄 살라딘이 예루살렘을 도로 빼앗았다. 3차 십자군 전쟁은 용맹스러운 사자왕 리처드 1세 등 수많은 왕들이 지휘했으나, 십자군은 예루살렘을 되찾지 못했다. 그 대신 살라딘에게 기독교도의 성지 순례를 허락한다는 약속을 받아 냈다.

리처드 1세

4차 십자군 전쟁 (1202-1204)
예루살렘을 되찾아야 한다는 교황 인노첸시오 3세의 요청으로 4차 십자군 전쟁이 일어났다. 그러나 십자군은 원정 중 재물에 이끌려 콘스탄티노플로 방향을 틀었고 기독교 주요 도시인 이곳을 약탈했다.

5~9차 십자군 전쟁 (1217-1291)
이후 90년 동안 십자군은 다섯 차례 더 전쟁을 일으켰으나, 이슬람 세계에 별다른 영향을 미치지 못했다. 13세기 말에 술탄 바이바르스가 이끄는 맘루크 왕조의 군대가 십자군을 물리치며 이후 성지에서 십자군의 모습을 볼 수 없게 되었다.

술탄 바이바르스

크락 데 슈발리에
십자군은 새로 건국한 왕국들을 지키기 위해 많은 성을 차지하고 건설했다. 오늘날 시리아에 있는 '크락 데 슈발리에'는 1031년 무슬림이 세웠지만, 1110년 기독교 군대가 차지하여 1142~1170년에 더욱 넓혔다. 두터운 석벽과 석탑으로 이루어진 어마어마한 요새였다.

화살 구멍 — 궁수들은 성벽과 탑을 따라 나 있는 틈 사이로 아래 있는 적을 향해 화살을 쏘았다.

동쪽으로의 긴 여정
십자군은 무거운 갑옷을 입고 장비와 보급품을 지닌 채 수개월 동안 동쪽으로 행군했다. 서유럽에서 예루살렘까지 3,220킬로미터가 넘는 거리였다. 이후 지중해를 건너는 배를 탔는데, 육지를 횡단하는 여정보다 빠르고 안전했다.

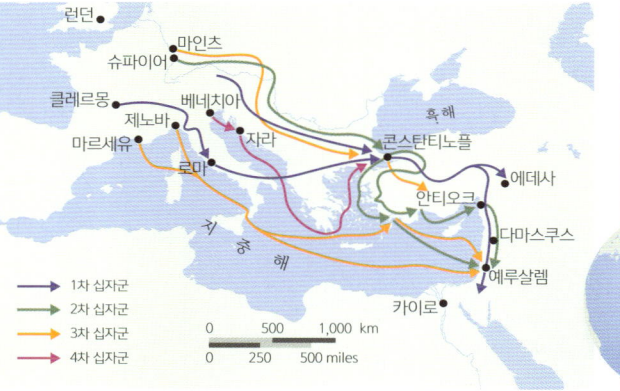

성벽 오르기 — 반대편 군대는 긴 사다리를 이용해 외벽을 기어올랐다.

총안 — 성을 지키는 군사들은 흉벽 끝에 있는 '총안'이라는 구멍들을 통해, 아래로 커다란 돌을 떨어뜨리거나 끓는 기름을 부었다.

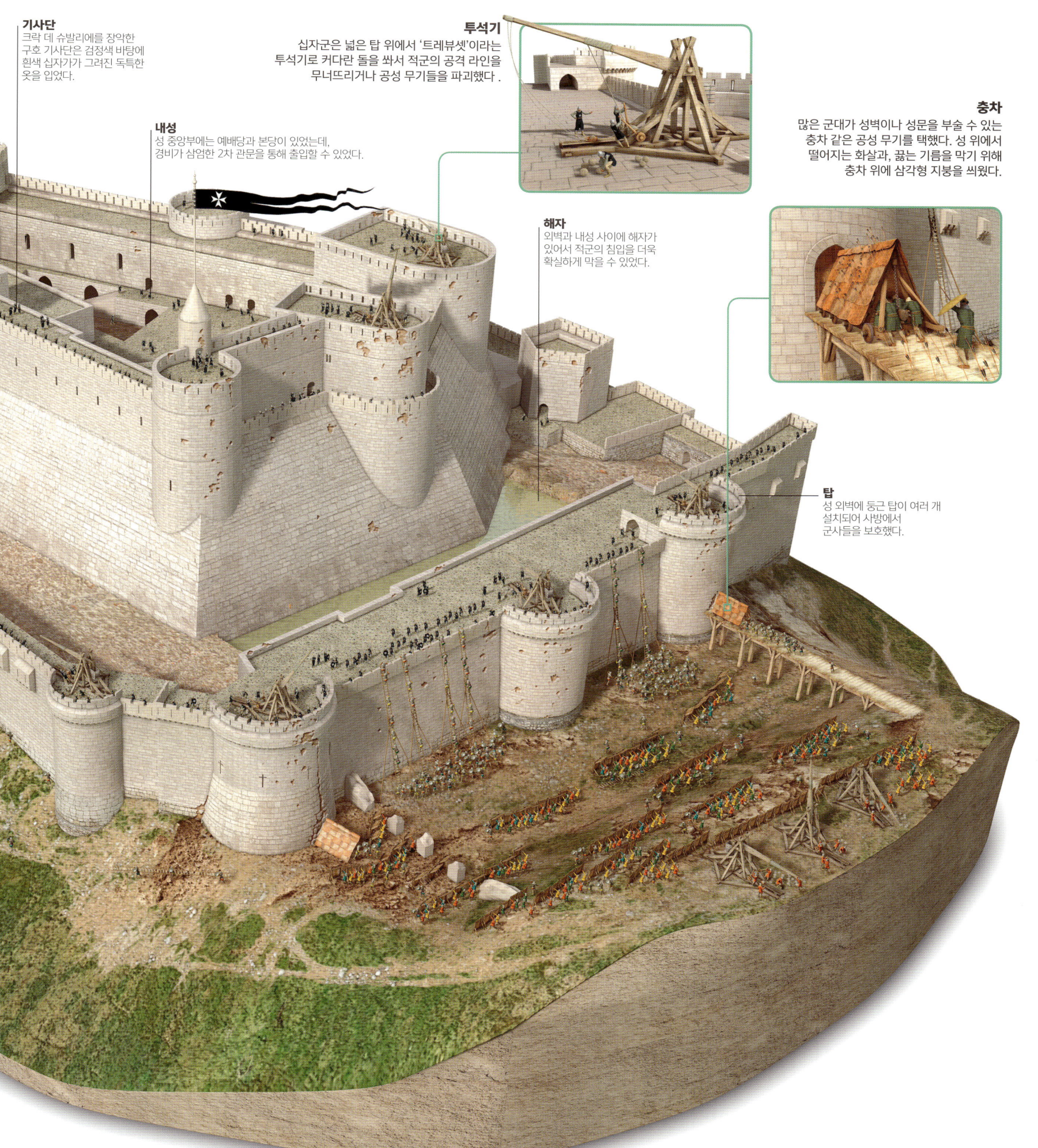

악숨 왕국

시기: 100~900년

오늘날 에티오피아 북부와 에리트레아 홍해 해안에 있던 나라로, 교역으로 부를 쌓았다. 340년경 기독교로 개종했는데, 전설에 따르면 악숨 왕국의 왕들은 《성경》에 등장하는 유명한 인물인 솔로몬 왕과 시바 여왕의 자손이었다.

악숨 왕국의 동전

카넴-보르누 제국

시기: 700년경~1840년경

아프리카 중부에 있는 호수인 차드 호 유역에서 등장한 제국이다. 사하라 사막을 가로질러, 지중해 연안의 다른 정착지로 가는 교역로 남쪽 끝에 형성되었다. 상인들은 소금, 타조 털 장식, 상아를 가져와서 말, 총과 교환했다. 이 제국은 17세기에 전성기에 이르렀다.

카넴-보르누의 마구의 일부분

> "평원의 금광에 …… 기막히게 큰 돌로 된 요새가 있다."
>
> 1531년 그레이트 짐바브웨를 방문한 뒤, 포르투갈 선장 빈센테 피가도가 한 말

짐바브웨 왕국

시기: 12세기에서 1450년까지

'그레이트 짐바브웨'는 아프리카 동남부에 있던 강력한 짐바브웨 왕국의 수도였다. 이 왕국은 아프리카 내륙과 인도양 연안 사이의 황금 교역을 장악했다. 오늘날 국가 이름인 짐바브웨도 이 왕국에서 비롯된 것이다. 지금 보이는 '그레이트 인클로저'는 도시의 가장 인상적인 부분으로, 아마도 왕궁이었을 것이다.

짐바브웨는 그들의 언어인 쇼나어로 '석조 가옥'을 뜻한다.

점토로 만든 집 — 원형 담장 안에 점토로 벽을 둘러 지은 초가집에서는 왕과 그 가족들이 살았을지도 모른다.

좁은 통로 — 외벽과 내벽 사이에 길이가 55미터 되는 좁은 통로가 있는데, 역사가들은 도시가 침입을 받았을 때 비밀 탈출로로 쓰였을 것으로 보고 있다.

내벽 — 미로 같은 내벽으로 공적 공간과 사적 공간이 나뉘어 있었다.

외벽 — 외벽은 화강암을 깎아 쌓아 올린 것으로 높이가 9.7미터나 되는 것도 있었다.

사하라 이남의 왕국들

약 3,000년 전, 서아프리카 열대 우림의 농부들이 사하라 이남, 즉 사하라 사막 남쪽의 광활한 아프리카 지역으로 이주하기 시작했다.

그들은 매우 다양한 형태의 반투어를 사용했으며, 초원에서 살고 있는 수렵 채집인과 유목민들에게 철기 사용법을 알려 주었다. 기원전 100년경에는 가축화된 낙타를 아시아에서부터 북아프리카로 데리고 왔다. 당시 북아프리카 상인들은 사하라 사막을 횡단하여 사막 남쪽 지역에서 금을 가지고 되돌아왔다. 이러한 변화로 말미암아 그 지역 곳곳에 나라가 세워졌다.

베냉 왕국

시기: 1200~1897년

오늘날 나이지리아에 있던 부유한 나라로, '오바'라는 강력한 군주가 다스렸다. 정교한 금속 공예품을 비롯해 다양한 예술품을 만들었다. 1897년 영국군이 오바의 궁전을 습격해서 보물을 모두 약탈했다.

베냉의 청동 조각

100만 돌의 도시 '그레이트 짐바브웨'에 '그레이트 인클로저'를 건설할 때 사용한 돌의 수.

10만 1500년대 말리 제국의 수도 팀북투의 인구 수.

동석(비눗돌)으로 만든 새 조각상
폐허가 된 도시, 그레이트 짐바브웨에서 독수리처럼 생긴 새 조각상이 적어도 8개나 발견되었다.

원뿔 모양 탑
통로 끝에 있는 높은 탑에는 종교나 상징적인 의미가 있을 것이다.

문양
외벽의 일부는 V자 모양으로 장식되었다.

마당
정문 가까이 있는 넓은 마당은 의식을 치르는 장소였을 것이다.

말리 제국
시기: 1230년~16세기

사하라 사막 남서쪽 끝에 있던 거대한 제국이다. 가장 잘 알려진 군주인 만사 무사 1세는 무슬림으로, 당시 세계에서 가장 큰 부자였다. 그는 팀북투에 대모스크를 건설하라는 명을 내렸다. 대모스크를 만든 예술가와 과학자들 덕분에 이 도시는 더욱 유명해졌다.

말리의 도기

콩고 왕국
시기: 1390년~1914년

중앙아프리카에서 가장 강력했던 나라로, 오늘날 앙골라에 있었다. 의복과 도기를 교역했고 1483년 포르투갈 상인들이 찾아온 뒤, 군주들이 기독교로 개종했다. 1914년 포르투갈의 식민지가 되었다.

콩고의 검

송가이 제국
시기: 1335년경~1591년

손니 알리는 송가이 제국 최초의 군주였다. 말리 제국이 쇠퇴하자, 사하라 사막을 가로지르는 황금 교역로를 차지했다. 수도는 오늘날 말리의 니제르 강 지역에 있는 '가오'였다.

송가이 황제 아스키아 무하메드의 무덤

> 이스터 섬 조각상에서 눈 부분은 한때 산호와, 흑요석이라는 화산암으로 만들었다.

폴리네시아의 팽창

기원전 1400년경, 동남아시아에 살던 사람들이 새로운 터전을 찾아 뉴기니 섬에서 동쪽으로 항해했다. 그들은 폴리네시아('많은 섬들'을 의미)로 알려진 태평양의 섬 수천 곳에 정착하기 시작했다.

폴리네시아는 남북으로 뉴질랜드에서 하와이, 동쪽으로는 이스터 섬까지 펼쳐져 있다. 가장 이른 시기의 폴리네시아인들은 동쪽으로 항해했으며, 폴리네시아 문화가 피지 동쪽 지역 전체로 퍼져 나갈 때까지 태평양을 계속 탐험하고 정착해 나갔다. 폴리네시아인들은 언어와 신앙이 서로 비슷했지만, 자기만의 정체성과 삶의 방식을 발전시켰다.

이주의 물결

기원전 1400년경 라피타 민족은 뉴기니 섬과 가까운 비스마르크 제도에서 피지, 사모아, 통가로 항해했다. 그들은 수천 년 넘게 폴리네시아 동부에 있는 섬 곳곳에서 살았다. 수 세기가 지나자 하와이와 이스터 섬을 발견하여 그곳에 정착했다. 약 1,000년 전 폴리네시아 선원들이 뉴질랜드에 상륙한 것이 이주의 마지막 물결이었다.

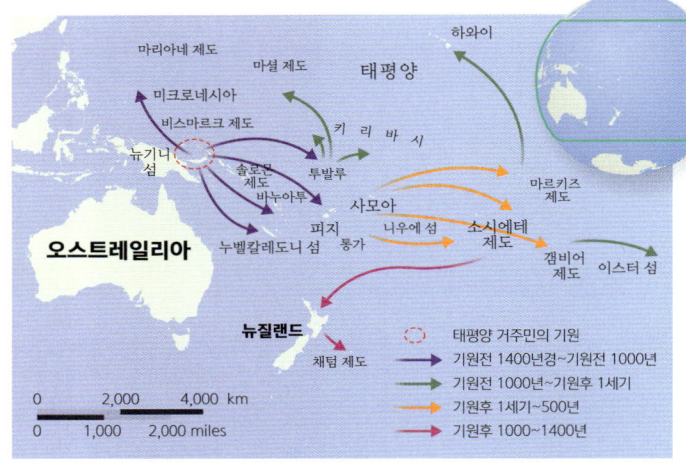

아웃트리거 카누

경험이 풍부한 뱃사람들이었던 폴리네시아인들은 '아웃트리거'라는 카누를 만들었다. 통나무와 밧줄로 이어 붙인 두 선체로 이루어져 있었으며 크기가 다양했다. 빠르고 튼튼하여 4,800킬로미터까지 거뜬히 항해할 수 있었다.

폴리네시아인들은 최초로 별, 해류, 날씨의 변화, 철새를 관찰하여 항로를 정하고 대양을 가로지를 수 있었던 사람들로 보인다.

밧줄
폴리네시아인들은 돛대를 바로 세우는 데 코코넛 섬유로 만든 밧줄을 사용했다.

동물들의 확산

폴리네시아인들은 새로운 섬에 정착할 때 돼지, 닭, 개와 같은 동물들을 데리고 갔다. 개는 사냥에 필요했고 돼지와 닭은 식용으로 썼다. 배에 실린 음식물에 이끌려 몰래 올라 탄 쥐들도 이 섬에서 저 섬으로 퍼져 나갔다. 새로운 동물들이 들어오는 한편 지나친 사냥으로 많은 동물들이 멸종되고 말았다.

돼지

쥐

닭

사우델레우르 왕조

사우델레우르 왕조(1100년경~1628년)는 미크로네시아의 폰페이 섬을 500년 넘게 통치했다. 이 나라는 카누를 타고 도착한 트윈스, 올리시흐파, 올로소흐파가 건설했다.

난 마돌
사우델레우르 왕조 수도인 '난 마돌'은 인공 섬과 수로 위에 건설되었다. 역사가들은 이곳을 '태평양의 베네치아'라고 부른다.

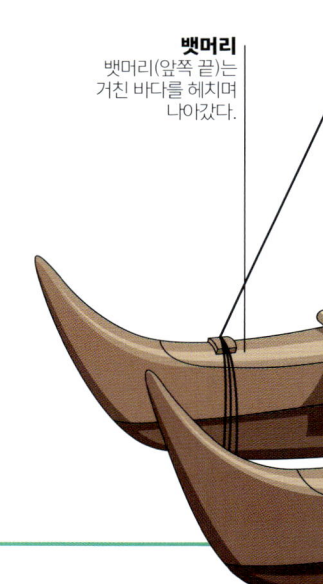

뱃머리
뱃머리(앞쪽 끝)는 거친 바다를 헤치며 나아갔다.

하와이

화산섬들로 이루어진 하와이에 기원후 400년경 폴리네시아인들이 정착했다. 수 세기가 지나는 동안 타히티와 소시에테 제도에서 더 많은 사람들이 찾아오면서 새로운 종교와 사상도 함께 들어왔다. 이주의 물결이 멈추자 하와이는 '호오마나'를 비롯해서 독자적인 문화, 예술, 심령론을 발전시키기 시작했다. 호오마나를 따르는 사람들은 특별한 상징을 떠올리며 몸과 마음에 집중하여 명상했다.

카하누 (Kahanu)
에너지의 상징

케-아오 라니홀리 (Ke-Ao Lanihuli)
순결의 상징

울리-나나-포노 (Uli-Nana-Pono)
고요의 상징

카하누알라 (Kahanuala)
숨의 상징

마오리 문화

마오리족은 13세기에 오늘날 뉴질랜드에 처음 정착한 사람들로, 이 섬들을 '길고 흰 구름의 땅'이라는 뜻에서 '아오테아로아'라고 불렀다. 부족장이 다스리는 큰 집단을 이루며 살았고 70여 신을 숭배했는데, 그들의 신앙은 노래와 춤을 통해 전해졌다.

마오리의 가면
조상을 기리기 위한 것으로 전통적으로 마오리의 가면은 나무에 복잡한 모양으로 조각되었다.

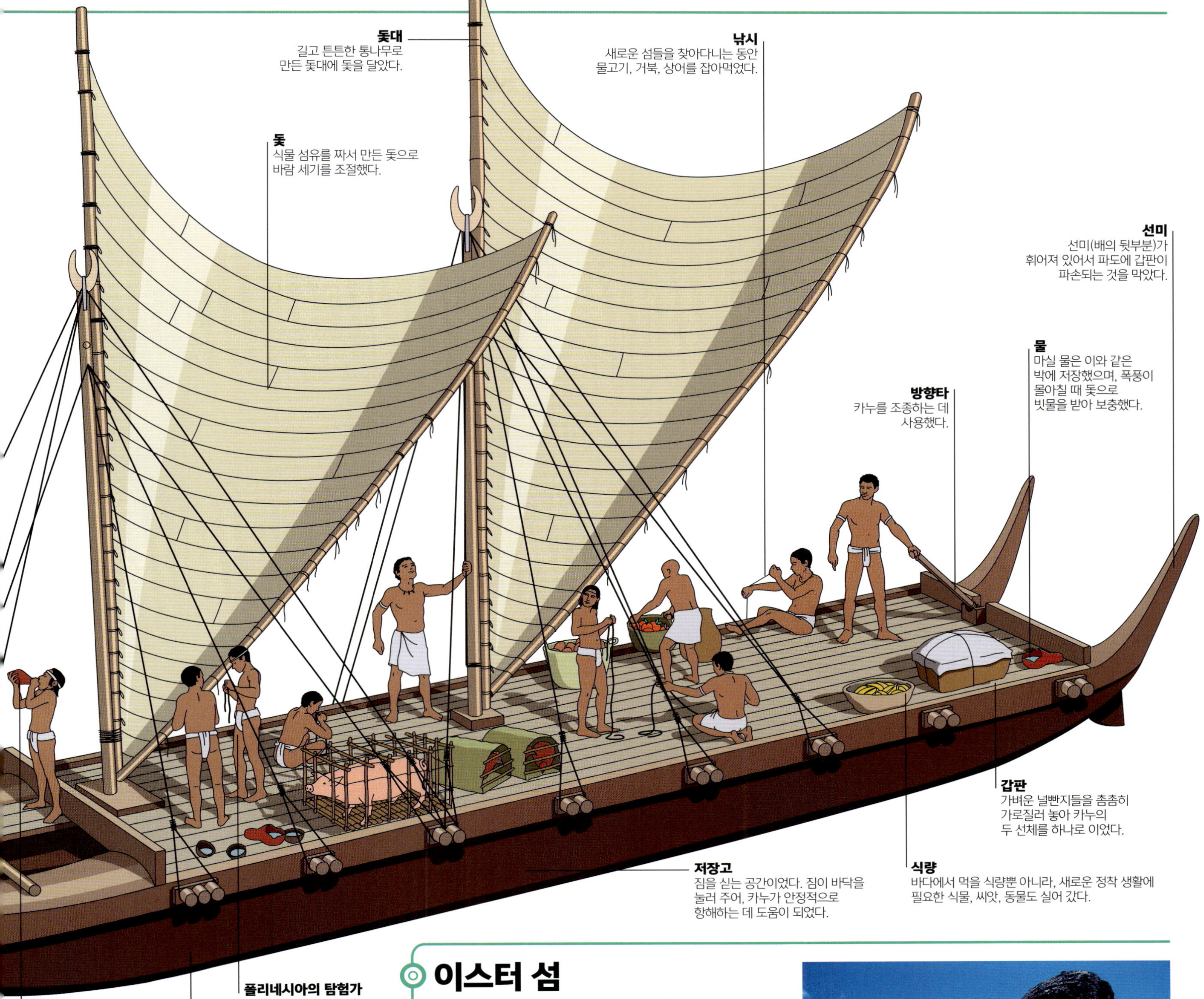

2,500만 제곱킬로미터. 태평양의 폴리네시아 전체 면적.

1만 500 킬로미터. 폴리네시아인들이 여러 세대에 걸쳐 뉴기니 섬에서 이스터 섬까지 여행한 거리.

돛대
길고 튼튼한 통나무로 만든 돛대에 돛을 달았다.

낚시
새로운 섬들을 찾아다니는 동안 물고기, 거북, 상어를 잡아먹었다.

돛
식물 섬유를 짜서 만든 돛으로 바람 세기를 조절했다.

선미
선미(배의 뒷부분)가 휘어져 있어서 파도에 갑판이 파손되는 것을 막았다.

물
마실 물은 이와 같은 박에 저장했으며, 폭풍이 몰아칠 때 돛으로 빗물을 받아 보충했다.

방향타
카누를 조종하는 데 사용했다.

갑판
가벼운 널빤지들을 촘촘히 가로질러 놓아 카누의 두 선체를 하나로 이었다.

저장고
짐을 싣는 공간이었다. 짐이 바닥을 눌러 주어, 카누가 안정적으로 항해하는 데 도움이 되었다.

식량
바다에서 먹을 식량뿐 아니라, 새로운 정착 생활에 필요한 식물, 씨앗, 동물도 실어 갔다.

소라고둥
카누에 탄 사람은 '푸'라는 소라고둥 껍데기를 불어서 해안에 있는 사람들과 소통했다.

선체
카누 선체는 커다란 나무 몸통을 깎아 움푹 파이게 만들었다.

폴리네시아의 탐험가
수많은 가족들이 새로운 섬을 찾아 카누를 타고 여행했을 것이다.

이스터 섬

폴리네시아인들은 800~1200년에 (오늘날 이스터 섬으로 알려진) 라파누이를 식민지로 삼았다. '모아이'라는 거대한 석상들을 세웠는데, 이는 조상을 나타내며 신으로 숭배되었다. 이후 인구가 늘며 여러 부족으로 나뉘었고, 점점 바닥을 드러내는 식량과 나무 같은 자원들을 서로 차지하려고 싸웠다. 1500년 이후에 라파누이 사람들은 모아이 석상들을 쓰러뜨리고 새로운 신들과 함께 새로운 신앙 체계를 받아들였다. 또 해마다 의식을 치렀는데, 이 섬을 지배할 부족을 뽑기 위해 해마다 경쟁했음을 뜻한다.

모아이 석상
모두 섬 바깥쪽을 바라보며 제단 위에 서 있다.

항해가들은 여행으로 알게 된 섬과 해류를 간단한 지도로 기록하기 위해 조개, 막대기, 코코넛 섬유를 이용했다.

몽골 제국

몽골족은 12세기 말~13세기 초, 중앙아시아 초원에서 사는 유목민이었다. 훗날 칭기즈 칸('우주의 지배자')이라 불리는 부족장 테무진이 1206년 몽골 초원을 통합했다. 그때부터 1368년까지 몽골은 아시아와 유럽의 많은 땅을 정복하고 역사상 가장 큰 제국을 세웠다.

몽골군은 엄청난 속도로 이동하며 말에 올라탄 채 싸웠다. 이러한 군사력을 바탕으로 적들을 제압하고 영토를 넓히며 마침내 2,300만 제곱킬로미터가 넘는 지역을 차지했다. 비록 전쟁으로 세워진 대제국이었지만, 몽골이 세계를 지배하는 동안 평화와 안정이 지속되었다. 동양과 서양의 교류가 활발해졌고 아시아와 유럽을 비교적 안전하게 오갈 수 있었다.

1219~1221년
몽골이 중앙아시아의 호라즘 왕조를 정복하며 유럽에서 아시아에 이르는 교역로를 장악했다.

1241~1251년
우구데이가 죽은 뒤 수년 동안 권력 투쟁이 이어졌다. 마침내 칭기즈 칸의 손자 뭉케가 경쟁자들을 물리치고 권력을 잡았다.

1260~1294년
쿠빌라이 칸이 몽골 제국의 대칸이 되어 송 왕조를 무너뜨리고 원 왕조를 열었다. 그리하여 역사상 처음으로 유목 민족이 중국 전역을 통치하게 되었다.

1185~1206년
칭기즈 칸이 중앙아시아의 여러 유목 부족을 통합했다.

1227~1241년
칭기즈 칸이 세상을 떠나자 아들 우구데이가 몽골 제국을 지배하는 대칸이 되어 금나라를 정복하는 등 제국을 넓혀 나갔다.

1258년
몽골 제국은 서아시아 일부 지역을 정복하고 바그다드를 약탈했으며 이슬람 제국의 아바스 왕조를 멸망시켰다.

1330~1368년
쿠빌라이 칸이 죽은 뒤 몽골 제국은 분열되었고 흑사병이 퍼지며 몰락의 길을 걸었다. 중국 대륙에서는 명 왕조가 원 왕조를 북쪽으로 몰아냈다.

바그다드 포위
1258년 몽골군이 오늘날 이라크 도시인 바그다드를 공격하였다. 칭기즈 칸의 손자인 훌레구 칸은 아바스 왕조를 무너뜨렸다. 이후 몽골군은 계속 진군하여 서아시아 땅 대부분을 정복했다.

고대 아메리카

기원전 3000년~기원후 1697년 오늘날 멕시코, 중앙아메리카, 남아메리카 서부에서 문명이 꽃피고 강력한 제국들이 등장했다.

노르테치코 문명(기원전 3200년경~)은 아메리카에서 가장 오래된 문명으로 알려져 있으며, 오늘날 페루의 해안 지역에서 문화를 재패했다. 멕시코에서는 올멕 문명(기원전 1200년~기원전 800년)이 시작되어 건물을 짓고 기념물과 조각상을 세웠다. 이 두 문명을 바탕으로 위대한 제국이 탄생했으니 바로 멕시코에 있던 마야와 아즈텍, 페루에 있던 잉카 제국이다. 이 세 대제국은 중요한 사막, 울창한 정글, 산허리에 건설되었다. 대형 피라미드와 웅장한 도로망을 만들었고, 작물을 기르기 어려운 환경 조건에 알맞은 독특한 농사법을 생각해 냈다. 종교 의식을 호화롭게 치렀으며 많은 신들을 달래기 위해 사람을 제물로 바치는 인신공양을 하기도 했다. 또 풍부하게 매장되어 있는 금으로 사원과 종교 건축물을 장식하고 보석과 장신구를 만들었다.

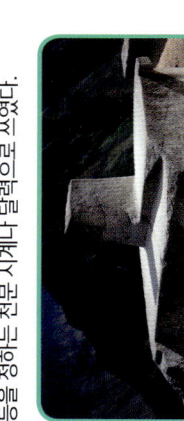

인티와타나
이 신성한 돌은 의식을 치를 때 사용된 것으로 계단식 피라미드 꼭대기에 있었다. 농사를 언제 짓고 태양 숭배 축제를 언제 벌일지 등을 정하는 천문 시계나 달력으로 쓰였다.

잉카 제국

잉카 제국은 1438년 남아메리카 태평양 연안에 세워졌다. 돌을 다루는 솜씨가 뛰어났던 잉카죽은 산허리에 많은 도시들을 세우고 약 4만 킬로미터에 이르는 도로를 건설했다. 마추 픽추('오래된 봉우리'라는 뜻는 안데스 산맥 봉우리를 가운데 하나인 와이나 픽추의 한쪽 면에 자리 잡았는데, 해발 2,430미터에 위치해 있었다. 16세기 스페인 정복 시기에 방치된 이 도시는 1911년까지 서양인들에게 발견되지 않은 채 남아 있었다.

1,200만 명이 15세기에 잉카 제국에서 살고 있었다.

태양신 사원
반원 모양으로 된 이 사원에서 태양신 '인티'를 숭배했다. 태양이 가장 높이 뜨는 때인 하지에, 창문을 통해 태양이 완벽하게 보이는 위치에 제단이 놓여 있었다.

태양열
건물은 낮 동안 태양열을 받아 밤에도 따뜻하게 보낼 수 있었다.

궁전
1450년 가장 층은 돌을 사용해 지은 이곳에서 잉카 제국의 파차쿠티 황제가 살았을지도 모른다.

사회적 영역
도시를 가로지르는 넓은 광장이 있었다. 만남의 장소이자, 종교 의식을 구경하거나 축제를 벌이는 공간이었다.

20만 아즈텍이 최고 전성기를 맞이했을 때 수도 테노치티틀란의 인구 수.

도로
돌을 이용해 산악 지형을 가로지르는 도로를 만들었다. 방대한 도로망이 도시와 마을을 하나로 연결했다.

벽돌
벽돌이 제 위치에 딱 들어맞도록 제작되었기 때문에, 벽돌을 접착시킬 반죽을 따로 만들 필요가 없었다.

안데네스
안데네스라는 계단식 밭은 산비탈을 가파르게 깎아 만든 것으로, 옥수수, 카카오, 감자 등을 재배했다. 가까이 동굴이 있어, 폭우가 쏟아져도 산사태가 나는 것을 막을 수 있었다.

라마
라마와 같은 가축들을 이용해서 이 마을 저 마을로 물자를 실어 날랐다.

농기구
나무나 돌로 만든 농기구로 감자를 수확하고 잡초를 제거했다.

○ **올메 문명**
시기: 기원전 1200년경~기원전 400년경

멕시코 만 남부 해안을 따라 등장했다. 넓은 땅에서 옥수수와 콩 같은 작물을 길렀으며 옥과 흑요석으로 만든 생산품을 교역했다. 돌로 높이가 3m인 머리 조각상을 제작했다. 이르는 머리 조각상을 제작했는데 16세기에 이르는 신을 숭배했는데, 이후에 등장하는 아즈텍, 마야 등에서도 이들의 신앙을 받아들였다. 올메족은 아메리카 최초로 문자를 만든 것으로 보인다.

올메 문명의 머리 조각상

○ **마야 문명**
시기: 기원전 1000년경~기원후 1697년

오늘날 멕시코에 있는 유카탄 반도에서 중앙아메리카에 걸쳐, 팔렝케와 같은 도시 국가들을 이루어져 있었다. 마야족은 독자적인 문자를 사용하였으며 최고의 수학자이자 건축가였다. 작렬하게 정복될 수가 따로 없었기 때문에 마야 제국은 16세기에 스페인인이 침략했을 때도 쉽게 무너지지 않았다. 유럽인들이 이 제국을 정복하는 데 200년 가까이 걸렸다.

옥으로 만든 마야 가면

○ **아즈텍 문명**
1325~1521년

오늘날 멕시코 대부분을 지배했던 아즈텍 황제들은 전쟁과 폭력, 그리고 인신공양으로 수백만에 이르는 백성을 다스렸다. 수도 테노치티틀란은 텍스코코 호수 한가운데에 세워졌는데 오늘날 이곳에 멕시코시티가 있다. 도시 중앙에는 피라미드가 있었고, 농사를 짓기 위해 만든 인공 섬뿐 아니라 수많은 사원이 있었다.

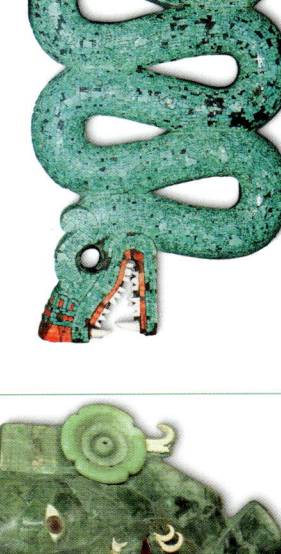

아즈텍의 쌍두 뱀 조각상

87

중국 명나라

24 명 왕조부터 청 왕조까지 자금성에 살았던 황제 수.

명 왕조는 1368년 몽골의 원 왕조를 몰아낸 뒤 276년 동안 중국을 통치했다. 이로써 중국에 많은 변화가 생겼고, 자기와 위대한 건축물로 명성을 떨쳤다.

명나라 초기 황제들은 몽골의 침입을 막으려고 북쪽 국경에 수비를 강화했다. 교역과 탐험을 장려하여 세계 각지에서 새로운 음식들이 전해졌다. 그 결과 더 많은 작물을 재배할 수 있게 되며 인구가 두 배 이상 늘었다. 그러나 왕조 말기에 재정이 악화되고 수년간 흉년이 이어지면서 반란이 일어나 1644년 마침내 멸망했다.

만리장성

명 왕조는 북쪽 몽골족의 침입을 막으려고 장성을 수리, 확장했다. 새로운 건축 기법으로 성벽을 군사 요새로 보강했다. 사격할 수 있는 구멍인 총안을 만들고, 위에서 적을 살필 수 있도록 망루를 세웠다.

북쪽이 잘 보이는 지점
새로운 망루가 설치되며 병사들은 국경을 감시하고 적의 공격에 재빠르게 대응할 수 있었다.

홍무제

1368년 주원장이 명 왕조의 첫 황제, '홍무제'가 되었다. 정부의 모든 부문을 자신의 권한 아래 두었고, '대고(大誥)'라는 새로운 법률을 반포했다. 홍무제는 위엄이 넘치는 지도자였지만, 배신을 두려워하여 비밀경찰을 두었다.

농민 출신의 전사
가난한 농민 집안에서 태어난 주원장은 군대를 이끌고 원 왕조에 맞서 싸웠고, 결국 황제가 되었다.

자금성

명 왕조 3대 황제 영락제(재위 1402~1424년)는 수도를 베이징으로 옮기고 1406년 새로운 황궁을 건설하도록 명했다. 황궁은 황실 가족이 사는 곳이자 관료, 외국 사신뿐 아니라 하인들이 생활하는 공간이었다. 황궁은 경비가 삼엄했고 전체가 제한 구역이어서 '자금성'이라 불렸다. '자'는 북극성, '금'은 금지된 구역을 뜻했다. 자금성은 980개 건물에 방이 약 9,000개 있는 엄청나게 큰 궁전이었다. 많은 건물들이 황제의 공식 색깔인 황금색 타일로 덮여 있다.

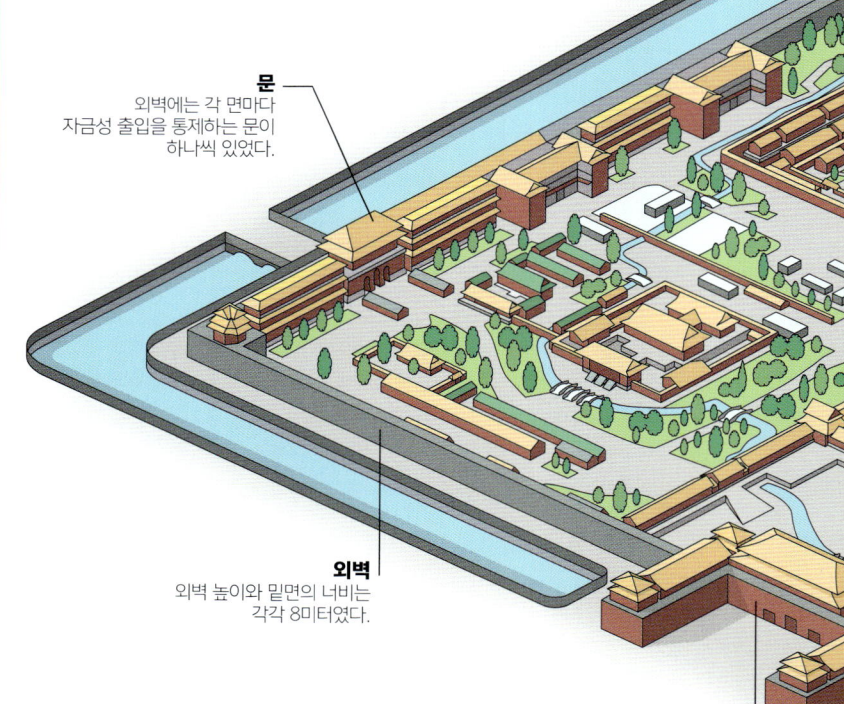

문
외벽에는 각 면마다 자금성 출입을 통제하는 문이 하나씩 있었다.

외벽
외벽 높이와 밑면의 너비는 각각 8미터였다.

오문
정문으로, 자금성 남쪽에 있었다.

정화의 항해

정화(1371~1433년)는 중국의 위대한 탐험가 가운데 한 사람이다. 명나라 제독으로 커다란 함대 수백 척을 이끌고 인도, 페르시아 만, 아프리카 동해안에 이르기까지 모두 일곱 차례 항해했다. 정화는 새로운 문화와 접촉하면서 중국의 영향력을 넓혔으며, 배에 향신료와 보석을 실은 채 외국 교역 대표자들과 함께 귀국했다.

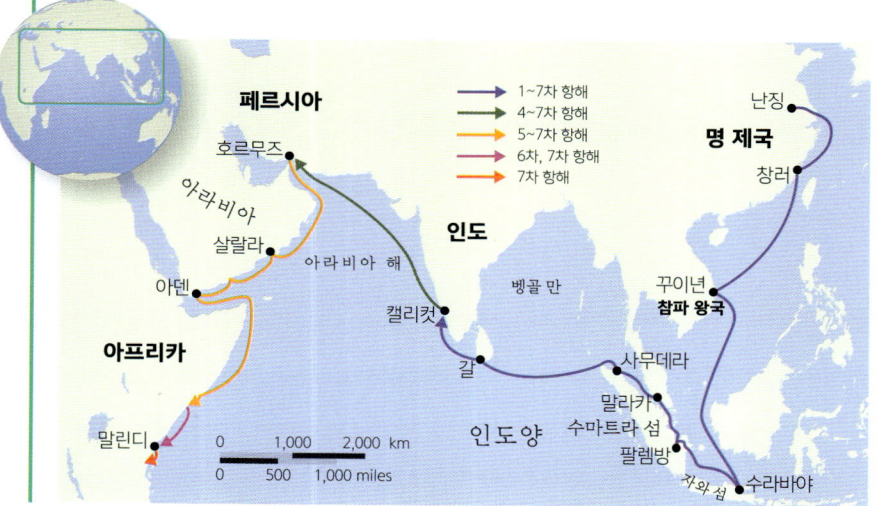

자금성 배치도

자금성은 중국 고대 문헌 기록에 근거하여 설계되었다. 중요한 건물들은 태양을 기리는 의미로 남쪽을 향했고, 공식 행사를 치르는 공간은 세 부분으로 이루어져 하늘과 거룩함을 상징했다.

약 2만 7,800 1차 항해를 떠나는 정화 함대에 탄 선원 수.

2014년 명나라 자기 화병이 2,160만 달러에 팔렸다.

명나라 자기

1369년 홍무제는 송 왕조 때 징더전에 있었던 자기 공장을 다시 설치했다. 이곳에서 당 왕조 때의 오랜 기술을 완성하여 황실용 자기를 만들었으니, 바로 청화백자였다. 명나라 청화백자는 큰 인기를 끌며 전 세계로 수출되었다.

포월병(抱月甁)

천구병(天球甁)

통병(筒甁)

신도(神道)
황릉으로 이어지는 7킬로미터의 도로변에 장군, 관료, 동물 조각상들이 늘어서 있다.

명나라 무덤

명 왕조 황제들은 베이징 북부 톈서우산 기슭에 '명십삼릉'이라는 황릉 단지를 건설했는데, 전체 규모가 120제곱킬로미터에 이르렀다.

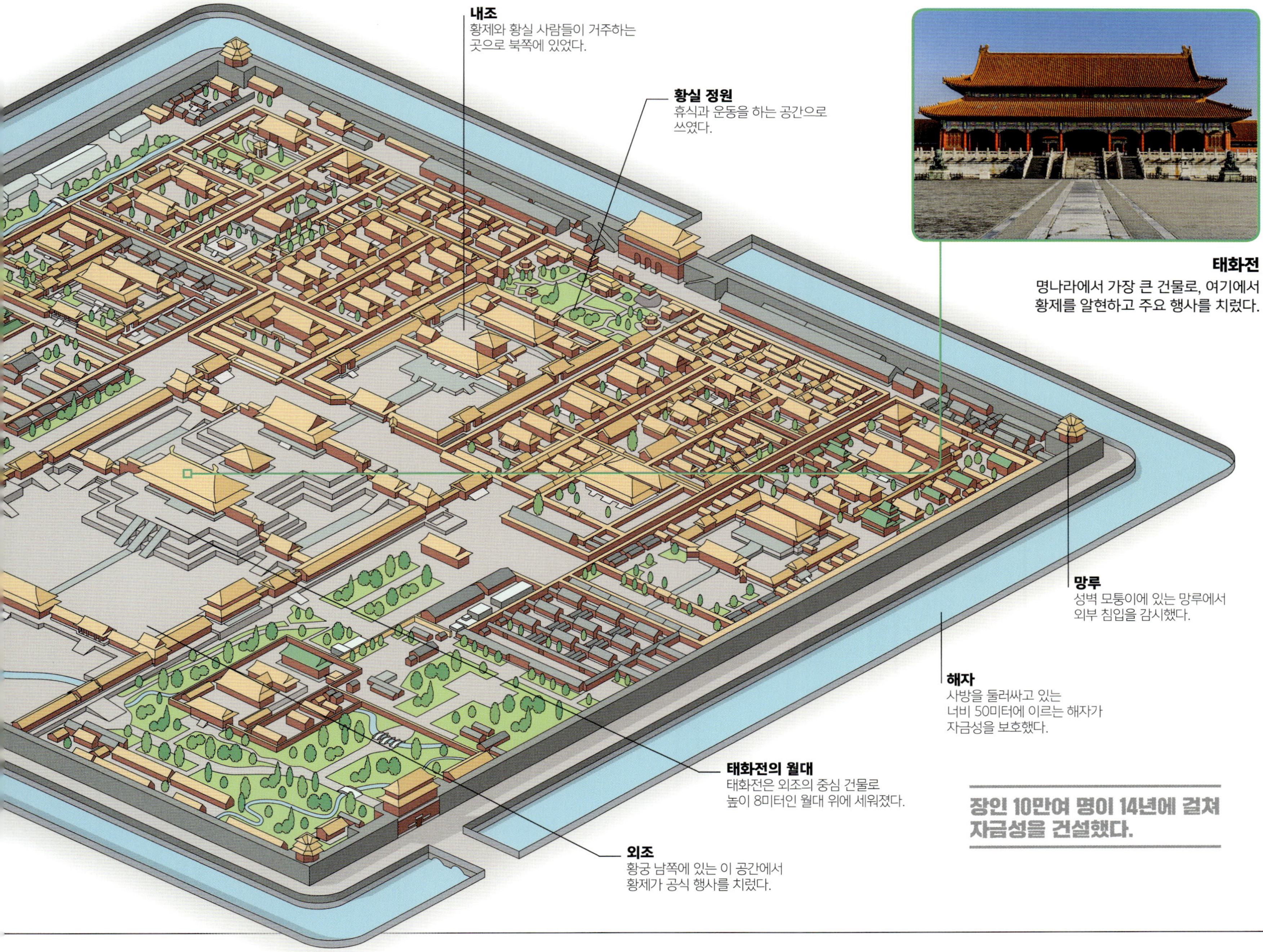

내조
황제와 황실 사람들이 거주하는 곳으로 북쪽에 있었다.

황실 정원
휴식과 운동을 하는 공간으로 쓰였다.

태화전
명나라에서 가장 큰 건물로, 여기에서 황제를 알현하고 주요 행사를 치렀다.

망루
성벽 모퉁이에 있는 망루에서 외부 침입을 감시했다.

해자
사방을 둘러싸고 있는 너비 50미터에 이르는 해자가 자금성을 보호했다.

태화전의 월대
태화전은 외조의 중심 건물로 높이 8미터인 월대 위에 세워졌다.

외조
황궁 남쪽에 있는 이 공간에서 황제가 공식 행사를 치렀다.

장인 10만여 명이 14년에 걸쳐 자금성을 건설했다.

탐험의 시대

14~17세기는 탐험의 시대였다. 항해가 시작되며 사람들은 더 머나먼 세계에 대해 새로운 사실을 알게 되었다. 아시아와 유럽에서는 과학자들이 혁신적인 돌파구를 찾았고, 예술가들은 새로운 기법으로 세계를 사실적으로 묘사했다. 그러나 유럽인들이 아메리카를 탐험하고 식민지로 삼는 과정에서 원주민이 희생되었다.

1619년: 노예가 제임스타운에 도착하다
아메리카 영국 식민지에 최초로 도착한 아프리카 노예들은 담배 작물을 키우는 대농장에서 일했다. 이후 수세기 동안 아프리카인 수천 명이 아메리카 대륙으로 팔려 왔다.

노예 족쇄

1632~1653년: 타지마할
무굴 제국의 황제 샤 자한은 수많은 궁전과 모스크를 만들었다. 타지마할은 아내 뭄타즈 마할을 위해 지은 묘소였다. 샤 자한도 죽은 뒤에 이곳에 묻혔다.

타지마할

제임스타운

1607년: 제임스타운
영국인들이 오늘날 미국 버지니아 주 동부에 '제임스타운'이라는 정착촌을 세웠다. 북아메리카 최초의 정착촌이자 가장 성공한 영국 식민지였다.

1603년: 일본 에도 시대
도쿠가와 이에야스는 일본을 통일하고 수도를 에도(오늘날 도쿄)로 옮겼다. 일본에서는 여러 분야의 예술이 번성하는 평화로운 시대가 시작되었다. 새로운 연극 '가부키'가 대중들을 즐겁게 해 주었다.

가부키 배우

거북선

탐험의 시대

15세기부터 세계에 대한 새로운 호기심이 수많은 항해를 이끌었다. 그리고 이미 확고하게 자리 잡은 종교에 의심을 품게 되었으며 근대 과학이 싹트기 시작했다.

1492년 이탈리아 탐험가 크리스토퍼 콜럼버스가 아메리카 대륙을 밟으며 유럽에서는 탐험의 시대가 열렸다. 유럽 국가들은 제국을 건설해 동아시아, 인도, 중동 이슬람 국가들과 어깨를 나란히 하기 시작했다. 고대 그리스·로마에 대한 재발견이 르네상스('다시 살아남')로 이어지며 문화와 예술이 크게 발전했다. 르네상스는 과학 혁명으로 이어져, 새로운 발견과 발명이 이루어졌으며 사람들은 우주에 대한 과거의 견해에 도전했다.

1520~1566년: 술레이만 대제
오스만 제국을 가장 오래 다스린 황제로 이슬람 예술, 공예, 과학, 건축의 황금기를 열었다.

오스만 제국의 접시

16세기의 지구본

1519~1522년: 마젤란의 항해
포르투갈 탐험가 페르디난드 마젤란은 탐험대를 이끌고 지구를 한 바퀴 돌았다. 마젤란은 항해 도중 죽었지만, 마젤란의 배 다섯 척 중 한 배에 타고 있던 선원 일부는 살아서 돌아올 수 있었다.

에르난 코르테스

구텐베르크 인쇄기

1450년대: 구텐베르크 성경
요하네스 구텐베르크는 인쇄기를 발명하여 출판에 혁명을 일으켰다. 그가 대량 생산한 최초의 책은 《성경》으로, 예전보다 훨씬 많은 독자들이 이 책을 직접 읽을 수 있게 되었다.

1453년: 콘스탄티노플 함락
이슬람 세계의 오스만 제국이 비잔티움 제국의 수도 콘스탄티노플(오늘날 이스탄불)을 정복했다. 그러자 기독교인 학자와 과학자들은 새로운 사상과 고대 문헌을 가지고 유럽으로 피난을 갔고, 그곳에서 르네상스가 일어나는 데 일조했다.

오스만의 방패

루이 14세

1643~1715년: 루이 14세
프랑스 왕 루이 14세는 궁전을 파리 외곽에 있는 베르사유로 옮겨 규모를 넓히고 모든 황실 구성원들을 강제 이주시켰다.

1668년: 뉴턴의 반사 망원경
영국 과학자 아이작 뉴턴은 빛을 반사하는 거울을 이용해 망원경의 성능을 개선했다.

뉴턴의 반사 망원경

1673: 레이우엔훅의 현미경
네덜란드 과학자이자 발명가 안톤 판 레이우엔훅이 작은 현미경을 발명했다. 맨눈으로는 볼 수 없는 미세한 것까지 확대할 수 있었다.

레이우엔훅의 현미경

1592~1598년: 임진왜란
이순신 장군이 임진왜란 당시 조선 수군을 이끌고 일본에 맞서 싸웠다. 거북선이라는 특수한 배 덕분에 일본 수군을 격파할 수 있었다.

1547~1584년: 폭군 이반
이반 4세는 러시아 최초의 차르(황제)가 되었으며, 러시아 영토를 남쪽과 동쪽으로 크게 넓혔다. 폭군 이반이라 불렸는데, 성미가 매우 급하고 너무 가혹한 처벌을 내렸기 때문이다.

이반 4세의 투구

트리엔트 공의회

1545~1563년: 반종교 개혁
종교 개혁이 널리 퍼지자, 로마 가톨릭교회는 이에 대항하고자 이탈리아 북부 트리엔트(오늘날 트렌트)에서 세 차례 회의를 하며 교회의 개혁 방안을 논의했다.

무굴 제국의 궁수

1526년: 파니파트 전투
북인도를 침략한 중앙아시아의 바부르가 파니파트 전투에서 델리 술탄국을 격파했다. 바부르와 그 후계자들이 세운 이슬람 무굴 제국은 인도 대부분을 차지했다.

1543년: 코페르니쿠스 혁명
폴란드의 천문학자 니콜라우스 코페르니쿠스는 지구가 태양 주위를 돈다는 사실을 밝혀내며 지구가 우주의 중심이라는 로마 가톨릭교회의 가르침에 정면으로 도전했다.

코페르니쿠스의 태양계 모델

1519~1521년: 아즈텍 제국 정복
스페인 정복자 에르난 코르테스가 군대를 이끌고 오늘날 멕시코에 있던 아즈텍 제국을 정복하고 수도 테노치티틀란을 파괴했다.

1517년: 종교 개혁
마르틴 루터가 로마 가톨릭교회의 잘못을 지적하는 '95개조 반박문'을 발표하며 '종교 개혁'을 일으켰다.

루터의 95개조 반박문

1498~1499년: 미켈란젤로의 피에타
이탈리아 예술가 미켈란젤로는 르네상스 절정기에 자신의 최고 걸작 가운데 하나인 피에타(이탈리아어로 '슬픔', '비탄'을 뜻함)를 제작했는데, 마리아가 예수를 안고 있는 모습을 조각한 것이다.

피에타

로렌초 데 메디치

1449~1492년: 로렌초 데 메디치
'로렌초 일 마니피코'(위대한 자 로렌초)라 불렸던 정치가, 로렌초 데 메디치가 이탈리아 피렌체에서 권력을 잡았다. 예술의 위대한 후원자였던 로렌초의 통치 아래, 피렌체는 르네상스의 중심지가 되었다.

스페인의 카라벨

1492: 콜럼버스의 항해
크리스토퍼 콜럼버스는 아시아로 가는 신항로를 찾으려다 카리브 해 서인도 제도에 상륙했다. 스페인에 있는 후원자에게 자신이 방문한 땅에 대한 새로운 정보를 전해 주었고, 많은 탐험가들이 이에 자극받아 아메리카로 항해에 나섰다.

르네상스

고대부터 쌓아 온 많은 지식들이 중세 시대에 전쟁, 질병, 기아로 유럽인들 사이에 잊혀 갔고, 교회의 가르침이 사회를 지배했다. 그러나 14세기부터 유럽에서는 르네상스(프랑스어로 '재생' 즉 '다시 살아남'이라는 뜻)가 시작되었다.

학자와 예술가들은 고대 로마와 그리스의 과학적 사고와 예술 양식을 다시 받아들였고, 동쪽에서 온 이슬람 문화의 영향도 받았다. 유럽 곳곳에서 새로운 사상이 나타나 교회에 도전했다. 그 결과, 예술, 문학, 과학, 연극이 진보했다. 예전에는 수공업자로만 여겨진 화가와 조각가들이 예술 분야에서 새로운 업적을 이룩했다.

르네상스의 여러 요소들

르네상스 시기에 유럽인들은 고대 사상과 문화를 재발견했다. 새로운 사상과 기술이 나타나 대륙 전체로 퍼져 나갔다.

고대 사상의 부활

철학자와 과학자들은 소크라테스, 아리스토텔레스, 키케로 등 위대한 고대 사상가와 작가들의 작품을 연구했다. 이에 자극을 받은 철학자들은 교회의 가르침을 넘어서서, 유럽 사회에 의문을 품었다.

고대 사람들에게서 배우다
르네상스 화가 라파엘의 〈아테네 학당〉. 플라톤과 아리스토텔레스가 한가운데 서 있다.

피렌체

르네상스는 이탈리아 피렌체에서 시작되었다. 14세기 후반 도시 국가인 피렌체는 부유했다. 사업가와 상인들은 화가이자 건축가인 조토 디 본도네, 작가 단테 알리기에리 등 예술가, 장인, 사상가들을 후원했다.

조각

도나텔로와 미켈란젤로 같은 르네상스 조각가들은 작품이 사실적으로 보이도록 했다. 인체 그리고 사람의 표정과 움직임을 연구하여 조각 작품에 생동감을 불어넣었다.

다비드 상
1501~1504년 미켈란젤로 부오나로티는 《성경》의 영웅 다비드를 대리석으로 조각했다.

건축

르네상스 건축은 돔, 아치, 기둥에서 고대 로마와 그리스 건축의 영향을 받았다. 르네상스 시대의 건축들은 후대에도 계속해서 새로운 자극이 되었다.

피렌체 대성당
필리포 브루넬레스키는 피렌체 성당 위에 얹을 대규모 돔을 지었다. 돔은 비계(높은 곳에서 공사할 수 있도록 임시로 설치한 구조물) 없이 건설되었다.

로렌초 데 메디치

피렌체의 메디치 가문은 200년 넘게 상인이자 은행가, 정치가로 이름을 떨쳤다. 로렌초 데 메디치는 1449년부터 1492년까지 피렌체를 통치하면서 '위대한 로렌초'라 불렸다. 산드로 보티첼리와 미켈란젤로 등 수많은 예술가를 후원했다.

초상화
르네상스 화가들은 인물을 최대한 세밀하게 그렸다.

14 레오나르도 다 빈치가 〈모나리자〉를 완성하는 데 걸린 햇수.

4 명의 메디치 가문 사람이 각자 다른 시기에 교황으로 선출되었다.

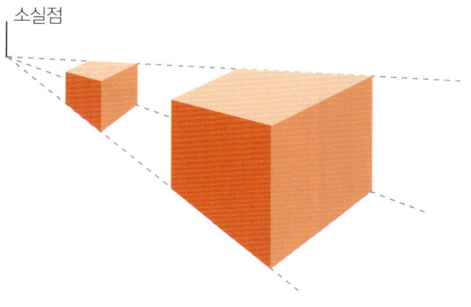
소실점

르네상스 인문주의
인문주의자들은 신보다는 인간을 연구하는 것을 지식의 핵심으로 여겼다. 고대 문헌, 특히 사회에 필요한 구성원이 되는 데 도움이 될 설득의 기술, 문법, 역사 분야에 집중했다.

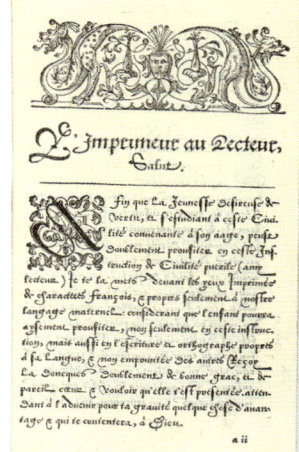

원근법
화가들은 더욱 현실감 있는 작품이 되도록 새로운 방법을 생각해 냈다. 바로 원근법을 이용한 것으로, 평평한 면에 그려진 물체들을 더 가깝게 또는 더 멀게 보이도록 했다.

인문주의 문학
데시데리위스 에라스뮈스는 《우신예찬》에서 중세 가치관과 교회의 가르침에 의문을 제기했다.

후원자
부유한 후원자들은 장인을 지원하고 화가로서 명성을 쌓을 수 있게 이끌어 주었다.

장인
창조적인 멘토로서 스튜디오와 작업실의 예술 양식을 선도했다.

북유럽 르네상스
르네상스는 이탈리아에서 북유럽으로 전파되었다. 이탈리아 장인들은 유럽 곳곳에서 온 예술가들에게 자극이 되었고, 북유럽 왕과 왕비의 궁정에 초대되었다. 15세기 중반 책을 빠르게 생산할 수 있는 인쇄기가 발명되어 르네상스의 새로운 사상이 퍼지는 데 한몫했다.

르네상스 시대의 작업실
화가 얀 반 데르 스트라트는 1590년경 〈유화의 발명〉이라는 그림에서, 네덜란드 화가 얀 반 에이크의 분주한 작업실을 묘사했다.

견습생
젊은 견습생들은 장인에게 그림을 배우기 전에 간단한 일부터 했다.

색 혼합
숙련된 견습생들은 여러 가지 색을 만들려고 재료를 갈고 섞었다.

스케치하는 사람
견습생들은 실력을 기르려고 작업장에 있는 주요 작품을 스케치하기도 했다.

조각상
조각상과 그림이 같은 작업실에서 제작되기도 했다.

단
장인은 가장 좋은 각도에서 그림을 그리려고 단 위에 서기도 했다.

> "회화는 말 없는 시이다."
> 레오나르도 다 빈치, 《회화론》, 1651년.

탐험의 시대 ○ 조선

조선 왕조 이전의 역사

1392년 조선 왕조가 세워지기 전부터 한반도는 역사적으로 강력한 중국 왕조들과 끊임없이 영향을 주고받았다. 372년 중국에서 불교가 전래되어 오랫동안 번성했지만, 조선 시대에는 탄압을 받았다.

연표

기원전 1세기~기원후 935년

삼국 시대와 남북국 시대

삼국 시대에 남쪽에는 신라와 백제, 북쪽에는 고구려가 있었다. 삼국 시대 말에 신라가 중국 당나라와 동맹을 맺고 백제와 고구려를 멸망시키며 한반도를 최초로 통일했다. 이후 남쪽에는 신라, 북쪽에는 발해가 있는 남북국 시대가 이어졌다.

신라의 부처상

918~1259년

고려 왕조의 발전

신라가 봉기와 반란으로 분열된 틈을 타서 왕건이 고려 왕조를 건국했다. 고려는 12세기에 무신정변을 겪었지만, 오랫동안 평화와 번영을 누렸다.

1259~1356년

몽골의 지배

고려 왕조는 몽골에 맞서 30년 가까이 항쟁을 벌인 끝에 1259년 강화를 맺고, 이후 100년 가까이 몽골 제국 원나라의 간섭을 받았다. 1350년대에 원나라의 간섭에서 벗어났지만 곧이어 쇠퇴했다.

대포의 화력

거북선 앞뒤 좌우에 26여 개 작은 대포들이 달려 있었다. 거북선의 막강한 화력은 화살과 조총을 앞세운 일본 함대를 꼼짝 못하게 했다.

그 밖의 성능

바람 부는 날에는 두 개의 돛으로 속도를 끌어 올렸다.

예리한 방어 장치

적이 배에 오르는 것에 대비해 지붕 가득 철제 송곳들을 박아 두었다.

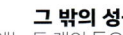

재빠르게 방향을 바꾸는 노

거북선은 다른 배들과 달리 바람에만 의존하지 않았다. 약 70명이 노를 저었는데 배를 재빠르게 이동시키고 매우 순발력 있게 방향을 바꾸어, 적을 놀라게 했다.

휴식 장소

하갑판은 부엌과 침실로 쓰였다.

조선

조선 왕조(1392~1897년)는 500년 넘게 이어지면서 오늘날 한국 사회와 문화의 토대를 마련했다.

조선 왕조는 1392년 태조 이성계가 고려 왕조를 멸망시키고 건국한 나라이다. 수도를 한성(오늘날 서울)으로 옮기고, 영토를 북쪽으로 넓혔다. 조선 왕들은 정치, 과학과 기술뿐 아니라 문화와 교육 분야에서도 크나큰 발전을 이루어 냈다. 그러나 16세기와 17세기에 일본과 청나라의 침략으로 전쟁에 휩싸이고 말았다.

거북선
조선 왕조의 뛰어난 기술을 엿볼 수 있는 배로, 거북처럼 생겨서 '거북선'이라 불렸다. 위에 지붕이 덮여 있어 적의 침입을 막을 수 있었고, 많은 대포가 설치되어 있었다. 임진왜란 때 이순신이 바다에서 일본 수군을 물리치는 데 크게 기여했다.

비밀 무기
지붕 위에 짚을 깔아 놓았기 때문에, 적군이 방심하고 뛰어들다가 송곳에 찔리기도 했다.

불을 뿜는 용
배 앞머리에 나무로 만든 용머리가 있었다. 이 안에 대포나 불과 연기를 피우는 장치를 숨겨 두었다가 적을 공포로 몰아넣기도 하고, 배가 움직이는 것을 숨기기도 했다.

이순신 장군

임진왜란(1592~1598년)이 일어나기 1년 전에 전라좌도 수군의 수장이 되어 전쟁에 대비했다. 모함을 받아 관직에서 물러나기도 했으나 경상·전라·충청 세 도의 수군을 이끄는 삼도 수군통제사로서 활약하며 일본과 치른 해전에서 단 한 차례도 패하지 않았다.

"다가오게 할지언정, 결코 밀리지는 않겠다. 친구가 될지언정, 결코 강요당하지는 않겠다. 죽임을 당할지언정, 결코 부끄럽지는 않겠다."
– 이순신이 동료 장수 선거이에게 보낸 편지에서.

세종 대왕
조선 왕조의 4대 임금으로 32년 동안(1418~1450년) 재위하면서 국가 제도를 혁신하고 백성들의 삶을 나아지게 했다. 모든 백성들이 배워야 한다는 사실을 깨닫고 한글을 창제했다. 또한 과학 연구를 장려하여 농업, 천문학, 의학을 발전시켰다.

세종 대왕은 교육의 중요성을 강조했다.

한글 창제
세종 대왕이 통치하기 전까지만 해도, 중국 문자인 한자를 사용했다. 한자는 배우기 매우 어려워서 교육을 받은 지식인들만이 쓸 수 있었다. 1446년 28개의 자모로 이루어진 새로운 문자, 한글이 창제되었다.

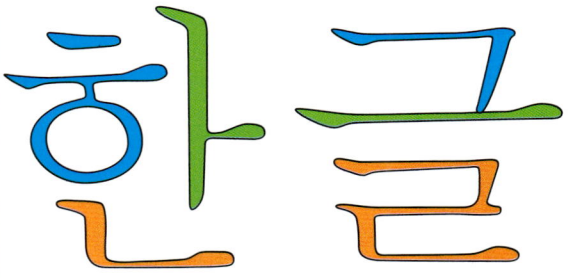

새로운 방식의 글쓰기
한글은 처음에는 위에서 아래 방향으로 썼지만 지금은 왼쪽에서 오른쪽 방향으로 쓴다. 자음은 발음할 때 입 모양을 본떠 만들었다.

탐험의 시대 ○ 오스만 제국

623 오스만 제국이 지속한 햇수.

오스만 제국의 술탄
오스만 제국은 술탄이 다스렸으며 그 지위는 아버지에게서 아들로 세습되었다. 술탄은 오스만 제국의 절대 권력자였으나, 점차 제국이 끝을 향해 가면서 그 권한이 정부 핵심 관료에게 넘어갔다.

연표

무라드 1세
비잔티움 제국의 도시 아드리아노플을 정복하여 오스만 제국의 수도로 삼았다. 무라드는 북쪽으로 더 나아가 제국의 영토를 유럽과 발칸 반도로 넓혔다.

1362~1389년

바예지드 1세
무라드 1세의 아들로, 아버지의 유럽 정복 사업을 이어 나갔다. 아나톨리아에 있던 나라들을 정복하여 영토를 통합했다. 1402년 티무르 왕조와 맞붙었는데 앙카라에서 크게 패해 포로가 되었다.

1389~1402년

메흐메트 2세
1444년 아버지가 왕위를 포기하자 열두 살짜리 아들 메흐메트 2세가 2년 동안 잠시 통치했다. 아버지가 죽은 뒤, 1453년 비잔티움 제국의 수도 콘스탄티노플을 정복했다.

1444~1446년/1451~1482년

오스만 제국

13세기 후반, 한 부족의 지도자였던 오스만 1세가 비잔티움 제국의 땅 아나톨리아(오늘날 터키)를 차지하고 오스만 제국을 세웠다.

얼마 후 수도를 콘스탄티노플로 옮겨 자기네 말로 '이스탄불'이라 불렀다. 오스만 제국은 대규모 군대를 키워 동유럽, 북아프리카 그리고 서아시아로 빠르게 영토를 넓혀 나갔다. 16세기에 이르러 황금기를 맞이했고, 통치자들은 군사 훈련, 과학, 예술, 건축을 장려했다. 그러나 유럽과 아시아의 다른 세력들과 맞서는 와중에 리더십과 경쟁력이 약화되면서 결국 쇠퇴하고 말았다. 제국은 1922년 해체되었고, 그 중심부는 터키 공화국이 되었다.

◎ 제국의 성장
오스만 제국은 200년 넘게 급속히 성장했다. 북아프리카의 무슬림 제국들과 동유럽 비잔티움 제국의 영토를 빼앗으며 세 대륙을 아우르게 되었다.

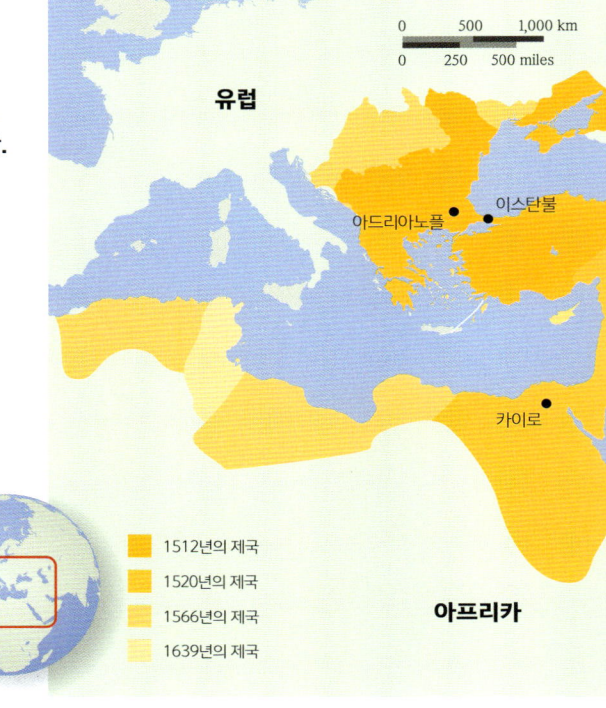

- 1512년의 제국
- 1520년의 제국
- 1566년의 제국
- 1639년의 제국

◎ 전쟁
오스만 군대는 제국의 발전에 중요한 역할을 했다. 치밀하게 계획된 수많은 전투에서 '예니체리'라는 기병과 정예 부대가 제국을 승리로 이끌었다. 15세기에 콘스탄티노플의 거대한 성벽을 무너뜨릴 때는 엄청나게 큰 대포를 사용했다.

치차크(투구) · 지르 곰레크(쇠사슬과 판으로 만든 옷) · 킬리지(검) · 부츠 · 칼칸(소형 방패)

◎ 건축
오스만 제국에는 창의적인 건축가가 많았다. 그리하여 오스만 제국이 정복한 곳곳에 모스크, 궁전, 공공목욕탕 등 수많은 건축물이 세워졌다. 건축물들은 기하학적인 무늬로 장식되었으며 이국적인 나무, 자개, 금 등 값비싼 재료가 사용되었다.

매우 정교한 무늬
17세기에 만들어진 이스탄불의 블루모스크 내부는 무늬가 새겨진 타일과 스테인드글라스 창으로 장식되었다.

3,000만 1683년 오스만 제국이 최고 전성기를 맞이했을 때의 인구 수.

2만 블루모스크의 내부 장식에 들어간 타일의 대략적인 수.

셀림 1세
공격적인 군사 원정으로 오스만 제국을 크게 팽창시켰다. 1517년 이슬람 제국 맘루크 왕조에 승리하여 시리아와 이집트를 정복했다.

1512~1520년

술레이만 대제
오스만 제국의 술탄 가운데 가장 오래 통치했다. 그가 다스리던 시기에 제국은 번영했다. 영토를 넓히고 교역을 장려했으며 해군을 개선했다.

1520~1566년

셀림 2세
술레이만 대제의 아들이지만 아버지의 통치 능력을 물려받지는 못했다. 사치스러운 궁정 생활에 정신이 팔려서 재상인 소콜루 메흐메트 파샤에게 정치를 맡겼다.

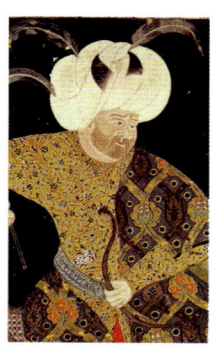

1566~1574년

메흐메트 4세
정신병을 앓은 아버지가 권력을 잃은 뒤, 여섯 살에 술탄이 되었다. 그는 나라를 다스리기에 너무 어렸고, 결국 권력 대부분을 재상이 차지했다.

1648~1687년

황금기의 예술

16~17세기에 도자기, 자수 등 다양한 분야의 예술이 발전했다. 국립 회화 학교가 세워져 이곳에서 서예를 가르쳤다. 오스만 제국은 '이즈니크 도기'로 알려진 아름다운 도자기뿐 아니라 정교하게 제작된 양탄자와 복잡한 무늬가 장식된 타일로 매우 유명했다.

17세기 오스만 제국의 접시   **16세기 오스만 제국의 타일**

오스만 제국의 과학

오스만 제국의 학자들은 무슬림 제국 이전의 과학자들이 남겨 놓은 것에서 가르침을 받아, 새로운 의학 백과사전을 만들고 세계 지도를 그렸다. 의학과 지리학뿐 아니라 천문학과 기계 공학 등의 발전에 기여했다.

천문학자들
수학자이자 천문학자인 타키 앗딘은 이스탄불에 있는 천문대에서 최초의 천문 시계를 이용해 별을 연구했다.

아시아

바그다드

인쇄 혁명

> "새로운 별처럼 무지의 어둠을 흩어지게 할 것이다."
>
> 1450년경 요하네스 구텐베르크가 자신이 만든 신식 인쇄기에.

기원후 105 중국에서 종이가 발명되었다고 알려진 해.

잉크 패드
인쇄하기 전, 인쇄판에 활자들을 올려놓고 유성 잉크를 발랐다. 전문 작업자가 둥근 잉크 패드로 끈적끈적한 잉크를 활자 전체에 고루 묻혔다.

인쇄소
요하네스 구텐베르크는 효율을 높인 인쇄기와 더불어, 번지지 않는 유성 잉크를 개발했다. 또한 인쇄 공정을 단계별로 나누어 전문 인력이 맡도록 했다.

금속 활자
금 세공인이었던 구텐베르크는 금속에 관한 지식을 활용해 '활자'라는 금속 블록을 만들었다. 활자마다 한쪽 면에 반전된 글자가 새겨져 있었다. 그것을 '인쇄판'이라는 틀에 끼워 넣어 단어나 문장을 만들었다. 활자는 그때그때 필요한 글자만 바꿔 끼우면 되니 다음 장을 인쇄하기 수월했다.

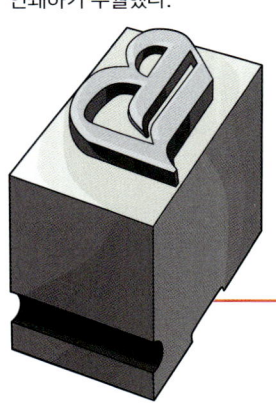

압착하여 찍어 내기
인쇄기 가운데 있는 장치를 당겨, 축축한 종이 전체를 잉크가 묻은 인쇄판에 압착시켰다.

활자 조합
구텐베르크 《성경》을 인쇄하려면 구두점부터 대문자와 소문자에 이르기까지 약 300종의 활자가 필요했다.

축축한 종이
인쇄 전에, 잉크가 잘 달라붙도록 빡빡한 종이를 물로 부드럽게 해 주어야 했다.

인쇄기
구텐베르크는 포도즙을 짤 때 쓰는 압착기의 원리를 이용해 인쇄기를 설계했다.

품질 관리
각 장마다 인쇄가 깔끔하게 되었는지 확인해야 했다.

| 2,500 구텐베르크 《성경》 각 장마다 사용된 대략적인 활자 수. | 48 지금까지 남아 있다고 알려진 구텐베르크 《성경》 초판의 수. |

인쇄 혁명

1450년경 독일의 금 세공인 요하네스 구텐베르크가 포도즙을 짜는 압착기를 응용해 새로운 인쇄기를 개발했다. 그 결과, 사람들은 새로운 방법으로 사상과 정보를 나눌 수 있게 되었다.

15세기까지만 해도 책은 희귀하고 비싼 물건이었다. 하나하나 손으로 베끼어 썼기 때문에 한 권을 완성하려면 수년은 걸렸다. 요하네스 구텐베르크가 효율적인 인쇄기를 발명함으로써, 인쇄물을 대량 생산할 수 있게 되었다. 1500년경에는 서유럽 곳곳에 구텐베르크의 인쇄기 1,000여 대가 마련되어 수백 만 권의 책을 찍어 냈다. 독서는 귀족, 서기, 성직자만의 특권이었지만, 사회 전반에 책이 보급되면서 새로운 지식인이 등장하기 시작했다.

구텐베르크 《성경》

1450년대 중반 구텐베르크는 인쇄기를 이용해 1,286쪽에 이르는 두 권짜리 《성경》을 출간했다. 손으로 베껴 쓰는 것보다는 훨씬 빨랐지만, 그래도 180부(송아지 가죽으로 45부, 종이로 135부)를 찍는 데 여러 해가 걸렸다. 그가 인쇄한 성경은 (주로 유명하고 부유한 교회 지도자인) 고객의 요청으로 삽화로 꾸며졌다.

인쇄의 발전

구텐베르크는 활자를 발명하진 않았다. 나무와 도자기로 된 활자는 11세기 중국에서 발명되었고, 금속 활자는 13세기 한국에서 처음 사용되었다. 구텐베르크가 개발한 인쇄기는 오랫동안 개량되지 않다가, 19세기에 증기 기관이 발전하면서 더 빠른 속도로 인쇄할 수 있게 되었다.

증기 기관 (1811년)

독일에서 발명가 프리드리히 코에닉과 기술자 안드레아스 프리드리히 바우어가 증기 기관의 힘으로 움직이는 인쇄기를 만들었다. 실린더 롤러를 이용해서 종이 양면을 인쇄했다.

라이노타이프 (1886년)

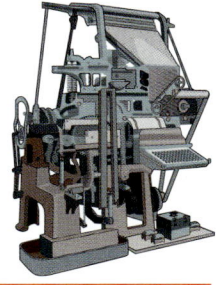

독일 출신 미국인 오트마어 머건탈러가 발명한 이 기계는 키보드를 이용해서 활자를 한 줄씩 배열할 수 있었다. 손으로 활자를 끼워 넣는 것보다 작업 속도가 훨씬 빨라졌다.

복사기 (1960년대)

복사기가 나오며 전 세계 사무실에서 문서를 복사하는 방법에 변화가 생겼다. '제로그라피'라는 인쇄 공정은 분말 잉크와 열을 이용하여 복사를 했다.

디지털 기술 (오늘날)

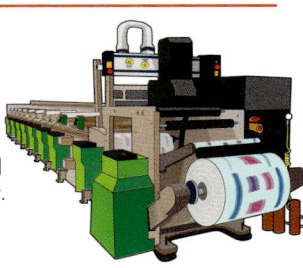

대규모 인쇄기로 분당 수천 장의 컬러 페이지를 인쇄할 수 있다. 컴퓨터와 무선 프린터는 사람들이 집에서도 편리하게 인쇄를 할 수 있게 해 주었다.

건조용 줄 새로 인쇄한 종이를 줄에 걸어서 잉크를 말렸다.

최종 작업 삽화가가 인쇄된 페이지에 정교한 장식을 그려 넣었다.

구텐베르크 《성경》 완성된 성경들은 모두 팔렸다. 그중에는 값이 30플로린인 것도 있었는데 당시로서는 엄청나게 비싼 가격이었다.

키예프 공국과 초기 러시아

7세기에 슬라브족이 오늘날 러시아 북서부, 벨라루스, 우크라이나에 정착하기 시작했다. 이 작은 시작으로부터 강력한 제국이 성장했다.

이 부족들은 스칸디나비아에서 온 바이킹과 9세기에 합쳐지며 주요 무역로를 차지하여 영토를 넓혔고, 여러 나라들을 세웠다. 가장 영향력 있는 나라는 대공이 다스리던 키예프 공국이었다. 분열된 후, 그 뒤를 잇는 나라 중 모스크바 대공국이 러시아로 발전했다. 국경을 넓히던 러시아는 1721년 제국이 되었다.

키예프 공국

9세기 스웨덴 바이킹족이 세운 키예프 공국의 중심지는 오늘날 우크라이나였지만, 벨라루스 대부분과 러시아 일부 지역도 지배했다. 이후 4세기 동안 키예프 공국은 유럽에서 가장 크고 부유한 강대국 중 하나로 성장했다. 전성기에는 북쪽으로 발트 해에서 남쪽으로는 흑해까지 뻗어 있었지만, 1237년 몽골의 침입을 받으며 무너졌다.

류리크 왕조
이 지역에서 전쟁 중인 부족들을 통합한 바이킹 족장 류리크가 세운 왕조이다. 키예프 공국이 멸망한 뒤, 류리크 왕조의 한 분파가 모스크바 대공국을 거쳐 러시아를 400년 동안 다스렸다.

통치자로 초빙되다
전해 오는 이야기로는, 류리크는 두 형제와 함께 슬라브족에게 통치자가 되어 달라는 부탁을 받았다고 한다.

모스크바 대공국

키예프 공국이 몽골에 함락된 뒤, 영토는 여러 작은 공국으로 나뉘었다. 모스크바 대공국은 모스크바를 중심으로 서서히 국력을 키워 나갔고, 러시아 정교회의 중심이 되었다. 몽골 통치자들이 다른 모든 공국들의 세금을 걷는 역할을 모스크바 대공국에 맡기자, 주변 나라들을 정복하고 통합할 만큼 강력해졌다. 그 힘을 바탕으로 모스크바 대공국은 몽골 세력을 물리치고자 군대를 일으켰다.

러시아의 확장

1380년 모스크바 대공인 드미트리는 군대를 이끌고 돈 강 유역에서 몽골 세력을 격파하였다. 이를 계기로 '돈 강의 드미트리'라는 뜻에서 '드미트리 돈스코이'라 불렸다. 그의 후계자인 바실리 1세와 바실리 2세는 이후 모스크바를 더욱 강력한 공국으로 성장시켰다.

러시아 영토의 팽창
- 1300년
- 모스크바 공국이 1533년까지 차지한 영토

이반 3세

1462년 모스크바 대공이 된 이반 3세(훗날 '이반 대제'라 불림)는 영토를 계속해서 넓혀가 북으로는 노브고로드, 남으로는 오늘날 우크라이나에 이르렀다. 마침내 몽골마저 몰아내고 1485년 러시아 북부와 동부를 통일하여 모스크바 대공국의 영토를 세 배로 늘렸다. 이반 3세는 대공들에게서 땅을 빼앗아 자신에게 충성하는 귀족들에게 나누어 주었다.

이반 3세

연표

키예프 공국, 모스크바 대공국 그리고 러시아
키예프 공국은 이 지역 최초의 국가였다. 키예프 공국이 무너진 뒤 모스크바를 중심으로 한 모스크바 대공국은 가장 강력한 국가가 되었다. 이후 표트르 1세가 다스리는 동안 러시아 차르국은 제국으로 선포되었다. 러시아는 영토를 계속 확장하여 세계에서 가장 큰 나라가 되었다.

650년경~862년
슬라브족과 바이킹족
7세기에 슬라브족은 고향을 떠나 유럽 중부와 동부로 이주하기 시작했다. 일부는 동쪽으로 이동하여 오늘날 러시아, 벨라루스, 우크라이나 지역에 자리 잡았다. 9세기에는 발트 해를 건너 온 바이킹 상인들이 이 지역 강을 따라 항해하며 슬라브족과 무역을 시작했다. 바이킹 족장인 류리크는 이 지역에서 전쟁 중인 부족들을 통합하고, 862년에 노브고로드에 새로운 수도를 세웠다.

880~972년
키예프 공국의 팽창
류리크의 뒤를 이은 올레크 베시는 남쪽으로 영토를 넓혔다. 슬라브인의 도시인 키예프를 장악하고, 그곳을 수도 삼아 882년 키예프 공국을 세웠다. 이 새로운 국가는 스칸디나비아와 비잔티움 제국 사이의 강 교역로를 장악하고, 노예와 모피, 밀랍, 벌꿀을 사고팔아 부를 쌓아 갔다. 10세기 대공 스뱌토슬라프 1세가 다스리던 시기에 크게 영토를 넓혀 남쪽으로 발칸 지역까지 진출하기도 했다.

988년
러시아 정교회
블라디미르 대공(지금은 '블라디미르 대제'라고 부름)은 그리스 정교를 키예프 공국의 국교로 삼고 백성들에게 세례를 강요하는 등 비잔티움 문화를 적극적으로 받아들였다. 비잔티움 황제의 딸과 결혼했으며 예술, 건축, 학문의 황금기를 열었다.

1019~1054년
야로슬라프 1세
키예프 공국은 그가 다스릴 때 전성기를 맞이했다. 새로운 법을 제정하고 군사 원정과 외교로 국력을 키웠으며 기독교를 계속 부흥시켰다.

대공 야로슬라프 1세의 도장

1552년 폭군 이반(이반 4세)의 명으로 모스크바의 유명한 성 바실리 대성당이 건설되었다.

97% 러시아 제국 사람들의 이만큼이 1721년 자료에 따르면 농노였다.

러시아 차르국

모스크바 대공인 이반 4세가 1547년 처음으로 '차르'라는 호칭을 공식적으로 사용했다. 차르가 다스리던 시기, 러시아는 동쪽으로 시베리아까지 진출하고 서쪽으로도 영토를 넓혀 유럽의 주요 강대국으로 거듭났다. 비록 정치권력은 차르들이 차지하고 있었지만 교회와 귀족들이 이를 견제했다. 그러나 1682년부터 표트르 1세(훗날 표트르 대제라 불림)가 귀족들의 힘을 누르고, 1721년 러시아 제국의 황제임을 선언했다.

농노제

귀족 계급은 '농노'라는 가장 가난한 농민들을 통제하려고 '농노제'를 만들었다. 농노들은 귀족이 소유한 땅에서 일해야 했고, 노예처럼 사고 팔리기도 했으며, 전쟁이 일어나면 병사로 징집되었다. 18세기 후반에 예카테리나 대제는 계속해서 커 나가는 러시아 제국을 지탱하기 위해 농노제를 더욱 광범위하게 시행했다. 농노제는 알렉산드르 2세가 다스리던 1861년 마침내 폐지되었다.

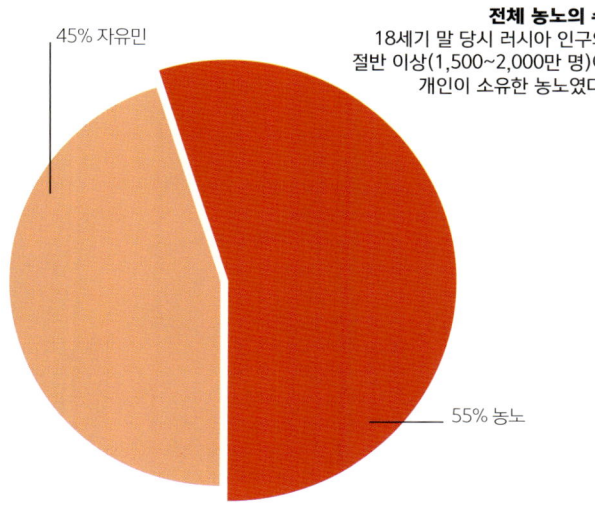

전체 농노의 수
18세기 말 당시 러시아 인구의 절반 이상(1,500~2,000만 명)이 개인이 소유한 농노였다.

45% 자유민
55% 농노

"농노제가 아래로부터 저절로 폐지되기를 기다리는 것보다 위로부터 폐지하는 것이 더 낫다."
1857년 알렉산드르 2세가 모스크바 귀족들에게 한 연설에서.

카자크족

카자크족은 흑해와 카스피 해 연안에서 처음 등장했다. 자유롭고 독자적이었던 그들은 군사 집단을 이룬 채 러시아에 자주 반란을 일으키곤 했다. 이후 러시아 차르국과 동맹을 맺어 몽골의 공격을 막고 동쪽으로 영토를 넓히는 데 한몫했다. 18세기 독립의 기회를 놓치고 점차 러시아 사회에 흡수된 카자크족은 러시아 군대에 합류하였고, 용감하고 뛰어난 전투 실력으로 적들을 벌벌 떨게 했다.

예르마크 티모페예비치
1581년 카자크의 지도자 예르마크 티모페예비치가 병사들 8400여 명을 이끌고 시베리아 서부를 침입했다. 그가 여러 부족들을 정복함으로써 러시아 영토는 더욱 넓어졌다.

"인내하라, 카자크인이여. 그러면 언젠가는 수장이 될 것이다."
러시아 속담

최초의 의회

차르는 나랏일을 의논하려고 자문 위원회를 열었다. '두마'라고 부른 초기 위원회는 보야르(귀족)들로 구성되었다. 16세기 러시아 차르국이 영토를 넓히며 젬스키소보르('전국 회의')가 만들어졌다. 종교와 군사 지도자, 보야르, 지주, 상인들로 구성되었으며 러시아 최초의 의회로 간주된다.

로마노프 왕조
미하일 로마노프가 젬스키소보르에서 새로운 차르로 선출되었다. 이반 4세의 아들이 사망하며 류리크 왕조가 이어지지 못한 채 한동안 혼란이 지속되었으나, 그가 차르로 즉위하며 로마노프 왕조가 시작되었다. 위 그림에서 그는 계단 앞쪽에 서 있다.

1237~1253년
몽골의 침입
야로슬라프가 죽은 뒤 키예프 공국은 여러 공국들로 분열되어 외부 침입에 대비하지 못했다. 1237년 바투 칸이 몽골 전사들을 이끌고 침입했다. 몽골 지배자들은 이 지역을 200년 넘게 지배했고, 대공들은 조공을 바쳐야 했다.

1283~1380년
모스크바 대공국의 성장
13세기 말 다니엘 1세는 모스크바 도시 국가에 모스크바 대공국이 설립되는 것을 도왔다. 1380년 드미트리가 이끄는 군대가 몽골 세력과 치른 전투에서 승리함으로써, 여러 공국들은 '러시아'라는 하나의 국가를 처음 생각하게 되었다.

드미트리 대공

1547~1584년
폭군 이반
이반 4세는 성미가 매우 급하고 처벌이 너무 가혹하여 '폭군 이반'으로 불렸다. 심지어는 자기 아들도 죽였다. 그러나 초반까지만 해도 나라의 개혁을 이끌었으며 최초의 젬스키소보르(의회)를 개설했다.

이반 4세의 투구

1598~1613년
혼란의 시기
이반 4세의 아들 표도르가 후계자를 남기지 못한 채 1598년 세상을 떠나며, 러시아 건국부터 이어 온 류리크 왕조의 대가 끊겼다. 보야르(귀족), 지주, 상인들이 서로 다투는 와중에 권력을 놓고 투쟁이 벌어지며 위기와 혼란이 지속되었다.

1613~1676년
초기 로마노프 통치자들
이반 4세 첫 왕비의 오빠인 미하일 로마노프가 차르로 선출되어 통치 질서를 세워 나갔다. 미하일은 시베리아 대부분을 정복함으로써 러시아 역사상 가장 큰 영토를 지배했다. 그 뒤를 이은 알렉세이 1세가 다스릴 때는 전쟁과 반란이 잦았다. 알렉세이는 농노제를 공식화하는 새로운 법도 제정했다.

대항해 시대

유럽 상인들은 아시아로 가는 교역로를 따라 물건을 실어 날랐다. 도중에 습격을 당할 때도 있었고, 무엇보다 교역로를 지나며 무거운 세금을 내야 했다. 그러자 15~16세기 유럽 국가들은 아시아로 가는 새로운 교역로를 찾아 떠나는 항해에 자금을 지원했다.

유럽 열강은 아프리카뿐 아니라 대서양을 가로질러 수많은 탐험을 주도했다. 새로운 땅과 문명이 유럽에 알려지면서 세계는 가까워졌다. 예전에는 미처 닿지 못한 아주 먼 거리에서부터 상품, 종교, 사상이 오갔다. 그러나 유럽 열강들은 이 새로운 땅의 천연자원을 바닥내 버렸을 뿐 아니라 원주민들을 노예로 착취했다.

1415~1460년
포르투갈의 항해 왕자 엔히크는 아프리카 서해안에서 활동하는 수많은 탐험대를 후원했다.

1492년
이탈리아 탐험가 크리스토퍼 콜럼버스가 대서양을 건너 아시아로 가려 했으나 그가 도착한 곳은 아메리카 대륙이었다.

1497년
잉글랜드가 아시아로 가는 북서 교역로 탐사를 후원한 결과, 이탈리아 탐험가 존 캐벗이 오늘날 캐나다 뉴펀들랜드에 상륙했다.

1498년
바스쿠 다 가마가 이끄는 포르투갈 함대가 아프리카를 돌아 인도에 도착했다. 인도와 그 주변 나라들로 가는 새로운 해상 교역로를 찾아낸 것이다.

1507년
독일의 마르틴 발트제뮐러는 '신대륙'을 담은 지도를 제작했는데, 이탈리아 탐험가 아메리고 베스푸치의 이름을 따서 그 땅을 '아메리카'라고 적었다.

1519-1522년
포르투갈의 탐험가 페르디난드 마젤란은 탐험대를 이끌고 세계 일주 항해에 나섰다. 하지만 여행을 마치기 전에 죽었고, 그가 이끌던 배 다섯 척 중 한 척만이 고국으로 돌아왔다.

1541-1542년
스페인 탐험가 프란시스코 데 오레야나는 8개월의 여정 끝에 아마존 강 전체를 항해했다.

1577-1580년
잉글랜드 탐험가 프랜시스 드레이크는 세계 일주 항해를 성공적으로 이끈 최초의 선장이 되었다.

마젤란 해협
페르디난드 마젤란은 남아메리카 대륙과 티에라델푸에고 섬 사이의 물길을 통과했다. 그는 이 물길이 대서양에서 태평양으로 가는 가장 안전한 길임을 알게 되었다. 이후 이곳은 그의 이름을 따서 '마젤란 해협'이 되었다.

아메리카 정복

1492년 크리스토퍼 콜럼버스가 아메리카에 상륙한 후 많은 스페인 탐험가와 군사들이 행운을 기대하며 새로운 땅을 찾아 대서양을 건넜다.

16~17세기에 '콩키스타도르'라 불린 스페인 정복자들이 위대한 아즈텍, 잉카, 마야 문명을 멸망시켰다. 금과 은을 약탈하고 땅을 빼앗았으며 갑옷, 총, 말로 무장한 채 도시를 파괴하고 수천 명을 죽였다. 유럽인들이 몰고 온 홍역, 독감, 천연두 같은 질병에 원주민들은 속수무책이었다. 아메리카를 정복한 스페인인들은 원주민들에게 기독교 개종을 강요하고 그들의 오랜 생활 방식을 파괴했다.

초기 탐험가들

1492년 크리스토퍼 콜럼버스가 카리브 해에서 탐험한 섬들 가운데 가장 큰 것은 히스파니올라 섬이었다. 스페인은 이 섬을 신대륙 정복의 중심지로 삼았다. 이 지역에 금이 난다는 소문이 있었고 아시아로 가는 길을 찾아야 했기 때문에, 스페인 정복자들은 더 넓은 지역을 계속해서 탐험해 나갔다. 그리하여 20년 만에 카리브 해 전체를 담은 지도를 만들었고, 아메리카 본토를 탐험하기 시작했다.

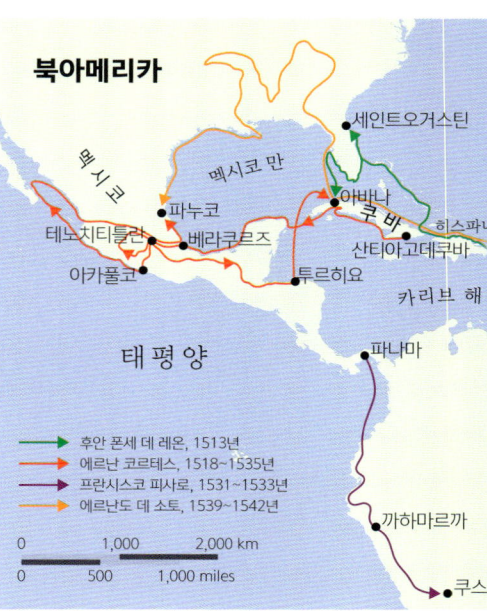

스페인의 성공 전략

스페인 정복자들은 원주민과 싸워 쉽게 승리할 수 있는 방법을 잘 알았다. 코르테스가 아즈텍을 정복할 당시 군사가 600명이었고, 피사로는 180명만으로 거대한 잉카 제국을 정복했다. 스페인인들에게는 철검, 총, 대포뿐 아니라 (당시 아메리카에는 알려져 있지 않았던) 말이 있었다. 원주민들은 곤봉, 창, 화살 등으로 맞섰지만, 이런 원초적인 무기로는 유럽인의 갑옷을 뚫을 수 없었다.

아즈텍 제국의 종말

1519년 멕시코에 상륙한 에르난 코르테스는 아즈텍 제국의 수도 테노치티틀란으로 향했다. 아즈텍의 통치자 몬테수마 2세는 스페인인들을 아즈텍의 신 '케찰코아틀'의 전령으로 여기고 환영하며 도시로 맞이했다. 2년 뒤 코르테스는 군대를 이끌고 되돌아와 테노치티틀란을 파괴하고 200여 년 번성했던 아즈텍 문명을 멸망시켰다.

잉카를 정복하다

1532년 프란시스코 피사로가 소규모 부대를 이끌고 오늘날 페루에 도착했을 때 잉카 제국은 내부 분열로 약해져 있었다. 피사로는 황제 아타우알파에게 함께 만나자고 거짓으로 속인 뒤, 부하들에게 잉카족을 포격하라고 명하고 그를 포로로 잡았다. 피사로는 엄청나게 많은 금과 은을 몸값으로 받아낸 뒤, 아타우알파를 죽음으로 몰아넣고 부하들을 잉카의 수도 쿠스코로 보내 싸움 없이 함락시켰다. 스페인에 맞선 잉카인들의 투쟁은 1572년에 끝났다.

숙련된 공예 장인

이 잉카의 음료 그릇은 나무로 조각되었다. 잉카인들은 공예 기술이 뛰어났지만, 스페인에게 정복된 뒤 공예를 포기하고 금은 광산에서 일해야 했다.

마야를 무너뜨리다

16세기에 스페인인이 도착했을 당시 마야 문명의 위대한 도시들은 오랫동안 방치돼 있었다. 마야인들은 멕시코 유카탄 반도 북부에 흩어져 살았다. 1521년 스페인 왕은 프란시스코 데 몬테호에게 유카탄을 차지할 권한을 주었지만, 도시들이 흩어져 있었기 때문에 정복하기 쉽지 않았다. 1546년 데 몬테호의 아들이 마침내 정복을 완수했다. 비록 외딴 곳에 위치한 마야 문명의 최후 도시가 1697년까지 멸망하지 않고 버티긴 했지만 말이다.

몬테수마 2세가 코르테스를 환대하다

코르테스는 테노치티틀란에서 몬테수마에게 금과 은을 선물 받았다. 이 사실이 유럽 탐험가들에게 알려지며, 더 많은 사람들이 귀금속을 찾아 아메리카 항해에 뛰어들었다.

이 막대기와 점들은 숫자를 나타낸다.

그림이 그려진 문헌

마야의 문헌(접이식 책)이 스페인 정복 기간 동안 유럽으로 보내졌다. 이 책은 정복자들에게 파괴 되지 않고 남은 일부 가운데 하나이다.

스페인 탐험가 에르난 코르테스는 1519년 멕시코에 상륙하자마자 선원들이 자신을 버리고 떠나지 못하게 하려고 배를 불태웠다.

1521

아즈텍 수도이자 인구 30만의 도시 테노치티틀란이 파괴된 해.

신세계를 찾아서

스페인 정복자들은 주로 군인이거나 귀족 가문으로, 아메리카를 정복하여 부자가 될 기회를 노렸다. 아메리카에 도착한 그들은 기니피그와 라마 같은 동물뿐 아니라 토마토와 감자 같은 먹을 수 있는 식물 등을 발견했는데, 당시까지만 해도 유럽에는 알려져 있지 않았던 것들이었다. 많은 정복자들이 스페인인이긴 했지만, 일부 유럽인들도 아메리카에 방대한 스페인 제국이 건설되는 데 한몫했다.

후안 폰세 데 레온
1513년 북아메리카 동남 해안에 상륙하여, 스페인어로 '꽃의 땅'을 뜻하는 플로리다라고 이름 지었다. 그는 금을 발견하지 못한 대신 노예를 얻었다.

에르난 코르테스
아즈텍에 보물이 많다는 이야기를 들은 코르테스는 스페인에서 하던 법률 공부를 포기하고 돈을 벌기 위해 아메리카로 갔다.

프란시스코 피사로
무자비한 야심가로 여러 차례 아메리카를 탐험했다. 스페인 왕의 후원으로 1532년 탐험대를 이끌고 잉카 제국을 정복했다.

에르난도 데 소토
1539년 쿠바에서 북아메리카로 항해했다. 플로리다에 상륙한 그는 3년 뒤에 미시시피 강에 도착했다.

금과 은을 찾아서

수많은 스페인 정복자들이 엄청나게 부유한 왕국이 있다는 소문에 이끌려 아메리카로 향했다. 그곳에 가면 엘도라도('황금의 땅')라 부르는 금으로 둘러싸인 땅이 있다는 것이다. 비록 그 땅은 발견되지 않았지만, 위대한 문명으로부터 약탈한 엄청나게 많은 금과 은이 보물선에 실려 스페인의 항구 세비야로 향했다. 16세기 말 당시에 스페인은 유럽에서 가장 부유한 나라였다.

페루에서 온 금
스페인 정복자들은 약탈한 금을 대부분 녹여서 금화로 만들었다. 하지만 금으로 만든 이 의례용 칼은 약탈을 피해 갈 수 있었다.

> "우리 스페인인들은 마음의 병을 치료할 수 있는 것은 오직 금뿐임을 알고 있다."

1521년 에르난 코르테스가 몬테수마의 전령에게 환대를 받았을 때 한 말.

은광

1545년 스페인 정복자들은 오늘날 볼리비아에 있는 포토시에서, 세계에서 가장 큰 은맥을 발견했다. 원주민뿐 아니라 3만 명이 넘는 아프리카 노예들이 포토시 광산으로 끌려와 은을 캐냈다. 16세기 말에 세계 은의 약 60퍼센트가 이곳에서 생산되었다.

세로 데 포토시
은맥이 발견된 곳에 광산촌이 생겨났다. '세로 데 포토시' 산은 스페인어로 '부유한 산'이라 불렸다.

원주민의 종교를 금하다

스페인은 가톨릭교 국가였기 때문에, 원주민들이 토착 종교를 믿는 것을 금지했다. 스페인 정복자들은 아메리카로 떠날 때 원주민을 기독교로 개종시킬 선교사들을 데리고 갔다. 원주민의 사원을 파괴하고 책을 불태웠으며, 지역 제사장들을 처형했다.

아즈텍 신
아즈텍족은 많은 신을 숭배했다. 날개 달린 뱀 모습을 한 '케찰코아틀'은 창조의 신이었다. 그가 형제이자 파괴의 신 '테스카틀리포카'와 전투를 벌이는 장면이다.

종교 개혁

로마 가톨릭교회는 1,000년 동안 서유럽에서 유일한 기독교 종파로, 사람들의 삶에 강력한 영향을 미쳤다. 왕조차도 교회의 최고 지도자인 교황이 정한 법에 복종해야 했다. 그러나 16세기에 이르러 신뢰를 잃게 되었다.

당시 성직자들(주교, 사제, 수도사)은 탐욕스럽고 타락한 존재로 여겨졌다. 1517년 마르틴 루터라는 수도사가 가톨릭교회의 관행에 반대하는 95가지 조항을 적어 독일 비텐베르크에 있는 한 교회 문에 붙였는데, 이것이 종교 개혁의 시작이 되었다. 이 사건이 일으킨 급격한 변화가 유럽 전역에 영향을 미쳤고, 기독교는 로마 가톨릭과 이에 대항하는 프로테스탄트로 나뉘었다. 기존에 있던 가톨릭을 구교, 프로테스탄트를 신교 혹은 개신교라 부른다.

282 1500년경 유럽에 있던 인쇄기 대수.

초기 개혁가들

많은 사람들이 마르틴 루터를 종교 개혁의 물꼬를 튼 사람으로 알고 있지만, 그가 교회를 가장 먼저 비판한 것은 아니다. 보헤미아(오늘날 체코 공화국)의 얀 후스와 영국의 존 위클리프는 일찍이 100년 전부터 루터와 비슷한 생각을 했다. 점차 루터가 이끄는 개혁을 지지하는 사람들이 빠르게 늘어났다.

마르틴 루터
교회가 '면죄부(죄를 면하게 해 준다는 의미로 발행하는 문서)'를 판매하는 것에 분노했다. 그는 이러한 관행을 끊임없이 비판하다가 1521년 결국 파문(교회로부터 추방)되고 말았다.

개신교의 확산

개신교는 1600년경 독일 북부, 스위스, 네덜란드 공화국, 잉글랜드, 스코틀랜드, 스칸디나비아로 넓게 퍼져 나갔다. 프랑스 남부와 서부에 많은 개신교 신자가 살기는 했지만 대부분은 가톨릭 신자였다. 스페인, 포르투갈, 이탈리아는 여전히 가톨릭 국가였다.

- 주요 개신교 국가
- 주요 가톨릭 국가

반종교 개혁

개신교가 널리 퍼지는 것에 놀란 가톨릭교회는 반종교 개혁 운동을 시작했다. 신도들의 충성심을 다지고 이들이 교회를 떠나는 것을 막기 위해서였다. 교황의 지지를 받은 사제들이 새로 만든 예수회 교단은 학교와 대학을 세워 더 나은 종교 교육을 실시하고자 했다. 또 예배를 더욱 매력적으로 느낄 수 있도록 교회를 아름답고 화려하게 지었고, 교회 음악도 장려했다. 이단자들(가톨릭 신앙을 부정한 혐의가 있는 사람들)을 판별해 내려고 로마 종교 재판소를 세우기도 했다.

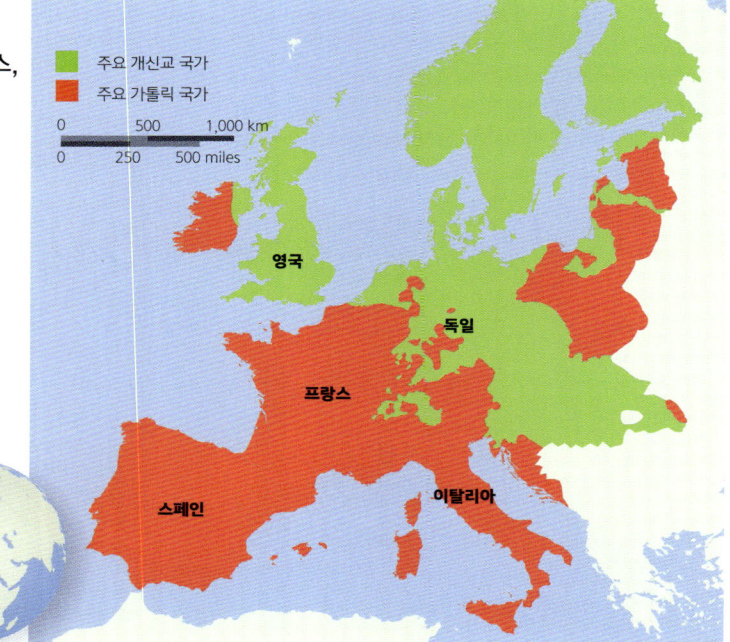

인쇄의 힘

1450년경 독일에서 처음 개발된 인쇄기는 루터가 95개조 반박문을 쓸 당시만 해도 혁신적인 기술이었다. 라틴어를 독일어로 번역한 루터의 글은 인쇄되어 널리 퍼졌다. 그는 문자가 인쇄되었을 때 더 많은 사람들에게 다가갈 수 있음을 누구보다 먼저 깨달은 사람이었다. 루터를 비롯한 여러 개혁가들이 생산한 인쇄물과 서적들은 개신교가 더 빨리 퍼지는 데 기여했다.

말의 전쟁
이 독일어로 된 전단지에는, 주머니를 채우기 위해 면죄부를 파는 가톨릭교회를 강하게 비판하는 내용이 담겨 있다.

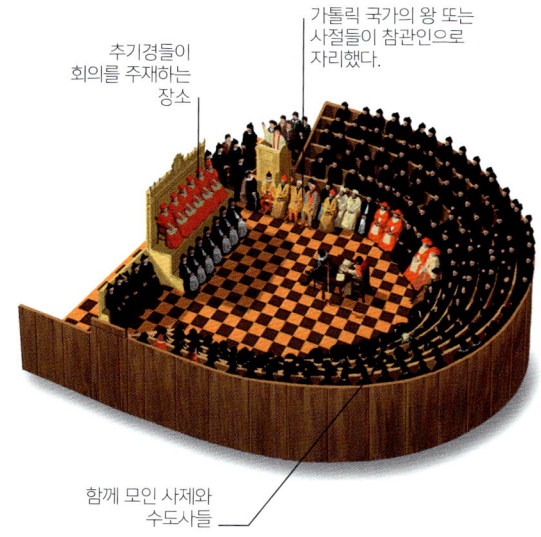

추기경들이 회의를 주재하는 장소

가톨릭 국가의 왕 또는 사절들이 참관인으로 자리했다.

함께 모인 사제와 수도사들

트리엔트 공의회
1545~1563년 가톨릭교회 지도자들이 교회의 개혁 방안을 논의하기 위해 트리엔트 공의회를 세 차례 개최했다.

900 헨리 8세가 폐쇄한 수도원과 종교 시설의 추정치.

800만 30년 전쟁 기간에 질병과 굶주림으로 죽은 사람 수.

울리히 츠빙글리
사제이자 루터의 친구인 츠빙글리는 스위스에서 종교 개혁을 이끌었다. 그는 예배 의식을 간소화하고자 노력했고, 성경에 쓰여 있는 것이 교회의 법보다 더 중요하다고 믿었다.

장 칼뱅
프랑스인 장 칼뱅은 1535년 가톨릭의 나라 프랑스에서 스위스로 도망쳤고, 그곳에서 루터의 사상보다 더욱 엄격한 규율의 칼뱅주의를 발전시켰다.

잉글랜드 성공회

교황이 이혼을 허락하지 않자 헨리 8세는 가톨릭과 관계를 끊고 스스로 교회의 수장임을 선언했다. 이렇게 생겨난 잉글랜드 국교회를 성공회라 한다. 그의 아들 에드워드 6세 때 잉글랜드는 개신교 노선을 따랐다가 메리 1세 때는 다시 가톨릭 국가가 되었다. 이후 1558년 엘리자베스 1세가 개신교를 회복시켰다.

튜더 가문
이 그림은 등장하는 인물들의 각자 최고 전성기 모습을 동시에 보여 준다. 헨리 8세가 가운데에 앉아 있고, 그 왼쪽에 메리 1세가 서 있다. 오른쪽에는 아홉 살짜리 에드워드 6세와 엘리자베스 1세가 서 있다.

종교 전쟁

종교를 둘러싼 논쟁이 커지면서 유럽 곳곳에서 무력 충돌이 일어났다. 스페인이 지배하던 네덜란드에서는 개신교도들이 스페인 국왕인 펠리페 2세의 억압에 맞서 반란을 일으켰다. 파리에서는 위그노 전쟁 기간(1562~1598년) 중이었던 1572년 어느 날, 수천 명의 프랑스 개신교도(위그노)가 살해되었다. 가톨릭과 개신교의 뿌리 깊은 분열이 직접적인 원인이 되어 30년 전쟁이 벌어졌고, 1618년부터 1648년까지 유럽 거의 모든 지역이 전쟁에 휩싸였다.

백산 전투
1620년 보헤미아의 프라하(오늘날 체코 공화국) 근처에서 일어난 전투로, 30년 전쟁 최초의 본격적인 무력 충돌이었다. 이 전투에서 보헤미아의 개신교도가 신성 로마 제국의 가톨릭 군대에게 패했다.

독일 일부 지역에서는 30년 전쟁 당시 인구가 40퍼센트 감소했다.

110 탐험의 시대 ○ 무굴 제국

16 타지마할 건설에 걸린 햇수.

카불

바부르의 무덤
바부르는 1504년 아프간의 도시 카불을 정복했다. 정원을 사랑한 그는 죽은 뒤 자신이 카불에 만든 정원에 묻혔다.

파니파트

샤자하나바드

파니파트 전투
1526년 바부르의 군대는 파니파트에서 대승을 거두고, 그 지역을 통치하고 있었던 델리 술탄국을 몰아냈다.

아그라

자마 마스지드
샤 자한은 1639년 수도를 아그라에서 성벽 도시 샤자하나바드(오늘날 올드델리)로 옮기고, 이곳에 인도에서 가장 큰 모스크인 '자마 마스지드'를 세웠다.

타지마할
샤 자한은 사랑하는 아내 뭄타즈 마할의 무덤을 아그라에 건설했는데, 이것이 그 유명한 타지마할이다. 샤 자한도 나중에 이곳에 묻혔다.

무역의 중심지 수라트
수라트 항구는 유럽, 이슬람, 인도 상인들이 함께 만나는 장소였다. 1664년 마라타의 왕 시바지에게 약탈되기 전까지 무굴 제국 아래에서 번영을 누렸다.

바지 라오
바지 라오(1700~1740년)는 마라타 제국의 가장 위대한 장군으로, 전투에서 패한 적이 없었다. 마라타 세력을 인도아 대륙 전체로 빠르게 넓혔다.

수라트

■ 1606년의 무굴 제국
■ 1707년까지 무굴이 차지한 영토

마라타 왕국
마라타족은 인도 서부 도시인 푸네 근처에 살던 호전적인 민족이었다. 힌두교를 믿었던 이 왕국은 17세기 중반에 주변 지역으로 세력을 넓히기 시작했다. 1797년 북쪽으로는 페샤와르, 남쪽으로 탄조레(오늘날 탄자부르)에 이르렀다.

페샤와르
마라타 왕국
아라비아 해
푸네
벵골 만
인도양
탄조레

0 500 1,000 km
0 250 500 miles

■ 1797년 마라타 왕국의 최대 판도

무굴 제국

16세기에 중앙아시아의 군사 지도자인 바부르가 북인도에 침입하여 무굴 제국을 세웠다. 이후 17세기 말까지 땅을 넓히며 오늘날 인도, 파키스탄, 방글라데시에 이르는 대제국이 되었다.

무굴 제국의 황제들은 중앙아시아 몽골족의 후예였다. 바부르가 몰아낸 북인도의 군주들처럼 그들도 무슬림이었다. 무굴의 지배 아래 이슬람의 예술과 문화, 특히 세밀화와 건축이 발달했다. 바부르의 손자 악바르는 힌두교 왕국으로부터 땅을 얻어 내며 영토를 남쪽으로 더욱 넓혔다. 무슬림과 힌두교인들은 처음에는 비교적 평화롭게 지냈다. 악바르가 힌두교도에게 종교의 자유를 허용했기 때문이다. 그러나 18세기 말에 이르러 힌두교를 탄압하면서 사이가 나빠졌다. 인도 남서부의 마라타 왕국을 비롯한 여러 힌두교 지역에서 반역을 일으키며 제국은 기울었다.

1억 5,000만
1700년경 무굴 제국의 인구 수.

100만
아우랑제브가 다스릴 당시 무굴 제국의 군사 수.

무굴과 마라타의 통치자들
무굴 왕조는 1526년부터 1857년까지 18명의 황제가 다스렸다. 위대한 황제들은 16~17세기 무굴 제국의 황금기에 살았다. 1700년 이후 무굴 제국은 급속히 기울어 갔는데, 마라타족이 계속 세력을 넓히자 위협받기 시작했다. 마라타족은 인도 서부를 기반으로 왕조를 건설했다.

바부르
1526~1530년

무굴 왕조를 세운 바부르 황제는 중앙아시아 페르가나(오늘날 우즈베키스탄)에서 태어났다. 열다섯 살 때 병사가 되어 아프가니스탄의 헤라트와 카불을 정복하고, 1526년 인도를 침입했다. 바부르는 시인이었으며 비망록 《바부르나마》를 썼다. 그의 이름은 페르시아어로 '호랑이'를 뜻한다.

악바르 대제
1556~1605년

바부르의 손자 악바르는 무굴 제국의 3대 황제였다. 세상을 떠날 무렵 인도의 대부분을 지배했다. 다른 종교에 관용을 베풀었으며 힌두 왕자들에게 정부의 직위를 주었다. 다른 모든 무굴 황제들이 그랬듯 그는 예술을 후원했으며 이슬람, 페르시아, 인도의 전통을 융합시켰다. 그가 통치한 기간은 영국의 엘리자베스 1세와 맞먹었다.

샤 자한
1628~1658년

무굴 제국의 5대 황제 샤 자한은 아그라의 타지마할, 라호르의 살리마 가든, 델리의 마스지드와 붉은 요새 등 아름다운 궁전, 모스크, 무덤을 많이 만든 것으로 유명하다. 1657년 그가 죽었다는 거짓 소문이 퍼지자, 샤 자한의 네 아들 사이에 전쟁이 일어났다. 셋째 아들 아우랑제브가 권력을 장악하고 샤 자한을 유배시켰으며, 샤 자한은 8년 뒤에 유배지에서 죽었다.

아우랑제브
1658~1707년

아우랑제브가 인도 남부를 정복하며 무굴 제국은 역사상 영토를 가장 크게 넓혔다. 그는 백성들을 엄격히 다스렸다. 음악과 춤을 금하는 법을 만들었고, 힌두교 사원 수백 개를 파괴했다. 전쟁이 길어지자 군비를 대기 위해 힌두교도와 무슬림이 아닌 백성들에게 높은 세금을 부과했다. 그가 죽은 뒤 허약한 통치자가 계속 등장하면서 무굴 제국은 급속히 몰락했다.

시바지
1674~1680년

마라타 왕국을 세운 것으로 알려진 그는 1674년 전통적인 힌두교 의례를 통해 왕이 되었다. 이슬람 세력인 무굴 제국에 맞서기 전까지, 비자푸르의 무슬림 통치자에 맞서 힌두교 저항 운동을 이끌었다.

영국이 지배하다
1696년부터 영국 동인도 회사가 캘커타(오늘날 콜카타)에서 가까운 포트윌리엄을 중심지로 삼고 활동하기 시작했다. 영국 동인도 회사는 무기와 군대를 갖추고 이 지역을 장악하려 했고, 1757년에 플라시 전투에서 벵골의 나와브에게 승리를 거두었다. 나와브는 이 지역을 다스리는 태수(지방 관리)였다. 이때 무굴 제국은 거의 패망에 이르게 된 반면, 벵골의 지배권을 장악한 영국은 인도를 지배할 수 있는 길이 열렸다.

알라하바드 요새
알라하바드에 있는 악바르의 대규모 요새는 무굴의 통치 중심지로 인도 북동부에 있었다. 이 요새는 갠지스 강과 자무나 강이 만나는, 힌두교에서 신성하게 여기는 장소에 세워졌다.

골르 굼바쓰
비자푸르는 인도 중부에 있는 무슬림 술탄국의 수도였다. 비자푸르의 술탄들은 자신들이 묻힐 거대한 무덤을 건설했는데, 가장 유명한 것은 술탄 무함마드 아딜 샤의 묘 건물이다. '골르 굼바쓰'는 둥근 지붕을 뜻한다. 비자푸르는 1688년 무굴 제국의 일부가 되었다. 1724년 잠시 독립했지만, 얼마 뒤인 1760년 마라타의 라자람 2세에게 정복되었다.

시바강가 요새
시바지 왕의 이복동생 벤코지는 1674년 탄조레(오늘날 탄자부르)를 함락시키고, 이곳에 마라타 왕국을 세워 (지금은 탄자부르 궁전이라 부르는) 시바강가 요새에서 나라를 다스렸다.

무굴 제국의 팽창
무굴 제국 영토가 기존의 북쪽 경계를 넘어 뻗어 나간 것은 악바르와 아우랑제브 이 두 황제가 다스리던 시기였다. 악바르는 아라비아 해에서 벵골 만까지 인도 전체에 무굴의 지배권을 굳게 다졌고, 아우랑제브는 남쪽 끝을 제외한 대부분을 정복했다. 마라타 왕국의 세력 기반은 서부의 푸네 지역이었다.

과학 혁명

시대를 앞서간 사상가들이 16~17세기에 과학적 발견을 통해 세계에 대한 인식을 바꾸었다. 이들이 이룩한 진보를 '과학 혁명'이라고 한다.

과학자들은 교회와 철학자의 가르침에 의존하는 대신 관찰, 조사, 실험을 하며 새로운 사상과 이론을 시험했다. 새로운 발명에 힘입어 다양한 발견을 함으로써 근대 과학의 기초를 놓았다.

1543년
폴란드 천문학자 니콜라우스 코페르니쿠스는 지구와 다른 행성들이 태양 주위를 돈다는 사실을 밝힘으로써 태양이 지구를 돈다는 교회의 가르침에 도전했다.

1610년
이탈리아 과학자 갈릴레오 갈릴레이는 목성 주위에 네 개의 달이 돌고 있다는 사실을 밝혀냈고, 지구가 태양을 돈다는 코페르니쿠스의 견해를 지지했다. 달 표면의 산맥과 태양의 흑점도 발견했다.

1628년
영국 물리학자 윌리엄 하비는 심장이 펌프질을 해서 피를 온몸으로 보낸다는 사실을 입증했다.

1637년
프랑스 철학자 르네 데카르트가 출간한 《방법서설》이 엄청난 파장을 일으켰다. 이 책에서 그는 모든 성찰은 의심하는 것에서 시작되어야 한다고 주장했다.

1656년
네덜란드 발명가 크리스티안 하위헌스는 진자시계를 최초로 제작했는데, 기존 시계보다 더 정밀해졌다.

1665년
영국 과학자 로버트 훅은 《마이크로그라피아》(현미경으로 관찰한 미세 물질에 대한 연구)를 출간했다. 그는 식물 세포에 대해서도 최초로 설명했다.

1672년
영국 물리학자 아이작 뉴턴은 백색 빛이 다른 색들로 이루어져 있다는 사실을 입증했다.

1676년
네덜란드의 과학자 안톤 판 레이우엔훅은 270배까지 확대하는 현미경을 만들었다. 그래서 물방울에서 헤엄치는 박테리아도 관찰할 수 있었다.

1687년
아이작 뉴턴은 행성의 운동이 어떻게 중력의 지배를 받는지 설명한 최초의 과학자였다.

갈릴레오와 망원경
갈릴레오는 이전 것보다 더 멀리 있는 물체를 볼 수 있는 망원경을 제작했다. 자신의 연구를 후원한 베네치아 공화국 지도자 앞에서 1609년 이 망원경을 시연했다. 그가 망원경 오른쪽에 서 있는 모습이 보인다.

탐험의 시대 · 식민지 초기의 아메리카

식민지의 삶

16세기 유럽인들이 북아메리카에 처음 도착했을 때, 그곳에는 일찍이 자리 잡고 살던 원주민이 있었다. 18세기가 되자 유럽을 떠나 북아메리카에 정착한 사람 수가 약 25만 명이 되었다. 정착민들은 학교와 교회를 세웠고, 생활 방식은 그들이 살았던 본국(영국, 프랑스, 네덜란드, 스페인)의 영향을 받았다.

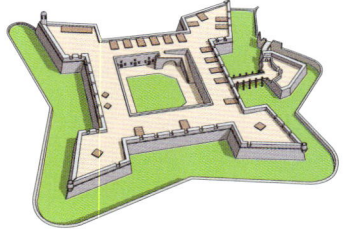

세인트오거스틴
스페인이 플로리다에 건설한 세인트오거스틴은 유럽인이 북아메리카에 세운 최초의 도시이다. 프랑스의 식민지가 되는 것을 막으려고 스페인은 이곳을 요새로 건설했다.

로어노크 섬
영국인들이 노스캐롤라이나 해안에 있는 로어노크에 식민지를 세웠지만, 이 정착촌 건설은 실패로 끝났다. 영국으로 갔던 배가 1590년 정착민들에게 공급할 물자들을 싣고 이곳으로 돌아왔지만, 주민의 흔적은 전혀 보이지 않았다. 그들의 최후는 미스터리로 남아 있다.

퀘벡
프랑스 탐험가 사뮈엘 드 샹플랭은 오늘날 캐나다 퀘벡에 정착했다. 이곳은 북아메리카의 모든 프랑스 식민지 영토를 포괄하는 누벨프랑스의 수도가 되었다.

노예 무역
아프리카에서 노예 20여 명이 영국 함선 두 척에 실려 버지니아의 제임스타운에 도착했다. 노예를 싣고 멕시코로 가는 스페인 선박을 나포했던 것이다. 영국 담배 재배 업자에게 팔려간 그들은 북아메리카 식민지에서 일한 최초의 노예였다. 이후 수천 명의 아프리카인들이 이곳에서 노예 노동을 했다.

| 연표 | 1565년 | 1587년 | 1608년 | 1619년 |

제임스타운

1607년 영국 남성 104명이 북아메리카 동부 해안에 도착하여 정착했다. 그들이 자리 잡은 곳은 제임스 강 근처로, 영국에서 온 대형 선박이 닻을 내릴 수 있을 만큼 수심이 충분히 깊었다. 이 정착촌은 제임스타운이라 불렸고, 수년을 힘겹게 견뎌내어 북아메리카 최초의 영국 식민지가 되었다. 세모꼴 울타리로 둘러싸인 채 목조 주택들이 들어서 있었다.

여성 정착민들
여성이 처음 도착한 때는 1608년이었다. 가사 노동뿐 아니라 농장에서도 많은 일을 했다.

교회
정착민들은 모두 교회 예배에 참석했을 것이다.

창고
요새 중심에 목조로 뼈대를 세운 대형 창고가 있었다.

강
이곳에 처음 자리 잡은 사람들 가운데 일부는 강에서 (소금과 담수가 섞인) 염수를 마시다가 죽었을지도 모른다.

포와탄족과의 교역
아메리카 원주민 포와탄족은 정착민들에게 음식을 주고 공구, 구리, 장신구 등을 받았다.

카누
포와탄족은 카누를 타고 강을 돌아다녔다. 카누는 나무속을 움푹하게 파서 만들었다.

목조 건물
벽은 진흙, 풀, 동물 배설물을 끈적끈적하게 반죽해서 만들었다.

1609~1610년 혹독한 겨울에 제임스타운에 정착한 사람 중 절반 이상이 질병이나 기아로 죽었다.

1621 필그림 파더스와 왐파노아그족이 추수 감사절을 처음 맞이한 해이다.

13 1607~1733년에 건설된 영국 식민지의 수.

영국인 정착민들
종교적 박해를 피해 떠난 영국인 집단이 메이플라워라는 배를 타고 북아메리카 동해안에 도착했다. '필그림 파더스'라 불리는 이 사람들은 매사추세츠 주 플리머스에 정착하며, 이곳에서 종교적 신념을 지키며 살 수 있었다. 첫 해 혹독했던 겨울을 겨우 이겨 냈다.

1620년

뉴암스테르담
네덜란드 상인들이 아메리카 원주민들에게서 맨해튼 섬을 구입하고 뉴암스테르담이라 이름 붙였다. 비옥한 허드슨 강변을 따라 건설된 네덜란드 식민지인 '뉴네덜란드'의 일부였다. 1664년 영국인들이 이 지역을 빼앗아 뉴욕으로 이름을 바꾸었다.

1626년

하버드 대학
영국 이주민들이 북아메리카 식민지에 세운 최초의 대학이다. 죽기 전 대학에 책과 재산을 기부한 존 하버드를 기리기 위해 '하버드'라 이름 지었다. 하버드는 현재 미국에서 가장 오래된 대학교이다.

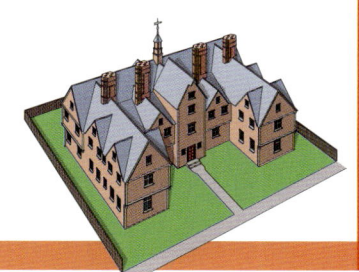

1636년

최초의 신문
매사추세츠 주 보스턴의 인쇄업자 벤자민 해리스가 영국의 북아메리카 식민지 최초의 신문 《퍼블릭어커런시스 (Publick Occurrences)》를 발간했다. 그러나 매사추세츠 주지사로부터 허가받지 못했고 발행한 신문은 모두 압수되어 파기되었다.

1690년

태평양에 도달하다
스코틀랜드의 모피 상인이자 탐험가인 알렉산더 매켄지가 카누를 타고 캐나다 북서부 강들을 따라 여행하다가 태평양 해안에 도달했다. 그는 북아메리카의 거친 육로를 동서로 횡단한 최초의 유럽인이었다. 일행 중에는 모피 사냥꾼 여섯 명과 안내를 맡은 아메리카 원주민 두 명이 있었다.

1793년

식민지 초기의 아메리카

늪지대
제임스타운은 말라리아 등 여러 질병을 일으키는 모기들이 가득한 낮은 늪지대에 세워졌다.

유럽인들이 식민지를 건설하러 북아메리카에 처음 온 것은 16세기였다. 많은 사람들이 금과 비옥한 토지가 있다는 말에 끌려서 이곳에 왔다. 종교적 박해를 피하려고 온 이들도 있었다.

16세기에 프랑스를 떠나 북아메리카로 온 사람들이 오늘날 캐나다에 있는 세인트로렌스 강에 요새를 세웠다. 그곳 원주민과 물물교환을 했는데, 총과 공구들을 주고 그 대신 모피를 받았다. 더 남쪽으로는 영국인들이 오늘날 미국 동해안을 따라 식민지를 건설했다. 반면 스페인인들은 아메리카 대륙의 뉴스페인(누에바에스파냐)에 집중했다. 유럽 국가들은 영토를 차지하려고 서로 싸웠으며, 예전부터 이 땅에 살았던 아메리카 원주민들과도 종종 무력 충돌을 일으켰다.

방어벽
'옹성'이라는 툭 튀어나온 방어벽이 세모꼴 정착촌의 각 모서리에 세워졌다.

포와탄족
제임스타운은 아메리카 원주민 포와탄족의 땅 안에 있었다. 정착한 첫 해 겨울에 포와탄은 정착민들에게 옥수수를 주고 새로운 환경에서 작물을 재배하는 방법을 알려주었다. 그러나 두 집단의 관계가 점차 적대적으로 바뀌면서 무력 충돌이 잦아졌다.

포카혼타스
포와탄 족장의 딸 포카혼타스는 1614년 정착민 존 롤프와 결혼했다.

필립 왕 전쟁
유럽인들과 아메리카 원주민들 사이의 영토 다툼이 전쟁으로 번지기도 했다. 1675년 필립 왕이라 불린 원주민 추장이 뉴잉글랜드(매사추세츠, 로드아일랜드, 코네티컷)의 식민지들에 대항하는 봉기를 일으켰다. 필립 왕이 체포되어 처형되는 1676년까지 많은 마을들이 공격을 받았다. 아메리카 원주민 수천 명이 죽거나 노예가 되었다.

북아메리카 식민지
1750년 북아메리카에서 유럽이 보유한 영토를 나타낸 지도이다. 프랑스와 영국은 북아메리카 동부 해안 지역 대부분을 차지했다. 플로리다, 멕시코, 캘리포니아는 스페인이 지배하고 있었다. 유럽 국가들은 카리브 해의 섬들도 식민지로 삼았다. 그러나 이때까지만 해도 북아메리카 많은 땅들은 유럽인들이 개발하거나 정착하지 않은 채로 남아 있었다.

대포
외부 공격을 막아 내려고 배치했다.

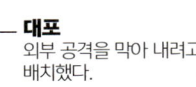

탐험의 시대 • 네덜란드의 황금기

8 17세기 암스테르담에서 바타비아까지 항해하는 데 걸린 달수.

네덜란드의 황금기

17세기 네덜란드 공화국(오늘날 네덜란드)은 세계적인 부유한 나라가 되었다. 이후 계속 번성하면서 과학, 예술, 건축 분야의 황금기를 맞이했다.

스페인 지배를 받던 네덜란드 7개 주가 독립을 이루고자 연합하면서 1581년 네덜란드 공화국이 탄생했다. 네덜란드인들은 오랜 전쟁 끝에 1609년 독립을 쟁취했다. 유럽 열강들 가운데 가장 작은 나라였음에도, 네덜란드 공화국은 한 세기도 채 되지 않아 해상 전문 지식, 강력한 해군 그리고 영리한 사업 수완을 바탕으로 거대한 해상 무역 제국이 되었다.

네덜란드 동인도 회사

네덜란드 동인도 회사는 1602년 나라에서 군사와 무역 독점권을 받아 아시아로 뻗어 나갔다. 1611년경에는 아시아 향신료 무역을 장악했으며, 곧이어 세계에서 가장 큰 무역 회사가 되었다. 다른 나라와 전쟁을 치르고 조약을 맺고 새로운 식민지를 건설할 수 있을 만큼 힘이 막강했고 거의 200년 동안 해상 무역을 지배했다. 네덜란드 동인도 회사의 본사는 인도네시아 자와 섬에 있는 바타비아(오늘날 자카르타)에 있었다.

이스트 인디아맨
대규모 범선으로, 암스테르담과 바타비아 사이를 정기적으로 항해했다.

네덜란드 제국

네덜란드는 동인도 제도(오늘날 인도네시아)와 실론(스리랑카)에 있는 포르투갈의 요새들을 빼앗아 무역을 이끌어 나갔다. 또 케이프 식민지(오늘날 남아프리카 공화국)를 건설하고 남아프리카에서 스페인과 포르투갈이 차지한 영토를 빼앗았다. 네덜란드 동인도 회사가 아시아 무역을 지배하는 사이에, 1621년 설립된 네덜란드 서인도 회사가 아메리카와 서아프리카 무역을 장악했다.

주식 거래소

해상 무역을 하며 네덜란드 경제는 호황을 누렸다. 세계 곳곳에서 상품들이 암스테르담으로 모여들어 도시 창고에 보관되었다가 판매되었다. 1611년 한 암스테르담 상인 집단이 무역업자들과 만날 장소를 마련하기 위해 주식 거래소를 세웠다. 주요 무역 활동은 기둥들로 둘러싸인 넓고 확 트인 마당에서 이루어졌다. 무역업자들을 찾아 거래하기 편하도록 기둥마다 번호를 매겨 두었다.

거래소의 기둥들
암스테르담 주식 거래소는 5,000명까지 수용할 수 있었다. 소리를 질러서는 안 되었고, 아이와 거지는 쫓아냈다.

네덜란드 동인도 회사는 주식 거래를 한 최초의 상업 회사였다.

중요한 발견

네덜란드 과학자들과 발명가들은 17세기에 중요한 발견을 했다. 안경 제조업자 한스 리퍼세이는 1608년 최초의 망원경을 만들었다. 천문학자 크리스티안 하위헌스는 1655년 토성의 가장 큰 달을 발견했고, 이듬해에는 진자시계를 최초로 만들었다. 독학으로 과학자가 된 안톤 판 레이우엔훅은 1670년대에 믿을 수 없을 만큼 정밀한 현미경을 만들었고, 박테리아의 존재를 처음으로 밝혔다.

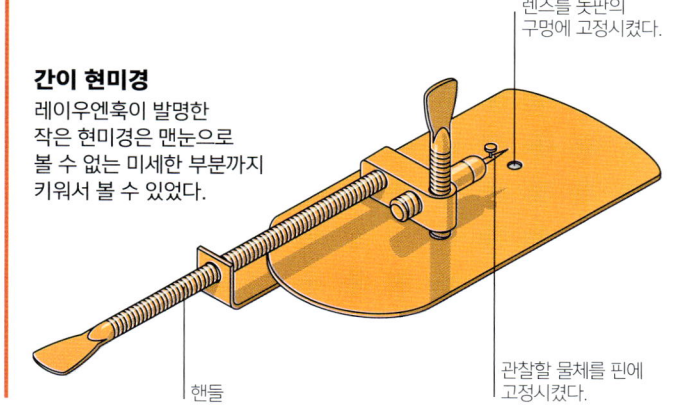

간이 현미경
레이우엔훅이 발명한 작은 현미경은 맨눈으로 볼 수 없는 미세한 부분까지 키워서 볼 수 있었다.

네덜란드 동인도 회사는 최고 전성기에 전 세계 원양 항해 선박의 절반 이상을 보유하고 있었다.

130만 1640~1660년에 네덜란드 화가가 그린 그림의 대략적인 수.

네덜란드 미술

이 시기 부유한 상인들 사이에서 그림에 대한 수요가 엄청나게 많았다. 렘브란트, 요하네스 페르메이르, 프란스 할스 같은 네덜란드 화가들은 종교화를 그리는 대신 새로운 양식을 개발했다. 초상화나 일상의 모습을 그려서 사람들이 평소 일하고 즐기는 모습을 표현했다.

레이스 뜨기
가족의 일상을 전문적으로 그린 페르메이르는 〈레이스 뜨는 여인〉(1669)이라는 믿을 수 없을 정도로 섬세한 작품을 남겼다.

성장하는 도시

암스테르담은 (네덜란드 공화국의 7개 주 가운데 가장 큰) 홀란트의 주요 도시였다. 17세기 초 도시 중심에 주요 운하 세 개가 건설되었다. 암스테르담에서 가장 부유한 시민들은 운하가 내려다보이는 멋진 집에서 살았다. 인구가 늘어나자 도시 외곽에 주거지가 새로 생겼다.

운하망
1690년에 그려진 이 지도를 보면, 도시는 뚜렷한 반달 모양을 이루며 운하로 촘촘히 연결돼 있다. 오늘날까지도 도시는 거의 비슷한 모습으로 남아 있다.

인구 폭발

계속되는 번영과 관용의 분위기 속에서 많은 이민자들이 종교적 박해를 피해 네덜란드의 이 도시로 왔다. 그 결과 17세기 인구가 크게 늘었다.

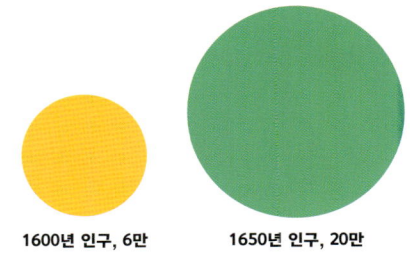

1600년 인구, 6만   1650년 인구, 20만

네덜란드 인구의 약 60퍼센트가 작은 도시에 살았다.

일본 에도 시대

1603년 유력한 도쿠가와 가문의 수장 도쿠가와 이에야스가 쇼군(일본 최고 군사령관)이 되었다. 그는 내전을 끝내고 수도를 외딴 어촌 마을인 에도(오늘날 도쿄)로 옮겼다.

도쿠가와 쇼군들은 천황의 이름으로 250년 넘게 일본을 다스렸다. 3대 쇼군 도쿠가와 이에미쓰는 유럽인과 기독교를 믿지 않았다. 네덜란드의 작은 무역 거점 하나만 남겨두고 모두 추방했으며, 1639년에는 일본인이 해외로 나가는 것을 금했다. 그래서 1868년까지 일본은 외부 세계와 단절되어 있었다. 이 고립의 시기는 곧 평화와 안정의 시기였기에 전사 계급인 사무라이의 세력이 약해졌고, 일본은 번영하며 문화의 황금기를 맞이했다.

탐험의 시대 ○ 일본 에도 시대

90 도쿠가와 이에야스가 일본을 통일하기 위해 치른 전투 횟수.

가부키

에도 시대 인기 있는 볼거리 가운데 하나였다. 새로운 양식의 재미있는 무용극으로, 때로는 일상생활을 묘사하기도 했다. 가부키는 일본의 더 오래되고 더 우아한 양식의 '노'보다 생동감이 넘쳤다. 다채롭고 신나는 가부키 공연은 많은 대중들을 사로잡았다.

여분의 좌석
무대 위 공간에는 관객석이 모두 꽉 찼을 때만 청중들을 앉혔다.

조명
극장은 보통 하루 종일 공연을 했다. 사극, 일상적인 이야기 그리고 막 사이의 춤 공연이 잇달아 무대 위에 펼쳐졌다. 밤이 되어도 횃불과 등불로 무대를 밝혀 공연을 이어나갔다.

환호하는 팬들
관객들은 박수를 치면서 좋아하는 배우의 이름을 외쳤다.

마스세키
부유한 청중들은 극장 윗부분의 '마스세키(升席)'를 차지했는데, 무대 전체를 내려다볼 수 있었다.

의상
밝은 문양이 있는 배우들의 의상은 보기보다 입고 있기가 만만치 않았다. 무게가 20킬로미터나 나가는 것도 있었다.

무대 위 통로
배우들은 하나미치(꽃의 길)라는 통로를 따라 무대를 드나들었다. 이 통로는 중요한 장면을 연기할 때 사용되기도 했다.

좌석
가장 값싼 자리는 무대 아래쪽에 있었으며, 네모난 공간으로 구분되어 있었다.

예술과 오락물

에도를 비롯한 도시 중심지에 사는 부유층은 도시의 문화적인 볼거리를 우키요(뜬구름처럼 떠도는 세상)라 불렀다. 시인, 화가, 장인들은 무척 우아하고 섬세한 작품을 창조했다. 예술과 오락물은 가격의 문턱이 낮아지면서 더 많은 관객과 만났다. 오늘날 일본 전통 문화를 이루는 취미와 관습 중 많은 것들이 에도 시대에 처음 나타났다.

목판화
화가들은 그림을 새긴 목판에 잉크를 바르고 그 위에 종이를 눌러 단순하면서도 아름다운 그림을 창조했다. 19세기 초기에 만들어진 이 판화는 일본에서 가장 신성하게 여기는 후지 산을 묘사한 것이다.

게이샤
에도 시대의 게이샤는 노래하고 춤추고, 전통 현악기 샤미센을 연주하는 여성 연예인이었다. 다채로운 기모노를 입고 정성을 들여 화장했다.

스모 선수들
레슬링과 비슷한 스모는 에도 시대 인기 있는 볼거리였다. 초기 프로 스모 선수 중에는 새로운 수입원이 필요했던 사무라이 전사 출신도 있었다.

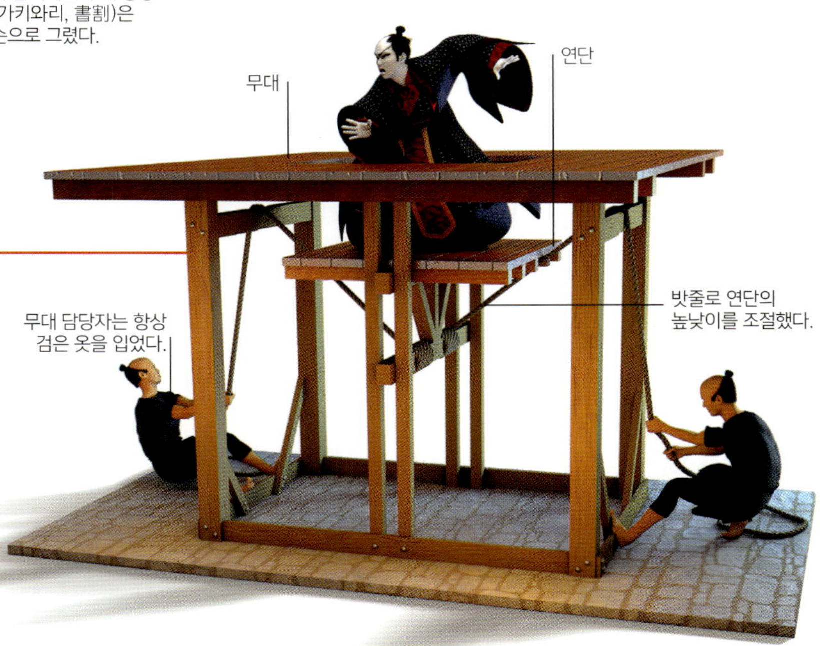

지붕을 덮은 무대
마치 야외에서 공연되는 것처럼 보이도록 무대 위에 지붕을 얹었다. 가부키는 사원이나 사당 앞에서 공연된 초기 무용극에서 유래했다.

무대 풍경
이 움직이는 무대 풍경 (가키와리, 書割)은 손으로 그렸다.

회전 무대
빠르게 장면을 전환할 수 있도록 무대에 회전 장치가 있었다.

가부키 배우
남성 배우가 남성과 여성의 역할을 모두 소화했다. 이러한 전통은 지금까지도 유지되고 있다.

무대 장치
배우는 연단에 서 있다가 극적으로 무대 위에 오르거나 사라졌다. 아래에서 무대 장치 담당자가 연단의 높낮이를 조절했기 때문이다.

- 무대
- 연단
- 무대 담당자는 항상 검은 옷을 입었다.
- 밧줄로 연단의 높낮이를 조절했다.

대서양 노예 무역

16~19세기 아프리카인 약 1,200만 명이 붙잡혀 대서양 건너 아메리카로 보내졌고, 그곳에서 노예로 팔렸다.

16세기 유럽인들이 아메리카에 정착하면서 아프리카 노예 무역이 성행했다. 노예 무역은 남성, 여성, 아이들을 그들의 터전에서 뿌리째 옮겨 세계 반대편에 놓았다. 유럽을 떠나 온 정착민들에게 마음껏 부릴 수 있는 노동력을 무한히 공급해 주는 것이 목적이었다. 많은 노예들이 서아프리카에서 끌려 왔는데, 대서양을 건너는 끔찍한 항해 도중에 죽었다. 살아남은 이들은 노예 경매에 넘겨져 가장 높은 값을 부르는 사람에게 팔렸고, 노예들은 사유 재산으로 여겨졌다. 많은 노예들이 플랜테이션(면화와 담배 같은 작물을 재배하는 대규모 농장)에서 일해야 했다. 노예 무역은 19세기가 끝날 때까지도 폐지되지 않았다.

삼각 무역

노예 무역은 유럽, 아프리카, 아메리카 세 대륙이 얽혀 있었다. 유럽 상인들은 총이나 면직물 같은 상품을 배에 싣고 서아프리카로 가서 노예와 교환했다. 그러고는 대서양 건너 아메리카로 가서 노예들을 팔아 이익을 남긴 뒤 설탕, 커피 등을 배에 싣고 유럽으로 돌아와 팔았다.

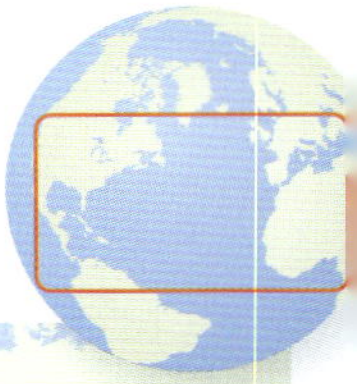

노예 매매

노예들은 아메리카에 도착하자마자 경매로 팔렸다. 아프리카에서부터 시작된 긴 항해를 함께 견뎌 온 가족과 친구들은 보통 이때 헤어져서 다시는 만나지 못했다. 구매자가 늘 노예 가족 전체를 한꺼번에 원하는 것은 아니었기 때문이다. 경매장 문이 열리자마자 사람들은 자신들이 원하는 노예를 먼저 차지하려고 달려들었다. 일부는 미리 정해진 금액을 선장에게 지불하기도 했다. 판매된 노예들은 새로운 이름을 부여받고 새로운 언어를 배워야 했다. 노예의 삼분의 일이 오랜 시간 혹독한 노동으로 아메리카에 온 지 3년도 채 안 되어 죽었기 때문에 노예에 대한 수요는 계속 늘어났다.

노예 경매
대농장 주인들은 긴 시간 쉬지 않고 일할 수 있는 젊고 건강한 노예를 원했다. 이들은 여성과 아이보다 더 높은 가격에 팔렸다.

남북 전쟁이 시작되기 전인 1860년 당시 아프리카계 아메리카인은 400만 명에 이르렀다.

18 추수 기간에 노예 1인당 일해야 하는 시간.

10만 18세기 말 아프리카에서 아메리카로 매년 배에 실려 온 노예의 수.

노예 요새

아프리카 일부 나라에서는 노예 무역으로 부를 쌓았다. 내륙 깊은 곳으로 기습 부대를 보내 사람들을 사냥한 뒤, 유럽 무역 회사가 서아프리카 해안에 세운 노예 요새로 끌고 왔다. 붙잡힌 사람들은 자신들을 태워 갈 다음 노예선이 도착할 때까지 갇혀 있었다.

케이프 코스트 캐슬
아프리카 가나에 있는 이 노예 요새는 18세기 영국 상인들이 사용한 것으로 노예 1,500명을 수용할 수 있었다.

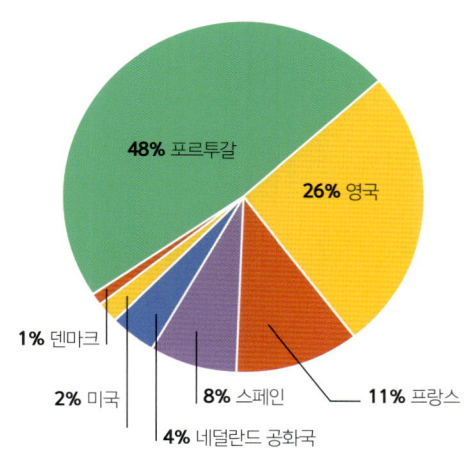

48% 포르투갈
26% 영국
1% 덴마크
2% 미국
4% 네덜란드 공화국
8% 스페인
11% 프랑스

노예 무역 국가

16세기 중반, 포르투갈과 스페인이 대서양을 건너 브라질과 카리브 해에 있는 식민지에 노예를 보냈다. 1713년 영국은 스페인의 식민지와 30년간 노예 공급 계약을 맺었다. 18세기 중엽에는 대서양 너머로 보낸 노예의 75퍼센트 가까이가 포르투갈이나 영국 선박에 실려 운송되었다.

중간 항해

아프리카에서 서인도 제도와 북아메리카로 가는 여정을 '중간 항해'라 불렀다. 수익률을 최대한 높이기 위해 갑판 아래 좁은 공간에 600명에 이르는 노예를 빽빽이 채우고 반항하지 못하도록 사슬을 채웠다. 식량과 식수가 매우 부족했고 10주나 이어지는 긴 항해에 위생 관리는 전혀 하지 않았다. 많은 노예들이 항해 도중에 죽었다.

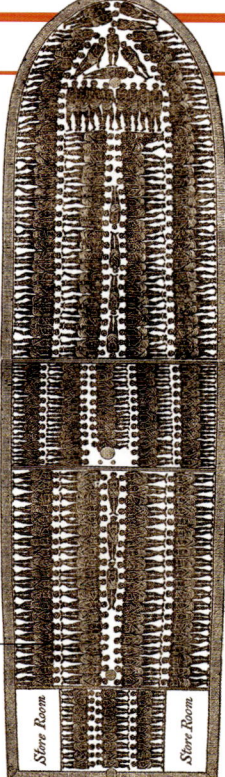

공간이 좁아서 노예들은 꼼짝 없이 누워 있어야 했다.

노예선
18세기 영국 노예선 부룩스 호 안의 모습이다.

족쇄
낙인 도구
채찍

사슬에 묶인 삶

배에 실려 서인도 제도나 북아메리카로 온 아프리카인들은 대부분 대농장인 플랜테이션에서 일했다. 농장 주인이 고용한 백인 감독관들은 노예들이 일을 열심히 하지 않으면 채찍질을 했고, 탈출을 시도하면 족쇄를 채웠다. 노예는 법적 권리가 없었고, 몸에 주인의 마크로 낙인이 찍혀 있었다. 엄마가 노예인 아이는 법적으로 평생 노예였고, 심지어 노인도 일을 해야 했다.

노예 제도 폐지

퀘이커교도(한 기독교 집단의 신도들)는 북아메리카와 영국에서 처음으로 노예 제도에 반대하는 시위를 벌였고, 이 운동은 20년간 이어졌다. 1807년 정치인 윌리엄 윌버포스가 영국에서 노예 무역을 폐지하는 데 큰 역할을 했지만, 1834년까지 영국 식민지에서는 노예를 소유하는 게 법적으로 문제되지 않았다. 1852년 해리엇 비처 스토가 노예 제도에 반대하여 쓴 소설 《톰 아저씨의 오두막》이 출간되면서, 미국에서도 노예 제도를 폐지해야 한다는 목소리가 커졌다. 1865년 미국 정부가 (노예 제도를 불법으로 규정한) 열세 번째 수정 법안을 통과시켰다.

자유로 가는 길
한때 노예였던 해리엇 터브먼(사진에서 왼쪽 끝)은 '지하 철도'라는 조직에 몸담아 300명이 넘는 노예를 자유로 이끌었다. 19세기 초 노예 폐지론자들이 만든 지하 철도는 노예들의 탈출을 도운 비밀 조직이었다.

절대 왕정

17~18세기에 많은 유럽 국가에서는 왕에게 권력이 집중되었다. 왕이 법을 만들고 전쟁이 일으킬 시기를 결정하는 등 절대적인 권력을 행사했다.

왕의 권력은 백성이 아닌 신이 내려준 신성한 것으로 여겨졌다. 그리하여 왕은 자신이 만든 법을 따를 필요도 없이 원하는 것을 자유롭게 할 수 있었던 반면, 다른 모든 사람들은 왕에게 무조건 복종해야 했다.
왕은 화려한 궁전에서 살았고 궁중은 귀족들로 가득했다.

1682년
프랑스 국왕 루이 14세는 파리 외곽의 베르사유 궁전을 주요 거처로 삼았다. 그의 명령으로 예전에 사용했던 성은 귀족과 정부 관리 등 전체를 수용할 수 있는 복합 단지로 크게 확장 되었는데 공사 시간이 20년 넘게 걸렸다.

1703년
'표트르 대제'로 알려진 러시아의 표트르 1세는 새로운 수도를 건설하고 이 도시의 수호자를 기리기 위해 '상트페테르부르크'라고 이름 지었다.

1721년
표트르 대제는 스웨덴과 벌인 대북방 전쟁에서 승리했다. 이로써 러시아 제국은 유럽의 강대국이 되었다.

1740년
훗날 '프리드리히 대왕'으로 알려진 프리드리히 2세는 오늘날 독일 안에 있던 프로이센이라는 나라의 국왕이 되었다. 그는 오스트리아, 여러 폴란드 주와 전쟁을 치러 프로이센의 영토를 두 배로 늘렸을 뿐 아니라 정부를 개혁하고 예술을 후원했다.

1764년
'예카테리나 여제'로 알려진 러시아의 예카테리나 2세는 상트페테르부르크의 겨울 궁전에 신관을 세워 그림과 도자기를 소장했는데 그 규모가 어마어마했다. 겨울 궁전은 오늘날 에르미타주 박물관의 일부를 이루고 있다.

1772년
러시아, 오스트리아, 프로이센은 폴란드의 영토를 셋으로 나누어 가졌다.

1783년
예카테리나 여제는 남서쪽으로 진출해서 크림반도를 차지했다. 이로써 러시아 제국은 흑해에 항구를 보유하게 되었다.

1789년
왕실과 귀족들의 사치에 분노한 프랑스인들이 혁명을 일으켜 왕을 몰아냄으로써, 절대 왕정을 무너뜨렸다.

프랑스 국왕 루이 14세의 궁정에서
루이 14세는 거처를 파리에서 베르사유 궁전으로 옮기고 귀족들도 이주해서 살게 했다. 이 거대한 궁전은 방이 700개, 벽난로가 1,200개 넘게 있었으며 계단도 67개 있었다.

혁명의 시대

18세기 중반 기술 혁신과 새로운 혁명 사상으로 세계는 변화하기 시작했다. 영국에서 시작된 산업 혁명이 사람들의 삶과 노동을 변화시켰다. 북아메리카와 남아메리카에서 일어난 독립 투쟁은 유럽에서 혁명을 불러일으켰다. '국가'라는 개념이 새로 생겨나면서, 유럽 여러 나라들이 저마다 아프리카, 남아시아, 태평양으로 세력을 넓히기 시작했다.

1879년: 줄루 전쟁
영국과 줄루 왕국이 6개월간 싸워 영국의 승리로 끝났다. 영국은 줄루의 땅을 식민지로 삼았다.

줄루의 방패

1888년: 벤츠 페이턴트 모터바겐
독일 발명가 칼 벤츠가 가솔린 자동차를 만들었고, 아내인 베르타 벤츠가 106킬로미터를 주행함으로써 이 자동차를 널리 알렸다.

벤츠 페이턴트 모터바겐

1871년: 독일의 통일
프로이센의 왕인 빌헬름 1세가 독일을 통일하고, 제국의 황제가 되었다. 같은 해 이탈리아도 하나의 국가로 통합되었다.

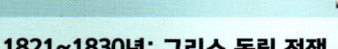

1861~1865년: 미국 남북 전쟁
미국은 쓰라린 내전으로 남부와 북부로 분열되었다. 노예 제도와, 각 주의 권리 문제를 놓고 충돌했다.

남북 전쟁 당시 사용된 나폴레옹 포

혁명의 시대

미국 독립 전쟁 이후 자유와 평등사상이 전 세계에 전해졌다. 그 무렵 산업 혁명이 일어나 시골에서 살던 사람들이 도시 공장에서 일하게 되었고, 일상에 변화가 일어났다.

남아메리카인들은 스페인과 포르투갈로부터 독립했다. 유럽에서는 프랑스 왕이 처형되었고 그리스인은 오스만 제국의 지배를 벗어났으며, 독일과 이탈리아는 각각 하나의 국가로 통일되었다. 오래된 나라와 새로 등장한 나라 모두 영토를 늘리는 데 몰두하며 목표를 이루기 위해 새로운 기술을 활용했다. 미국은 서부로 팽창하면서 아메리카 원주민과 충돌을 일으켰다. 아프리카, 인도, 동남아시아, 오스트레일리아 그리고 태평양의 섬들 대부분은 유럽 열강의 식민지가 되었다.

1821~1830년: 그리스 독립 전쟁
그리스는 오스만 제국의 지배에서 벗어나기 위해 싸웠다. 영국, 프랑스, 러시아의 도움으로 1830년 전쟁에서 승리하고 1832년 독립 국가가 되었다.

그리스의 장군 테오도로스 콜로코트로니스

시몬 볼리바르

1810~1825년: 남아메리카의 투쟁
남아메리카에서는 시몬 볼리바르 같은 혁명가들이 300여 년을 이어 온 스페인과 포르투갈의 통치를 끝내기 위한 투쟁을 이끌었다. 1825년까지 쿠바와 푸에르토리코를 제외하고 스페인 식민지가 모두 해방을 맞이했고, 포르투갈은 브라질의 지배권을 잃었다.

1756~1763년: 7년 전쟁
다섯 대륙에서 일어난 7년 전쟁은 최초로 세계적 차원에서 일어난 무력 충돌이었다. 영국과 프랑스는 북아메리카와 인도에서 식민지 패권을 놓고 다투었고, 프로이센과 러시아는 서로 긴장 관계를 유지하며 동맹국을 끌어들였다.

프로이센 왕 프리드리히 2세의 군복

1765년: 증기의 힘
스코틀랜드 기술자 제임스 와트는 증기 기관을 더욱 효율적으로 개선했다. 와트의 증기 기관은 공장 기계들을 대량으로 돌리는 데 필요한 에너지를 공급함으로써 산업 혁명을 이끌었다.

제임스 와트의 증기 기관

1890년: 운디드니 학살
미국 병사와 아메리카 원주민이 마지막으로 벌인 대규모 무력 충돌이었다. 미군은 200명에 이르는 수족을 학살했다. 북부 평원에 살았던 수족은 아메리카 원주민 가운데 규모가 가장 큰 종족이었다.

아메리카 원주민의 유령 춤 의상

1892~1954년: 엘리스 섬
미국의 어퍼 뉴욕 만에 있는 엘리스 섬은 전 세계에서 온 수백만 이민자를 입국시키고 관리하는 센터 역할을 했다.

자유의 여신상

1903년 라이트 플라이어

1903년: 최초의 동력 비행
미국 노스캐롤라이나 주에서 항공 분야의 선구자 라이트 형제가 동력 비행기 제작에 최초로 성공했으며, 하루에 네 차례 비행을 했다.

1865년: 리스터의 소독제
영국 외과 의사 조지프 리스터는 수술 도구, 벌어진 상처 그리고 드레싱에 소독제를 사용하기 시작했다. 그가 사용한 소독제가 세균을 죽이고 전염병이 퍼지는 것을 막았고, 그의 병원에서는 사망률이 삼분의 이 감소했다.

수술 도구

1858~1947년: 인도 제국
영국은 '인도 제국'이라 불린 이 시기에 인도를 지배했다. 인도에 철도와 학교를 지었지만, 지역의 지배자와 국민들이 정치 권력을 갖는 것은 인정하지 않았다.

영국이 만든 인도 기차

1829년: 혁명적인 엔진
세계 최초의 도시 간 철도 '리버풀-맨체스터 철도'에 사용할 증기 기관차를 결정하기 위한 경쟁이 영국에서 펼쳐졌고, 시속 47킬로미터에 이른 로버트 스티븐슨의 '로켓'이 우승을 차지했다.

스티븐슨의 로켓 호

1836년: 오리건 가도
19세기 미국에서 수천 명이 마차를 타고 농사지을 땅을 찾아 서쪽으로 떠났고, 1836년 처음 오리건에 도착했다. 서부로 가는 이 길을 '오리건 가도'라 불렀다.

포장마차

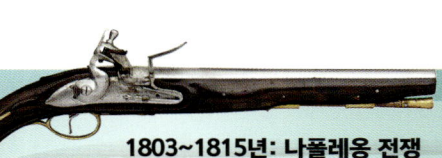

1803~1815년: 나폴레옹 전쟁
새로 탄생한 프랑스 공화국이 유럽 여러 나라들과 10년 넘게 전쟁을 벌였다. 야심만만한 나폴레옹 황제의 지휘 아래 연전연승을 거두고 유럽 대부분 지역을 차지했다.

나폴레옹 권총

1789~1799년: 프랑스 혁명
프랑스에서는 왕과 귀족에 대한 분노가 끓어오르더니 결국 혁명이 일어났다. 처음에는 왕이, 이후에는 수많은 귀족과 '혁명의 적'으로 낙인찍힌 이들이 단두대에서 처형되었다.

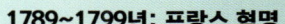

단두대

1775~1783년: 미국 독립 전쟁
북아메리카의 13개 영국 식민지가 세금 인상에 분노하여 영국의 지배에 대항한 봉기를 일으켰다. 이 전쟁에서 식민지가 승리하여 미국이 탄생했다.

식민지군의 배낭

제1선대의 HMS 시리우스 호

1788년: 제1선대
영국인들이 제1선대의 배를 타고 오스트레일리아에 도착했다. 그중 많은 이들이 유죄 판결을 받고 오스트레일리아로 유배를 간 죄수들이었다. 그들은 시드니에 최초의 식민지를 건설했다.

7년 전쟁

7년 전쟁은 1756~1763년 유럽을 중심으로 전 세계에서 벌어진 최초의 무력 충돌이었다. 유럽 주요 열강들이 모두 참전했으며 아메리카, 아프리카, 아시아에서도 전투가 벌어졌다.

18세기 초 프랑스와 영국은 북아메리카, 카리브 해, 인도에서 식민지를 차지하기 위해 끊임없이 싸웠다. 1756년 유럽 주요 열강들 사이에 긴장이 고조되어 전쟁이 일어나자, 영국은 북부 독일의 프로이센 왕국을 지지했다. 반면 (프로이센의 동맹국이었던) 프랑스는 동맹국을 오스트리아로 바꾸었다. 전쟁은 세계 다른 지역으로 확대되었으며, 미국에서는 '프렌치 인디언 전쟁'이라 하는 등 몇몇 국가에서는 다른 이름으로 불렸다.

유럽의 전쟁

1740년 프로이센의 프리드리히 2세는 (당시 오스트리아에 속했던) 실레지아를 침입했다. 오스트리아는 프랑스와 러시아의 지원을 받아 실레지아를 되찾고자 했다. 1756년 프로이센이 작센(오스트리아의 동맹)으로 군대를 보냈는데, 이것이 7년 전쟁의 시작을 알리는 신호탄이 되었다. 양측은 이 전쟁으로 승리뿐 아니라 엄청난 피해도 함께 맛보아야 했다.

로스바흐 전투
1757년 프리드리히 2세는 이 전투에서 훨씬 우세한 프랑스-오스트리아의 군대를 물리침으로써 가장 위대한 전략적 승리를 거두었다.

북아메리카의 전쟁

프랑스와 영국은 1756년 유럽에서 전쟁이 일어나기 2년 전부터, 이미 서로 싸우고 있었다. 북아메리카에서는 주로 누벨프랑스(프랑스의 북아메리카 영토 이름)에서 전투를 벌였고, 이때 아메리카 원주민을 끌어들이기도 했다.

조지 워싱턴

버지니아 주의 영국 식민지군 사령관으로 훗날 미국 초대 대통령이 되는 인물이다. 1754년 뒤켄 요새에서 프랑스에 대한 기습 공격을 지휘하면서 '프렌치 인디언 전쟁'을 일으켰다.

중요한 전투들

1759년 영국 장군인 제임스 울프가 퀘벡의 프랑스 요새를 빼앗기 위해 군대를 이끌고 세인트로렌스 강을 따라 내려갔다. 이듬해 영국은 몬트리올에서 프랑스에게 승리했다. 당시 북아메리카에 있는 프랑스 영토 대부분이 영국 손에 넘어갔다.

퀘벡 쟁탈전
울프 장군의 한 소규모 영국 부대가 퀘벡에 있는 적의 방어군을 기습 공격하려고 세인트로렌스 강을 건넜다.

전 세계에서 벌어진 무력 충돌

7년 전쟁은 다섯 대륙에 걸쳐 일어났다. 유럽에서 일어난 주요한 충돌은 곳곳에서 여러 작은 충돌을 일으켰는데 스페인과, 영국의 오랜 동맹이었던 포르투갈 사이의 판타스틱 전쟁(1762~1763년) 같은 것들이었다.

- 오스트리아, 러시아, 프랑스, 스페인 동맹
- 프로이센, 영국, 포르투갈 동맹

186 1754년 조지 워싱턴이 뒤켄 요새 원정에서 지휘한 병사 수.

인도에서는 프랑스가 물러난 뒤 거의 200년 동안 영국이 영향력을 행사했다.

전쟁 중인 유럽 왕들

당시 유럽 왕들이 전쟁의 원인 제공을 했다. 훌륭한 군사 지도자였던 프리드리히 2세가 프로이센의 왕이 된 1740년, 오스트리아에서는 마리아 테레지아가 왕이 되었다. 반면 표트르 3세는 1762년 러시아 차르(황제)의 자리를 계승했다.

프리드리히 2세
즉위하고 몇 달이 되지 않아 작은 왕국을 유럽의 주요 군사 강국으로 탈바꿈하기 시작했다. 그는 군대를 개혁했으며, 군사를 이끌고 전쟁터로 가기도 했다.

마리아 테레지아
왕좌에 올랐을 때 겨우 23세였다. 남편 프란츠 1세를 공동의 통치자로 삼았지만, 오스트리아의 대외 정책은 자신이 직접 이끌었다.

표트르와 예카테리나
차르가 된 표트르 3세는 전쟁에 마침표를 찍고 프로이센과 평화를 유지했다. 아내 예카테리나 여제는 그를 제거할 음모를 꾸몄고, 이후 34년 동안 러시아를 혼자서 다스렸다.

유럽의 군대

이 전쟁에 참여한 병사 수는 아래와 같다. 프리드리히 2세는 영국군의 도움으로 러시아, 오스트리아, 프랑스의 연합군과 맞서 싸웠다.

러시아 333,000 | 오스트리아 201,000 | 프랑스 200,000 | 프로이센 145,000 | 영국 90,000

식민지 경쟁

영국과 프랑스의 식민지 경쟁으로 전쟁이 전 세계로 확대되었다. 1757년 영국은 인도에서 일어난 플라시 전투에서 벵골의 통치자에게 승리하고, 1761년 프랑스의 주요 항구 퐁디셰리를 빼앗았다. 그리고 서아프리카, 카리브 해의 과들루프와 마르티니크에 있는 프랑스 기지들을 점령했다. 1761년 스페인이 프랑스 편으로 참전하자 필리핀, 쿠바, 남아메리카에 있는 스페인 식민지로 전쟁이 확대되었다.

플라시 전투
영국군은 6대 1 수적 열세에도 불구하고 프랑스의 지원을 받은 인도군을 격파했다.

아시아

7년 전쟁의 전체 사망자 수는 90만~140만으로 추정된다.

평화 조약

1763년 양측 모두 전쟁이 끝나기를 바랐다. 파리 조약으로 영국과 프랑스 그리고 그 동맹국들 사이에 평화가 찾아왔다. 한편 후베르투스부르크 조약으로 프로이센과 오스트리아의 전쟁이 끝났다. 유럽에서 프로이센은 실레지아의 소유로 남겨졌다. 영국은 북아메리카의 프랑스령을 차지하고 인도와 카리브 해에서 식민지들을 얻어 냄으로써 전 세계를 압도하는 식민 제국이 되었다.

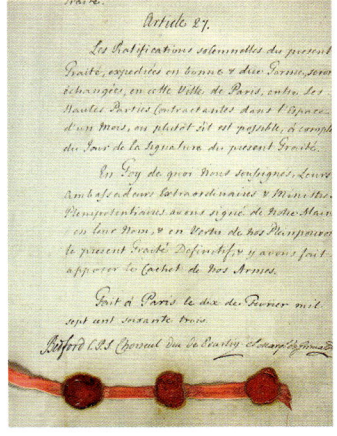

파리 조약
1763년 프랑스, 영국, 스페인이 이 조약에 서명했다.

산업 혁명

19세기 중반 영국에서 시작된 산업 혁명은 경제적, 사회적으로 급속한 변화를 일으켰고 유럽과 미국으로 퍼져나갔다. 산업화가 진행되며 시골에서 농사짓던 사람들이 공장과 광산에 생겨난 일자리를 찾아 이동했다.

수많은 기술적 발명이 혁명을 불러 왔다. 농업이 발전하면서 늘어나는 인구를 먹일 식량을 더 많이 생산하게 되었지만, 이는 농사일을 할 사람이 예전보다 덜 필요해졌음을 뜻하는 것이었다. 새로운 산업 기술이 발전하면서 의복, 도자기, 공구와 같은 품목들을 공장에서 대량 생산할 수 있게 되었다. 부자들은 기계로 만든 상품을 구입하고 새로운 산업 기업에 투자하려 했으며, 이는 혁명을 앞당겼다.

변화하는 풍경

산업의 시대에 공장이 세워지고 석탄이 대규모로 채굴되며 세계 경관이 계속 바뀌었다. 새로운 작업장 주변의 비좁은 거리에 집들이 들어섰고, 공장의 키 큰 굴뚝이 더러운 연기를 뿜어냈다. 수로망이 산업 중심지를 항구와 도시로 연결시켰다.

오염
연료를 태워 증기 기관에 동력을 공급하면서 새로 성장한 산업 도시는 오염되었다.

바퀴의 위력
회전 운동을 하는 바퀴가 광부들과 석탄 수레를 실은 큰 바구니를 갱도를 통해 위아래로 실어 날랐다.

증기 기관
1712년 토머스 뉴커먼이 불어난 물을 탄광 밖으로 퍼내기 위해 증기 기관을 설계했다. 1765년 제임스 와트는 뉴커먼 엔진의 덜컹거리는 상하 운동을 부드럽고 효율적인 회전 운동으로 변환했다(위 사진). 와트가 한층 발전시킨 증기 기관이 공장 기계를 가동하며 사용량이 빠르게 늘어났다.

목재 수레
철제 바퀴가 달린 얕은 목재 수레에 석탄을 실었다.

상승 갱도
석탄을 갱도를 통해 지표면으로 끌어올렸다.

용광로
광산을 환기시키고 독가스를 없애는 역할을 했다.

갱목
목재 갱목으로 광산이 무너지는 것을 막았다.

하강 갱도
노동자들을 '코르프'라는 큰 바구니에 태워서 아래로 내려 보냈다.

말
말과 석탄 운반용 조랑말은 땅 위에서 작은 목재 수레를 끌 때 사용했다.

아동 노동
가난한 가정은 아이들을 학교에 보낼 형편이 못 되었다. 그래서 다섯 살밖에 안 된 아이들이 광산과 공장에서 일해야 했다. 아이들은 손가락이 작아서 소소한 일들을 잘 해낼 수 있었고, 좁은 공간으로 몸을 쑤셔 넣을 수도 있었다. 그러나 사고가 잦았다. 끔찍한 부상을 당하기도 했고, 심지어는 일하다 목숨을 잃기도 했다.

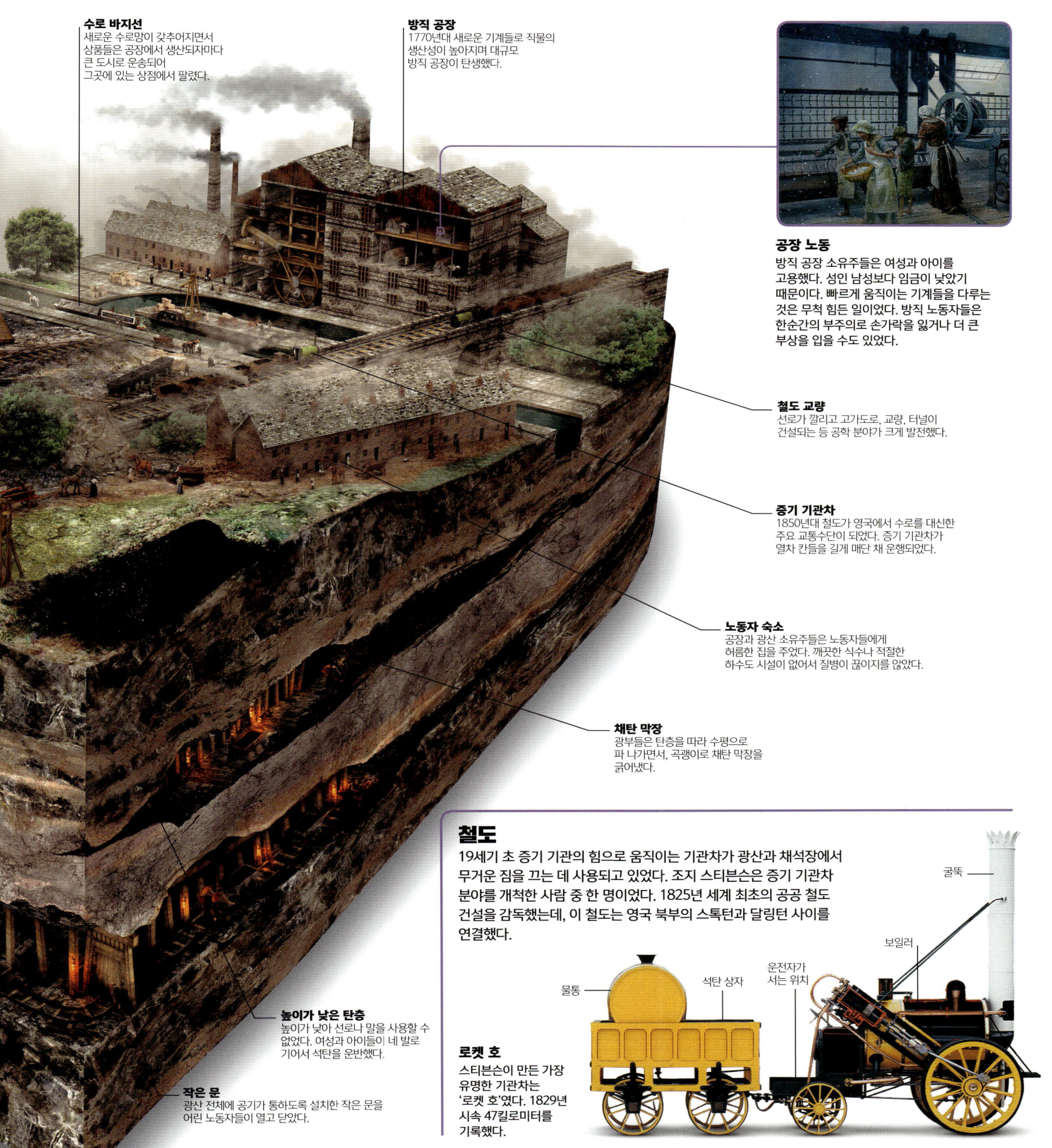

미국의 독립

18세기 말 북아메리카 동해안의 식민지인들이 영국 지배에서 벗어나기 위해 새로운 독립 국가를 건설하기 시작했다.

북아메리카 식민지인들은 멀리 대서양 건너에 있는 영국 의회가 자신들의 동의 없이 세금을 부과하는 데 분노했다. 이들이 독립을 이루고자 일으킨 봉기가 전쟁으로 발전했다. 결국 영국은 이 전쟁에서 패하여 철수했고, 곧이어 새로운 국가인 미국이 탄생했다.

1764년
영국은 식민지로 들어오는 설탕에 세금을 부과했다.

1765년
영국 의회에서 인지 조례가 통과되어 식민지인들이 사용하는 모든 법률 문서, 서적, 신문에 세금이 부과되었다.

1770년
매사추세츠 주 보스턴에서 영국 병사들이 시위대에 발포하여 식민지인 다섯 명의 목숨을 앗아 갔다.

1773년
식민지인들이 영국에서 수입되는 차에 대한 세금 우대 정책에 항의하여 배에 실려 있는 차를 보스턴 항 앞바다에 내던졌는데, 이것이 '보스턴 차 사건'이다.

1775년
식민지군이 매사추세츠의 렉싱턴 콩코드 전투에서 영국군에 승리함으로써 미국 독립 전쟁이 시작되었다.

1776년
7월 4일 13개 식민지 의회 대표들이 독립 선언을 채택하고, 여기에 영국의 통치를 끝내야 하는 이유를 분명히 밝혔다.

1778년
프랑스는 미국을 지지하며 영국에 선전포고를 했다. 곧이어 스페인이 영국에 대항하는 동맹에 가입했다.

1781년
영국이 버지니아 주 요크타운에서 항복하며 독립 전쟁이 끝났다.

1783년
영국은 파리 조약에 서명하여 미국의 독립을 승인했다.

독립 선언
훗날 미국 3대 대통령이 되는 법률가 토머스 제퍼슨이 독립 선언문의 대부분을 작성했다. 그림은 1776년 6월 제퍼슨이 의회에 그 초안을 제출하는 모습이다.

강제 이주

1830년 인디언 이주법이 제정되며 체로키족을 비롯해 아메리카 원주민을 남동부에 있는 그들의 터전에서 멀리 미시시피 강 서쪽으로 강제 이주시켰다.

눈물의 길
서쪽으로 가는 여정은 너무나도 끔찍해서 체로키족은 '눈물의 길'이라 불렀다. 체로키족 수천 명이 병에 걸리거나 굶어 죽었다.

캘리포니아 골드러시

1848년 서해안의 사람이 살지 않는 외딴 지역 캘리포니아에서 금이 발견되었다는 소문이 퍼졌다. 이후 5년 사이에 세계 곳곳에서 25만여 명이 금을 찾아 몰려들었다.

캘리포니아로 오라!
캘리포니아 금밭에서 행운을 찾으라는 포스터와 광고로 사람들을 불러 모았다.

토지 우대

1862년 미국 정부는 서부로 영토를 원활히 넓히기 위해 최소 5년 이상 거주한 미국인들에게 그 땅을 무료로 나누어 주었다.

새로운 삶
일부 해방된 노예들에게는 일정한 땅을 제공받는 것이 새로운 삶을 맞이할 수 있는 몇 안 되는 방법이었다.

마차 행렬
안전을 위해 길게 늘어서거나 마차 30여 대가 무리지어 함께 이동했다. 마차 수가 많게는 200대에 이르렀다.

길을 떠난 가족들
가족 모두가 여정에 올랐다. 아이들, 병자와 노인들도 마차에 올랐다.

목재 바퀴
바퀴는 나무로 만들고 마모되지 않도록 테두리에 얇은 철을 붙였다. 당시에 남긴 바퀴 자국이 오늘날까지도 지나 온 길을 따라 뚜렷이 보인다.

쇠축
마차가 거친 지형에서도 심하게 흔들리는 것을 버틸 수 있게 철로 만들었다.

국경을 넓히다

1780~1850년 동부 해안에 있는 기존 13개 식민지에서 대륙을 가로질러 프런티어(개척지와 미개척지와의 경계선)가 서쪽으로 확장되었다. 미국은 땅을 사거나 조약을 맺거나 전쟁 등 다양한 방식으로 영토를 얻어 냈다. 1803년 프랑스로부터 중서부의 드넓은 땅을 사들였는데, 이를 '루이지애나 매입'이라고 한다. 스페인, 영국, 멕시코로부터도 새로운 영토를 획득했다.

1843년 오리건으로 가는 최초의 대규모 마차 행렬에는 마차 100대와 정착민 1,000명이 넘게 속해 있었다.

약 8만 1848년 캘리포니아로 금을 찾아 떠난 사람의 수.

1800~1900년 미국 인구가 약 500만 명에서 약 7,600만 명으로 증가했다.

미국의 팽창

1783년 독립한 미국은 동해안에 있는 기존 13개 식민지에서 서쪽과 남쪽으로 개척지를 넓혀 가기 시작했다. 막 독립한 이 '젊은 나라'는 70년 만에 북아메리카의 넓은 지역을 차지했다.

많은 미국인들은 새로운 땅에 정착해서 밀농사를 짓고 목장을 운영하는 것을 주어진 운명으로 여겼다. 1848년 캘리포니아에서 금이 발견되면서 서부로 개척지를 넓혀 나갔고, 전 세계에서 수천 명의 이민자가 몰려들었다. 이 과정에서 아메리카 원주민들과 무력 충돌이 일어나, 그들을 예전부터 살던 땅에서 내쫓고 보호 구역에 강제로 밀어 넣었다.

음식과 물품 긴 여정에 대비해 집에서 가져온 음식뿐 아니라 총과 공구 그리고 몇 가지 귀중품으로 마차를 꽉 채웠다.

대형 포장마차 '프레리 스쿠너'라 불렀는데, 모양이 돛을 활짝 펴고 항해하는 배(스쿠너)를 닮았기 때문이다.

캔버스 덮개 방수 처리된 캔버스 덮개를 고리 모양의 목재 틀로 받쳤다. 날씨가 안 좋을 때는 양쪽 끝을 바짝 당겨 빈틈없이 밀폐시켰다.

딱딱한 나무로 된 제동 장치

물통 마차 옆에 고정된 물통에는 이틀 넘게 버틸 수 있을 만큼의 물이 담겨 있었다.

앞바퀴 마차를 몰기 쉽도록 앞바퀴를 뒷바퀴보다 작게 만들었다.

오리건 가도

수많은 가족들이 자유로운 땅과 더 나은 삶에 대한 기대감에 부풀어 전 재산을 팔고 새로운 기회를 찾아 '오리건 컨트리'(오늘날 오리건 주)로 향했다. 포장마차를 타고 미주리에서 오리건까지 3,200킬로미터를 달리는 위험하고도 긴 여정이었다.

도보 여행 마차 무게를 줄이려고 성인 남성과 여성은 대부분 걸어서 이동했다.

황소 말보다 싸면서도 힘이 세고 부리기 쉬웠기 때문에 마차를 끌게 하는 경우가 많았다.

오스트레일리아와 태평양의 식민화

17~19세기 유럽 탐험가와 지도 제작자 그리고 상인들은 새로운 무역의 기회를 찾아 항해했다. 그 과정에서 새로운 항구를 건설했다.

유럽인들은 오늘날 오스트레일리아, 뉴질랜드, 태평양의 많은 섬들을 탐험하고 항해용 지도를 제작했고, 이 지역을 식민지로 삼기 시작했다. 초기에는 원주민과 접촉해 땅을 달라고 요구했다. 유럽인의 질병이 원주민들에게 퍼졌고, 토지 소유권과 그 지역에 살던 부족들의 권리를 놓고 격렬한 충돌이 일어났다.

유럽 탐험가들

1606년 네덜란드 탐험가 빌렘 얀스존이 유럽인 최초로 선원들과 함께 오스트레일리아에 상륙했다. 곧 스페인과 포르투갈 탐험가들이 뒤를 이었다. 또 다른 네덜란드 탐험가 아벌 타스만은 태즈메이니아라는 섬을 항해하고 지도를 그렸다. 1세기 뒤 영국 탐험가이자 지도 제작자인 제임스 쿡 선장이 오스트레일리아와 뉴질랜드 동부 해안을 항해했으며, 이후 탐험에서는 하와이 해안 그리고 태평양과 남극 지역의 항해용 지도를 만들었다.

오스트레일리아

18세기 말 영국이 해안 지역에 식민지를 건설하기 전까지만 해도, 오스트레일리아에는 5만 년 넘게 원주민이 살고 있었다. 원주민들은 처음에는 그들을 환영했지만, 빼앗기는 땅이 점점 늘어나자 충돌이 일어났다. 그 과정에서 원주민 수만 명이 목숨을 잃었다. 영국 정착민들은 19세기 초까지 해안을 따라 퍼져 나갔고, 1827년 영국은 오스트레일리아 전체를 차지했음을 선언했다.

낯선 동물들

오스트레일리아의 수많은 동물들, 특히 캥거루와 왈라비 같은 유대류는 유럽인들에게는 알려져 있지 않았다. 탐험가들은 이들을 고양이, 원숭이, 미어캣, 뱀, 쥐, 다람쥐를 합성하여 묘사했다. 최초의 탐험가들 중에는 무슨 맛일지 궁금해서 이 지역 야생동물들을 사냥하는 이들도 있었다.

죄수들이 일군 식민지

초기에 원치 않게 오스트레일리아로 보내진 사람들 대부분은 유죄 판결을 받은 죄수였다. 이곳에 도착한 죄수들은 땅을 경작하고 도로와 정착촌을 건설하는 등 앞으로 정착할 사람들을 위한 새로운 식민지를 마련했다. 죄수들은 농업과 목축에서 제화업과 재단에 이르기까지 다양한 분야에서 전문가가 되었다. 이곳에서 형기를 마치면 '자유 증명서'를 받아 결혼도 하고 토지도 사고팔 수 있었다.

시드니 정착촌, 1788년

1788년 잭슨 항에 건설된 최초의 식민지는 영국 내무장관 시드니 경의 이름을 따서 '시드니'라고 했다.

캥거루

영국 화가 조지 스터브스가 1772년 그린 캥거루 그림으로, 이 그림 덕분에 영국에 캥거루가 소개되었다. 그는 탐험가들이 스케치해 온 것을 보고 캥거루를 그렸다.

골드러시

1851년 뉴사우스웨일스(오스트레일리아 남동부)에서 금이 발견되어 골드러시가 일어났다. 영국, 유럽, 미국, 중국에서 도착한 선박에는 금을 캐서 부자가 되는 꿈에 부푼 승객들이 타고 있었다. 그로부터 10년 뒤에 이웃 빅토리아 주와 퀸즐랜드 주에서도 금이 발견되며 그곳의 식민지 개척민 수가 45만 명에서 100만 명 이상으로 두 배 넘게 늘어났다.

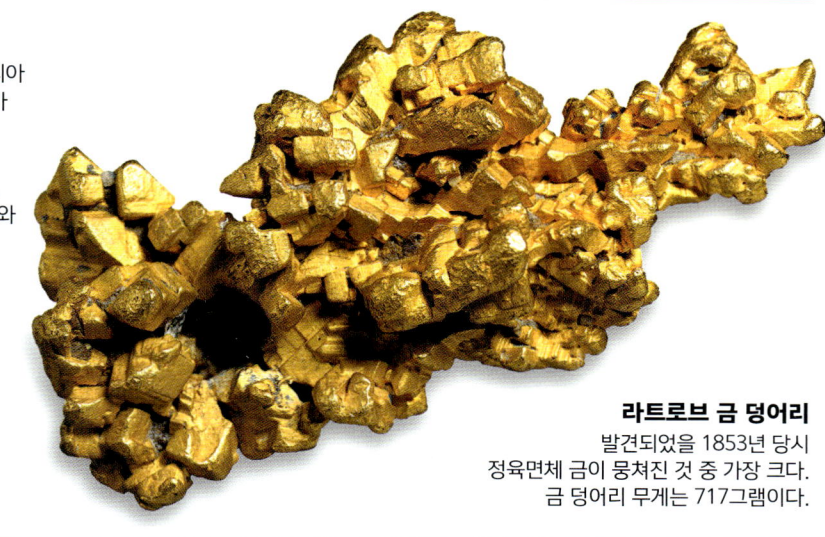

라트로브 금 덩어리

발견되었을 1853년 당시 정육면체 금이 뭉쳐진 것 중 가장 크다. 금 덩어리 무게는 717그램이다.

1803 영국 항해사 매슈 플린더스가 유럽인 최초로 선원들과 함께 오스트레일리아 연안을 일주한 해.

약 16만 1788~1850년 오스트레일리아로 보내진 범죄자의 수.

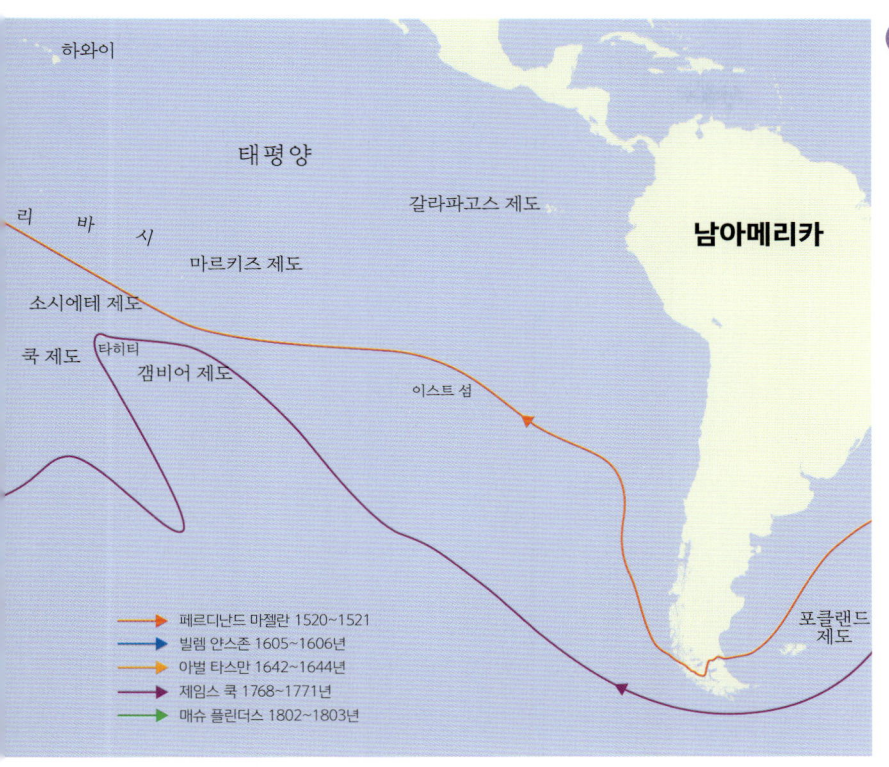

원주민에 미친 영향

영국을 비롯해, 오스트레일리아와 뉴질랜드로 이주한 유럽인들의 수가 19세기 초부터 매우 빠르게 늘어나자 원주민의 수가 줄어들었다. 의도치 않게 인플루엔자, 천연두, 홍역 같은 질병이 퍼지며 수많은 원주민을 죽음으로 몰아넣었다. 또한 유럽인들이 땅을 요구하는 과정에서 무력 충돌이 벌어지며 원주민 인구는 더욱 줄어들었다.

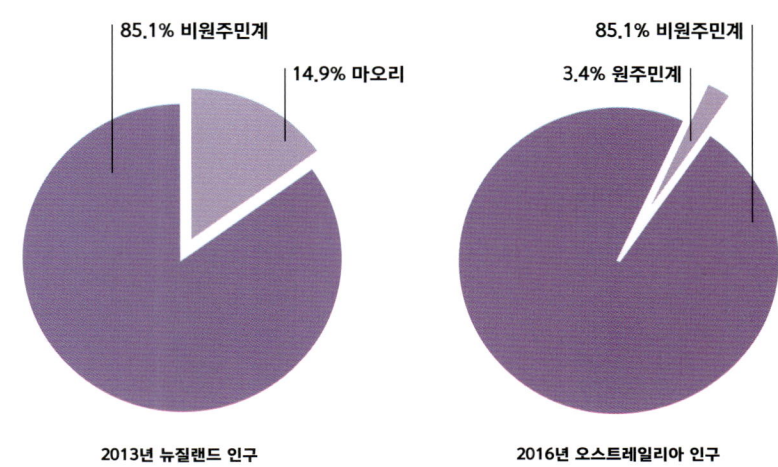

2013년 뉴질랜드 인구 / 2016년 오스트레일리아 인구

뉴질랜드와 태평양의 섬들

폴리네시아 원주민들은 3,000년 넘게 태평양 섬 곳곳에서 살고 있었고, 마오리족은 유럽 탐험가들이 오기 전인 13세기부터 뉴질랜드에 살고 있었다. 탐험가인 타스만과 쿡이 뉴질랜드에 도착한 뒤, 유럽에서 포경꾼과 선교사, 상인들도 이곳에 왔다. 영국 식민지 개척민들은 1840년 마오리족들과 합의하고 이 섬들에 정착했다. 그 뒤 50년 동안 영국, 프랑스, 독일, 미국은 태평양의 다른 섬들에 대해 점유권을 주장했다.

선교사들

태평양 섬 지역 전체에 걸쳐 식민지 정착민과 지역 부족 사이에서 중요한 역할을 했으며, 교육과 의료를 공급하기도 했다. 선교사들은 뉴질랜드에서 마오리족에게 글을 가르치고 마오리어를 문자로 기록할 수 있도록 도와주었다.

기독교가 하와이에 상륙하다
1820년대 미국에서 선교사가 도착하며 하와이 사람들이 기독교로 개종하기 시작했다.

포경

18세기 후반 유럽 포경꾼들이 뉴질랜드 바다를 지나 온 수많은 고래 종을 사냥하여 그 고기와 기름을 팔았다. 이 지역 전체에 포경의 거점들이 들어섰다.

마오리족과 유럽인들
유럽인들은 17세기 중엽 뉴질랜드에 처음 도착했다. 이후 200년 동안 마오리족 원주민들은 유럽 정착민들과 맞서 싸웠다. 때로는 토마토, 무화과, 아마를 유럽인들의 총과 거래하며 무역도 했지만 말이다.

와이탕이 조약
1840년 2월 6일 영국 지도자들과 마오리 추장들이 와이탕이 조약에 서명했다. 그 결과 영국은 뉴질랜드를 살 권리를 얻었다.

남태평양의 포경
포경선은 선원이 많이 필요했기 때문에 마우리족을 많이 고용했다.

혁명의 시대 ○ 프랑스 혁명

단두대는 다른 이름으로 '국가 면도칼'이라 불렸다.

루이 16세
1791년 루이 16세와 마리 앙투아네트가 프랑스를 탈출하려다가 붙잡혔다. 파리로 끌려와 감옥에 갇힌 국왕은 1793년 반역죄로 단두대에서 처형되었다.

단두대(기요틴)
1792년 프랑스에 도입된 단두대는 죄인을 처형할 때, 될 수 있으면 고통 없이 죽을 수 있게 설계되었다. 단두대의 이름은 이 장치의 사용을 제안한 의사 '조제프이냐스 기요탱'의 이름을 따서 지어졌다. 이전의 사형 집행 도구는 이보다 훨씬 잔인하고 끔찍했다.

단두대 칼날
날카롭고 무거운 강철 칼날이 목 위로 떨어져 머리를 잘라 냈다.

바구니
칼날에 떨어진 목이 여기에 담겼다.

사형 집행인

사륜마차
국왕은 처형장까지 사륜마차를 타고 왔다. 다른 죄수였다면 수레에 태워 데려왔을 것이다.

프랑스 삼색기

나무로 된 처형대

도시 광장
단두대는 도시 광장에 설치되었다. 파리에 있는 현재 콩코르드 광장이라고 부르는 '혁명 광장'이 수많은 사형 집행이 이루어진 현장이었다.

프랑스 여성들은 혁명에 적극적으로 참여했으며 거리에서 수많은 시위를 이끌었다.

프랑스 혁명가들은 '자유, 평등, 박애'를 구호로 내걸었다.

프랑스 삼색기가 프랑스 혁명 시기에 처음 사용되었다.

프랑스 혁명

1789년 여름 파리에서 시위가 벌어지며 프랑스 혁명이 시작되었다. 3년 뒤 프랑스 국왕 루이 16세가 처형되었다.

18세기 프랑스는 다른 유럽 국가들처럼 절대 왕정 국가였다. 온갖 특권을 누리는 소수의 귀족이 왕의 통치를 뒷받침했으며, 왕은 절대적인 권력을 행사했다. 흉년이 들고 식품 가격이 크게 오르며 프랑스 전체, 특히 파리에서 수천 명이 배고픔에 시달렸다. 국왕 루이 16세와 왕비 마리 앙투아네트에 대한 분노와 적개심이 혁명으로 타올라 프랑스와 유럽을 영원히 바꾸어 놓았다.

> "왕이 죽어야 나라가 살 수 있다."
> 막시밀리앵 로베스피에르, 1792년.

왕의 최후

1793년 1월 21일 루이 16세의 처형 장면을 보려고 2만 명에 이르는 인파가 몰려들었다. 9개월 뒤에는 왕비 마리 앙투아네트도 처형되었다. 이 시기는 공포 정치가 실시되며 많은 사람들이 혁명의 적으로 몰려 처형되었다. 1만 8,000~4만 명이 죽은 것으로 추정된다.

바스티유 습격

1789년 7월 14일 600여 명이 파리의 중세 요새 바스티유를 습격했다. 당시 감옥으로 사용되고 있었던 바스티유는 왕실의 권위를 상징했다. 봉기를 일으킨 자들이 수감자 7명을 탈옥시키고 무기와 화약을 빼내 오며 혁명이 시작되었다. 프랑스는 지금도 바스티유 감옥을 습격한 7월 14일을 국경일로 기념하고 있다.

로베스피에르

프랑스의 법률가 막시밀리앵 로베스피에르는 빈민들의 투사이자 인권의 지지자로 전면에 나섰다. 그러나 공포 정치를 펼치며, 자기 뜻에 반하는 동료 혁명가를 적으로 여기고 처형했다. 결국 로베스피에르 자신도 1794년 단두대에서 처형되었다.

인권 선언

1789년에 나온 '인간과 시민의 권리 선언'은 새로운 혁명 정부의 목표를 세운 중요한 문서였다. 모든 남성이 법 앞에 평등한 권리를 지닌다는 내용이 드러나 있다. 다만 여성의 권리에 대해서는 어떠한 언급도 없다.

붉은 보닛
혁명의 상징으로 삼색 배지를 단 붉은 모자를 머리에 썼다.

상퀼로트
파리 혁명가들은 헐렁한 바지를 입었기 때문에 '상퀼로트(퀼로트를 입지 않은 사람)'라 불렸다. 당시에는 부유층 남성들만 비단 반바지를 입었다.

국민위병
프랑스 혁명 이후 법과 질서를 유지하기 위해 조직된 시민 군대였다.

트리코퇴즈

파리의 시장 여성들도 왕과 왕비에 대항하는 봉기에서 적극적인 역할을 했다. 그림은 공포 정치가 이루어지던 시기에 사형 장면을 지켜보고 있는 것으로 보인다. 여성들은 처형될 사람에게 야유를 퍼부을 시간을 기다리면서 혁명가들을 위한 붉은 보닛을 뜨개질했기 때문에, '트리코퇴즈(뜨개질 하는 여성들)'라 불렸다.

나폴레옹 전쟁

뛰어난 군인이었던 나폴레옹 보나파르트는 프랑스 황제가 되었다. 1803~1815년 프랑스를 나폴레옹 전쟁으로 이끌었고, 그 결과 프랑스의 영향력이 유럽 전체로 퍼져나갔다.

나폴레옹 전쟁은 1792~1802년 프랑스 혁명 전쟁과 이어져 있었다. 유럽에 혁명을 전파하기를 바라는 새로운 프랑스 공화국과, 혁명이 끝나고 왕정이 복구되기를 바라는 (영국, 오스트리아, 러시아, 프로이센 등) 주요 군주국 사이의 충돌이었다. 1802년 영국과 프랑스는 전쟁을 끝내려고 조약을 체결했지만 평화를 유지하는 데 실패했고, 1803년 나폴레옹 전쟁이 시작되었다. 당시 프랑스의 유일한 통치자였던 나폴레옹은 프랑스군을 이끌고 연전연승하며 유럽의 많은 지역을 정복했다.

나폴레옹 치하의 유럽

나폴레옹은 유럽 지도를 바꾸어 놓았다. '저지대 국가'(오늘날 네덜란드와 벨기에)와 이탈리아 일부 지역을 프랑스 제국 영토로 삼고, 서유럽과 중부 유럽의 상당 부분을 다스렸던 신성 로마 제국을 해체시켰으며, 자신의 형제와 장군들을 유럽 각지의 왕으로 삼았다. 1812년 당시 영국, 포르투갈, 러시아, 스웨덴만이 나폴레옹의 지배 범위 밖에 있었다.

아우스터리츠 전투

1805년 12월 2일 나폴레옹 군대는 오늘날 체코 공화국에서 오스트리아와 러시아 군대를 무찔렀는데, 이는 나폴레옹의 위대한 승리 가운데 하나였다. 전투가 끝난 뒤 나폴레옹(오른쪽에서 회색 말을 타고 있는 사람)의 모습이다.

연표

나폴레옹
1769년 지중해 코르시카 섬에서 태어나 열 살부터 프랑스에서 군사 교육을 받았다. 프랑스 통치자가 되자, 다양한 배경이 있는 사람들 중에서 재능 있고 충성스러운 관료들을 선발하여 장군으로 임명했다. 뛰어난 전략가였기에 수많은 전쟁에서 승리할 수 있었다.

1795-1802년 권좌에 오르다
나폴레옹은 프랑스 혁명군의 포병 장교였던 시절 파리에서 일어난 반란을 진압했으며, 이탈리아에서 군대를 지휘하게 되었다. 오스트리아를 상대로 승리하고 이집트에서도 성공을 거두면서 국가 영웅이 되었다. 이후 쿠데타를 일으켜 프랑스 혁명으로 세워진 정부를 무너뜨린 뒤 프랑스 통치자인 통령이 되었다.

1804년 프랑스 황제
12월 2일 나폴레옹은 파리 노트르담 대성당에서 프랑스 황제의 자리에 오르고, 아내 조제핀을 황후 자리에 앉혔다. 같은 해 그가 제정한 나폴레옹 법전은 프랑스 혁명의 원리에 기초한 것이었다.

1805년 트라팔가르 해전
영국 넬슨 제독이 지휘하는 영국 함대가 이 해전에서 프랑스 해군을 격파했다. 넬슨은 영국이 승리하기 바로 직전에 전사했다.

1806년 유럽의 지배자
아우스터리츠 전투에서 오스트리아와 러시아를 격파한 나폴레옹은 최고 통치자가 되었다. 독일의 많은 지역을 점령하고 프란츠 2세에게 퇴위하라고 설득하여 1,000년간 이어 온 신성 로마 제국을 해체시켰다.

400만 나폴레옹의 원정에 참전하기 위해 입대한 병사들의 대략적인 수.

아우스터리츠 전투는 나폴레옹, 러시아의 알렉산드르 1세, 오스트리아의 프란츠 2세가 함께 모습을 드러냈기 때문에 '세 황제의 전투'라고도 불린다.

1812년

살라망카 전투

영국 웰링턴 공작이 영국, 포르투갈, 스페인 군대를 이끌고 나폴레옹 군대에 승리를 거둔 전투로, 스페인이 나폴레옹 군대에 맞서 일으킨 반도 전쟁(1808~1814년)의 전환점이 되었다.

1812년

러시아에서 겪은 대참사

나폴레옹은 러시아를 침입했다. 보로디노에서 겨우 승리한 뒤 모스크바로 진군했지만 그 도시는 텅 비어 있었다. 러시아에서 추위가 시작되자 군사 대부분을 잃고 철수해야 했다.

1813년

라이프치히 전투

러시아에서 굴욕적으로 퇴각한 나폴레옹은 1813년 10월 16~19일 라이프치히 전투에서 한 차례 더 패하고 말았다. 18만 5,000명에 이르는 그의 대군은 러시아, 프로이센, 오스트리아, 스웨덴에서 온 30만이 넘는 군대를 당해 내지 못했다. 1차 세계 대전 이전 유럽에서 일어난 전투 가운데 가장 규모가 큰 육지 전투였다.

1814년

퇴위와 망명

나폴레옹이 항복하지 않자 그에 맞선 동맹군이 프랑스까지 쫓아왔다. 동맹군이 파리 가까이 오자 나폴레옹의 장군들 가운데 일부가 그를 설득해 퇴위하게 했다. 나폴레옹은 이탈리아의 엘바 섬으로 유배되었고, 프랑스 마지막 왕 루이 16세의 동생 루이 18세가 프랑스 국왕 자리에 올랐다. 승리한 동맹국들은 빈에 모여, 유럽을 프랑스 혁명 이전 상태로 되돌리는 문제를 논의했다.

1815년

워털루 전투

1815년 3월 엘바 섬을 탈출한 나폴레옹은 워털루에서 군대를 지휘했지만, 이 전투에서 패함으로써 나폴레옹 전쟁은 모두 끝이 났다. 그는 멀리 떨어진 세인트헬레나 섬으로 유배되어 1821년 그곳에서 죽었다.

라틴아메리카의 해방

아메리카에서 스페인과 포르투갈의 지배를 받았던 곳을 라틴아메리카라고 한다. 1810~1825년 라틴아메리카에서는 혁명이 일어나 마침내 유럽의 지배에서 벗어났다.

18세기 말 스페인인들이 크리올(아메리카에서 태어난 스페인 혈통)의 권력을 제한하는 새로운 법을 만들었다. 그러자 라틴아메리카인은 분노하면서 권리가 침해된 것으로 여겼다. 아메리카 대륙 남부에서는 아르헨티나 장군 호세 데 산마르틴이 아르헨티나, 칠레, 페루 남부를 스페인에게서 해방시키고자 원정을 이끌었다. 시몬 볼리바르는 독립운동의 정신적인 지주로, 베네수엘라를 비롯한 라틴아메리카 5개 나라를 스페인 지배에서 벗어나게 해 '해방자'로 불렸다. 한편 포르투갈의 돔 페드로 황태자는 1821년 국왕이었던 아버지가 브라질에서 포르투갈로 돌아가자 브라질의 독립을 선언했다.

1810년
멕시코에서 폭동이 일어나며 독립 전쟁이 시작되었다.

1811년
베네수엘라에서 공화국이 선포 되었지만 1년 만에 무너졌다.

1816년
아르헨티나가 스페인으로부터 독립을 선언했다.

1817-1818년
호세 데 산마르틴은 칠레를 해방시키기 위해 아르헨티나에서 안데스 산맥을 넘었다.

1819-1821년
누에바그라나드(오늘날 콜롬비아, 파나마, 베네수엘라, 에콰도르)를 해방시킨 시몬 볼리바르는 독립 국가 그란콜롬비아의 초대 대통령이 되었다.

1821년
스페인이 멕시코의 독립을 인정했다.

1822년
포르투갈의 황태자 돔 페드로가 독립을 선언하고 브라질 최초의 황제가 되었다.

1825년
남아메리카에서 스페인 최후의 전초 기지인 페루 북부가 해방되었다. 시몬 볼리바르를 기려 나라 이름을 볼리비아로 지었다.

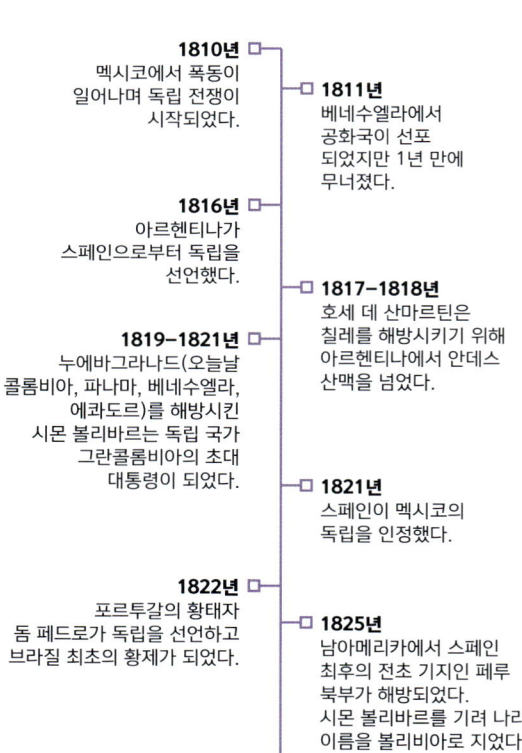

아야쿠초 전투
1824년 12월 페루 안데스 산맥에서 일어난 전투로 독립 전쟁 가운데 마지막 대전이었다. 6,000명의 군대가 규모가 훨씬 큰 스페인 군대를 물리치고 페루를 해방시켰다.

국민 국가의 발달

1803~1815년에 벌어진 나폴레옹 전쟁이 혁명 사상을 유럽에 널리 퍼뜨렸다. 한편, 나폴레옹 군대가 휩쓸고 지나간 유럽 곳곳에서는 민족주의가 타오르며 같은 언어나 문화를 공유하는 사람들이 하나 된 국가를 이루려는 통일 운동이 거세게 일어났다.

일부 지역에서는 지배 계급에 맞선 봉기가 일어났다. 혁명가들은 정부를 직접 선출하고 자신들의 미래를 스스로 결정할 수 있는 권리를 원했다.

39 1815년 결성된 독일 연방에 속한 주의 수.

아일랜드의 자치법
1801년 아일랜드가 영국의 일부가 되었다. 이후 아일랜드에서는 자치권을 요구하는 민족운동이 계속되었다.

벨기에의 독립
1830년 벨기에 국민들이 봉기를 일으켜 네덜란드 연합 왕국으로부터 독립했다. 1831년 레오폴 1세가 벨기에 첫 번째 왕이 되었다.

프랑스에서 일어난 혁명들
프랑스 국민들은 봉기를 일으켜 1830년 샤를 10세를 쫓아냈다. 1848년에는 그 뒤를 이은 루이 필리프 1세마저 몰아 냈다. 그는 프랑스 마지막 국왕이었다.

칼 마르크스의 《공산당 선언》은 노동자들에게 혁명을 고취시킨 책으로, 1848년 출간되었다.

1,089 1860년 이탈리아에서 가리발디 장군이 이끄는 군대에 자원한 사람 수.

혁명의 해

1848년 혁명의 파도가 유럽 전역을 휩쓸었지만 목표는 저마다 달랐다. 프랑스에서는 더 많은 자유를 바랐고, 독일에서는 통일과 민주적 통치를 원했다. 이탈리아와 헝가리 일부 지역은 오스트리아 제국에서 벗어나려고 싸웠다. 혁명으로 피비린내가 진동했지만, 변혁에 성공한 지역은 많지 않았다.

베를린 혁명
1848년 오늘날 독일 베를린에서 봉기가 일어났다. 거리로 나온 사람들을 해산시킨다며 군대가 파견돼 수백 명을 죽였다.

독일의 통일
프로이센과 오스트리아가 독일 연방을 놓고 싸웠다. 프로이센이 승리하며 1871년 국왕 빌헬름 1세가 통일된 독일의 첫 황제가 되었다.

빈 회의
1814~1815년 오스트리아 빈에서 회의가 열려, 나폴레옹 전쟁 이후 무너진 유럽 질서를 재건하기 위한 조약이 맺어졌다. 유럽의 옛 왕들은 빼앗긴 권력을 되찾았고, 독일 연방이 탄생했다.

이탈리아의 통일
분열돼 있던 이탈리아는 사르데냐 왕국의 왕인 비토리오 에마누엘레를 중심으로 북부가 통일되었다. 남부는 주세페 가리발디 장군이 장악했는데, 1860년 그는 사르데냐 왕국에 남부를 내어 주고 비토리오 에마누엘레를 통일된 이탈리아의 왕으로 삼았다.

유럽 변화의 세기

19세기는 변화의 시기였다. 오스만 제국으로부터 그리스, 세르비아, 불가리아가 독립했고, 이탈리아와 독일은 각각 통일되었다. 유럽 곳곳에서 사람들이 더 큰 정치적 권리를 요구하며 거리로 나섰다.

그리스 독립 전쟁
오스만 제국의 지배를 받던 그리스에서는 1821년 독립 전쟁이 시작되었다. 그리스인들은 영국, 프랑스, 러시아의 지원을 받아 1832년 마침내 독립했다.

146 혁명의 시대 ○ 의학의 발전

19세기 중엽, 마취제를 사용하기 전까지만 해도 환자들은 수술 내내 묶여 있어야 했다.

수술 극장

19세기에는 높은 좌석에 둘러싸인 중앙에서 수술이 공개적으로 이루어지기도 했는데, 그 모습이 마치 로마나 그리스의 극장 같아서 '수술 극장'이라는 말이 생겨났다.

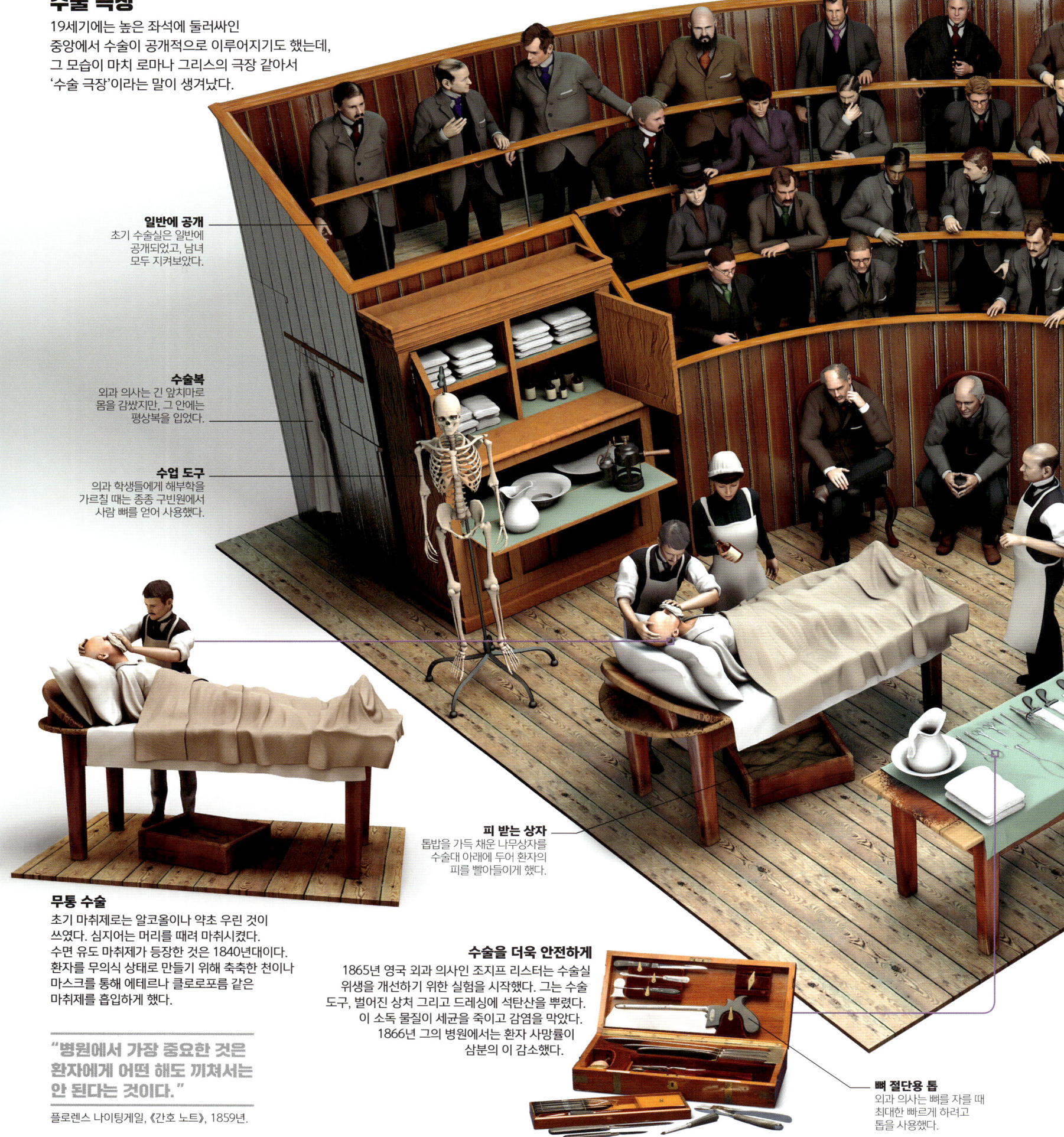

일반에 공개
초기 수술실은 일반에 공개되었고, 남녀 모두 지켜보았다.

수술복
외과 의사는 긴 앞치마로 몸을 감쌌지만, 그 안에는 평상복을 입었다.

수업 도구
의과 학생들에게 해부학을 가르칠 때는 종종 구빈원에서 사람 뼈를 얻어 사용했다.

피 받는 상자
톱밥을 가득 채운 나무상자를 수술대 아래에 두어 환자의 피를 빨아들이게 했다.

무통 수술
초기 마취제로는 알코올이나 약초 우린 것이 쓰였다. 심지어는 머리를 때려 마취시켰다. 수면 유도 마취제가 등장한 것은 1840년대이다. 환자를 무의식 상태로 만들기 위해 축축한 천이나 마스크를 통해 에테르나 클로로포름 같은 마취제를 흡입하게 했다.

수술을 더욱 안전하게
1865년 영국 외과 의사인 조지프 리스터는 수술실 위생을 개선하기 위한 실험을 시작했다. 그는 수술 도구, 벌어진 상처 그리고 드레싱에 석탄산을 뿌렸다. 이 소독 물질이 세균을 죽이고 감염을 막았다. 1866년 그의 병원에서는 환자 사망률이 삼분의 이 감소했다.

뼈 절단용 톱
외과 의사는 뼈를 자를 때 최대한 빠르게 하려고 톱을 사용했다.

> "병원에서 가장 중요한 것은 환자에게 어떤 해도 끼쳐서는 안 된다는 것이다."
> 플로렌스 나이팅게일, 《간호 노트》, 1859년.

19세기 중엽 프랑스 과학자 루이 파스퇴르는 박테리아가 질병을 일으킨다는 사실을 밝혀냈다.

1849 영국 출신 엘리자베스 블랙웰이 여성 최초로 미국에서 의사 자격을 취득한 해.

1860 플로렌스 나이팅게일이 최초의 간호 학교를 세운 해.

의대생들
수많은 의대생들이 자리를 가득 메웠는데, 거의 대부분이 남성이었다.

세면대
외과 의사들은 처음에는 손을 씻었지만, 1898년부터는 고무장갑을 꼈다.

외과 수술 도구들
톱을 비롯해서 여러 수술 도구들이 테이블에 놓여 있었다.

의학의 발전

17~18세기 과학자들이 의학 지식을 혁신적으로 늘렸지만 의학 분야가 획기적으로 변화한 것은 19세기 이후의 일이다.

19세기에 통증을 효과적으로 막을 수 있는 마취제가 개발되면서 환자들은 더 이상 참을 수 없는 고통을 겪지 않아도 되었고, 외과 의사들도 좀 더 복합적인 수술을 할 수 있게 되었다. 의사들은 세균이 질병을 퍼뜨리는 데 어떤 역할을 하는지 인지하기 시작했고 그 결과 수술실이 이전보다 훨씬 청결해졌다. 19세기 말 과학자들이 의료 기술을 개선하며 전 세계 감염률을 크게 낮추었다.

의학
5,000년 전 고대 이집트인들은 살 속을 파고드는 발톱부터 악어에 물린 상처까지 모든 질병을 약초로 치료했다. 그러나 고대 그리스 의사 히포크라테스(기원전 460~370년)가 질병은 신이 내린 것이라는 통설을 최초로 깨뜨렸다. 그 후 의사들은 질병을 일으키는 원인을 계속 연구했다.

이슬람 의학 (1025년경)
'아비센나'로도 알려진 페르시아 의사 이븐 시나는 《의학 전범》을 편찬했다. 이 책은 다섯 권짜리 백과사전으로, 당시까지 알려진 의학 지식을 모두 담았고 질병을 알아내서 치료하는 방법을 서술했다. 유럽에도 보급되어 의학교 교재로 사용되었다.

해부학 연구 (1543년)
플랑드르의 해부학자 안드레아스 베살리우스는 인체를 연구하기 위해 처형된 죄수의 몸을 해부했다. 삽화를 곁들인 《인체 해부학 대계》라는 책을 써서 연구 결과를 세상에 알렸다.

혈액 순환 (1628년)
영국 의사 윌리엄 하비는 혈액이 동맥을 통해 몸 전체를 돌다가 정맥을 통해 되돌아온다는 사실을 입증했다. 그전까지만 해도 의사들은 혈액은 간에서 생성된다는 고대 그리스의 외과 의사 갈레노스의 말을 믿어 왔다.

백신 접종 (1796년)
영국 의사 에드워드 제너가 천연두 백신을 개발했다. 그는 면역력을 높이기 위해 (비슷하지만 가벼운 질병인) 우두의 샘플을 한 소년에게 주입했다.

엑스레이 (1895년)
독일 물리학자 빌헬름 콘라트 뢴트겐은 살은 통과하지만 뼈는 통과하지 못함으로써, 사진 건판에 뼈의 이미지를 남기는 에너지 파동을 발견하고 '엑스레이'라 이름 지었다. 이후 의사들은 몸속을 들여다볼 수 있게 되었다.

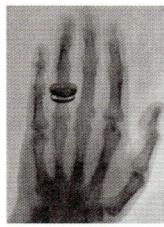

페니실린 (1928년)
스코틀랜드 세균학자 알렉산더 플레밍은 세균을 죽일 수 있는 물질을 곰팡이로부터 우연히 발견했다. 이 물질을 '페니실린'이라고 불렀다. 만들어서 사용할 수 있는 최초의 효과적인 항생제였다.

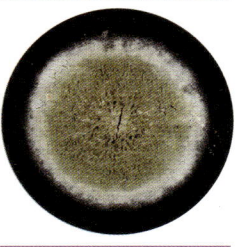

심장 이식 (1967년)
외과 의사 크리스천 버나드는 남아프리카에서 세계 최초로 사람의 심장을 이식했다. 비록 이식받은 사람이 18일 만에 폐렴으로 죽긴 했지만, 그가 죽을 때까지 이식된 심장이 뛴 것이 확인되었다. 심장 이식 분야에 새로운 시대가 열린 것이다.

147

미국 남북 전쟁

1861~1865년 미국은 남부와 북부로 갈라져 내전을 치렀다. 남북은 노예 제도와 각 주의 권리를 놓고 싸웠다.

당시 미국 북부는 산업이 발달했고 남부는 목화나 담배 재배 등 농업이 발달하였다. 남부 주에서는 대농장을 경영하기 위해 아프리카계 미국인 노예가 필요했던 반면 북부 산업 도시들은 노예가 거의 필요하지 않았다. 그래서 1850년대 북부에서는 노예 제도 폐지를 지지하는 사람이 늘어났다. 노예 제도 폐지를 앞장서서 지지한 에이브러햄 링컨이 1860년 대통령 선거에서 당선되자 미국 안에서 충돌이 일어났다.

북부 연방과 남부 맹방

노예 제도 폐지를 지지하는 링컨이 대통령에 당선되자 1861년 2월 미국 남부의 7개 주(사우스캐롤라이나, 미시시피, 플로리다, 앨라배마, 조지아, 루이지애나, 텍사스)가 미국의 연방을 탈퇴하고 '남부 맹방'이라는 정부를 따로 구성하기로 합의했다. 이로써 4월 12일 사우스캐롤라이나에서 첫 총성이 울리며 남북 전쟁이 시작되었고 이후 3개월 사이에 버지니아, 아칸소, 노스캐롤라이나, 테네시도 남부 맹방에 합류했다. 노예가 있던 '경계 주'들을 비롯한 23개 주는 북부 연합에 남았다.

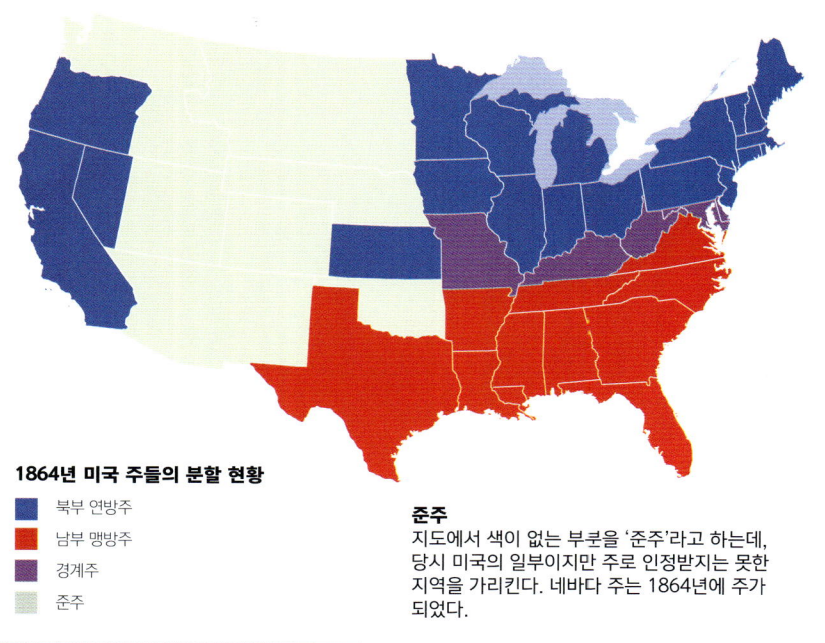

1864년 미국 주들의 분할 현황
- 북부 연방주
- 남부 맹방주
- 경계주
- 준주

준주
지도에서 색이 없는 부분을 '준주'라고 하는데, 당시 미국의 일부이지만 주로 인정받지는 못한 지역을 가리킨다. 네바다 주는 1864년에 주가 되었다.

새로운 기술

남북 전쟁에는 19세기에 발전한 현대 기술이 사용되었다. 전쟁이 워낙 광범위한 지역에서 일어났기 때문에, 군대와 보급품을 전쟁터로 실어 나르는 데 철도가 매우 중요한 역할을 했다. 장군들은 전신으로 연락을 주고받았다.

무기

스펜서 라이플 같은 고속 연발 소총이 남북 전쟁에서 처음 사용되었다. 널리 사용된 '나폴레옹' 야포는 사정거리가 1,600미터에 이르렀다. 근대식 초기 기관총 '개틀링 건'이 개발된 것도 이 시기였다.

개틀링 건

철갑 전함

철이나 강철을 두른 증기 전함을 '철갑선'이라고 하는데, 1862년 버지니아 주 제임스 강 하구에서 이러한 전함끼리 최초로 전투가 벌어졌다.

전쟁 사진

남북 전쟁 동안 처음으로 사진 촬영이 광범위하게 이루어졌다. 종군 기자 수십 명이 전쟁터를 누비며 죽거나 살아 있는 군인들의 냉혹한 이미지를 담은 사진을 전 세계에 보내서 전쟁의 충격적인 실상을 알렸다.

연표

분단된 국가

미국의 7개 주가 연방에서 탈퇴하여 맹방을 구성했을 때, 링컨 대통령은 이 새로운 정부를 인정하지 않고 연방으로 되돌아올 것을 요구했다. 그러나 맹방은 이를 거부했고 남부에 있는 연방의 요새들을 차지하려고 했다. 이후 4년간 이어질 피비린내 나는 전쟁의 무대가 마련된 셈이다.

1861년 4월 12일 — 섬터 요새가 공격을 받다

남군(남부 맹방군)이 피에르 보우리가드 장군의 지휘 아래, 사우스캐롤라이나 주에 있는 섬터 요새를 지키고 있던 북군(북부 연방군)을 공격했다. 이로써 남북 전쟁이 시작되었다.

섬터 요새 전투

1862년 9월 17일 — 앤티텀 전투

남북 전쟁에서 가장 피비린내 진동한 날은 앤티텀 전투 때였다. 병사 2만 3,000여 명이 죽거나 부상당했다. 북군은 가장 많은 사상자를 내는 등 엄청난 어려움을 겪었지만, 남군이 북부 연방의 메릴랜드로 진격하는 것을 가까스로 막아냈다.

1862년 12월 13일 — 남군의 승리

버지니아 주 프레더릭스버그 전투에서는 행운이 남부 맹방의 편이었다. 링컨이 지휘를 맡긴 번사이드 장군이 북군 12만여 명을 이끌고 남군의 8만 군대를 공격했다. 남북 전쟁 기간 동안 가장 많은 병력을 동원한 전투였다. 번사이드는 결정적인 패배를 당했고, 북군 장군들의 능력이 부족하다는 불만이 북부에서 쏟아져 나왔다. 반면 남군은 새로운 희망이 생겼다.

1863년 1월 1일 — 모든 노예는 해방되어야 한다

링컨 대통령은 노예 해방 선언을 발표하여 전쟁의 새로운 목표와 방향성을 드러냈다. 바로 연방주에서 모든 노예를 해방시키자는 선포였다. 물론 북군이 남군에게 최종 승리하기 전까지는 그런 일이 일어나지 않았지만, 그의 말은 결국 노예 수백만 명이 해방되도록 이끌었다.

62만 5,000 남북 전쟁에서 사망한 미국 병사의 수. **21억 달러** 남북 전쟁에 들어간 비용의 추정치.

게티즈버그 전투

1863년 7월 1~3일 펜실베이니아 주 작은 도시 게티즈버그에서 남북 전쟁 역사상 가장 유명한 전투가 3일 동안 벌어졌다. 남군은 승리를 자신하고 공격했지만 북군은 물러나지 않고 싸웠고, 결국 북군의 승리로 끝났다. 남북 전쟁 당시 가장 많은 사상자를 낸 이 전투가 끝나고 4개월 뒤에 링컨 대통령이 이곳을 방문하여 세계적으로도 유명한 '게티즈버그 연설'을 했다. 당시 그는 미국을 '모든 사람은 평등하게 창조되었다는 신념으로 세워진 나라'라고 말했다.

엄청난 피해
게티즈버그 전투에서 약 5만 1,000명으로 추산되는 병사들이 죽거나 부상당하거나 실종되었다.

미국의 재건

전쟁이 끝나고 1877년까지, 폐허가 된 남부 경제를 다시 일으키는 재건이 이루어졌다. 남부 맹방의 각 주들은 미국 연방에 다시 합류하기 전에 미국 헌법(국가 최고의 법) 개정에 동의해야 했다. 노예 제도를 폐지하고 아프리카계 미국인에게 시민권을 부여하며 모든 남성 시민에게 투표권을 주는 내용이었다.

1877년 재건이 끝나자마자 많은 주에서 아프리카계 미국인에게 주었던 새로운 권리를 폐기했다. 그래서 그들은 투표를 하고 학교에 가고 유급 일자리를 찾는 것이 어려워졌다.

1871년 버지니아 주 리치몬드에서 투표를 하고 있는 아프리카계 미국인들

1863년 3월 3일

아프리카계 미국인으로 이루어진 최초의 연대

흑인의 입대가 승인되며, 처음으로 아프리카계 미국인 병사로 이루어진 '매사추세츠 54 지원병 연대'가 창설되어 북군 편에서 싸웠다.

매사추세츠 54 지원병 연대의 헨리 스튜어드 병장

1863년 7월 4일

빅스버그 함락

북군은 미시시피 강에 있는 남군의 빅스버그 요새를 두 달간 포위한 끝에 함락시켰다. 이 전투는 북군이 게티즈버그에서 승리한 다음 날에 치러졌으며, 남북 전쟁의 큰 전환점이 되었다. 당시 남군은 미시시피 강을 통해 군사 물품을 전달받았는데, 북군은 이 강을 장악하여 보급로를 차단하고 루이지애나, 텍사스, 알칸소를 남부 맹방에서 분리시켰다.

1864년 11월 15일

바다로 진군하다

9월 북군의 윌리엄 셔먼 장군이 조지아 주 애틀랜타를 차지하여 남군을 큰 충격에 빠뜨렸다. 적의 영토 깊숙이 침입한 셔먼은 애틀랜타에서 서배너의 해안까지 진군하기로 결정했다. 그는 부하들에게 진군하면서 농장과 공장을 파괴하라고 명령했다. 그의 잔인한 '초토화' 작전으로 이곳 사람들이 큰 피해를 입었다.

1865년 4월 9일

로버트 리가 그랜트에게 항복하다

4월 3일 남부 맹방의 수도인 버지니아 주 리치몬드가 함락되었다. 버지니아 남군은 기진맥진했다. 추가 피해를 막기 위해, 남군의 로버트 리 장군이 북군의 율리시스 그랜트 장군에게 항복했다. 5월에 모든 남군이 전쟁을 멈추면서 남북 전쟁이 끝났다.

1865년 4월 14일

링컨 암살

워싱턴 D.C. 포드 극장에서 연극을 관람하던 링컨 대통령이 총에 맞아 다음날 사망했다. 그는 일리노이 주에 있는 고향 스프링필드에 묻혔는데, 시신을 이송하는 데 장례 열차로 14일이 걸렸다.

워싱턴 D. C.에 있는 링컨 대통령 기념비

카우보이는 소를 몰고 3개월 동안 이동하기도 했다.

목장 운영

19세기 그레이트플레인스에서 목장 경영이 유행하여 미국 서부의 중요한 농업 형태가 되었다. 유럽 정착민, 멕시코인, 해방된 아프리카계 미국 노예 등 여러 부류의 카우보이들이 목장을 관리했다. 그들은 소 수천 마리를 몰고 철도 마을로 갔다.

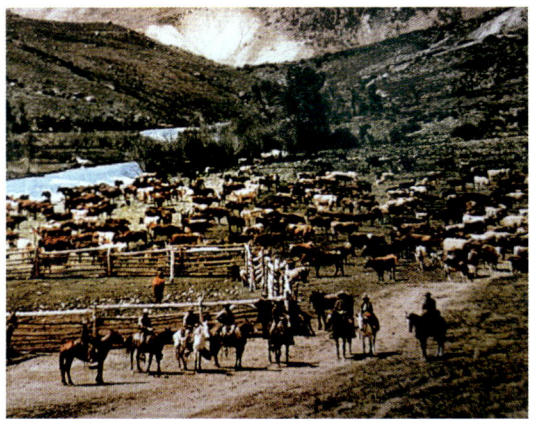

고된 노동
소몰이는 힘들고 지저분한 일이었다. 카우보이들은 하루에 15시간 가까이 일하곤 했다.

개척지의 도시들

단순한 목조 건물과 비포장도로로 이루어진 도시가 미국의 거친 서부 곳곳에 생겨났다. 땅값은 쌌지만 기본적인 식재료가 부족해서 생계를 꾸리기가 쉽지 않았다. 생겨났다 빠르게 쇠퇴한 도시들도 있었지만, 캔자스 주 도지시티 같은 곳은 번성했다.

BEATTY KELLEY
TONSORIAL

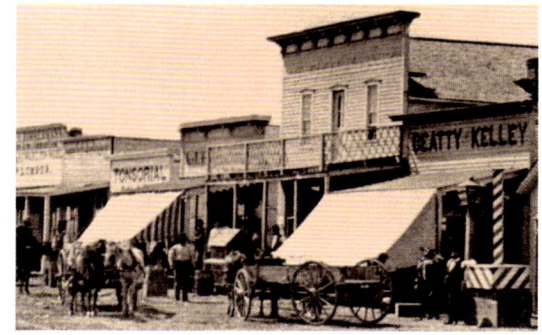

1878년 도지시티

법과 질서

미국 서부는 위험한 곳이었다. 도적들이 소를 훔치고 철도를 막고 도시를 약탈했다. 보안관들은 도적들을 막는 데 힘썼다. '지명 수배자' 전단을 붙여서, 악명 높은 범죄자들의 검거를 도와주는 이들에게는 보상금을 주기도 했다.

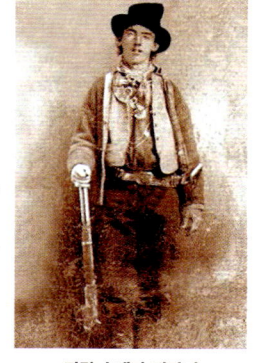

지명 수배자 전단지

수족의 야영지

수족은 아메리카 원주민 가운데 가장 큰 집단으로 북부 평원에 살았다. 그들은 이동하는 들소 떼를 따라 이곳저곳을 옮겨 다녔다. 수족이 식량으로 삼은 들소는 버릴 것이 없는 동물이었다. 들소 가죽으로 옷과 담요, 휴대용 원뿔형 천막의 덮개 등을, 들소 뼈와 뿔로는 도구와 장난감을 만들었다.

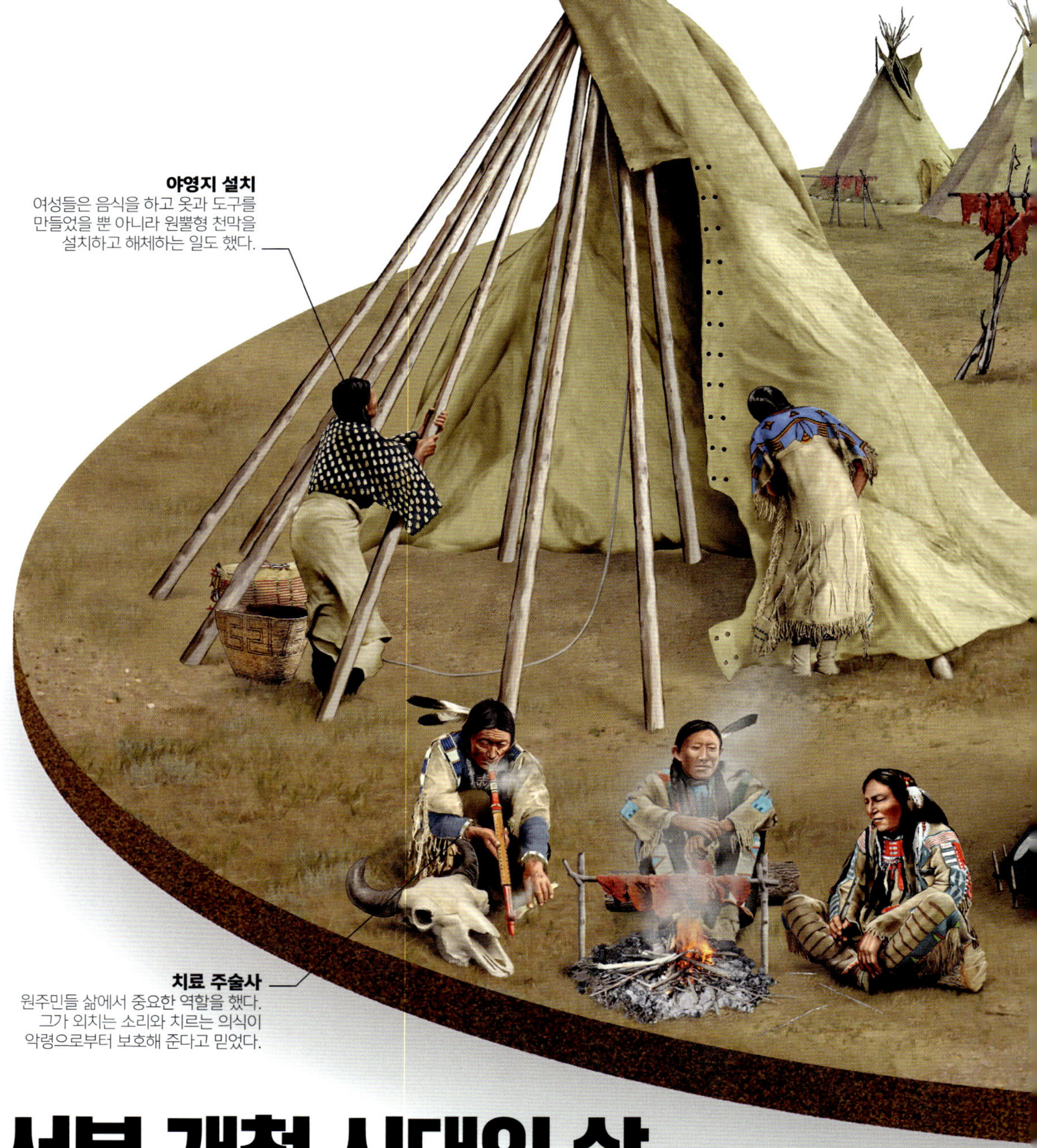
천막의 뼈대
20개에 이르는 긴 장대로 천막의 뼈대를 만들고 꼭대기에서 원뿔 모양으로 묶었다.
야영지 설치
여성들은 음식을 하고 옷과 도구를 만들었을 뿐 아니라 원뿔형 천막을 설치하고 해체하는 일도 했다.
치료 주술사
원주민들 삶에서 중요한 역할을 했다. 그가 외치는 소리와 치르는 의식이 악령으로부터 보호해 준다고 믿었다.

서부 개척 시대의 삶

18~19세기 아메리카 원주민은 미시시피 강 서부의 대평원인 그레이트플레인스에 살았다. 그러나 1840년대에 유럽인들이 이주해 오면서 생활 방식이 바뀌기 시작했다.

'그레이트플레인스 인디언'으로 알려진 아메리카 원주민들은 초원에서 풀을 뜯는 거대한 들소 떼를 사냥하며 살았다. 19세기 말 수천 명의 유럽 정착민들이 원주민의 사냥터를 빼앗아 농장과 목장으로 만들어 버렸다. 또한 도시와 철도를 건설하고 사냥으로 들소를 멸종시키자 둘 사이의 갈등이 더욱 깊어졌다.

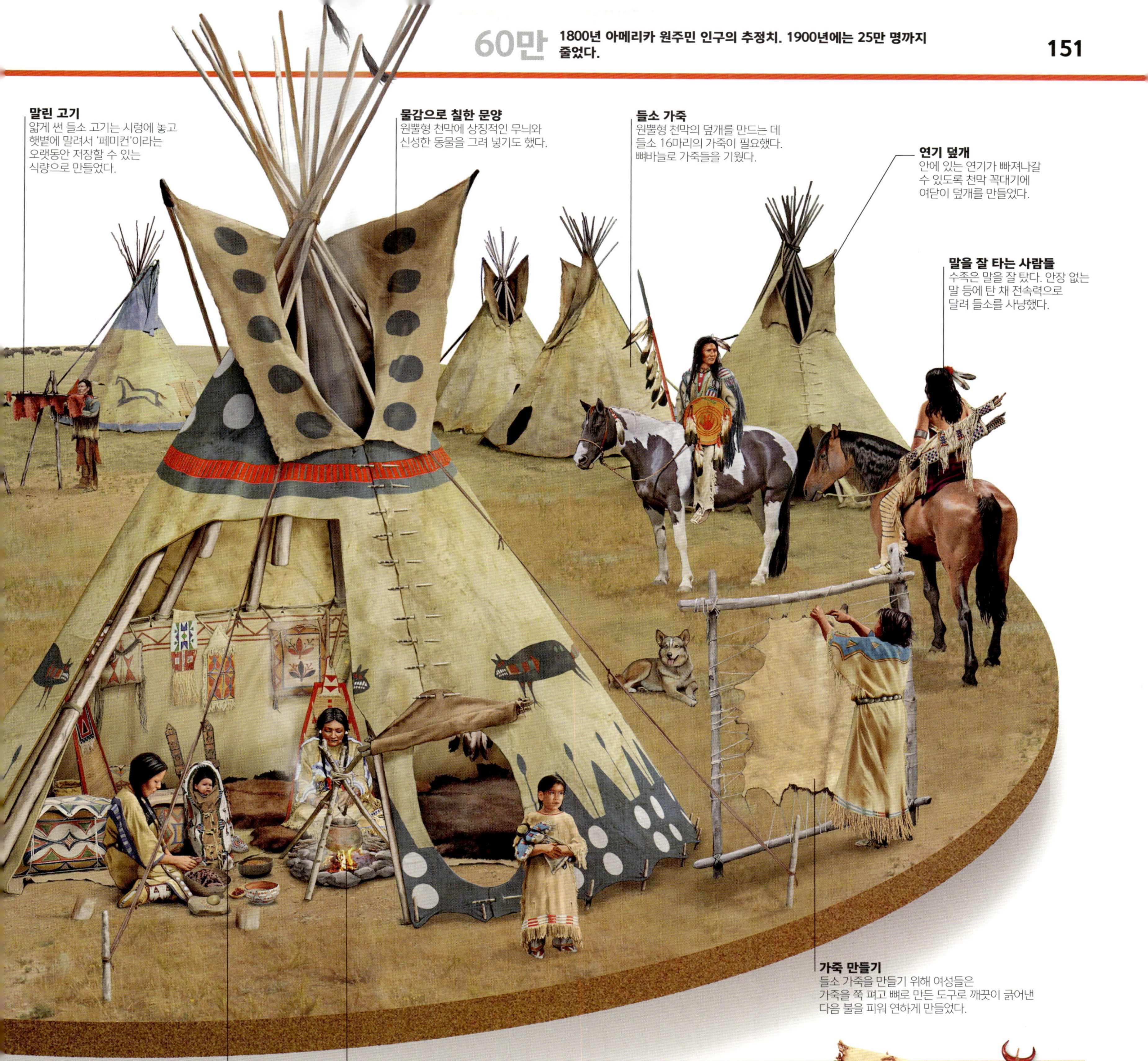

60만 1800년 아메리카 원주민 인구의 추정치. 1900년에는 25만 명까지 줄었다.

말린 고기
얇게 썬 들소 고기는 시렁에 놓고 햇볕에 말려서 '페미컨'이라는 오랫동안 저장할 수 있는 식량으로 만들었다.

물감으로 칠한 문양
원뿔형 천막에 상징적인 무늬와 신성한 동물을 그려 넣기도 했다.

들소 가죽
원뿔형 천막의 덮개를 만드는 데 들소 16마리의 가죽이 필요했다. 뼈바늘로 가죽들을 기웠다.

연기 덮개
안에 있는 연기가 빠져나갈 수 있도록 천막 꼭대기에 여닫이 덮개를 만들었다.

말을 잘 타는 사람들
수족은 말을 잘 탔다. 안장 없는 말 등에 탄 채 전속력으로 달려 들소를 사냥했다.

크레이들보드
아기는 크레이들보드(나무틀에 매단 가죽 가방)에 넣고 돌보았다. 보호자의 등에 묶거나 안장에 매달 수 있었다.

불
원뿔형 천막 안에 있는 작은 불은 요리와 난방에 사용했다.

가죽 만들기
들소 가죽을 만들기 위해 여성들은 가죽을 쭉 펴고 뼈로 만든 도구로 깨끗이 긁어낸 다음 불을 피워 연하게 만들었다.

1840년 그레이트플레인스에 들소 1,300여 만 마리가 있었으나, 1885년에는 200마리밖에 남지 않았다.

운디드니 학살
1890년 200명에 이르는 수족이 사우스다코타 주의 운디드니 크리크에서 미국 병사들에게 목숨을 잃거나 부상당했다. 그 당시 많은 이들이 유령 옷을 입고 있었는데, 유령 춤을 추면 아메리카 원주민 문화를 회복할 수 있다고 믿었기 때문이다. 학살 이후 수족은 인디언 보호 구역(그들을 위해 남겨 둔 작은 땅)에서의 삶을 받아들일 수밖에 없었으며, 전통적인 유목 생활을 더는 이어 갈 수 없었다.

유령 춤 의상

자동차

자동차가 등장하기 전까지만 해도 장거리 여행을 할 때는 마차를 이용했다. 그러나 1888년 가솔린 엔진으로 달리는 운송 수단이 일반에 처음 판매되면서 자동차 시대가 열렸다.

다양한 기술자들이 세계 곳곳에서 성능을 시험하며 자동차는 19세기 내내 점점 진화했다. 다들 자동차 만들기에 열을 올리는 사이, 독일 칼 벤츠가 아내 베르타의 도움으로 삼륜 자동차를 만들어 최초로 판매했다. 바로 이 벤츠 페이턴트 모터바겐은 자동차를 처음 본 사람들에게 공포감을 불러일으켰다. 당시 독일 정부가 판매를 금지했고 가톨릭교회는 '악마의 마차'라고 불렀다.

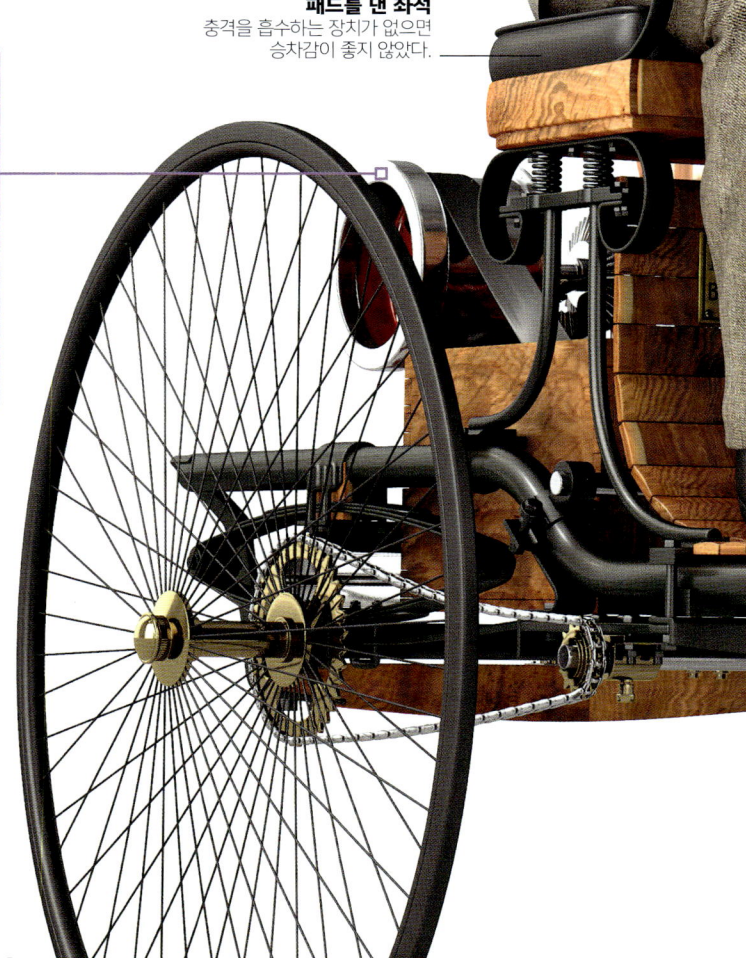

자동차 바퀴
뒷바퀴는 강철로 테를 둘렀는데 전통적인 마차의 바퀴처럼 컸다.

패드를 댄 좌석
충격을 흡수하는 장치가 없으면 승차감이 좋지 않았다.

플라이휠
수평의 무거운 회전판은 엔진이 부드럽게 작동되도록 했다.

냉각 탱크
여기에 저장된 물은 엔진이 과열되는 것을 막았다.

내연 기관
자동차 엔진은 오늘날의 가솔린 엔진 차량과 비슷한 방식으로 작동했다. 실린더 안에서 연료를 태워 만든 가스가 작은 피스톤들을 위아래로 밀어냈고, 이 피스톤들은 뒷바퀴를 회전시키는 크랭크축을 차례로 밀었다.

역사적 여정

최초의 자동차를 발명한 사람은 칼 벤츠였지만, 상용화한 사람은 부인인 베르타였다. 1888년 베르타는 몰래 두 아들을 차에 태우고 독일 만하임에서 포르츠하임까지 달렸다. 도중에 여러 번 고장 나긴 했지만, 그럴 때마다 문제를 해결하여 106킬로미터의 여행을 성공적으로 마쳤다. 이 소식이 언론을 강타했고, 모터바겐이 판매되기 시작했다.

16 킬로미터. 벤츠 페이턴트 모터바겐의 최고 시속.

자동차 설계의 역사

초기 자동차는 사람들에게 느리고 위험하며 믿음이 가지 않는 교통수단이었다. 그러나 20세기를 거치면서 정교하고 성능이 뛰어난 기계로 발전했다. 오늘날 안전과 환경에 대한 관심이 높아지면서 무인 자동차와 전기 자동차가 설계되고 있다.

포드 — 1908년
모델 T는 대량 생산된 최초의 자동차로, 값이 싸고 생산 속도가 빨랐다. 12년 동안 팔린 자동차는 모두 검은색이었는데 당시 가장 빨리 마르는 페인트 색이었기 때문이다.

폭스바겐 비틀 — 1938년
독일의 독재자 아돌프 히틀러가 부유층이 아닌 일반 국민들도 살 수 있는 차를 포르셰에게 의뢰하여 생산되었다. 페르디난트 포르셰가 설계한 이 5인승 자동차는 어른 두 명과 아이 셋을 태울 수 있었다. 1972년 폭스바겐 비틀은 포드 모델 T의 판매 기록인 1,500만 7,033대를 넘어서서 세계에서 판매량이 가장 많은 자동차가 되었다.

윌리스 지프 — 1940년
2차 세계 대전 당시 군사적 목적으로 어떤 지형에서도 달릴 수 있는 튼튼한 사륜구동 자동차를 만들었다. 이 군용 차량은 헬리콥터에서 낙하산으로 떨어뜨려도 될 만큼 가볍고 튼튼했다.

미니 — 1959년
자동차가 저렴해지면서 교통 체증에 시달리자, 도시에서 타고 다니기 좋은 소형 자동차를 만들기 시작했고 미니는 영국의 상징이 되었다.

토요타 프리우스 — 1997년
최초의 하이브리드 자동차로 알려져 있다. 가솔린 엔진과 전기 모터로 구동되어 독성 물질 배출량이 줄었다.

1891 미국 오하이오 주에서 최초의 교통사고가 난 해.

1896 부주의한 운전자에게 최초로 속도위반 딱지를 뗀 해.

옆모습

제동 레버
수동 레버로 속도를 줄였다.

시야를 고려한 높이
벤츠 자동차는 탑승자의 시야를 넓히기 위해 좌석 위치를 마차처럼 높였다.

운전 레버
핸들 대신 '틸러'라는 수직으로 세워진 레버로 방향을 바꾸었다.

속이 텅 빈 골조
모터바겐은 통 모양의 강철 골조를 갖추었다.

자전거 타이어
바퀴살이 얇고 고무를 두른 앞바퀴는 자전거 바퀴를 본뜬 것이다.

대량 생산

1913년 미국 사업가 헨리 포드가 자동차 공장에 새로운 이동식 조립 라인을 설치했다. 바로 컨베이어 벨트를 도입한 것이다. 컨베이어 벨트는 끊임없이 돌아가며 자동차 부품들을 옮겼고, 노동자들은 정해진 위치에 서서 자기 앞에 놓인 부품을 반복적으로 조립했다. 포드의 이동식 조립 라인은 자동차 생산 속도를 높였고, 자동차 가격이 점점 낮아져 많은 사람들이 살 수 있게 되었다. 1920년대에는 전 세계 자동차 제조업자들이 동일한 방식으로 자동차를 생산했다.

이동식 조립 라인
포드 자동차 회사는 1908~1927년에 '모델 T'를 1,500만대 넘게 생산했다. 10초당 한 대 꼴로 완성된 차가 조립 라인을 내려와 운행 준비를 했다.

레이싱 카

20세기가 되며 자동차의 인기가 크게 높아졌다. 제조업자들은 자동차 경주라는 새로운 스포츠에서 뽐낼 수 있는 더 빠르고 강력한 자동차를 만들고자 서로 경쟁했다. 1895년 프랑스에서 최초의 공식 경주 대회가 열렸다. 속도를 겨루는 '포뮬러 원'에서부터, 고장 나지 않고 얼마나 오래 견디는지 내구성을 시험하는 '르망 24시 대회'에 이르기까지 자동차 경주 대회가 성황을 이루었다.

파리-보르도-파리 경주 대회
1895년 프랑스 기술자 에밀 르바소는 세계 최초의 자동차 경주 대회에서 결승선을 통과했다. 파리와 보르도를 왕복하는 1,180킬로미터 거리를 평균 시속 25킬로미터로 완주했다.

미국 이민

19세기 아시아와 유럽에서 수백만 명이 자연 재해나 종교적 박해를 피해, 또는 가난에서 벗어나기 위해 고국을 떠나 미국으로 향했다.

피난처와 일자리를 원하는 사람들에게 미국은 기회의 땅이었다. 이들은 아시아에서 샌프란시스코로, 유럽에서 뉴욕으로 배를 타고 왔다. 1900년대 초, 어퍼 뉴욕 만의 엘리스 섬에 이민 센터가 있었는데, 가장 분주한 곳으로 하루에 약 5,000명의 입국 수속을 처리했다. 뉴욕에 정착하는 이들도 있었지만 대개 시카고와 미드웨스트, 멀게는 캘리포니아까지 더 내륙으로 이주했다.

1845-1849년
아일랜드에서는 곰팡이 때문에 감자 농사를 망쳐 기근이 일어났다. 아일랜드인 50만 명이 굶주림에서 벗어나고자 미국으로 건너갔다.

1881-1924년
러시아, 오스트리아-헝가리, 루마니아에서는 200만 명이 넘는 유대인이 가난, 폭력, 인종 차별을 피해 미국으로 왔다.

1892년
유럽에서 오는 사람들의 입국 수속을 처리하는 이민 센터가 엘리스 섬에 들어섰으며, 이후 미국 이민의 중심지가 되었다.

1900-1910년
여객선 비용이 저렴해지자 200만 명이 넘는 이탈리아인들이 가난을 피해 미국으로 갔다.

1907년 2월
일본은 자국민이 정착하러 미국으로 가는 것을 제한하는 데 동의했다. 일본인들이 미국 노동자의 일을 빼앗고 있다고 캘리포니아가 우려했기 때문이었다.

1907년 4월
역사상 뉴욕 항이 가장 바쁜 달이었다. 당시 배 197척이 총 25만 명이 넘는 승객을 태우고 입항했다.

1910-1940년
중국, 일본, 인도, 멕시코 등지에서 온 100만 명의 이민자들이 샌프란시스코 만의 엔젤 섬에서 입국 처리되었다.

1920년
여론이 이민 반대로 돌아섰다. 이민자가 늘어나 실업률이 높아지고 주택이 부족해졌다고 생각했기 때문이다.

1924년
이민자 수를 제한하기 위해 미국으로 여행하기 전에 해외 등록을 의무화하는 법을 통과시켰다.

미국으로 가는 창구
이민자가 도착하면 의사들이 몸에 질병이 없는지 정신 건강에 문제가 없는지 검사했다. 1907년에 찍은 사진인데, 1차 검사를 통과한 이민자들이 대기하고 있다.

193킬로미터 수에즈 운하의 길이.

아프리카의 유럽 식민지
- 영국
- 프랑스
- 독일
- 벨기에
- 포르투갈
- 이탈리아
- 스페인
- 독립국

리오데오로 · 스페인령 모로코 · 튀니지 · 프랑스령 모로코 · 알제리 · 리비아 · 프랑스령 서아프리카 · 프랑스령 적도 아프리카 · 잠비아 · 포르투갈령 기니 · 시에라리온 · 라이베리아 · 골드코스트 · 토고 · 나이지리아 · 카메룬 · 리오무니 · 가봉 · 카빈다 · 앙골라 · 독일령 남서아프리카

베냉 원정대
1897년 서아프리카 베냉에서 영국군 장교들이 습격을 받아 살해되었다. 두 달 뒤 영국군은 베냉을 점령하고 살인에 대한 보복으로 청동 보물을 훔쳤다.

황금 의자 전쟁
1900년 영국 총독이 오늘날 가나에 있던 아샨티 왕국의 황금 의자를 요구했다. 황금 의자는 아샨티족이 신성하게 여기는 왕좌였고, 그들이 거부하자 전쟁이 일어났다. 영국은 이 전쟁에서 승리하여 아샨티 왕국을 식민지로 만들었지만, 황금 의자를 빼앗지는 못했다.

제국의 시대

19세기 내내 유럽 국가들은 더 많은 부와 자원, 땅을 차지하고자 국경 너머로 힘을 뻗쳤다.

식민화의 물결이 일어나, 부유하고 강력한 유럽 국가들이 유럽 밖의 영토를 침략하고 통치했다. 영국, 프랑스, 독일, 벨기에, 포르투갈, 이탈리아, 스페인이 아프리카를 침입하여 넓은 영토를 요구하고 정치, 경제적 지배권을 차지하면서 아프리카 대륙을 서로 나누어 가졌다. 유럽 열강들 가운데 가장 큰 제국을 건설한 나라는 영국으로 오스트레일리아, 뉴질랜드, 서인도 등 넓은 영토를 차지했다.

영국령 인도 제국
'영국령 인도 제국'으로 알려진 영국의 인도 통치 기간은 1858~1947년이다. 영국은 인도에 민주주의를 전했고 철도를 지어 주었지만 자원을 철저히 착취하였다. 인도가 영국의 '왕관 속의 보석'으로 묘사될 정도였다.

영국 기차
영국인이 만든 이 기차는 지금도 다즐링 히말라야 철도에서 승객을 태우고 있다.

불평등 조약
중국이 아편 무역을 금지하자 영국이 이를 구실로 중국을 공격하였다. 아편 전쟁(1차는 1839~1842년, 2차는 1856~1860년)에서 중국이 패하자, 프랑스와 영국은 중국을 압박해 불평등 조약에 서명하도록 했다. 중국은 추가로 항구를 개항하고 영토 일부를 넘겨주어야 했다.

불평등 조약으로 개방된 광둥(오늘날의 광저우) 개항장

고무 플랜테이션
고무를 담은 상자들은 해외로 수출되기 전에 식민지 감독관의 검사를 받았다.

동남아시아
유럽에서 산업 혁명이 일어나 고무, 석유, 주석의 수요가 빠르게 늘었다. 이러한 자원들은 동남아시아에서 구할 수 있었다. 그러자 영국은 말레이 반도와 미얀마 전역을, 프랑스는 베트남, 캄보디아, 라오스를 점령했다.

현대 세계

20세기 초부터 여행과 통신 분야에서 혁신이 일어나면서 전례 없이 세계는 하나로 연결되었다. 많은 나라들이 자국에서 멀리 떨어진 곳에서 벌어지는 전쟁에 개입하면서 군사적 충돌이 벌어졌으나, 세계가 연결되며 자유와 평등사상도 함께 퍼져 나갔고 많은 사람들에게 새로운 기회가 열렸다.

1961년: 베를린 장벽
동독 정부가 서베를린으로 가는 사람을 막기 위해 장벽을 설치했다. 이 장벽은 1989년에 무너졌다.

베를린 장벽을 감시하는 망루

1969년: 우드스톡 페스티벌
음악과 패션 분야가 10년 동안 큰 변화를 겪어 오던 1960년대 말, 미국에서 우드스톡 페스티벌이 열렸다. 당시 가장 유명한 음악가들의 공연을 보려고 50만 명이 모였다.

1960년대 일렉트릭 기타

미국의 폭격기인 록히드 F-117 나이트호크

1990~1991년: 걸프 전쟁
이라크의 사담 후세인이 석유 부국 쿠웨이트를 침공했다. 미국이 이끄는 동맹군이 '사막의 폭풍 작전'으로 이라크를 공격했다.

1960년: 아프리카 독립의 해
아프리카에 있는 수많은 국가들이 식민 지배에서 벗어나 1960년 독립을 이루었다. 프랑스의 식민지였던 14개국을 포함한 17개국이 독립을 선언했다.

1955년: 몽고메리 버스 보이콧
미국 몽고메리에서 아프리카계 미국 여성인 로자 파크스가 백인 승객에게 버스 좌석 양보를 거부했는데, 이 사건을 계기로 흑백 차별에 항의하는 버스 보이콧이 일어났다.

몽고메리 버스의 복제품

현대 세계

제1, 2차 세계 대전으로 수많은 국가들이 전쟁의 소용돌이에 휘말렸다. 군인과 민간인을 합해 전 세계에서 수백만 명이 목숨을 잃었다.

1920년대 사람들은 제1차 세계 대전의 참상을 잊으려고 노력했다. 새로운 음악과 춤이 인기를 끌었고 영화는 즐길 수 있는 오락거리가 되었다. 그러나 그 이후 10년은 고통의 시기였다. 세계 경제가 붕괴하고 독재자가 유럽에서 권력을 장악하여 또 다른 세계 대전을 일으킨 것이다. 제2차 세계 대전의 여파로 힘을 잃은 제국들은 식민지로 삼았던 해외 영토의 지배권을 내려놓아야 했다. 미국과 소련이 강대국으로 떠오르며 서로 경쟁했고, 세계 여러 지역에서 벌어지는 전쟁에 개입하여 주도권을 다투었다. 그러나 전쟁이 끝난 뒤 세상을 밝고 희망적으로 바라보는 낙관론이 싹트며 젊은이들은 새로이 패션과 음악으로 자신들을 표현했다. 21세기에는 통신 기술이 발전하며 많은 사람들이 일상에서 겪는 차별뿐 아니라 인간이 일으킨 환경 훼손에 대해 더 크게 인식하게 되었다.

1942년: 유대인 학살
독일의 독재자 아돌프 히틀러는 유대인 학살 계획을 완성했다. 수백만 명이 강제 수용소로 끌려가 끔찍한 환경에 있다가 학살되었다.

유대인에게 달게 한 '다윗의 별' 배지

미국 해군의 항공모함인 USS 엔터프라이즈 (CV-6)

1941년: 미국이 참전하다
1941년까지 미국은 어느 편에도 가담하지 않았지만, 일본군이 하와이의 해군 기지 진주만을 공격하자 선전 포고로 맞섰다. 영국은 동맹국으로서 미국의 참전을 환영했다.

1914년: 제1차 세계 대전
오스트리아-헝가리 제국이 세르비아를 침공하여 무력 충돌이 일어나자, 다른 국가들이 여기에 가담하며 전쟁은 세계화되었다. 탱크, 독가스 같은 새로운 발명품으로 수백만 명이 희생되었다.

제1차 세계 대전 당시 영국 탱크

소비에트 공산주의의 상징, 망치와 낫

1917년: 러시아 혁명
300년 동안 러시아를 지배했던 로마노프 가문이 공산주의 혁명으로 무너지고 소련(소비에트 사회주의 공화국 연방)이 등장했다.

1920년대: 재즈의 시대
제1차 세계 대전으로 큰 고통을 겪은 뒤, 사람들이 재미와 가벼움을 추구하면서 미국 사회는 한동안 낙관론에 젖어 있었다. 재즈 음악은 새로운 춤과 함께 큰 인기를 끌었다.

1920년대 색소폰

초기 비행

인간은 수천 년 동안 날고 싶다는 꿈을 꾸어 왔지만, 그 꿈이 현실이 된 것은 라이트 형제의 동력 비행기 '1903 라이트 플라이어'가 하늘을 나는 데 성공하는 1903년이다.

19세기 말 가벼운 엔진이 발명되어 동력 비행이 가능해지자 라이트 형제는 새로운 비행기를 설계했다. 비행기가 공중에 뜬 상태를 유지할 수 있게 하기까지 몇 년이 걸렸다. 1903년 12월 형제는 함께 만든 비행기를 조종할 사람을 정하려고 동전 던지기를 했다. 형 윌버에게 차례가 돌아갔으나 1차 시험 비행은 성공하지 못했다. 12월 17일에 다시 시도했는데, 이번에는 동생 오빌이 12초 동안 비행기를 조종했고 노스캐롤라이나 해변을 37미터 정도 스치듯 날았다. 이 짧은 비행이 역사를 바꾸었다.

1,000달러 최초의 라이트 플라이어를 만드는 데 든 비용.

라이트 형제의 첫 번째 비행

'1903 라이트 플라이어'는 미국 노스캐롤라이나 주 키티호크에서 이륙했다. 오빌 라이트는 엎드린 채 비행기를 조종했는데, 엉덩이를 움직여 방향을 잡았다. '1903 라이트 플라이어'는 공기보다 무거웠지만 엔진과 프로펠러의 힘으로 비행기가 앞으로 나아가며 지면으로 추락하지 않았다.

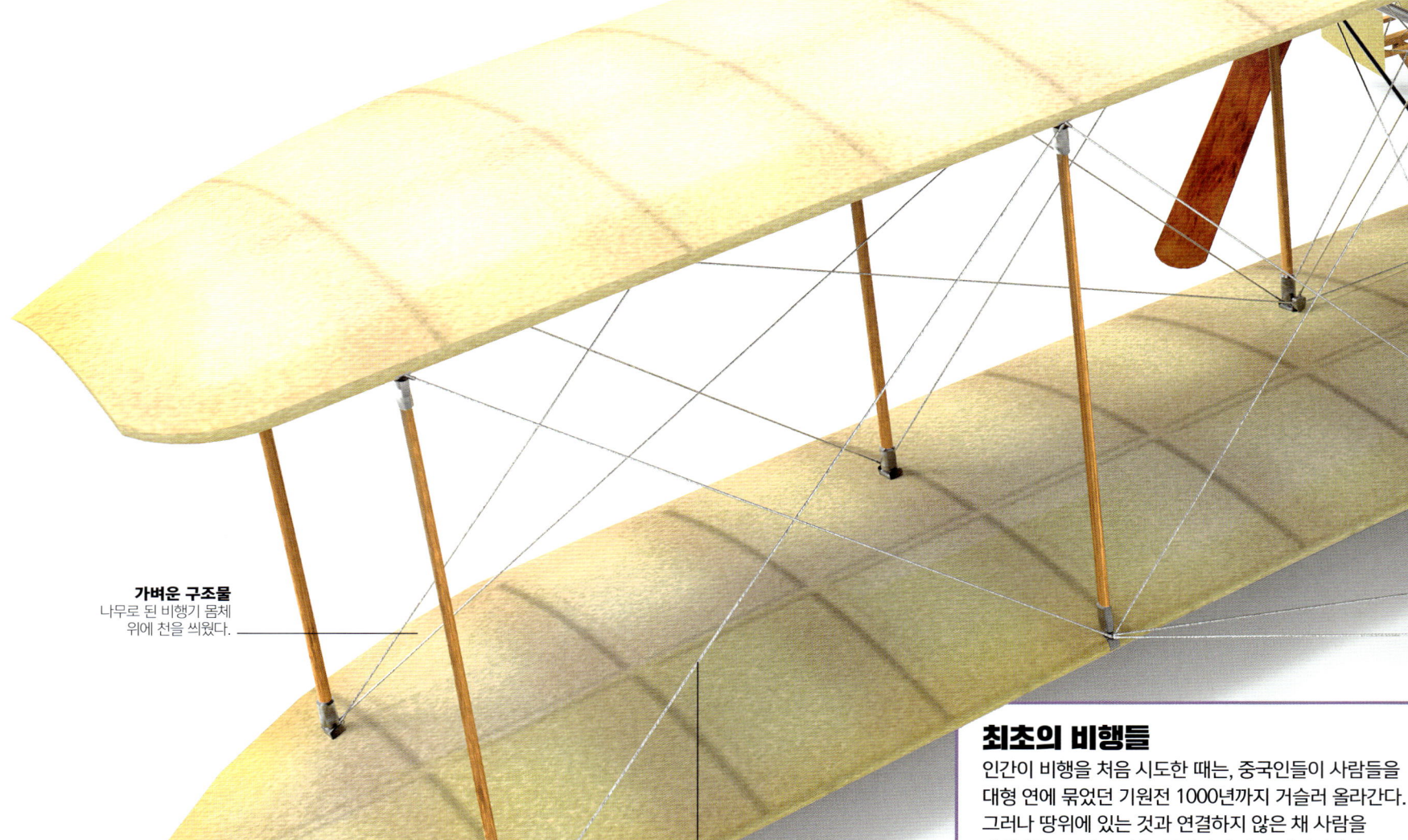

방향타
날개 뒤에 설치된 방향타가 비행기를 좌우로 기울게 하여 방향을 바꾸었다.

프로펠러
나무로 된 2.4미터짜리 프로펠러 두 개가 비행기를 앞으로 나아가게 했다.

가벼운 구조물
나무로 된 비행기 몸체 위에 천을 씌웠다.

구조를 지탱하는 선
나무로 된 뼈대가 형태를 유지할 수 있도록 튼튼한 금속선으로 단단히 고정시켰다.

바깥 날개
바깥 날개에 연결된 철사를 잡아당겨서 비행기를 조종했다. 왼쪽 날개를 내리고 오른쪽 날개를 올리거나 또는 그 반대로 해서 방향을 바꾸었다.

날개
이 항공기는 날개 길이가 12.3미터였다.

최초의 비행들

인간이 비행을 처음 시도한 때는, 중국인들이 사람들을 대형 연에 묶었던 기원전 1000년까지 거슬러 올라간다. 그러나 땅위에 있는 것과 연결하지 않은 채 사람을 태워 하늘로 날린 것은 18세기 후반이 되어서였다.

비행 시도
하늘을 나는 것은 위험천만한 일이었다. 수세기 동안 사람들은 새처럼 날아 보려고 나무나 가죽으로 만든 날개를 팔에 묶었다. 높은 건물에서 뛰어내리다가 비참한 최후를 맞기도 했다.

조종사 옆에 있는 탱크에 저장된 물이
라이트 플라이어의 엔진이 과열되는 것을 막아 주었다.

첫 번째 비행 날 라이트 플라이어는 수리가 불가능할
정도로 손상을 입었다.

프로펠러 작동
자전거 체인으로 엔진과
연결하여 프로펠러를
회전시켰다.

엔진
집에서 만든 가솔린 엔진이
날개 뒤에 있는 두 개의 프로펠러에
동력을 공급하여 비행기를
앞으로 나아가게 했다.

비행기 조종
동생인 오빌 라이트는 엎드린 채
엉덩이를 이쪽저쪽으로 움직이면서 날개 끝과 방향타에
연결된 선을 잡아당겨 비행기를 조종했다.

승강타 조종
조종사는 승강타의 도르레 장치에
연결된 레버를 이용해 비행기를
위아래로 움직였다.

승강타
'승강타'라는 움직일 수 있는 수평면이
항공기를 비스듬히 움직여
위아래로 날아가게 했다.

최초의 열기구
프랑스 출신 제지업자 몽골피에
형제는 뜨거워진 공기가
종이 자루 안으로 들어와
부풀리는 모습을 보았다.
형제는 공기를 데우면
가벼워져 위로 떠오른다는
원리를 이용해 열기구를
만들었다. 1783년 양, 오리,
수탉을 태워 비행하는 데
성공했으며 몇 년 뒤에는
최초로 사람을 태워
하늘로 날려 보냈다.

몽골피에 형제의 열기구

조종 가능한 첫 비행선
많은 발명가들이 '공기보다 가벼운' 운송 수단을 타고
여행하고 싶어 했다. 19세기 프랑스 기술자 쥘 앙리 지파르가
수소를 이용해 비행선을 만들었다. 길이가 44미터에 이르는
거대한 주머니로, 공기보다 가벼운 수소 3,200세제곱미터를
담을 수 있었다. 1852년 이 거대한 공기 주머니에 엔진을
설치하고 프로펠러를 회전시켜, 사람이 조종할 수 있는
첫 비행선을 제작했다.

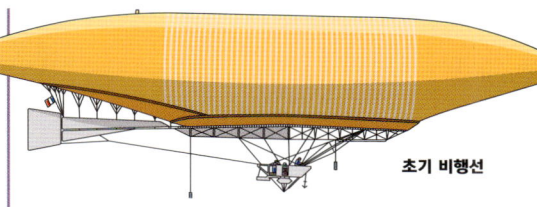

초기 비행선

플라잉 맨
19세기 말 독일의 항공 개척자 오토 릴리엔탈은 글라이더를
타고 2,000회 이상 비행을 했다. 베를린 근처에 마련된
인공 언덕에서 이륙했는데, 그의 글라이더는 꼬리가 없었고
몸을 움직여 조종하는 날개 한 쌍 말고는 장치라고 할 것이
거의 없었다. 라이트 형제의 영웅이기도 했던 그는
'플라잉 맨'이라 불렸으며 1896년 비행하다가 추락할 때 입은
부상으로 죽고 말았다.

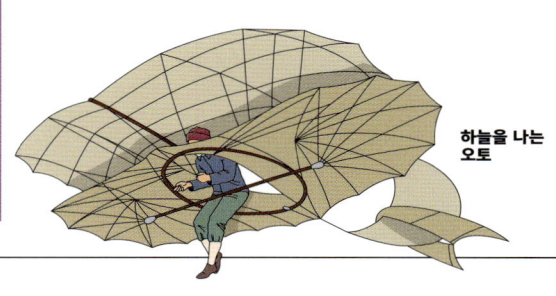

하늘을 나는 오토

남아프리카 공화국 지폐의 넬슨 만델라

1994년: 넬슨 만델라 대통령
넬슨 만델라는 수십 년 동안 이어져 온 국내 흑인에 대한 차별 정책 '아파르트헤이트'를 종식시키고 남아프리카 공화국 최초의 흑인 대통령이 되었다.

2001년: 테러와의 전쟁
2001년 9월 11일 이슬람 테러 조직 알 카에다가 뉴욕과 워싱턴 D. C.를 공격했다. 미국은 '테러와의 전쟁'을 선포하고 아프가니스탄과 이라크에서 전쟁을 일으켰다.

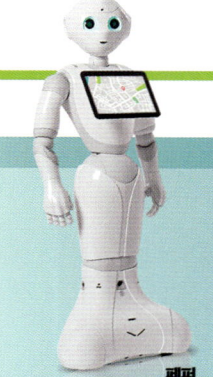
페퍼

2014년: 로봇 '페퍼'
새로운 로봇 '페퍼'가 출시되었다. 이 로봇은 얼굴을 인식할 수 있고, 사람의 표정과 목소리 톤을 분석하여 감정을 파악할 수도 있었다.

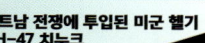
베트남 전쟁에 투입된 미군 헬기 CH-47 치누크

1955~1975년: 베트남 전쟁
남베트남과 북베트남 사이에 전쟁이 일어났다. 미국은 1965년 남베트남 편에 가담한 반면, 소련과 중국은 북베트남을 지원했다. 전 세계에서 전쟁을 반대하는 평화 시위가 일어났다.

1949년: 중화 인민 공화국
중국 공산당 지도자 마오쩌둥이 중화 인민 공화국을 선포했다. 1976년 사망할 때까지 국가 주석으로서 나라를 이끌었다.

마오쩌둥 어록

원자 폭탄 '팻 맨'

1945년: 제2차 세계 대전이 끝나다
5년간 잔혹했던 제2차 세계 대전을 끝낸 것은 미국이 일본에 두 차례 떨어뜨린 원자 폭탄이었다. 수만 명이 그 자리에서 숨졌고 일본은 그 즉시 항복했다.

1947년: 인도의 분리
인도는 독립하는 과정에서 무슬림이 다수인 파키스탄과 힌두교도가 다수인 인도, 이렇게 둘로 나누어졌다. 새로운 국경선이 그어졌는데, 문제는 수백만 명이 엉뚱한 나라에 속하게 되었다는 것이다.

1948년: 이스라엘 건국
제2차 세계 대전 기간에 유대인이 끔찍한 고통을 겪은 뒤, 팔레스타인에서 유대인의 국가가 창설되었다. 팔레스타인인들은 수백만 명의 유대인이 자신들이 살고 있는 땅에 오는 것에 분노했고, 이후 수년간 물리적 충돌이 이어졌다.

스페인 총기인 M1893(스패니쉬 마우저)

1939년: 제2차 세계 대전이 시작되다
아돌프 히틀러가 폴란드를 침공하자 영국과 프랑스가 독일에 선전 포고를 했다. 비록 영국이 막아서긴 했지만, 히틀러는 프랑스를 비롯한 유럽의 많은 지역을 빠르게 점령해 갔다.

1936~1939년: 스페인 내전
프란시스코 프랑코 장군이 이끄는 군대가 스페인 내전에서 승리했다. 그는 스페인의 군사 독재자가 되어 40년 동안 통치했다.

1934~1945년: 아돌프 히틀러
독일에서 아돌프 히틀러가 최고 지도자가 되었다. 유럽 곳곳에서 유대인을 박해했고 제2차 세계 대전을 일으켰다.

클래퍼보드

1927년: 최초의 유성 영화
장면과 함께 소리가 동시에 나오는 유성 영화가 처음으로 개봉되었다. 〈재즈 싱어〉가 이 유성 영화의 시작을 알렸다. 장면의 동작을 소리와 맞추기 위해 클래퍼보드를 사용했다.

1929년: 월스트리트 대폭락
1920년대의 낙관론 이후, 미국 경제가 추락하면서 대공황이 시작되었다. 그 영향은 전 세계에서 느껴질 정도로 엄청나게 컸다. 1933년 프랭클린 루스벨트 대통령은 미국 경제를 부흥시키기 위해 뉴딜 정책을 실시했다.

대공황 시기에 빵을 먹기 위해 줄을 선 사람들을 표현한 조각상

제1차 세계 대전

6,500만 제1차 세계 대전에 참전한 군인 수.

1914년 7월 유럽에서 전쟁이 일어났다. 수많은 나라들이 어느 한편에 서서 전쟁에 참가하면서 오늘날 제1차 세계 대전이라 불리는 세계 규모의 전쟁에 휘말렸다.

동맹국(독일, 오스트리아-헝가리 제국, 터키)은 이후 연합국으로도 불리는 협상국(영국, 프랑스, 러시아. 여기에 1915년 이탈리아, 1917년 미국도 가담)에 맞서 싸웠다. 세계는 두 편으로 갈리어 역사상 최대 규모의 화력을 쏟아부었고 엄청나게 많은 사람들이 죽거나 다쳤다. 전투 대부분은 참호에서 벌어졌는데 양측은 적군으로부터 영토를 빼앗거나 지켜 내기 위해 싸웠다.

병사 모집

전쟁에 참가한 나라들은 저마다 군대가 있었으나, 이렇게 오래 끌 것을 예상하고 전쟁에 대비한 나라는 거의 없었다. 나라마다 군인이 더 필요했고, 많을수록 좋았다. 많은 민간인이 법적으로 징집되어 군대에 가야 했다. 위기에 빠진 나라를 구해야 한다는 의무감에 이끌려 스스로 군대에 간 사람들도 있었다. 나라마다 포스터를 만들어 입대를 부추겼다.

포스터 캠페인
전쟁 물자 마련을 위한 모금에 동참해 달라는 프랑스어 포스터이다.

전쟁으로 이어지다

20세기가 시작될 무렵 유럽 국가들 사이에 적대감이 점점 커졌다. 독일은 1871년에야 뒤늦게 통일 국가가 되었지만, 빌헬름 2세가 해군을 창설함으로써 군사력을 한껏 키우며 영국과 경쟁했다. 프랑스와 러시아는 전쟁이 일어나면 서로 돕자며 군사 동맹을 맺었고 영국도 이들 나라와 긴밀히 협력했다. 경쟁국 독일과 오스트리아-헝가리 제국에 맞서기 위해서였다. 이제 전쟁을 일으키는 데 단 하나의 불꽃이면 충분했다.

> "유럽 전역에서 램프가 꺼지고 있다."
> 1914년 영국 외무상 에드워드 그레이 경.

전쟁 중인 대륙
결국 전쟁은 유럽의 세 전선에서 벌어졌다. 바로 서부 전선과 동부 전선 그리고 발칸 전선이다.

잠수함전

1915년부터 독일의 유보트('잠수함'을 의미하는 '운터제보트'의 줄임말)가 물속에서 전투를 벌였다. 식량 등 보급품을 싣고 영국으로 가는 비무장 상선을 공격하여 이 나라 사람들을 굶주림에 허덕이게 함으로써 1917년 영국을 거의 굴복시킬 뻔했다. 독일의 새로운 해전 전략이 세계를 공포로 몰아넣었다. 잠수함전은 과거 전쟁에서는 결코 본 적이 없었던 너무나도 야만적인 전투로 여겨졌다.

독일 유보트
제1차 세계 대전 동안 협상국 소속의 상선과 전함 5,554척을 침몰시켰다. 유보트 안은 덥고 비좁았다.

연표

세계 대전의 전개

1914년 7월 전쟁이 터졌을 때만 해도, 그해 크리스마스에는 모두 끝날 거라 예상했다. 그러나 제1차 세계 대전은 4년 동안 지속되면서 수백만 명의 군인과 민간인 사상자를 낸, 역사상 가장 잔인하고 파괴적인 전쟁으로 기록에 남게 된다.

1914년 6월
프란츠 페르디난트가 암살되다
오스트리아-헝가리 제국의 프란츠 페르디난트 대공과 그의 아내가 보스니아의 사라예보에서 총격을 받았다. 암살범은 세르비아 혁명군 소속이었다. 오스트리아-헝가리 제국은 세르비아를 비난했다.

1914년 7월
선전 포고
오스트리아-헝가리 제국이 세르비아에 선전 포고하자 독일이 지지했다. 러시아는 세르비아 편에 서서 오스트리아-헝가리 제국에 선전 포고했다. 이에 독일은 러시아 그리고 러시아와 동맹을 맺은 프랑스에 선전 포고했다. 독일이 프랑스를 공격하는 과정에서 중립국 벨기에를 침공하자, 이번에는 영국이 독일에 선전 포고했다.

1914년 10~11월
이프르 전투
독일은 프랑스군에 결정적인 타격을 가하기 위해 프랑스 국경 지대에 있는 벨기에 이프르를 침공했다. 그러자 영국군도 프랑스 편에서 싸웠고, 여러 차례 맹렬한 전투가 벌어졌지만 승부를 보지 못한 채 끝났다.

1915년 2월~1916년 1월
갈리폴리 전투
영국, 프랑스, 오스트레일리아, 뉴질랜드 군대가 터키의 지배권을 차지하기 위해 갈리폴리 반도를 공격했다. 그러나 이 공격이 실패하며 협상국에서는 전사자가 5만 8,000명에 이르렀다.

235 간첩 행위를 했다는 혐의로 독일에서 유죄 판결을 받은 동맹군 스파이.

450만 파스샹달 전투 당시 발사된 포탄 수.

새로운 기술

새로운 기술이 개발되며 제1차 세계 대전은 역사상 유례없는 치명적인 전쟁으로 기록되었다. 군사적으로 우위에 서기 위해 나라마다 새로운 무기와 기술을 개발하였다. 전쟁 역사상 처음으로 군인들은 탱크와 비행기뿐 아니라 기관총, 독가스, 화염 방사기, 지뢰 같은 강력한 무기와 맞서 싸워야 했다.

기관총
이 슈바르츠로제 기관총은 발사 후 자동으로 다시 장전되어 군인들이 빠른 속도로 사격할 수 있게 해 주었다. 오스트리아-헝가리 제국 군대의 주요 무기였다.

공중전
기술이 발전하며 비행기의 위력이 더욱 커졌다. 비행기로 적의 정세를 살피거나 폭탄을 투하하거나 공중에서 전투를 벌였는데, '에이스'라 불리는 용감한 조종사들은 영웅이 되었다.

무시무시한 탱크들
탱크는 영국에서 처음 발명되었다. 험준하고 진흙투성이인 지형에서도 이동하기 쉬웠으며 전진할 때마다 협상국의 방패 역할을 했다. 1916년 벌어진 솜 전투에서 처음 등장했다.

정보전

양측은 스파이를 보내 적의 비밀 정보를 캐냈다. 스파이들은 적의 통신을 엿들었고, 암호 해독자들은 적이 전신과 라디오를 통해 보낸 비밀 메시지의 암호를 풀고자 애썼다. 남성과 여성 비밀 요원이 적지에서 위장 근무를 하며 정보를 캐냈는데, 체포되어 수감된 이들도 많았다.

메시지 통을 단 비둘기
비밀 메시지가 담긴 통을 비둘기 다리에 달아, 전쟁터를 오가며 소식을 전하게 했다.

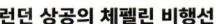

국내 전선

제1차 세계 대전은 삶을 송두리째 흔들어 놓았다. 전투 대부분이 일어난 벨기에와 프랑스에서 특히 더 그랬다. 전쟁의 영향은 전쟁터뿐 아니라 가정에도 미쳤다. 이 '국내 전선'에서 많은 민간인이 식량 부족과 배급 문제로 힘들어했고 수백만 명의 남성이 전쟁터로 간 사이에 여성이 남성의 일을 대신했다. 전쟁이 끝날 무렵 민간인 사망자가 수백만 명에 이르렀다.

런던 상공의 체펠린 비행선
체펠린은 속도가 느린 독일 대형 비행선이다. 런던 상공으로 날아가서 공포에 떨고 있는 시민들에게 폭탄을 떨어뜨렸다.

1915년 5월

루시타니아의 침몰
독일 잠수함이 여객선 루시타니아를 침몰시켜 미국 시민들을 물에 가라앉혔다. 잠수함 공격을 받은 미국은 이를 계기로 1917년 협상국 편에서 참전하게 되었다.

1916년

유틀란트 해전
덴마크 유틀란트 반도 앞바다에서 독일과 영국 해군이 맞서 싸웠다. 이 전투는 유일하게 양측 함대가 전면에 맞선 최대 규모의 해전이었다. 양측은 서로 자신이 이겼다고 주장했지만, 이 전투를 계기로 독일은 앞으로 바다에서 싸우지 않기로 결정했다.

솜 전투
프랑스 북부의 솜 강 근처에서 일어난 전투로, 4개월이라는 긴 시간 동안 100만 명이 넘는 군인들이 죽거나 부상을 입었다. 협상국은 독일 전선을 통과할 수 없었고, 엄청난 눈이 내려 전투가 어려워지자 공격을 멈추었다.

1917년 7~11월

파스샹달 전투
협상국은 벨기에 해안에 있는 독일 잠수함 기지를 파괴하려고 이프르 근처의 독일군을 공격했다. 그러나 집중 호우로 싸움터가 진흙탕으로 변하는 바람에 탱크, 군대, 말이 갇히고 말았다. 양측 합쳐서 47만 5,000명의 사상자를 낸 가운데, 협상국은 겨우 영토 8킬로미터를 차지하는 데 그쳤다.

1918년 11월

전쟁이 끝나다
1918년 전투에서 수차례 패한 독일이 협상국과 휴전 협정에 서명하고, 열한 번째 달, 열한 번째 날, 열한 번째 시간에 싸움을 끝내는 데 동의했다.

1919년 6월 28일

베르사유 조약
독일 정부는 프랑스 베르사유에서 평화 조약에 서명했지만, 독일인들은 그 조건에 불만이 많았다. 조약에 따르면, 독일과 그 동맹국들은 전쟁 배상금을 지불해야 했다.

현대 세계 ○ 서부 전선

10만 전쟁 중에 메시지를 전달하기 위해 협상국 군대가 이용한 비둘기의 수.

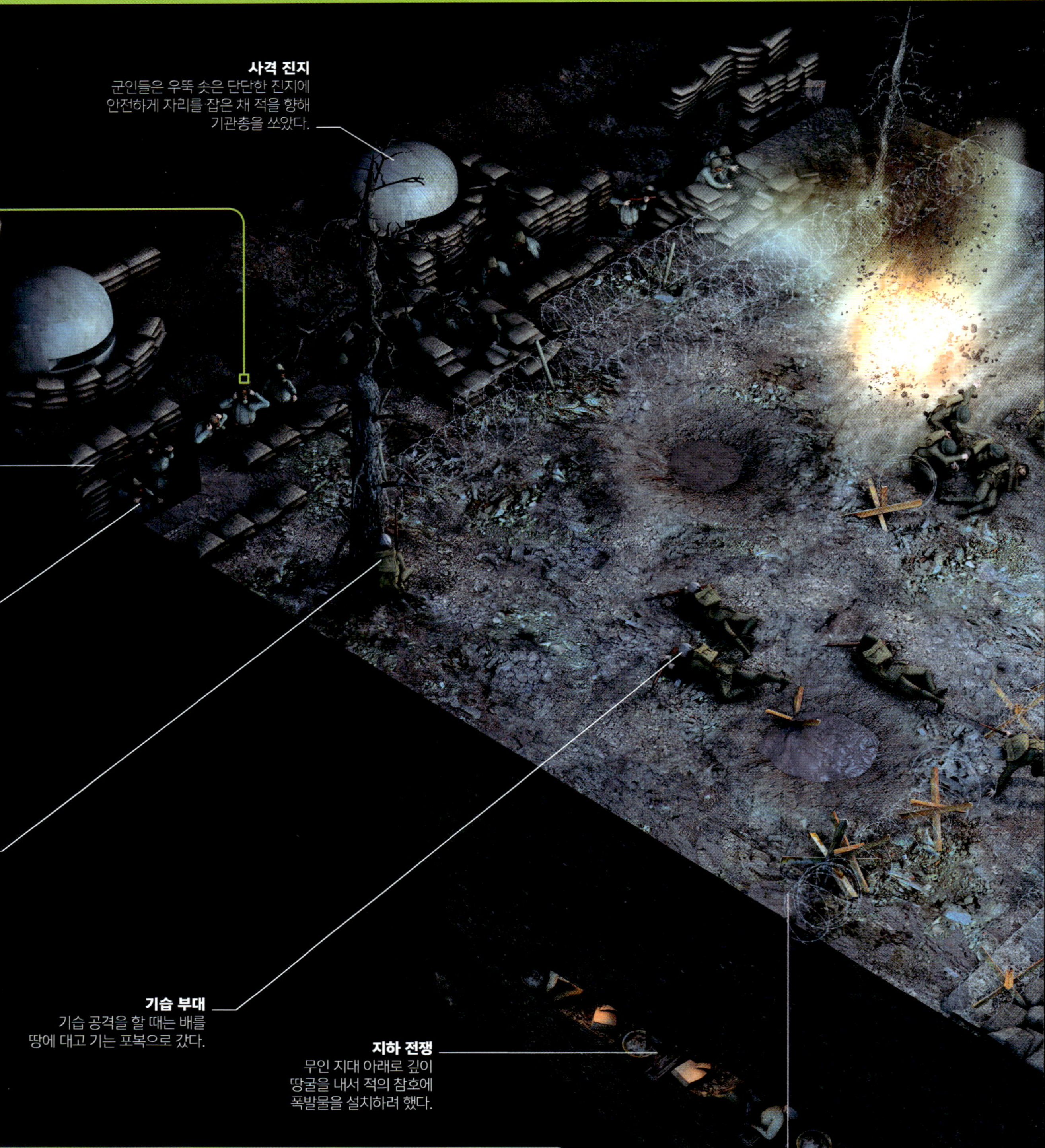

사격 진지
군인들은 우뚝 솟은 단단한 진지에 안전하게 자리를 잡은 채 적을 향해 기관총을 쏘았다.

가스 공격
독가스가 처음 등장한 것은 제1차 세계 대전 때이다. 군인들은 치명적인 가스로부터 눈, 코, 목을 보호하려고 방독면을 썼다.

모래주머니
흙을 가득 채운 모래주머니로 참호 벽이 무너지는 것을 막았다.

보초 근무
적을 감시하는 일은 위험한 임무였다. 보초를 서는 군인들은 트인 공간에 서서 참호 너머를 지켜봐야 했기 때문이다.

저격수의 공격
밤이 되면 '스나이퍼'라 부르는 숨은 저격수가 적의 참호 가까이에 있는 나무 뒤에 자리를 잡고 공격할 준비를 했다.

> "완전 피바다야. …… 지옥도 이렇게 끔찍하진 않을 거야."
> 1916년 베르됭의 프랑스 병사가 자신의 일기에서.

기습 부대
기습 공격을 할 때는 배를 땅에 대고 기는 포복으로 갔다.

지하 전쟁
무인 지대 아래로 깊이 땅굴을 내서 적의 참호에 폭발물을 설치하려 했다.

철조망
적의 공격을 늦추려고 무인 지대에 가시 돋친 철사와 올가미를 엮은 철조망을 설치했다.

전쟁터의 간호사들
서부 전선의 여성 간호사들은 구급차를 몰고 다니며 부상당한 군인들을 돌보았다. 독가스로 입은 화상, 파편에 맞은 부상, 감염 등 다양한 부상을 치료했다.

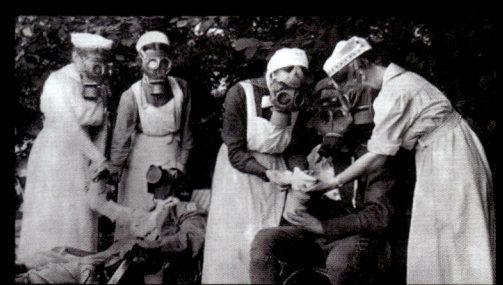

크리스마스 휴전
1914년 크리스마스 날, 서부 전선을 따라 군인들이 서로 휴전을 요청했다. 양측 군인들은 무인 지대를 가로지르며 캐럴을 부르고 선물을 주고받고 축구도 했다. 이 사실을 알고 분노한 장군들은 이와 같은 일이 다시는 일어나지 못하게 했다.

밤의 무인 지대
독일과 그 반대편인 협상국 병사들은 '무인 지대'라 부르는 참호와 참호 사이 지역을 놓고 다투었다. 작전은 주로 어둠을 틈타 밤에 이루어졌다. 군사들이 적을 기습하고 사상자를 수습하고 참호 벽을 수리하기에 가장 안전한 시간이었기 때문이다.

서부 전선

1914년 7월에 시작된 제1차 세계 대전은 크리스마스까지도 승부가 나지 않은 채 이어졌다. 독일은 유럽 전역으로 진군하다가 협상국 군대에 막혔다. 양측은 땅을 파고 지그재그 모양으로 깊은 참호를 만들었는데, 이것이 서부 전선으로 알려졌다.

서부 전선은 벨기에 해안에서 스위스 국경까지 645킬로미터에 걸쳐 이어져 있었다. 이후 몇 년 동안 양측은 겨우 몇 킬로미터를 차지하기 위해 총알, 포탄, 독가스를 무기로 싸웠다. 군인들은 적이 공격해 올지 모른다는 공포에 끊임없이 시달렸고, 춥고 습하고 쥐가 득실거리는 참호의 열악한 환경에서 엄청난 고통을 겪었다.

러시아 혁명

20세기가 시작될 당시 로마노프 왕가가 300년 동안 러시아를 다스리고 있었다. 그러나 전쟁과 기근이 몇 년 동안 계속되자 사람들은 변화를 요구하기 시작했다.

러시아의 마지막 차르(황제) 니콜라이 2세는 볼셰비키가 주도하는 개혁 요구에 느리게 반응했다. 볼셰비키는 공산주의 정당으로, 자산이 동등하게 분배되어야 한다고 주장했다. 니콜라이 2세는 일본, 독일과 벌인 전쟁에 잇달아 패해 불안을 키웠고, 결국 러시아는 1917년에 일어난 두 차례의 드라마틱한 혁명으로 군주국에서, 세계 최초의 사회주의 국가 '소련'으로 탈바꿈했다.

1905년
러일 전쟁에서 러시아가 굴욕적으로 패하자, 차르 니콜라스 2세를 비난하며 그의 통치에 반대하는 파업과 시위가 일어났다.

1914-1918년
제1차 세계 대전 기간에 러시아는 독일과 싸우는 과정에서 치명상을 입었다. 니콜라스 2세는 이번에도 비난을 받았다.

1917년 3월
식량 부족과 열악한 생활 여건으로 시위가 잇따르자 니콜라스 2세는 퇴위했다.

1917년 10월
니콜라스 2세가 퇴위한 뒤 임시 정부가 세워졌으나, 볼셰비키가 이를 무너뜨리고 정권을 잡았다. 1918년 7월 니콜라스 2세가 체포되어 처형되었다.

1917-1922년
볼셰비키는 반공산주의 세력과 벌인 내전에서 승리함으로써 당의 권력을 더욱 튼튼히 다졌다.

1918년
볼셰비키는 러시아 공산당으로 불리었고, 독일과 평화 조약을 체결했다. 그리하여 러시아는 제1차 세계 대전에서 벗어날 수 있었다.

1922년 11월 30일
러시아 공산당은 세계 최초로 사회주의 국가 소련(소비에트 사회주의 공화국 연방)을 건설했다.

1924년 이후
소련 정치가 이오시프 스탈린이 집권했다. 반대 세력을 숙청하고 군사력을 동원해 유럽 국가들을 점령했다.

혁명의 지도자
블라디미르 레닌(1870~1924년)은 볼셰비키를 지휘했다. 그는 선동적인 연설로 노동자, 군인, 농민들로부터 혁명의 지지를 이끌어 냈다.

미국의 호황과 침체

1918년 제1차 세계 대전이 끝난 뒤 많은 미국인들이 1920년대를 낙관적으로 바라보았다. 경제가 성장하면서 사람들은 사치품과 오락에 돈을 썼다. 그러나 행복한 시간은 오래 가지 않았다. 이후 10년이 흐르고 경제가 무너지면서 수많은 미국인들이 가난에 빠졌다.

1920년대가 시작될 무렵 미국은 경제 성장의 '붐'이 일었다. 그동안 전쟁 물자를 생산하던 공장에서는 생산 품목을 가정용품과 자동차 같은 소비재로 바꾸었다. 이 새로운 상품들의 광고를 가득 채운 신문과 잡지가 대중들에게 매력적인 라이프스타일을 전파했다. 사람들은 전쟁의 고통에서 벗어나 즐거운 시간을 보내고 싶어 했고 스포츠 경기, 댄스클럽, 영화관으로 몰려들었다. 그러나 1929년 10월 24~29일에 경기가 침체되면서 그들의 잔치는 막을 내렸다. 이후 10년은 대공황의 시대였고, 미국뿐 아니라 전 세계에서 수백만 명이 대량 실업과 고난을 겪었다.

광란의 20년대

1920년대에는 재미, 패션, 오락이 시대를 이끌었다. '신여성'이라 불리는 젊은 여성들이 짧은 스커트, 단발머리, 반항적인 행동으로 기성세대와 갈등을 빚었다. 1920~1933년에 미국 정부가 술을 금지했지만 '주류 밀매점'이라는 불법 술집이 생겨났고, 이곳에서 젊은이들이 서로 어울리면서 '찰스턴' 같은 새로운 춤을 즐겼. 재즈가 아프리카-아메리카 스타일의 새로운 음악으로 선풍적인 인기를 끌었기 때문에, 당시 10년을 '재즈 시대'라 부르기도 했다.

재즈 시대
트럼펫 연주자이자 가수인 루이 암스트롱은 재즈 음악계 최고 스타 중 한 사람으로, 킹 올리버의 크리올 재즈 밴드에서 연주했다.

소비재

1920년대 공장들이 진공청소기, 세탁기 같은 시간 절약형 가전제품을 대량 생산하기 시작했다. 은행들이 할부가 가능하도록 조치해 주어서, 소비자들은 이 신상품들을 좀 더 쉽게 구입할 수 있었다.

당장 사세요!
눈에 쏙 들어오는 다채로운 광고들이 미국인들에게 신상품을 사라고 유혹했다. 이 진공청소기 포스터는 미국 주부들에게 더 많은 여가 시간을 보장해 주겠다고 약속했다.

고층 건물

미국에서 경기가 좋아지며 사무 공간에 대한 수요가 크게 늘었다. 그 해결 방법은 키가 큰 고층 건물을 세우는 것이었다. 기술적으로도 발전했을 뿐더러 무엇보다 강철이 있어 고층 건물을 전례 없는 높이로 올릴 수 있게 되었다. 건축가들은 가장 높은 건물을 지으려고 경쟁을 벌였다. 1920년대에는 이 초고층 구조물이 미국에서 자신감의 상징이었으나, 1930년대 어려운 시기를 맞이한 뒤에는 일자리 그리고 희망의 중요한 원천이 되기도 했다.

높이 올리기 경쟁
매일 건설 현장에서 노동자 3,400여 명이 일하며 매주 평균 4.5층을 완성했다. 이 건물은 겨우 410일 만에 완공되었다.

최고치

뉴욕을 상징하는 102층짜리 엠파이어스테이트 빌딩을 짓기 시작한 때는 1930년 3월 14일이었다. 불과 6개월 전 '월스트리트 대폭락'으로 경제 상황이 나빴음에도 건설을 시작한 것이다. 이 건물은 예정보다 45일 빠른 1931년 5월 일반에 공개되었다.

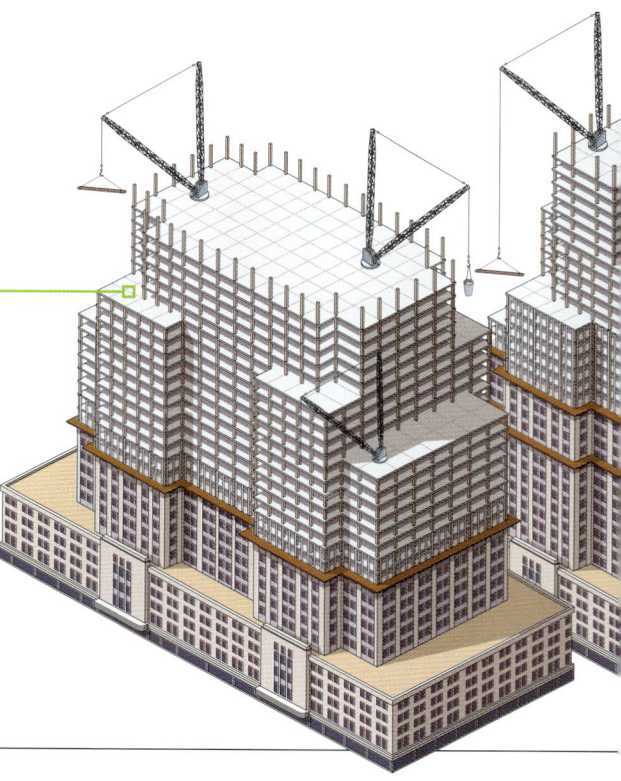

1,200만 1932년 해고된 미국인의 수.

프랭클린 루스벨트 대통령은 라디오로 방송되는 '노변정담'(한가롭게 주고받는 이야기)을 통해 매주 전국의 미국인들에게 연설을 했다.

대공황

수년 동안 미국인들은 기업체의 소액 주식들을 사서 부자가 되기를 꿈꿨다. 그러나 1929년 10월 24~29일에 뉴욕 증시가 폭락했다. '월스트리트 대폭락'으로 알려진 이 사건으로 주가가 폭락하여 주식이 순식간에 휴지 조각이 되었다. 이 사건으로 시작된 대공황은 1930년대 말까지 지속되었다.

후버빌

대공황 시대에 200만 명이 넘는 사람들이 은행 대출을 갚지 못해 집을 잃었다. 대도시에 대형 판자촌, 즉 슬럼이 생겨났다. 경제 붕괴에 책임이 있다는 비난을 받은 허버트 후버 대통령의 이름을 따서 이곳은 '후버빌'으로도 불렸다.

미국에 불어 닥친 모래 폭풍

1930년대에 혹독한 가뭄과 모래 폭풍이 미국 텍사스에서 네브래스카까지 4,000제곱킬로미터에 이르는 지역을 강타했다. 토양이 먼지로 바뀌어 작물과 가축을 죽게 했다. 어떤 동식물도 키울 수 없었기 때문에 농민 20만 명이 캘리포니아로 이주했다.

뉴딜 정책

1933년 대통령이 된 프랭클린 루스벨트가 국가 경제를 회복하기 위해 뉴딜 정책을 시행했다. 가난한 사람들을 살려 내겠다고 선언하고, 경기를 부양시켜 일자리를 더 많이 만들 수 있도록 공공사업을 추진했다.

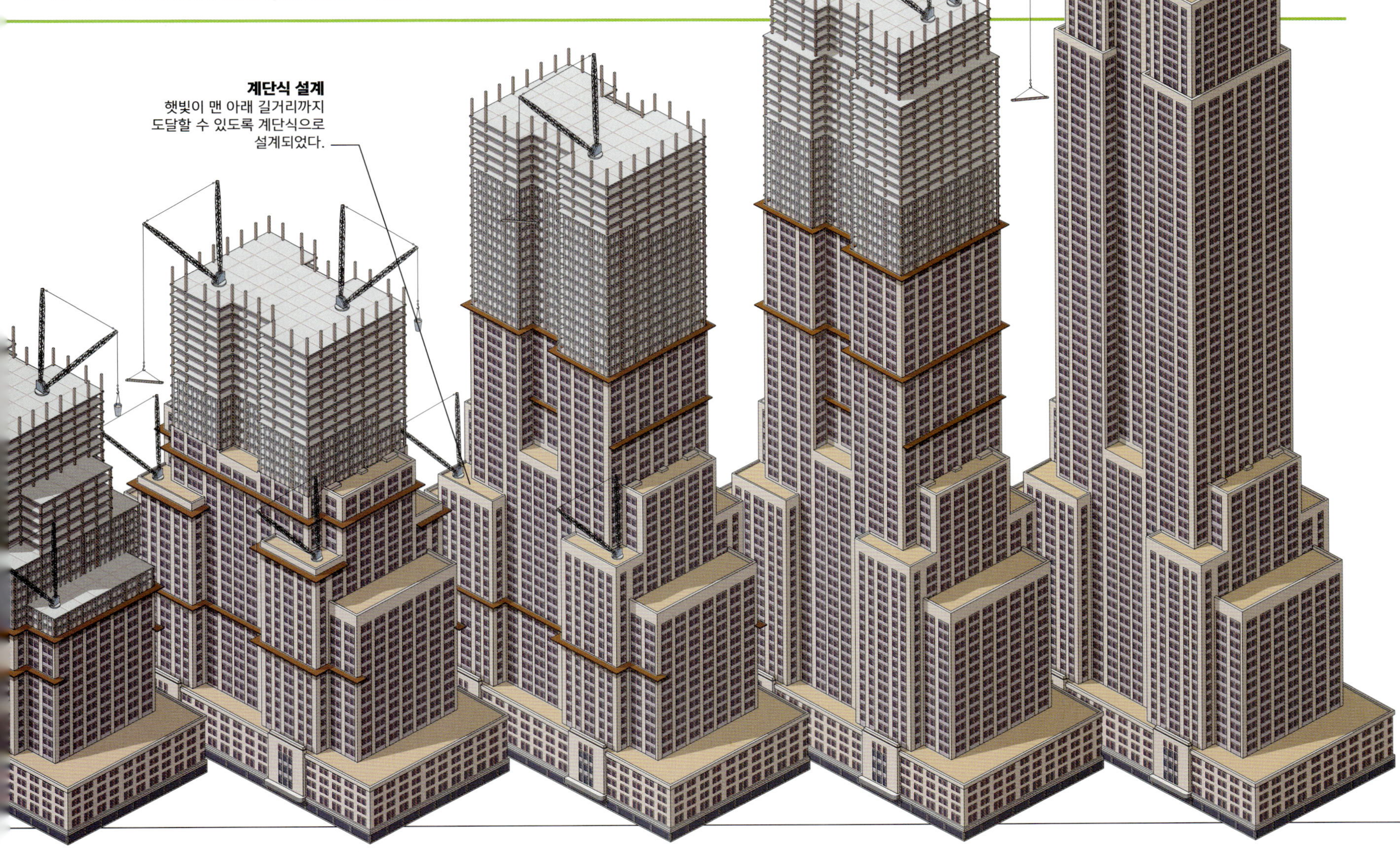

최고층 빌딩

세계 최고층 빌딩이라는 지위를 확실히 차지하려고 건물 꼭대기에 안테나를 설치했다.

계단식 설계

햇빛이 맨 아래 길거리까지 도달할 수 있도록 계단식으로 설계되었다.

172 현대 세계 • 독재자의 시대

1934 아돌프 히틀러와 베니토 무솔리니가 이탈리아 베네치아에서 처음 만난 해.

정치적 극단주의

1930년대 말 민주주의가 위협을 받았다. 유럽 곳곳에서 독재자가 집권했는데, 다수가 공산주의자이거나 파시스트였다. 공산주의 독재자는 경제와 자원을 정부가 통제해야 한다고 확신한 반면, 파시스트 지도자들은 극단적인 민족주의자였다. 파시즘은 '묶음', '결합'을 뜻하는 이탈리아어에서 유래된 말로, 자유와 권리를 억누르고 국가를 위해 개인이 희생할 것을 강요했다.

독재자의 시대

1930년대는 전 세계적으로 경제가 어려운 시기였다. 많은 사람들이 가난했고 실업자였으며 자포자기 상태에 빠져 있었다. 유럽 여러 나라에서 강력한 지도자들이 정권을 잡았는데, 그 과정에서 무력을 사용하기도 했다. 이와 같이 모든 권력을 차지한 극단적인 통치자를 독재자라고 부른다.

독재자들은 시민들에게 더 나은 미래를 약속했지만, 무자비한 정책들로 수백만 명을 죽음으로 몰아넣었다. 민주주의를 거부하고 전쟁을 미화했으며, 정치적 반대파를 폭력으로 제거하고 인종 차별을 부추겼다.

스페인 내전
이념이 대립하던 스페인에서는 프랑코 장군이 반란을 일으키며 내전이 시작되었다. 프랑코 측이 승리하며 공화파 정부를 무너뜨렸다.

안토니우 드 올리베이라 살라자르
1932년 수상이 되었다. 검열과 비밀경찰의 활약에 힘입어 권위적인 독재 정권을 수립했다. 국민들의 정치적 관심을 다른 곳으로 돌리기 위해 우민화 정책을 폈다.

프란시스코 프랑코 장군
스페인의 군사 지도자로 내전이 일어난 지 3년 만인 1939년 독재자가 되어 40여 년 동안 집권했다.

현대 세계 ○ 영화의 황금기

90% 1929년 이전에 제작된 영화 가운데 현재까지 남아 있지 않은 비율.

영화의 황금기

조명! 카메라! 액션! 1895년 프랑스의 뤼미에르 형제가 영화 필름을 비추는 '영사기'를 개발했다. 영화의 황금기가 시작되는 1920년대 말까지, 뤼미에르 형제의 발명은 영화를 관객들에게 즐거움을 줄 수 있는 산업으로 발전시키는 데 큰 역할을 했다.

초기 영화는 겨우 몇 분짜리 무성 흑백 창작물이었다. 기술이 개선되며 배우 목소리가 들리는 유성 컬러 영화로, 그리고 장편 서사시, 갱 영화, 뮤지컬, 희극으로 발전했다. 1930년대 영화사들은 대공황(당시는 전 세계적으로 경제난이 심각한 시기였다)으로 고통 받는 관객들에게 위안이 될 수 있도록 최대한 빠른 속도로 영화를 제작했다. 예전에는 로스앤젤레스의 한적한 교외에 불과했던 할리우드가 미국 영화 산업의 본고장이 되었다. 날씨가 따뜻해서 일 년 내내 야외 촬영이 가능했기 때문이다.

조명
움직이는 조명을 이용해서 실내에서 영화를 찍을 수 있었다.

조명 기술자
'그립'은 카메라와 조명을 제 위치에 고정시키는 장비를 맡은 사람이다.

개퍼
영화 조명을 맡은 전기 기사를 '개퍼'라고 불렀다.

촬영 기사
많은 촬영 기사들이 한 영화사에서 20~30년을 보내면서 독특한 영화 스타일을 창조하는 데 한몫했다.

창조적인 영상
감독은 창조적인 모든 것의 총책임자였다. 영화가 호평을 받으면 큰 인기를 누렸다.

1930년대 영화 세트장
영화사에는 배우와 감독에서 의상 디자이너와 영화 편집자에 이르기까지 다양한 일을 하는 사람들이 있었다. 실제 모습과 비슷하게 만들어진 거대한 세트장에서 쉴 틈 없이 일했다.

영화에 소리를 더하다
1927년 워너 브라더스가 최초로 유성 영화인 〈재즈 싱어〉를 출시했다. 각 장면을 별도로 녹음한 소리와 맞추기 위해, 카메라가 작동하려는 순간 클래퍼보드로 소리를 냈다.

과로
영화를 최대한 빨리 대량 생산할 수 있도록 배우들은 주 6일, 하루 18시간을 일하기도 했다.

긴 하루
배우들은 자신의 촬영 순서를 몇 시간 동안 기다리기도 했다.

7,500 1930~1945년 할리우드 영화사가 제작한 영화 편수.

8,000만 1930년대 미국에서 매주 영화관을 찾아간 사람 수.

애니메이션

사람 목소리가 처음 나온 만화 영화는 1928년 출시된 월트 디즈니의 〈증기선 윌리〉였다. 겨우 8분짜리 영화였지만, 디즈니의 캐릭터 '미키마우스'를 일약 스타덤에 올려놓았을 뿐 아니라 애니메이션의 황금기를 열었다.

애니메이션의 개척자
미국의 아티스트이자 제작자인 월트 디즈니(1901~1966년)는 〈백설공주와 일곱 난쟁이〉(1937년), 〈신데렐라〉(1950년) 등 수많은 고전 애니메이션 영화를 창작했다.

볼리우드

'볼리우드'로 널리 알려진 인도 영화 산업은 봄베이(뭄바이)를 기반으로 하고 있다. 엄청난 제작비, 일정한 형식의 활기찬 노래와 춤, 팬들의 사랑을 받는 슈퍼스타 배우들로 유명하다. 최초의 볼리우드 영화는 1913년 출시된 〈라자 하리쉬찬드라〉였다.

볼리우드의 댄서들

특수 효과

영화 기술이 발전하며 할리우드는 입이 떡 벌어지게 하는 특수 효과로 사람들을 매혹시켰다. 1977년 미국의 조지 루카스 감독이 제작한 〈스타워즈〉가 출시되었는데, 믿기지 않는 특수 효과로 관객들을 열광시켜 액션 영화의 새로운 기준이 되었다.

그린 스크린
기술이 발전하여 오늘날 영화 편집자들은 한 장면을 촬영한 뒤에 배경을 덧붙일 수 있다.

배경 바꾸기
배우 뒤에 배경이 보이도록 이미지를 대형 캔버스 스크린에 투사시켰다.

스타 파워
만 세 살밖에 안 되는 나이에 일을 시작한 셜리 템플 같은 배우들은 유명 인사가 되기도 했다. 스타들의 공적인 삶과 사생활은 소속 영화사가 세심하게 관리했다.

빠른 전환
영화는 시간이 곧 돈이었으므로, 배우들은 의상과 메이크업을 최대한 빨리 바꿔야 했다.

분장사
배우들을 배역에 맞게 분장해 주었다. 배우들은 머리 손질과 화장을 하려고 매일 새벽 4시에 올 때도 있었다.

엑스트라
배역이 수천 명인 영화도 있었다. 엑스트라들이 수많은 작은 배역들을 연기했다.

장면 체크
각본 책임자는 소품, 의상, 헤어스타일, 분장이 각 장면과 잘 맞는지 확인했다.

케이블
세트장 바닥에 깔린 케이블들이 카메라와 조명에 전기를 공급했다.

176 현대 세계 ○ 제2차 세계 대전이 시작되다

6 독일이 프랑스를 점령하는 데 걸린 주일 수.

제2차 세계 대전이 시작되다

1939년 유럽에서 시작된 전쟁이 거의 전 세계를 휩쓸었다. 수억 명이 전쟁에 휘말리면서 제2차 세계 대전은 역사상 최악의 전쟁이 되었다.

중립을 지킨 나라도 일부 있었지만, 많은 나라들이 (독일, 이탈리아, 일본이 이끄는) 추축국과 (처음에는 영국과 프랑스가 이끌었고, 이후 소련, 미국, 중국이 가담한) 연합국으로 편을 나누어 싸웠다. 1939년 아돌프 히틀러가 이끄는 독일이 폴란드를 침공하자 세계는 그 무참한 공격에 경악했다. 이것이 수백만 명의 생명을 대가로 치른 야만적인 6년 전쟁의 서막이었다.

호커 허리케인
영국 본토 항공전에서 영국을 구한 항공기였다. 7.7밀리미터 기관총 8정으로 적군에 심각한 피해를 입힐 수 있었다. 날개 일부분이 금속이 아닌 천으로 덮여 있어서, 비행기가 파손되더라도 빨리 수리할 수 있었다.

치명적인 기관총
좌우 날개에 네 개씩 일렬로 8정의 기관총이 장착되어 있었다.

슈퍼마린 스핏파이어
빠르고 가볍고 강한 최고의 전투기로, 영국 본토 항공전에서 결정적인 역할을 했다.

조종사
영국 조종사는 흔히 나이가 어렸고 속성으로 훈련을 받았다.

영국 본토 항공전
제2차 세계 대전 당시 벌어진 영국과 독일의 공중전이다. 독일은 지상전을 시작하기 전에 영국 상공을 제어할 계획부터 세웠지만, 영국 본토 항공전에서 첫 패배를 당했다. 영국 왕립 공군(RAF)은 독일 공군 루프트바페와 영국 남동부 상공에서 근접 공중전을 벌인 끝에 하늘을 지켜 냈다.

22 영국 본토 항공전에 참전한 영국 조종사의 평균 연령.

폴란드에서는 이 전쟁으로 인구의 육분의 일에 해당하는 약 550만 명이 죽었다.

하인켈 He 111
이 독일 폭격기는 전쟁 초기에 큰 성과를 거두었다. 엄청난 손상을 입고도 상공에 떠 있을 수 있었지만, 영국 왕립 공군의 현대식 전투기에는 상대가 되지 못했고 전쟁이 끝나기 전에 한물가고 말았다. 영국 본토 항공전 이후 이 폭격기 조종사들은 공격 지점을 영국 도시와 산업 지역으로 옮겼다.

메서슈미트 Bf 109
독일 전투기로, 무겁고 사정거리가 짧아 효율성이 떨어졌다.

경험이 풍부한 조종사
독일 조종사가 영국 조종사보다 전투 경험이 더 풍부했다.

지상 레이더
다가오는 적의 비행기를 추격하고, 제때 이륙할 수 있게 하는 장치로, 영국 왕립 공군에게 반드시 필요한 것이었다.

독일의 진격
제1차 세계 대전 후 유럽 지도자들은 전쟁이 또다시 일어나는 것을 경계했지만, 아돌프 히틀러의 대외 정책이 대립과 갈등을 불러일으켰다. 히틀러는 유럽에서 '대 게르만국'을 건설하겠다는 목표를 세우고, 1938년 오스트리아 독일어권 지역을 병합한 뒤 1939년 3월 체코슬로바키아를 침공했다.

폴란드 침공
1939년 9월 1일
독일군 탱크가 폴란드 국경 깊숙이 침입했다. 폴란드의 동맹국인 영국과 프랑스가 독일에 선전 포고했지만 공격을 시도하지는 못했고, 결국 폴란드는 한 달여 만에 무너지고 말았다.

대서양 전투
1939~1945년
히틀러는 전쟁 내내 미국에서 오는 식량과 무기 보급선을 공격하여 영국인들을 기아 상태로 만들려 했다. 보급선들은 항공기와 유보트(독일 잠수함)로부터 끊임없이 폭격을 당했다.

전격전
1940년 5~6월
1940년 5월 독일군이 연합국 방어의 허점을 노리려고 급강하 폭격기, 탱크, 보병으로 벨기에, 네덜란드, 프랑스를 침공했다. '전격전'이라는 이 공격적인 전술은 연합국을 충격에 빠뜨렸다.

됭케르크 철수 작전
1940년 5월 26일~6월 4일
독일의 진격으로 연합국 군인 38만 명이 프랑스 북부 해안에 갇혔다. 해군 함정과 수백 척의 민간인 지원 선박을 타고 대부분 탈출에 성공하여 영국으로 돌아왔다.

런던 대공습
1940년 9월~1941년 5월
영국 본토 항공전에서 패한 히틀러는 밤에 영국 도시와 항구에 '런던 대공습'이라 불리는 폭격을 감행했지만 영국의 방어력은 확고했다. 아이들은 폭격을 피해 시골로 안전하게 대피했다.

바르바로사 작전
1941년 6월
히틀러는 군대에 소련을 침공하라고 명령했다. 그 목적은 독일인들의 레벤스라움, 즉 '생활공간'을 마련하는 데 필요한 땅을 차지하는 것이었다.

177

제2차 세계 대전 당시의 아프리카

제2차 세계 대전 당시인 1940~1943년에 북아프리카에서 전투가 벌어졌다. 양측이 사막을 가로지르며 전진과 후퇴를 반복했다.

1940년 6월 이탈리아가 독일 편에 서자, 영국 수상 윈스턴 처칠은 북아프리카에 군대를 보내 이집트에 주둔해 있는 이들을 지원했다. 그는 리비아에 있는 영국 식민지에서 이탈리아인을 쫓아내려 했다. 영국과 식민지 군대가 이탈리아에 결정적인 승리를 거두었지만, 이후 독일 독재자 아돌프 히틀러가 명장 에르빈 롬멜을 북아프리카로 보내며 상황은 바뀌었고, 전투는 2년 연장되었다.

1940년 9월
이탈리아 독재자 베니토 무솔리니는 영국이 차지하고 있던 이집트를 침공하라고 명령했다. 그러나 그의 군대는 몇 개월 만에 연합국 군대에 눌려 무너졌다.

1941년 2월
히틀러는 에르빈 롬멜 장군을 북아프리카로 파견했다. 그의 군대는 리비아에서 영국군을 이집트로 몰아냈다.

1941년 4월~
오스트레일리아 군대는 리비아 동부의 투브루크를 점령했다. 독일이 8개월간 포위하며 투브루크를 되찾으려 하자 이에 저항했다.

1942년 11월
영국 제8군 사령관 버나드 몽고메리 중령이 이집트의 엘 알라메인에서 롬멜 장군의 독일군을 격파했다. 이것이 북아프리카 전투의 전환점이 되었다.

1942년 11월
미국 드와이트 아이젠하워 장군이 이끄는 연합군이 북아프리카에 상륙했고 미국 탱크를 비롯해 병력이 증강되었다.

1943년 5월
미국은 오랜 전쟁 끝에 튀니지에서 독일과 이탈리아의 항복을 받아 냈다. 25만 명에 이르는 군인이 감옥에 갇혔고, 북아프리카 전체가 연합국의 손에 떨어졌다.

에르빈 롬멜 장군
롬멜은 북아프리카 원정에서 유능한 지도력으로 독일과 이탈리아 군대를 이끌며 '사막의 여우'라 불렸다. 독일의 영웅이었던 그는 영국군에게도 존경을 받았다.

현대 세계 · 제2차 세계 대전이 전 세계로 확산되다

90% 진주만 공격 당시 미국 전함을 명중한 일본 어뢰의 비율.

아일랜드 호핑
미국 해군은 '아일랜드 호핑' 전략을 채택했다. 그 목적은 일본 본토를 따라 점점이 늘어서 있는 전략적인 섬들을 서둘러 점령한 뒤, 폭격기를 사정거리 안에 배치하여 일본 본토를 공격하는 것이었다.

- 일본 제국, 1931년
- 1942년까지 일본이 획득한 영토
- 일본의 팽창 범위
- 연합군의 진격로

제2차 세계 대전이 전 세계로 확산되다

유럽에서 시작된 제2차 세계 대전은 1941년 말 전 세계로 퍼져 나갔다. 유럽에서 연합국이 히틀러의 군대와 생존을 건 싸움을 하고 있는 사이, 일본은 동남아시아로 제국을 넓혀 나가기 시작했다.

1941년 12월 일본은 유럽과 미국이 지배하고 있던 동남아시아 영토를 공격했다. 그러나 1942년 중반 미국이 일본의 공격을 중단시켰다. 당시 미국은 일본의 제국주의적 야망을 꺾을 수 있는 유일한 나라였다.

통제 센터
섬처럼 생긴 중앙 통제 센터는 비행갑판의 공간을 절약하기 위해 좁게 만들었고, 모든 비행기의 이륙과 착륙을 관리했다.

이륙과 착륙
한쪽 끝에서 비행기가 이착륙했는데 그 과정에서 비행갑판의 일부가 파손되기도 했다.

선상의 무기
항공모함에 설치된 기관총은 차폐막으로 보호되었고, 폭격기로부터 방어하기 위해 사용되었다.

위장 선체
USS 엔터프라이즈(CV-6)가 바다에서 적의 눈에 띄지 않도록 파란색으로 음영을 그려 넣었다.

수중 보호
내부의 '칸막이 벽'은 4센티미터 두께로 되어 있었다. 어뢰 공격의 피해를 최소화하기 위해 강철로 만들었다.

생활 공간
선원, 조종사, 정비사, 요리사 등 2,000명이 넘는 인원이 배에서 생활했다. 바다에서 몇 달을 지낼 수 있을 만큼 물자를 충분히 보유하고 있었다.

연표
연합국이 반격하다
1941년 말 히틀러가 유럽 전역을 지배해 가고 있었다. 그러나 전쟁이 시작한 뒤 2년 동안 계속 승리를 거두었던 독일군은 점차 힘을 잃어 갔다. 1941년 12월 미국이 참전하면서 전쟁의 승패가 연합국 측으로 기울기 시작했다.

1941년 12월 7일
진주만
일본은 미국의 태평양 함대를 초토화하기 위해 하와이 진주만의 해군 기지를 기습 공격했다. 이에 맞서 미국은 일본, 독일과의 전쟁에 뛰어들었고, 영국과 소련에게는 강력한 새 동맹국이 되었다.

1942년 6월 4~7일
미드웨이 해전
일본이 참패한 해전이다. 항공모함 4척, 승조원과 공군 병사 3,500명을 잃었다. 미국이 잃은 유일한 항공모함은 USS 요크타운이었다. 일본 해군은 미드웨이 해전에서 겪은 손실을 이후에 결코 만회하지 못했다.

1942년 8월~1943년 2월
스탈린그라드 전투
히틀러는 동유럽으로 영토를 팽창하고 싶은 야심이 있었지만, 그의 군대가 러시아 스탈린그라드에서 소련군에게 포위되면서 계획에 차질이 생겼다. 추위에 동상이 걸리고 식량과 탄약마저 부족해지자 독일군은 항복할 수밖에 없었다. 스탈린그라드 전투에서 군인 220만여 명이 사망했다.

36 1945년 미국 군대가 일본 이오지마를 점령하는 데 걸린 날수.

오전 8시 15분
1945년 8월 6일 원자 폭탄이 히로시마를 강타한 시각.

접힌 날개
비행하지 않을 때는 공간을 절약하기 위해 날개를 접었다.

비행갑판
활주로 역할을 한 비행갑판은 길이가 250미터였다.

비행기의 정위치
갑판 아래 리프트가 격납고(비행기를 넣어 두거나 정비하는 곳)에 있는 비행기를 비행갑판으로 한 대씩 끌어올렸다.

격납고
갑판 두 개 높이에 항공기 90대를 둘 수 있는 공간이 있었다.

기관실
배가 시속 약 60킬로미터로 항해할 수 있을 정도의 전력이 공급되었다.

그레이 고스트
제2차 세계 대전 기간 미국과 일본은 항공모함(바다 위에 떠다니는 거대한 공군 기지)을 이용해서 비행기의 전투태세를 갖추었다. USS 엔터프라이즈(CV-6)는 미국 어느 항공모함보다도 일본과 벌인 전투에 자주 참전했다. 여러 일본 함선들을 격침하고 해전에서 끈질기게 살아남아 일본군에게 '그레이 고스트'라 불렸다.

가미카제 전술
일본군은 궁지에 몰리자 필사적인 전술에 의존했다. 항공기에 폭탄을 가득 싣고 미국과 영국 전함의 갑판에 고의로 충돌을 일으킨 것이다. 일본의 가미카제 전술로 모두 34척의 미국 전함이 침몰했다.

일터의 여성들
미국에서는 남성이 해외로 파병되면서 여성들에게 새로운 일자리가 생겼다. 수많은 여성이 노동 인구로 편입되었다. 여성들은 전쟁 물자를 보급하기 위해 농장, 조선소, 철도 회사, 비행기 제조업체에서 일했다.

신규 채용
여성들에게 남성들이 하던 일들을 하라고 권유하는 포스터이다.

1944년 6월 6일

노르망디 상륙
2년간의 계획 끝에 '오버로드 작전'이 개시되었다. 연합국의 서유럽 침공 작전이었다. 20만에 가까운 병력이 프랑스 노르망디 해안의 다섯 구역을 점령하기 위해 서둘러 영국 해협을 건너왔다.

1945년 2월

드레스덴
독일의 패색이 짙어지자 영국과 미국은 독일의 군사적 저항을 막고 민간인의 사기를 꺾기 위해 독일 주요 도시에 대규모 공습을 퍼부었다.
1945년 2월 드레스덴에 폭탄이 떨어지며 거대한 화염에 휩싸여 2만 5,000여 명이 목숨을 잃었다. 대부분 민간인이나 피난민이었다.

1945년 4월

독일의 함락
베를린에 입성한 소련군이 독일군과 치열한 전투를 벌인 끝에 도시를 장악했다. 히틀러는 자살했고 독일은 항복했다.

1945년 8월 6~9일

원자 폭탄
유럽에서는 전쟁이 끝났지만 일본은 항복하지 않고 계속 버텼다.
1945년 8월 6일 '리틀 보이'라 불린 원자 폭탄이 일본 히로시마에 떨어졌다. 이것이 전쟁 역사상 최초로 사용된 원자 폭탄이다. 3일 뒤 두 번째 원자 폭탄 '팻 맨'이 나가사키로 발사되었다. 수만 명이 그 자리에서 죽었고, 이후 방사능의 영향으로 수천 명이 더 죽었다. 1945년 8월 14일 일본은 마침내 항복했다.

식민지들의 독립

제2차 세계 대전은 식민주의(강력한 국가나 제국이 세계 다른 지역을 지배하는 정책)에 최후의 충격을 가했다. 아시아, 아프리카, 카리브 해 곳곳에서 독립을 부르짖었고, 수년간 벌어진 전쟁으로 힘이 빠진 제국들은 더 이상 해외 영토를 유지할 수 없었다.

1945년 일본, 이탈리아, 독일 제국이 몰락하자 그 식민지들은 다른 열강에 점령되거나 지방 세력에 종속되었다. 그러나 영국, 프랑스, 네덜란드의 통치를 받은 식민지들은 대부분 자치를 원했다. 평화적으로 독립을 이룬 곳도 있었지만 유럽 열강이 쉽게 놔주지 않은 경우도 있었다. 식민지들이 정치적으로 독립하는 '탈식민화'는 미국과 소련의 냉전과도 맞물렸다. 두 강대국 모두 신생 독립 국가의 정치에 개입했다.

100만 인도가 분할된 뒤 몇 달 사이에 죽은 사람의 추정치.

남아시아

제2차 세계 대전이 일어나기 한참 전부터, 드넓은 인도아 대륙에서 영국의 식민 지배를 끝내자며 시위가 벌어졌다. 1885년 설립된 '인도 국민 회의'는 영국 통치에 반대하는 운동을 이끌었다. 1906년에는 '전 인도 무슬림 연맹'이 인도 무슬림의 권리를 지키기 위해 결성되었다. 1947년 인도는 독립을 쟁취했지만, 곧이어 인도와 파키스탄 두 독립국으로 분리되었다.

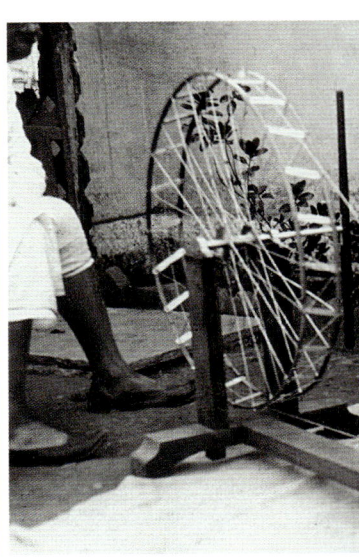

아프리카

1950년대 이후 많은 아프리카 국가들이 식민 지배를 벗어나 독립했다. 일부 국가는 독립국이 되는 과정에서 식민 지배를 한 나라들의 격렬한 반대에 부딪혔다. 프랑스가 계속 지배하기로 결정한 알제리가 대표적인 예이다. 포르투갈 역시 앙골라와 모잠비크를 계속 지배하기 위해 1970년대에 치열한 전쟁을 벌였다.

부정 출발
이집트는 1922년 영국으로부터 독립했지만, 영국은 여전히 이집트의 정치에 개입하고 수에즈 운하(여러 나라들이 교역에 이용하는 이집트의 중요한 수로)를 지배했다. 1956년 이집트 대통령 가말 압델 나세르는 수에즈 운하의 국유화를 선언했다. 영국, 프랑스, 이스라엘은 무력으로 대응했지만 미국, 소련, 그리고 유엔(국제 연합)의 압력으로 철수했다.

가말 압델 나세르

가나의 독립

서아프리카의 영국 식민지 골드코스트는 1947년 이래 독립을 요구해 왔다. 1949년 콰메 은크루마는 자치 정부를 수립하기 위해 인민 회의당(CPP)이라는 투쟁 조직을 결성하고 비폭력 저항 운동을 시작했다. 1957년 3월 6일 신흥국 가나가 독립을 선포했으며, 은크루마가 총리가 되었다.

콰메 은크루마
은크루마는 수상으로서 교육, 도로, 보건 시설을 개선했다.

아프리카 독립의 해
프랑스 식민지 14개국을 포함한 17개국이 '아프리카 독립의 해'로 알려진 1960년에 독립을 선언했다.

(지도 국가: 모리타니, 말리, 니제르, 차드, 세네갈, 나이지리아, 중앙아프리카공화국, 오트볼타, 코트디부아르, 토고, 다호메이, 카메룬, 가봉, 콩고 민주 공화국, 콩고 공화국)

연표

동남아시아
일본은 제2차 세계 대전 기간에 동남아시아를 침략하여 서양 열강들을 몰아냈다. 전쟁이 끝난 뒤 과거 식민지 열강들이 되돌아왔지만, 동남아시아의 많은 나라들은 이들을 원하지 않았다. 일본의 점령에 자극을 받아 정치적 독립을 지지하는 민족 운동이 일어났다.

1946년 — 필리핀
1930년대부터 독립을 추진했으나, 제2차 세계 대전이 자치 투쟁에 걸림돌이 되었다. 필리핀은 제2차 세계 대전 이후 해방을 맞이한 동남아시아 최초의 국가였다. 1946년 7월 4일 미국으로부터 독립을 인정받았다.

1949년 — 인도네시아
1945년 인도네시아의 민족 운동 지도자가 인도네시아 공화국을 선언했다. 1949년 네덜란드는 4년간의 전쟁 끝에 인도네시아의 독립을 인정했다.

인도네시아 독립 투사

1954년 — 프랑스령 인도차이나
1940년대 후반 프랑스는 베트남, 라오스, 캄보디아 등 인도차이나의 식민지를 통제하려 했다. 그러자 프랑스의 통치에 대항하는 민족주의적 봉기가 일어났고, 베트남의 디엔 비엔 푸에서 프랑스군이 패하며 평화 협상이 급물살을 탔다. 1954년 조약이 체결되면서 프랑스령 인도차이나는 최후를 맞이했다.

1957년 — 말레이 반도
1948년 말라야 공산당 일부가 영국에 선전 포고를 했다. 1957년까지는 말라야 연방에게 독립이 주어지지 않았다. 1963년 영국 식민지 사바, 사라왁, 싱가포르가 연방에 가담해 말레이시아를 형성했다. 1965년에는 싱가포르가 독립국이 되었다.

10센트짜리 우표

| 21일 | 평화 시위 도중 간디가 가장 오래 단식을 한 일수. | 54개국 | 탈식민화 이후 아프리카에 건국된 국제적으로 공인받은 나라 수. | 15만 | 프랑스와 알제리의 무력 충돌로 사망한 사람 수. |

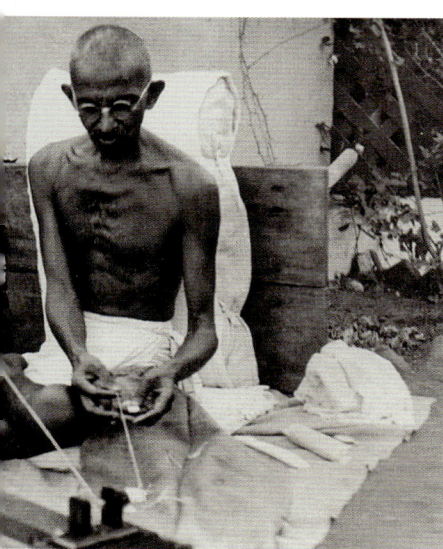

시민 불복종

인도의 독립운동을 이끈 것은 모한다스 간디이다. 그는 '사티아그라하'라는 시민 불복종 운동(비폭력 저항 운동)을 펼쳤다. 1917년부터 시위를 조직하고 감동적인 연설을 하고 영국 법에 불복종했으며, 인도인들에게 영국 상품을 사지 말 것을 요청했다. 여러 차례 감옥에 갔지만 비폭력을 주장하여 '위대한 영혼'이라는 뜻의 '마하트마'라는 이름으로 불렸다.

모한다스 간디
간디는 인도인들에게 영국 상품을 사지 말고 솜에서 실을 자아 옷을 직접 해 입으라고 권했다.

인도의 분할

1947년 독립 이후, 영국은 인도를 무슬림이 다수인 파키스탄과 힌두교도가 다수인 인도, 이렇게 둘로 분리했다. 파키스탄은 영토가 인도 좌우의 두 부분으로 이루어져 있었는데, 서파키스탄과 동파키스탄으로 쪼개졌고, 동파키스탄은 이후 방글라데시가 되었다. 새로운 국경선이 그어지자 수백만 명의 힌두교도, 시크교도, 무슬림들이 종교가 자신과 다른 나라의 국민이 되어 버렸다. '대이동' 기간에 600만 명의 무슬림이 서파키스탄으로 건너갔고, 시크교도와 힌두교도 450만 명이 인도로 갔다.

인도 뉴델리의 난민촌
'대이동' 기간에 인도아 대륙 곳곳에 있는 난민촌으로 수만 명이 내몰렸다.

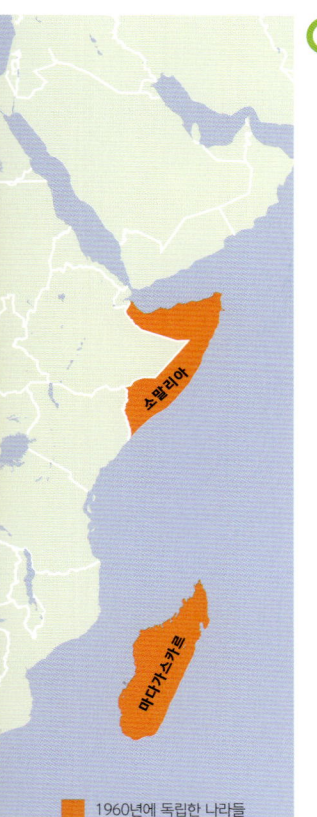

1960년에 독립한 나라들

카리브 해

미국은 20세기 내내 카리브 해에 정치, 군사, 경제적 영향력을 행사했다. 1898년 스페인-미국 전쟁 이후 스페인은 쿠바와 푸에르토리코에 대한 지배권을 미국에 넘겨주었고, 푸에르토리코는 미국의 영토가 되었다. 1915년 아이티를 침공한 미국은 거의 20년 동안 이 나라에 군대를 주둔시켰다. 쿠바는 1959년 공산주의 혁명에 성공하여 미국을 등에 업은 풀헨시오 바티스타 대통령을 쫓아내고, 미국의 직접적인 간섭을 끝냈다.

> **쿠바 혁명의 지도자는 피델 카스트로였다. 2008년까지 쿠바를 통치했다.**

자메이카의 독립
노먼 맨리는 자메이카 인민 국가당의 창립자이다. 사진은 자메이카의 첫 번째 독립 기념일 행사 때 모습이다.

카리브 해 영국 식민지

1962년 자메이카와 트리니다드 토바고가 정치적으로 독립했다. 이 사건 이후 바베이도스, 그레나다, 바하마, 도미니카, 세인트루시아 등 카리브 해 영국 식민지들의 탈식민화가 진행되었다. 많은 카리브 해 국가들이 영국 연방에 가입하고, 영국 군주를 국가 원수로 인정하는 대가로 자치 국가가 되었다.

1975년 9월

뉴기니

제2차 세계 대전 당시 일본군이 뉴기니를 점령했으나 연합국에 밀려 후퇴했다. 전쟁이 끝난 뒤 이 섬을 오스트레일리아가 장악했다. 1975년 파푸아와 뉴기니가 '파푸아뉴기니'라는 독립국을 세웠는데, 지구상에서 가장 마지막으로 독립한 식민지 가운데 하나였다.

1975년 11월

동티모르

1975년 포르투갈인들이 떠나자마자 인도네시아가 이곳을 차지했다. 이후 10년간 무력 충돌이 지속되면서 10만 명이 넘는 동티모르인이 죽었다. 1999년 유엔이 실시한 국민 투표에서 티모르인들은 독립에 찬성했고, 2002년 유엔의 감독 하에 독립을 선포했다.

1997년

홍콩과 마카오

1997년 영국은 150년 만에 홍콩을 중국에 되돌려 주었다. 아시아 최후의 식민지 마카오는 1999년 중국에 반환되었다.

반환식
홍콩 빅토리아 항구에서 중국으로 역사적 반환을 상징하는 불꽃놀이가 펼쳐졌다.

1949년 8월 29일 소련이 처음으로 원자 폭탄 실험에 성공했다.

긴장의 시대

미국과 소련은 제2차 세계 대전 때는 같은 편이었지만, 전쟁이 끝난 뒤 그 관계는 경쟁과 불신으로 깨지고 말았다. 이 두 나라는 직접적인 충돌은 피했지만, 작은 나라들끼리 벌이는 '대리전'에서 한쪽 편을 들었다.

연표

1949 **북대서양 조약 기구(NATO)와 바르샤바 조약 기구(WTO)**
서유럽과 미국이 민주주의 국가들의 동맹인 '북대서양 조약 기구'를 만들자, 이에 대항하기 위해 소련과 그 동맹국들도 '바르샤바 조약 기구'를 결성했다.

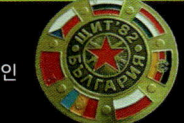

ЩИТ '82
БЪЛГАРИЯ
바르샤바 조약 기구 배지

1950~1953년 **한국 전쟁**
한국은 미국의 지원으로 북한에 맞서 싸웠다. 소련과 중국은 북한을 지원했다. 이 전쟁은 완전히 끝난 게 아닌 휴전으로 막을 내렸다.

1955~1975년 **베트남 전쟁**
미국은 북베트남에 맞선 잔혹한 전쟁에 남베트남을 지원하기 위해 군대를 파견했다. 소련과 중국은 북베트남을 지원했다. 이 전쟁은 긴 시간을 끌었고, 결국 미국의 패배로 끝났다.

1956년 **헝가리 혁명**
헝가리에서 소련이 통제하는 정부에 맞서 봉기가 일어났다. 미국이 개입에 실패한 뒤, 수천 명이 소련군에게 목숨을 잃었다.

1961년 **베를린 장벽**
소련의 영향력 아래 있던 동독은 대규모 이주를 막기 위해 베를린 장벽을 세움으로써 공산주의 동베를린과 자본주의 서베를린으로 분리시켰다.

1962년 **쿠바 미사일 위기**
소련이 북아메리카 해안 가까이에 있는 섬나라 쿠바에 핵미사일을 설치함으로써, 핵전쟁의 위협이 크게 높아졌다.

1968년 **프라하의 봄**
체코슬로바키아에서 알렉산데르 둡체크가 집권하며 민주 자유화 운동이 벌어졌다. 그러나 수개월 만에 소련군이 침공하여 공산당의 통치 질서를 회복시켰다.

1989년 **베를린 장벽의 붕괴**
1980년대부터 두 강대국 사이에 해빙 분위기가 무르익더니 베를린 장벽이 무너졌다. 독일은 일 년 뒤에 통일을 이룩했다.

철의 장막

소련은 동유럽 전역에 공산주의 정권을 세웠고 군대를 파병하기도 했다. 동유럽이 소련의 통제 아래 놓이며 서유럽 자유 진영과 동유럽 공산 진영이 대치하였다. 영국 총리 윈스턴 처칠은 이를 두고 '철의 장막'이 드리워졌다고 말했다.

스웨덴
덴마크
서베를린
동베를린
네덜란드
베를린
동독
폴란드
소련
벨기에
서독
체코슬로바키아
프랑스
스위스
오스트리아
헝가리
루마니아
유고슬라비아
이탈리아
불가리아
소련 통제 지역
철의 장막
0 250 500 km
0 250 miles

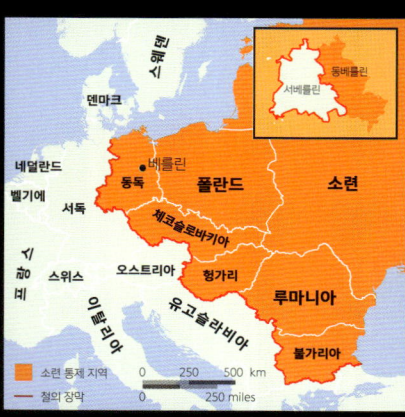

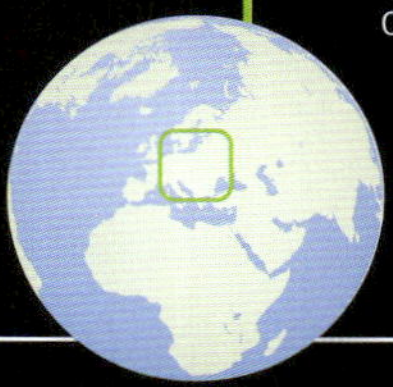

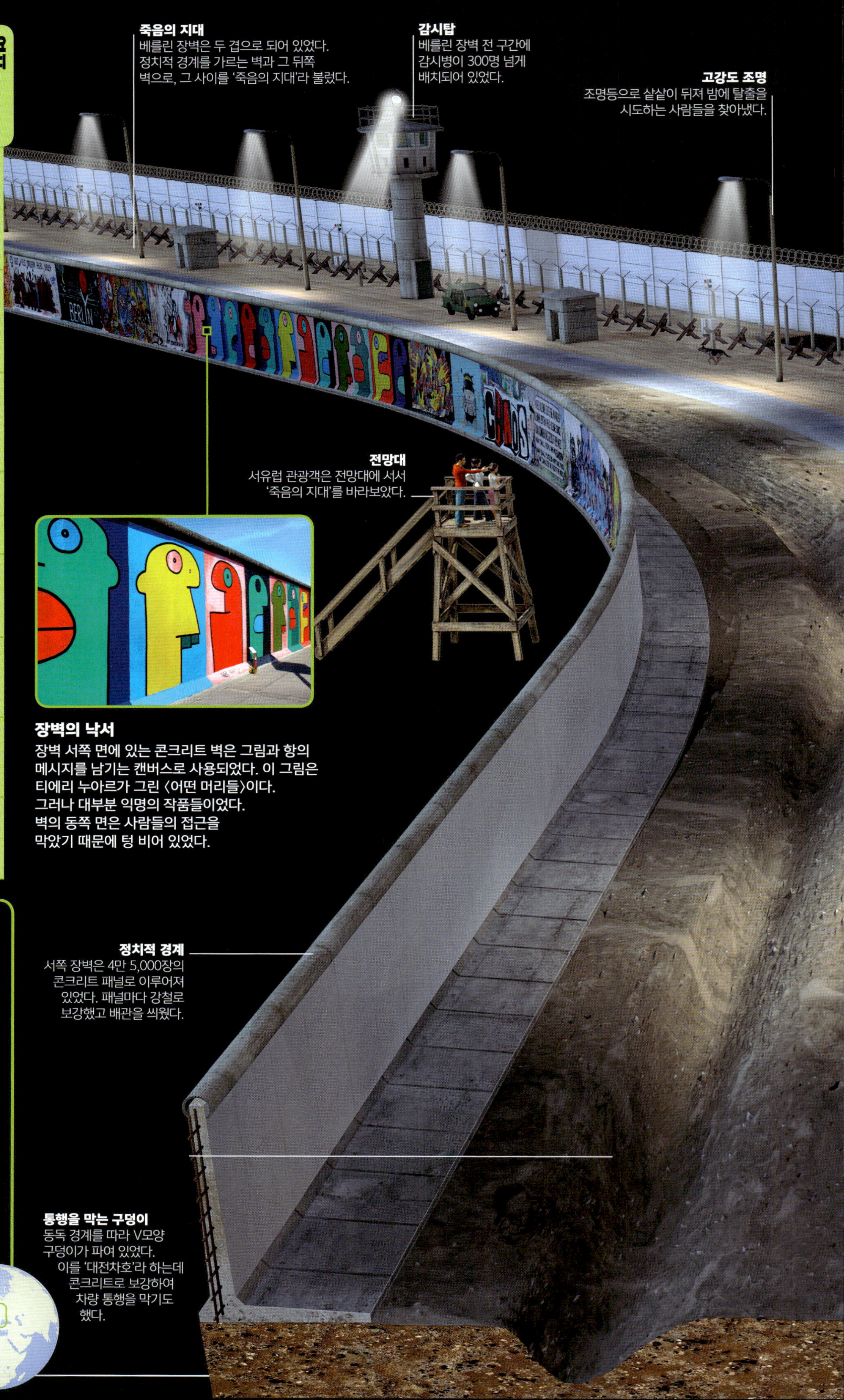
죽음의 지대
베를린 장벽은 두 겹으로 되어 있었다. 정치적 경계를 가르는 벽과 그 뒤쪽 벽으로, 그 사이를 '죽음의 지대'라 불렀다.
감시탑
베를린 장벽 전 구간에 감시병이 300명 넘게 배치되어 있었다.
고강도 조명
조명등으로 샅샅이 뒤져 밤에 탈출을 시도하는 사람들을 찾아냈다.
BERLIN
CHAOS
전망대
서유럽 관광객은 전망대에 서서 '죽음의 지대'를 바라보았다.
정치적 경계
서쪽 장벽은 4만 5,000장의 콘크리트 패널로 이루어져 있었다. 패널마다 강철로 보강했고 배관을 씌웠다.
통행을 막는 구덩이
동독 경계를 따라 V모양 구덩이가 파여 있었다. 이를 '대전차호'라 하는데 콘크리트로 보강하여 차량 통행을 막기도 했다.

장벽의 낙서
장벽 서쪽 면에 있는 콘크리트 벽은 그림과 항의 메시지를 남기는 캔버스로 사용되었다. 이 그림은 티에리 누아르가 그린 〈어떤 머리들〉이다. 그러나 대부분 익명의 작품들이었다. 벽의 동쪽 면은 사람들의 접근을 막았기 때문에 텅 비어 있었다.

냉전

제2차 세계 대전 결과, 세계 최강대국인 미국과 소련이 군사, 문화, 정치적 우열을 다투게 되었다.

두 강대국은 이념 대결을 벌였다. (중앙 정부가 재산을 통제하고 분배하는) 소비에트 체제는 공산주의에 기반을 두고 있었던 반면, 미국은 (재산의 사적 소유를 인정하는) 자본주의 체제를 선호했다. 두 나라는 우주 개발에서 스포츠와 기술에 이르기까지 여러 분야에서 경쟁했다. 핵무기 성능을 계속해서 높여 나갔고, 지구를 파괴할 만큼의 수준에 이르렀다. 핵전쟁에 대한 우려 때문에 직접적인 무력 충돌이 일어나지는 않았지만, 언제든 전쟁이 터질 듯한 '냉전'이라는 긴장 상태가 전 세계적으로 계속되었다.

베를린 장벽

베를린 장벽은 냉전을 가장 잘 보여 주는 상징물이었다. 1961년 동독이 설치한 길이가 156킬로미터 되는 장벽이었다. 이 장벽은 소비에트가 통제하는 동독에서 민주적인 서베를린으로 탈출하는 것을 막았다. 1989년 장벽이 무너질 때까지 가족과 친구들을 갈라놓았다.

장벽 감시
무장한 동독 국경 수비대가 서베를린으로 탈출하려는 사람들을 감시했다. 수비대는 탈출을 시도하는 사람들에게 총을 쏠 수 있는 권한이 있었다. 30명이 넘는 동독인이 장벽을 넘다가 사망했다.

뒤쪽 벽
동쪽에는 철근 콘크리트로 만들고 그 위에 철조망을 얹은 벽이 있었다.

순찰대
국경 수비대가 2인 1조로 근무했다. 가장 믿음직한 병사만이 '죽음의 지대'에서 일할 수 있었다.

경비견
탈출하려는 사람이 보이면 개들이 짖어서 감시병에게 알리기도 했다.

스파이크 매트
벽의 바닥에 날카로운 스파이크를 설치해 탈출을 막았다.

감지 펜스
펜스에 닿으면 감시탑의 감시병에게 경보가 울렸다.

장애물
X자 모양 철재가 차량의 장애물 역할을 했다.

8 바르샤바 조약 기구의 회원국 수.

5,000 장벽을 넘어 동독을 탈출한 사람의 추정치.

베트남 전쟁

188 | 현대 세계 · 베트남 전쟁

30만 6,183 롤링 썬더 작전 기간 미 공군의 북베트남 공습 횟수.

1959년 남베트남에서 공산당 군대와 반공 정부 사이에 무력 충돌이 벌어졌다. 여기에 미국이 개입하며 20세기 가장 긴 전쟁이 되었다.

제2차 세계 대전 후 베트남은 프랑스로부터 독립했지만 얼마 안 돼 남북으로 갈리었다. 북베트남에는 공산당 정권이 들어선 반면, 남베트남의 정권은 불안했다. 그러자 소련과 냉전 중이었던 미국은 동남아시아에서 공산주의가 확산될까 우려했다. 미국은 남베트남을 지원하며 전쟁에 뛰어들었고 병력을 늘렸지만 5만 명이 넘는 병사를 잃었다. 미군은 1973년 철수했고 1975년 전쟁이 끝났다.

조종석 — 조종사와 부조종사의 좌석이 있었다.

사수 — M60 기관총을 지닌 사수가 앞쪽 측면에서 사격 준비를 했다.

미국이 개입한 전쟁

미국은 남베트남이 북베트남의 수중에 떨어지는 것을 막으려 했지만, 군사력이 훨씬 우월했음에도 목표를 이루지 못했다.

연표

1954년 — 식민지 시대를 끝내다
프랑스 식민지였던 베트남에서는 호찌민이 이끄는 군대가 디엔 비엔 푸에서 프랑스군을 격파하며 67년간의 지배를 끝냈다. 이후 베트남은 남북으로 분단되었다.

1959년 3월 — 선전 포고
호찌민은 분단된 조국을 통일하기 위해 남베트남에 '인민 전쟁'을 선포했다.

1959년 5월 — 호찌민 통로
북베트남군은 '호찌민 통로'를 만들기 시작했다. 북베트남, 라오스, 캄보디아에서 남베트남으로 군인과 무기를 수송하려는 것이었다.

1964년 — 해군의 공격
통킹 만에서 미국 구축함 USS 매독스와 북베트남 어뢰정 사이에 무력 충돌이 일어나자, 미국은 남베트남에게 더 많은 군사적 지원을 약속했다.

1965년 — 롤링 썬더 작전
3월에 미국 대통령 린든 존슨은 북베트남을 폭격하는 '롤링 썬더 작전'을 명했다. 미국 해병대가 처음으로 남베트남에 상륙했고, 두 달 뒤에 지상군이 도착했다.

1968년 — 구정 대공세
설 연휴 기간에 공산군이 남베트남 모든 지역에 걸쳐 도시와 마을을 공격했다. 미국과 남베트남 군대는 이를 격퇴했지만, 엄청난 수의 사상자를 냈다.

1969년 — 정책의 변화
미국 내 여론이 반전으로 돌아서자, 미국 대통령 닉슨은 베트남 내 미군을 감축하기 위해 남베트남군을 강화시키는 정책을 발표했다.

1970년 — 켄트 주립 대학교 발포 사건
오하이오 주 방위군이 반전 시위 군중에게 총을 쏴 미국 오하이오 주 켄트 주립 대학교 학생 네 명이 사망했다.

1973년 — 미군 철수
1월 파리에서 미국과 북베트남 정부 대표자가 평화 회담을 열었고, 3월까지 미군을 철수하기로 합의했다.

1975년 — 베트남이 재통일되다
북베트남군이 남베트남 수도인 사이공(오늘날 호찌민)으로 진격하여 베트남을 재통일하고 전쟁을 끝냈다.

> "베트남을 잃은 것은 베트남의 전쟁터에서가 아니라 미국의 거실에서였다."
>
> 1975년 5월 16일자 〈몬트리올 가제트〉에서 마셜 매클루언.

1970년 매 달마다 '호찌민 통로'로 보급품 1만 8,000여 톤이 수송되었다.

23 베트남 전쟁에서 전사한 미군 병사의 평균 연령.

미국 헬리콥터 CH-47 치누크

안정감이 있으면서도 민첩하고 빠른 헬리콥터인 CH-47 치누크가 베트남의 험준한 정글 위로 군인, 차량, 탄약 그리고 사상자를 빠르게 실어 날랐다. 바닥에 갈고리가 달려 있어서 걸어서는 접근할 수 없는 산악 지대로 무거운 포를 나를 수 있었고, 심지어는 자체 무게보다 가벼운 항공기도 들어 옮길 수 있었다.

세심한 설계
앞뒤에 하나씩 두 쌍의 회전 날개가 달려 있어, 날개가 하나뿐인 헬리콥터에 비해 흔들림이 적고 안정감이 컸다.

기내 창문
위급한 상황이 생겼을 때는 떼어 내고 탈출할 수 있었다.

미군
전쟁에 참전한 이들은 인종과 사회적 배경이 다양했다.

엔진
엔진이 두 개 달린 이 헬리콥터는 미군이 보유한 것 가운데 가장 빠른 것으로 최고 시속이 315킬로미터였다.

로딩 램프
경사진 이 부분을 올리거나 내릴 수 있어, 병사들은 이를 이용해 타고 내렸다.

병력 수송
이 헬리콥터는 완전히 무장한 병사 33명을 태울 수 있었다.

헬리콥터에 실은 차량
자동차를 실을 공간이 있었다. 전쟁터를 누빈 자동차, 지프는 베트남의 험준한 정글 지형에 적합했다.

게릴라전

북베트남군(NVA)과 베트콩(남베트남에서 활동하는 친공산당 군대)은 게릴라 전술을 사용했다. 정글에 숨어서 땅바닥에 보이지 않는 무기나 함정을 설치하거나, 먼 거리에서 미군을 공격한 뒤 순식간에 사라지곤 했다. 미군과 달리 이들은 지형을 이용했고 현지인의 지원을 받기도 했다.

서 있는 보초병

남베트남 여성 수천 명이 베트콩을 위해 싸웠다.

대중 시위

베트남 전쟁은 텔레비전에 중계된 최초의 전쟁으로, 미국인들은 수많은 죽음과 파괴의 장면을 두 눈으로 직접 확인하고는 크게 분노했다. 전국적으로 대규모 전쟁 반대 시위가 일어났고, 일부 젊은이들은 입대를 거부했다.

반전 시위

캘리포니아 주 버클리에서 여성들이 모여 반전 시위를 벌이고 있다.

현대 세계 ○ 흑인 민권 운동

> 1950년대에 인종 차별로 아프리카계 미국인 40명 가운데 한 명만이 대학 학위를 받았다.

흑인 민권 운동

1950년대에 아프리카계 미국인들은 공공장소와 대중교통을 이용할 때 백인과 분리된 다른 곳을 이용해야 하는 등 일상적인 차별을 겪었다.

피부색에 따른 차별에 반대하는 아프리카계 미국인의 민권 단체가 점차 늘어났다. 많은 사람들이 비폭력 평화 시위를 벌였고, 그 과정에서 차별 금지에 반대하는 이들의 공격을 받았다. 차별을 금지하는 법이 1960년대에 통과되었으나, 아프리카계 미국인들은 계속해서 기본권과 투표권을 쟁취하고자 투쟁을 이어나갔다.

마틴 루터 킹 주니어

1929년 조지아 주 애틀랜타에서 태어났다. 그는 침례교 목사이자 민권 활동가였다. 수많은 비폭력 시위를 조직하고 감동적인 연설을 하는 등 미국에서 인종 차별을 끝내는 데 핵심적인 역할을 했다. 1964년 노벨 평화상을 수상했지만 1968년 4월 한 백인 인종 차별주의자에게 암살되었다.

짐 크로 법

'짐 크로'는 흑인에게 모욕적인 은어였다. 짐 크로 법은 일부 주들이 학교, 식당, 도서관, 병원 그리고 대중교통에서 흑인과 백인의 차별을 합법화하려고 만든 것이다. 이 법 때문에 흑인은 투표를 하기도 어려웠다.

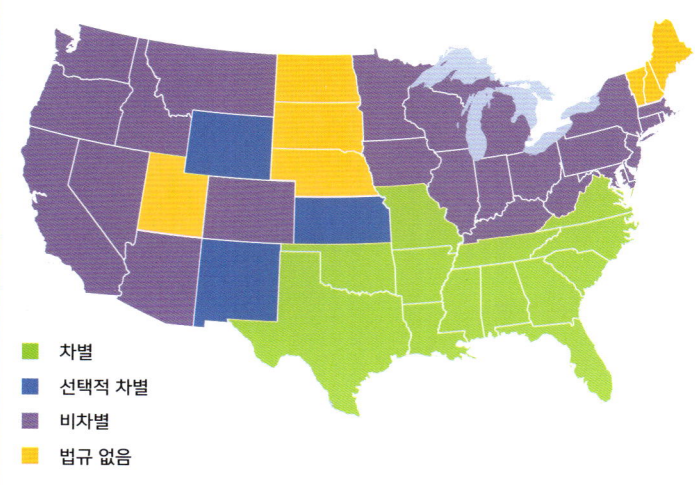

- 차별
- 선택적 차별
- 비차별
- 법규 없음

1950년대 초반의 교육 차별
각 주마다 흑인과 백인 어린이가 한 학교에 다녀도 되는지 규정한 법이 있었다.

연표

평등한 세상을 위한 투쟁

1950년대와 1960년대에 흑인뿐 아니라 백인들도 아프리카계 미국인의 차별에 맞서 함께 평등을 외쳤다. 흑인 민권 운동은 소송과 비폭력 시위로 차별에 맞섰다. 정치적 권리와 자유를 위한 투쟁은 길고 힘겨웠다. 수많은 참가자들이 '백인만을 위한' 나라를 원했던 사람들의 공격을 받기도 했다.

1954년 5월

브라운 대 토피카 교육 위원회 재판

아홉 살짜리 린다 브라운이 캔자스 주 토피카의 백인 전용 학교에 입학하려다가 거부당했다. 그러자 그 부모는 토피카 교육 위원회를 상대로 소송을 걸었고, 미국 대법원은 '차별은 미국 헌법에 위배된다'는 획기적인 판결을 내리며 브라운 일가의 손을 들어 주었다. 그리하여 정부가 운영하는 학교에서 차별이 금지되었다.

1957년

마틴 루터 킹 주니어와 남부 기독교 지도회의

마틴 루터 킹 주니어는 새로운 민권 조직인 남부 기독교 지도회의(SCLC)의 창설자이자 대표였다. 전미 유색인 지위 향상 협회(NAACP)와 함께 일한 그는 남부에 있는 아프리카계 미국인의 교회를 통합하여 비폭력 시위로 민권 운동의 명분을 높이고자 했다.

1957년

리틀록 9인

아프리카계 미국인 십 대 9명이 아칸소 주 리틀록 센트럴 고등학교에 입학 등록을 했다. 당시 이 학교는 학생 1,900명이 모두 백인이었다. 흑인이 등교하는 것에 반대하는 적대적인 백인 군중과 마주해야 했기 때문에 이들 9명은 교실까지 군대의 보호를 받으며 이동해야 했다. 이들은 '리틀록 9인'으로 불리었다.

1960년

그린즈버러의 연좌시위

노스캐롤라이나 주 그린즈버러의 한 백화점에서 네 명의 흑인 대학생이 '백인 전용' 간이식당에 앉았다가 서비스를 거부당했다. 이 학생들은 문을 닫을 때까지 앉아 있었고, 며칠 뒤 300여 명의 학생과 함께 다시 돌아왔다. '연좌시위'로 알려진 이 비폭력 행위는 남부 전 지역으로 퍼져나갔다.

| 약 2만 1,000 | 마틴 루터 킹 주니어가 사망한 뒤에 일어난 시위에서 체포된 사람의 수. | 1970 | '흑인 역사의 달'을 처음 기념한 해. |

워싱턴 연설
워싱턴 D. C.에서 25만 명이 참가한 시위가 끝나자, 마틴 루터 킹 주니어가 링컨 기념관 계단에 올라 아프리카계 미국인의 미래에 대한 희망을 담은 연설을 했다.

> "나에게는 꿈이 있습니다. 내 네 아이가 언젠가 피부색을 기준으로 평가받지 않는 나라에서 살게 되는 꿈입니다."
>
> 1963년 워싱턴 연설에서 마틴 루터 킹 주니어.

로사 파크스와 버스 보이콧

1955년 로사 파크스라는 한 아프리카계 미국인 재봉사가 앨라배마 주의 차별법을 어기고 백인에게 버스 좌석 양보를 거부함으로써 역사를 새롭게 썼다. 그녀는 1909년 창설된 민권 단체인 전미 유색인 지위 향상 협회(NAACP) 회원이었다. 로사 파크스가 체포되자, 마틴 루터 킹 주니어가 주도하는 시내버스 보이콧이 1년 동안 진행되었다. 이 시위는 아프리카계 미국인이 직면한 차별에 대해 세계적인 관심을 불러일으켰다.

지문 채취
로사 파크스는 백인 승객에게 버스 좌석을 양보하지 않았다는 이유로 체포되었다.

투표권

마틴 루터 킹 주니어가 흑인의 투표권이 보장되도록 힘쓰는 가운데, 린든 존슨 대통령이 '1965년 선거권법'에 서명했다. 이 법이 제정되며 흑인은 제한과 협박을 받지 않고 투표할 수 있게 되었다. 이 선거법은 흑인 민권 운동 역사상 매우 큰 업적 가운데 하나였다. 이 법이 통과된 뒤 투표를 하러 온 아프리카계 미국인의 수가 특히 미국 남부에서 크게 늘어났다.

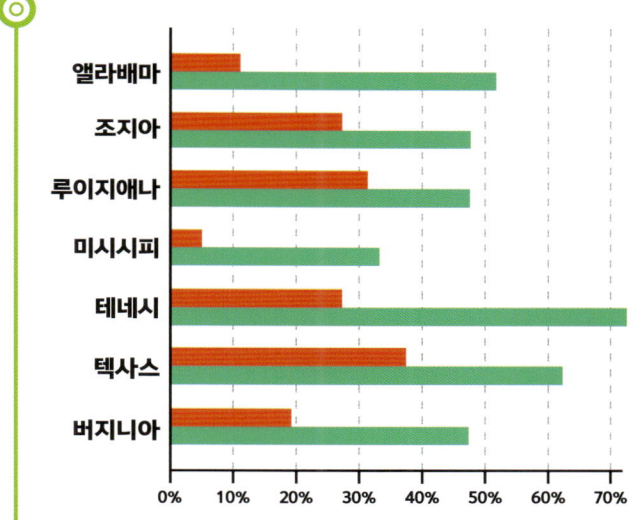

흑인 투표자 등록
■ 1956 ■ 1966

1961년

자유 승차
주간 버스에서 차별을 금지하는 새로운 법이 통과되자, 대학생들이 이 법을 시험해 보기 위해 남부 전 지역에서 '자유 승차'를 시도했다. 그들은 '백인 전용' 대기실과 간이식당에서 충격적인 폭력과 마주해야 했지만, 결국 버스와 철도 회사에서는 차별을 금지할 수밖에 없었다.

1964년 4월 3일

'투표냐 총알이냐'
말콤 엑스는 흑인 무슬림 지도자였다. 1964년 선거 직전 한 연설에서, 민권은 '투표 또는 총알'로 달성될 것이라고 말했다. 이 연설은 아프리카계 미국인들에게 투표를 독려하면서도, 무장 투쟁을 벌일 수도 있음을 경고한 것이다. 말콤 엑스는 1965년 암살되었다.

1964년 7월 2일

1964년 민권법
수년간 벌어진 항의와 국제적 압력이 있은 뒤, 1964년 상원이 민권법을 통과시키며 미국은 평등에 한 걸음 더 다가갔다. 이 법은 버스, 학교, 기타 공공장소에서 차별을 없애고 교육과 고용 분야의 인종 차별을 불법으로 규정했다.

1965년 3월

셀마-몽고메리 행진
남부 주에 사는 흑인들은 종종 투표 등록을 거부당하곤 했다. 시위자들은 셀마에서 몽고메리까지 80여 킬로미터를 행진하며 투표권을 요구했다. 그들은 경찰에게 잔혹한 공격을 당하기도 했다.

1968년

1968년 민권법
마틴 루터 킹 주니어가 암살되자, 미국 125개 도시에서 시위가 일어났다. 존슨 대통령은 민권법을 서둘러 통과시켜 달라고 의회에 촉구했다. '공평 주거 권리법'으로 널리 알려진 이 법은 인종, 종교, 출신 국가에 관계없이 미국에서 집을 사거나 임대할 수 있도록 공평한 주거의 기회를 보장하는 것이었다.

1960년대

제2차 세계 대전이 끝나고, 고난과 회복의 시기를 모두 거친 뒤 맞이한 1960년대는 낙관론과 흥분으로 가득한 10년이었다. 젊은이들은 패션, 음악, 예술로 자신을 표현할 수 있는 방법을 찾아냈다.

젊은이들은 비틀스, 더 후, 롤링 스톤스 같은 영국의 새로운 팝과 록 밴드, 메리 퀀트와 같은 혁신적인 패션 디자이너, 트위기와 진 슈림프턴 같은 스타일리시한 모델들에 열광했다. 젊은이들은 예전의 패션이나 음악의 취향뿐 아니라 정치적 견해에도 도전하며 부모 세대에게 반항하기 시작했다. 그리하여 젊은이와 기성세대 간에 '세대 차이'가 나타났다.

1966 패션 디자이너 메리 퀀트가 영국 런던에서 미니스커트를 판매하기 시작한 해.

10년간의 시위
1950년대 미국에서 시작된 민권 운동의 자극을 받아 1960년대 또 다른 시위가 시작되었다. 사람들은 성과 인종의 평등, 인권, 더 나은 노동 조건, 환경 그리고 베트남 전쟁의 종결을 외치며 행진했다. 격동의 10년은 시위와 사회 불안으로 마무리되었다.

1961년 — 여성 평화 시위
미국 전 지역에서 여성들이 미국과 소련의 핵무기에 반대하는 일일 시위에 참가했다. 그 결과 핵무기에 반대하는 '평화를 위한 여성 파업(WSP)'이라는 전국 조직이 결성되었다.

1963년 — 워싱턴으로 행진하다
25만 명 가까운 사람들이 아프리카계 미국인의 동등한 민권을 요구하며 워싱턴 D. C.로 행진했다. '직업과 자유를 위한 워싱턴 행진'은 역사상 가장 규모가 큰 시위였으며, 민권 운동 지도자 마틴 루터 킹 주니어는 워싱턴에서 '나에게는 꿈이 있습니다'라는 연설을 했다.

1965년 — 플라워 파워
미국 샌프란시스코에서 히피 운동이 일어났다. 군인과 경찰에게 꽃을 나누어 주면서 베트남 전쟁 반대 운동을 평화롭게 펼쳤다. 참가한 사람들의 머리가 길고 옷이 다채로워 쉽게 알아볼 수 있었다.

1967년 — 서머 오브 러브
젊은이들 수천 명이 히피 문화를 경험하고자 여행을 갔다. 불교와 같은 동양 종교의 영향을 받아, 폭력에 맞서고 평화와 사랑을 열렬히 받아들였다.

1968년 — 프랑스에서 벌어진 시위
파리에서 학생 시위가 폭발하자, 정부에 불만을 품은 1,000만 명이 단결하여 2주 동안 대규모 총파업을 벌였다.

1969년 — 스톤월 항쟁
뉴욕 시 그린위치 빌리지에 있는 술집 '스톤월 인' 외곽에서 경찰이 시위대를 급습하자, 차별에 대항하는 성 소수자들의 항쟁이 벌어졌다.

우주 시대 패션 — 패션 디자이너들이 우주에 눈을 돌리며 미래적인 색상과 현대적인 소재로 옷을 디자인했다.

다채로운 양식 — 상점 외벽을 통해 거리 예술을 생생하게 표현하기도 했다.

파이브 포인트 헤어 커트 — 일하는 여성들은 관리하기 쉬운 헤어스타일을 선호했다. 헤어 디자이너인 비달 사순은 '파이브 포인트 헤어 커트'라는 새로운 기술로 혁신을 일으켰다.

미니스커트 — 영국 디자이너 메리 퀀트가 대중화한 미니스커트는 반항적인 젊은 세대 문화의 상징이 되었다.

스포츠카 — 영국 스포츠카인 '재규어 E-타입'이 선풍적인 인기를 끌었다.

사진 촬영 — 패션 사진가들은 번잡한 도시를 야외 촬영지 삼아 모델 사진을 찍었다.

패션모델 — 패션 사진가들은 십 대 모델들을 세계적인 스타로 키웠다.

| 6억 | 전 세계에서 판매된 비틀스 앨범의 대략적인 수. | 32 | 1969년 우드스톡에서 이루어진 공연의 횟수. |

팝 아트

'대중 예술(Popular art)'을 줄인 말로, 1950년대에 등장했지만 1960년대에 크게 번성했다. 예술가들은 전통적인 회화를 거부하고 과감한 색채와 단순한 일상적 이미지를 선호했다. 그리고 대중문화, 만화, 광고에서 영감을 얻었다. 가장 유명한 팝 아티스트는 앤디 워홀과 로이 리히텐슈타인으로, 뉴욕을 기반으로 활동했다.

앤디 워홀
미국 팝 아티스트로, 할리우드 영화 스타에 매료되어 당시 유명한 배우들을 자기 작품에 묘사했다.

우드스톡 페스티벌

1969년 미국 뉴욕 주 북부의 한 작은 농장에서 우드스톡 페스티벌이 열렸다. 홍보용 포스터는 '3일간의 평화와 음악'을 약속했다. 50만 명이 페스티벌을 찾아와 지미 헨드릭스, 더 후, 재니스 조플린 등 당대 최고 뮤지션들의 음악에 귀를 기울였다.

지미 헨드릭스
재즈풍 기타 솔로로 유명한 전설적인 기타리스트였다. 축제 마지막 밤에 공연했다.

활기 넘치는 런던

1960년대 런던은 패션, 음악, 예술 분야의 빠른 변화를 이끄는 중심지였다. 미국 잡지 〈타임〉은 런던을 가리켜 '활기 넘치는 도시'라고 불렀다. 젊은이들은 런던의 분주한 쇼핑 거리로 몰려들어 최신 트렌드를 구경하고 소비했다.

아프로 헤어스타일
미국에서 일어난 민권 운동에 고무된 일부 영국 흑인들이 자부심의 상징으로 헤어스타일을 자연스럽게 연출했다.

새로운 헤어스타일
영국 밴드 비틀스는 '몹톱'이라 불린 이와 같이 축 처진 헤어스타일을 유행시켰다. 지난 10년 사이에, 그동안 다소 보수적이었던 남성 헤어 커트에 변화가 생긴 것이다.

블록컬러
밝고 대담하고 기하학적인 무늬가 유행했다.

모드와 로커
'모드'는 파카와 반소매 셔츠를 입고 스쿠터를 탄 이들이다. 모터바이크를 타는 '로커' 패거리들과 싸웠다.

미니
이 자동차는 1959년 처음 판매되었으며, 1960년대 영국의 상징이 되었다.

군복
이브 생 로랑은 '더블 피 코트'라는 단추가 두 줄로 된 짧은 코트를 유행시키며, 군복에서 영감을 얻은 패션 트렌드에 불을 붙였다.

중성적인 옷
패션 디자이너들은 누구나 입을 수 있는 남녀공용 패션을 창조하여 여성성과 남성성에 대한 전통 관념에 도전했다.

중동의 갈등

중동은 오늘날 서아시아 일대에서 북아프리카 이집트까지 포함한 지역을 가리킨다. 20세기와 21세기 초반에 이 지역 안팎의 나라들 그리고 다양한 종교 집단 사이에 많은 전쟁이 벌어졌다.

중동 사람들은 대부분 이슬람교를 믿지만 매우 다양한 종교 집단이 뒤섞여 있다. 1949년 팔레스타인에서 이스라엘 국가가 창설되면서 중동 전체가 분노로 들끓었고, 그때 시작된 분쟁이 지금까지 이어지고 있다. 더 최근인 2010년에는 '아랍의 봄'이라 부르는 민주화 시위가 연속해서 일어나 불안과 격변에 휩싸인 한편, 시리아와 예멘에서는 내전이 벌어져 분열이 깊어졌다.

오늘날 중동
서아시아 일대와 북아프리카를 포함하는 중동은 영국이 자기 나라의 위치를 중심으로 붙인 이름이다.

이란

중동에서 사우디아라비아 다음으로 땅이 넓은 나라이다. 이란 주민들은 대부분 이슬람교의 특정 지파를 추종하는 시아파 무슬림이다. 20세기 내내 이란은 정치적 격변과 전쟁을 자주 겪었는데, 그 상대는 거의 대부분 이웃 나라 이라크였다.

테헤란 혁명

1941년 모하마드 레자 샤 팔라비가 미국의 도움으로 정권을 장악하여 이란의 샤(국왕)가 되었다. 그가 미국을 등에 업고 개혁을 실시하자 보수적인 시아파 무슬림들이 분노했다. 팔라비의 가장 강력한 맞수인 아야톨라 호메이니는 이슬람 신앙을 이념으로 하는 정부를 세우고자 했고, 1979년 100만 명이 넘는 사람들이 그를 지지하며 거리로 쏟아져 나왔다. 결국 팔라비는 망명할 수밖에 없었고 호메이니가 권력을 장악했다.

대중의 지지
1979년 100만 명이 넘는 이란인이 무슬림 성직자인 아야톨라 호메이니를 지지하는 시위를 벌였다.

탱크전
이란은 이라크와 벌인 전투에서 이 '치프틴' 같은 영국제와 미국제 탱크를 사용했다.

이란-이라크 전쟁

이란이 1979년의 혁명으로 혼란에 빠지자 1980년 이라크의 지도자 사담 후세인이 이란을 침공했다. 후세인은 전쟁을 일으킨 이유를 두 나라 사이의 수로 영유권 분쟁 탓으로 돌렸다. 탱크, 화학무기가 동원되고 참호전으로 양측은 막대한 피해를 입었다. 1988년 유엔의 중재로 휴전이 선언되었다.

연표

이스라엘과 팔레스타인

영국은 제1차 세계 대전 중 전쟁을 돕는 대가로 팔레스타인의 독립을 약속했다. 그러나 이후 모순된 태도를 보이며, 유대인들에게는 팔레스타인에 나라를 세우는 것을 지지한다고 선언했다. 그러자 유대인들은 신이 약속한 땅이라며 팔레스타인에 국가를 세웠고, 그곳에 이미 살고 있던 아랍 민족들이 반대하며 전쟁이 벌어졌다.

1948년 — 팔레스타인에 이스라엘 국가가 세워지다
유엔은 팔레스타인 지역을 아랍 국가와 유대인 국가로 분할할 것을 제안했다. 팔레스타인인들의 저항에도 불구하고 이스라엘 국가가 건설되었다.

1948–1960년 — 팔레스타인 사람들의 이주
이스라엘 국가가 건국되자 70만 명이 넘는 팔레스타인인들이 그 지역을 떠났다. 그들은 이를 '나크바' 즉 대재앙이라 불렀다. 팔레스타인인들은 자신들이 추방되었다고 주장한 반면, 이스라엘은 팔레스타인인들에게 떠나라고 강요한 적이 없다고 했다.

1964년 — 팔레스타인 해방 기구(PLO)
요르단에서 창설된 이 기구의 목표는 다양한 아랍 조직들을 하나로 모아 이스라엘을 몰아내고 팔레스타인을 해방시키는 것이었다. 팔레스타인 해방 기구는 폭격, 항공기 납치 등 이스라엘에 테러를 일으켰다.

팔레스타인 해방 기구의 지도자 야세르 아라파트

1967년 — 6일 전쟁
이스라엘은 국경을 따라 아랍군에 선제 공격을 하여 이집트, 시리아, 요르단 영토를 빼앗았다.

> 사우디아라비아는 매일 석유를 1,000만 배럴씩 생산한다.

2010 아랍의 봄(중동의 여러 무슬림 국가에서 일어난 민주화 시위 물결)이 있었던 해.

540만 2011년 내전이 시작된 이래 시리아를 탈출한 사람 수.

걸프 전쟁

1990년 이라크의 사담 후세인이 석유 부국 쿠웨이트를 침공했다. 그는 쿠웨이트가 자기네 땅이라는 명분을 내세웠다. 이라크가 유엔의 철군 요구를 거부하자, 1991년 미국이 이끄는 대규모 군대가 '사막의 폭풍 작전' 기간에 이라크 군대를 공격하였다. 결국 이라크 군대는 쿠웨이트에서 철수해야 했는데, 이 과정에서 600개가 넘는 유정에 불을 질러 석유를 태웠고 환경을 오염시켰다.

사막의 화재
적의 레이더에 거의 잡히지 않는 미국 스텔스 전투기가 10개월 넘게 화재가 진압되지 않는 쿠웨이트 사막 상공을 저공비행하고 있다.

석유 생산

중동은 석유 매장량이 세계 최고이며, 수많은 중동 국가들이 석유를 수출한다. 전 세계적인 석유 수요 덕분에 중동 국가들은 부자가 되었지만, 석유에 눈독 들이는 외부 세력이 이 지역 국가들에 정치, 경제적으로 개입하기도 했다.

산유국
석유는 해외로 수출하려고 설치한 긴 파이프라인을 통해 사막을 가로질러 운송되었다.

테러와의 전쟁

1980년대에 아프가니스탄에서 이슬람 테러 조직 '알 카에다'가 결성되었다. 알 카에다가 2001년 9월 11일 미국에서 일으킨 테러로 3,000명 가까이 목숨을 잃었다. 미국은 '테러와의 전쟁'을 선포하며 아프가니스탄을 침공했다. 알 카에다 기지들을 파괴하고, 이들이 서방 국가들에게 사용할지도 모르는 무기들을 찾는다며 이라크를 공격했다.

폭발물 수색
전쟁 중이었던 2003년 당시, 이라크 전역에 수천 개의 폭발물 지뢰가 흩어져 있었다. 한 미군 병사가 금속 탐지기로 수색하고 있다.

난민 수용소

유엔 난민 기구의 추산에 따르면, 2013년 한 해 동안 무력 충돌과 박해를 피해 집을 떠난 중동 사람 수가 하루 평균 3만 명이 넘었다. 수많은 난민들이 다른 나라에서 정착하기를 바라며 난민 수용소에서 살았는데, 이곳은 안전한 임시 보호소 역할을 했다.

안전한 공간
난민 수용소는 생활 여건이 무척 나쁘지만 식량, 식수, 비상 의약품 등 인명 구제에 필요한 물자를 원조해 주었다.

1973년

욤키푸르 전쟁
시리아와 이집트는 유대인의 축제일 '욤키푸르'에 맞추어 이스라엘의 영토를 기습 공격했다. 6일 전쟁 때 빼앗긴 영토를 되찾고자 했지만, 이스라엘에 막혀 실패했다.

1979년

이집트-이스라엘 평화 조약
미국 대통령 지미 카터는 이스라엘과 이집트의 관계 개선을 위해 노력했다. 이스라엘 군대는 이집트 점령지에서 철수하였고, 이집트는 아랍 국가들 가운데 최초로 이스라엘을 공식적으로 인정했다.

1987-1993년

1차 인티파다
1980년대 초 팔레스타인 땅에 유대인 정착촌이 세워지자 긴장감이 높아졌다. 팔레스타인인들은 '인티파다'라 불리는 대이스라엘 무장 봉기를 일으켰다. 이에 이스라엘은 극단적인 무력으로 대응함으로써 세계적인 비난을 받았다.

1993년

오슬로 협정
미국 빌 클린턴 대통령의 중재로 이스라엘과 팔레스타인 지도자들이 노르웨이 오슬로에서 협정에 서명했다. 이 오슬로 협정은 평화 합의를 이끌어 내려는 것이었지만 성과를 거두지는 못했다.

2000-2005년

2차 인티파다
이스라엘 수상 아리엘 샤론이 예루살렘의 성전산 종교 유적지를 방문하여 논란을 일으켰다. 그러자 팔레스타인 시위가 폭동으로 번졌고, 이후 자살 공격, 로켓 발사 그리고 이스라엘 군인과 시민을 노린 총격이 잇달았다. 이스라엘은 엄청난 군사력으로 대응했다. 이 2차 인티파다로 4,000명이 넘는 이스라엘인과 팔레스타인인이 목숨을 잃었다.

식민지 독립 이후의 아프리카

오랫동안 식민 지배에 놓였던 아프리카는 1950~1960년대에 독립했다. 자유와 새로운 기회가 주어졌지만 대부분 나라에서는 이후 수십 년 동안 거대한 도전과 마주해야 했다.

아프리카에서 많은 나라들이 내전을 겪었고 민족 분쟁이 일어났다. 독재자들은 권력을 잡으면 내놓으려 하지 않았고 폭력과 공포로 수십 년 동안 통치했다. 남아프리카 공화국에서는 정부가 아파르트헤이트(백인과 백인이 아닌 사람을 분리하는 인종 차별 정책)라는 체제에서 소수 백인의 편을 들었다. 흑인은 집이나 일터 등을 자유롭게 가질 수 없었고, 백인에 비하면 정치적 권리가 거의 없었다. 그러나 21세기에 접어들어 많은 나라들이 정치적, 경제적으로 안정을 찾고 있어 아프리카의 미래가 밝아 보인다.

1960-1965년
콩고(현재 콩고 민주 공화국)는 벨기에에서 독립한 뒤 극심한 폭력에 시달렸다.

1963년
아프리카 국가들의 협력을 장려하고 대륙 전체에 퍼져 있는 식민주의와 싸우기 위해 아프리카 통일 기구가 창설되었다.

1971-1979년
우간다 대통령 이디 아민은 8년 동안 폭력적인 공포 정치를 실시했다.

1975-2002년
앙골라는 포르투갈로부터 독립했으나 수십 년간 내전이 지속되었다.

1994년 4~7월
르완다에서 100만 명에 이르는 투치족이 이웃 부족 후투족에게 살해되었다.

1994년 5월
넬슨 만델라가 남아프리카 공화국 최초의 흑인 대통령이 됨으로써 300년 백인 통치의 막을 내렸다.

2004년
케냐의 페미니스트 왕가리 마타이는 젊은 여성들에게 힘을 실어 주고자 노력한 공로로 노벨 평화상을 받았다.

2018년
에티오피아는 아프리카에서 경제 성장이 가장 빠른 나라가 되었다.

남아프리카 공화국 최초의 자유선거
군중들이 선거 유세 현장에서 넬슨 만델라를 지지하고 있다. 만델라는 1994년 남아프리카 공화국 최초의 흑인 대통령이 되었고, 이는 곧 '아파르트헤이트'가 끝난 것이었다.

현대 세계 ○ 현대 아시아

> 한국 자동차 회사인 '현대'가 보유한 공장들의 면적을 모두 합하면 축구장 700개 정도 크기다.

현대 아시아

제2차 세계 대전 이후, 아시아 여러 국가들은 경제적으로 성장하고 부유해졌다. 아시아 일부 지역은 현대사에서 처음으로 유럽보다 부유해졌고, 미국을 빠르게 따라잡았다.

전쟁이 끝난 뒤 아시아에서는 황폐해진 국토를 복구하고 나라를 다시 일으켜 세워야 했다. 경제를 일으키기 위해 수입에 의존하기보다는 석탄과 석유 같은 자국에서 보유한 천원자원을 이용해 산업을 성장시켰다. 각 나라 정부는 통신, 전력, 교통 시스템 등 인프라 개선에 투자하였고 첨단 산업에 주력했다.

경기 호황

1960년대 초부터 1990년대까지 많은 아시아 국가들은 경제가 빠르게 성장했고 생활수준도 나아졌다. 생산 단가가 낮은 하이테크 제품을 전 세계에 수출하고 외국의 투자를 유치했다. 아시아 대륙은 1997년 외환 위기로 시련을 겪었지만 이후 빠른 속도로 회복했다.

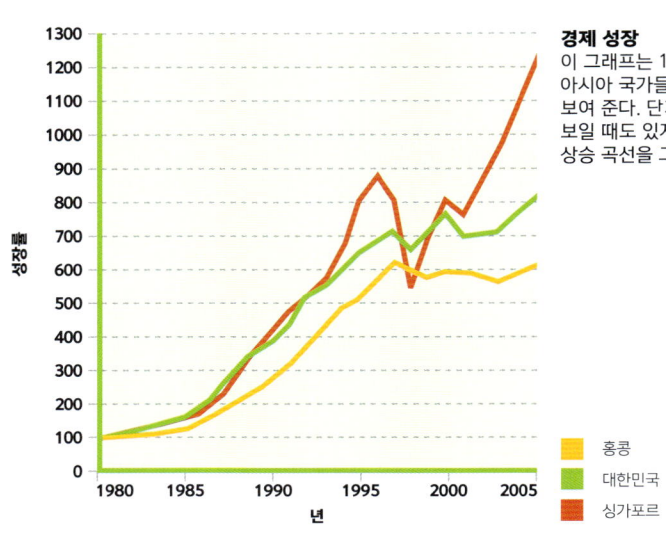

경제 성장
이 그래프는 1980~2005년 일부 아시아 국가들의 경제 성장을 보여 준다. 단기적으로 하강세를 보일 때도 있지만 장기적으로는 상승 곡선을 그리고 있다.

- 홍콩
- 대한민국
- 싱가포르

일본

일본은 제2차 세계 대전 이후 경제를 일으켜 세우기 위해 면화, 석탄, 강철을 생산하는 데 집중했다. 교육 제도로 수준 높은 숙련된 노동자를 길러냈고, 점차 첨단 제품 생산에 주력했다. 1990년대 경기 침체를 겪으면서 성장세가 느려졌지만 일본은 여전히 부유한 나라 가운데 하나다.

소니 워크맨
일본 기업 소니는 1979년 이 휴대용 카세트테이프 플레이어를 출시한 뒤 전 세계에 2억 대를 팔았다.

싱가포르

싱가포르는 이웃한 말레이시아에서 1965년 독립했다. 이후 이 작은 나라는 해외 투자를 적극적으로 유치하여 세계 금융의 중심지가 되었다.

싱가포르 항
싱가포르 주요 항구로, 대형 선박들을 수용할 수 있는 수심이 깊은 곳에 있다. 해마다 13만 척이 넘는 선박이 찾아오며, 2~3분에 1척 꼴로 드나드는 세계에서 가장 바쁜 항구라 할 수 있다.

현대 기술

일본은 전자 공학과 로봇 공학을 개척하며 기술 분야에서 앞장서 나갔다. 전자 회사인 소니와 닌텐도, 자동차 회사인 미쓰비시와 토요타 등 전 세계 소비자들에게 사랑받은 세계적인 브랜드가 일본에서 나왔다.

혼다 아시모
2000년 탄생한 혼다 아시모는 두 발로 걷는 최초의 로봇이었다.

닌텐도 게임보이
닌텐도 회사는 1989년 출시한 이 휴대용 게임기를 1,800만 대 넘게 판매했다.

2008 중국 베이징이 하계 올림픽을 개최한 해. 전 세계 47억 명이 이를 시청했다.

초속 6미터 말레이시아 페트로나스 트윈 타워의 승강기 속도.

한국

한국은 세계 최고의 수출국 가운데 하나가 되었다. '현대자동차'와 '삼성전자'뿐 아니라 케이팝(한국 대중음악)과 케이뷰티(한국 화장품) 같은 문화 상품도 인기 수출품이다.

울산항 해운 운송
현대자동차는 10초당 1대씩 신차를 생산한다. 공장과 가까운 이 항구에서 이 자동차들을 싣고 전 세계 소비자들에게 보낸다.

중국

1978년 중국의 지도자 덩샤오핑은 그동안 엄격히 통제해 왔던 경제를 세계에 개방하는 새로운 정책을 승인했다. 그는 수십 년 만에 처음으로 외국 기업의 중국 투자를 끌어들였다. 노동력이 매우 풍부한 중국은 전 세계에서 가장 많은 상품을 생산, 판매하여 경제 초강대국이 되었다.

현대 공장들
중국은 신기술을 도입함으로써 공장을 현대화했다. 노동자의 임금이 서구보다 낮아 외국 회사들의 금융 투자를 끌어들이기에 유리했다.

말레이시아

1957년 영국에서 독립한 말레이시아는 석유, 가스, 주석, 비옥한 토지 등 풍부한 천연자원을 바탕으로 매우 빠르게 발전했다. 정부는 외국 기업과 무역이 더욱 쉬워지도록 했고 인프라에 투자했으며, 국가 의료와 교육을 개혁했다.

페트로나스 트윈 타워
말레이시아 쿠알라룸푸르에 있는 쌍둥이 빌딩으로 높이가 452미터에 이른다. 2004년까지 세계에서 가장 높은 빌딩이었으며, 말레이시아의 경제적 성공을 상징했다.

더 푸르른 미래

21세기가 시작되면서 인간의 활동으로 환경이 손상되자, 전문가들은 지구의 위기를 막고자 긴급 조치를 요구하고 있다.

산업 혁명 이후 석유, 석탄 같은 화석 연료로 전력을 생산하며 대기 중에 이산화탄소가 배출되었다. 이산화탄소는 온실가스의 일종으로 담요처럼 지구를 감싸서 태양열을 가두는데, 이것이 '온실 효과'이다. 지구의 기온이 올라가면서 극지방의 만년설이 녹고 해수면이 상승하며, 허리케인과 홍수 같은 자연재해가 매우 심해지고 있다. 과학자와 정치인들이 이 환경 문제들을 기술적으로 해결할 수 있는 방법을 구하고 나서자, 환경 운동가들은 이 행성을 구하는 유일한 방법은 우리가 살아가는 방식을 하루 빨리 바꾸는 것이라고 주장한다.

150억 해마다 전 세계에서 잘려 나가는 나무 수.

절약, 재사용, 재활용
인간은 매일 쓰레기 300만 톤을 버린다. 환경 운동가들은 거대한 쓰레기더미로 환경이 파괴될 것을 우려하면서, 가능하면 물건을 덜 사고 재사용하여 쓰레기 양 자체를 줄이자고 한다.

태양 전지판
태양에서 에너지를 흡수하여 주택에 필요한 전기 에너지를 생산해 낸다.

녹색 지붕
이 식물들은 공기 중의 이산화탄소를 흡수하여 산소로 바꾼다.

내열 유리
삼중 유리창은 겨울에는 열 손실을 막고 여름에는 집을 시원하게 유지한다.

빗물 수집
배수로를 이용해 빗물 탱크로 모은 뒤 필요할 때 정원에 사용한다.

퇴비 통
자른 풀과 음식 찌꺼기는 썩게 나두면 퇴비가 되어 정원에 영양분을 공급해 준다.

자연 친화적인 정원
다양한 나무와 식물을 기르면 소음 공해가 줄고 대기의 질이 좋아질 수 있다.

벌통
벌통 하나에 평균 벌 4만 마리가 들어 있다. 벌들은 식물들 사이에 꽃가루를 옮겨 번식을 돕지만, 서식지가 파괴되면서 개체수가 줄어들고 있다.

텃밭
과일과 채소를 기를 수 있을 뿐 아니라 다양한 곤충들의 서식지가 된다.

식량 위기
지구 면적의 삼분의 일은 이미 농사짓는 데 사용되고 있다. 하지만 인구가 늘며 작물을 키우고 동물을 기르는 데 더 많은 땅이 필요해졌다. 가뭄, 홍수 같은 자연 재해로 농사를 예측하기 어려워지고, 바다 생물을 마구 잡아들이는 바람에 어류 자원이 줄어들고 있다.

빗물 탱크
빗물을 저장하는 대형 지하 탱크는 집과 파이프로 연결되어 있어서 옷을 빨거나 변기 물을 내릴 때 사용한다.

재활용 수거함
재활용하여 새로운 물건을 만들기 위해 유리, 종이, 플라스틱, 알루미늄 쓰레기를 이곳에 모은다.

섭씨2도 과학자들이 예상한 기후 변화를 돌이킬 수 없게 되는 상승 온도.

16억 20세기 초 전 세계 인구. 현재는 70억이 넘는다.

가정용 풍력 발전기
수직으로 세운 축 위에 날개가 달린 형태로, 면적을 적게 차지해 가정에서 많이 쓰인다.

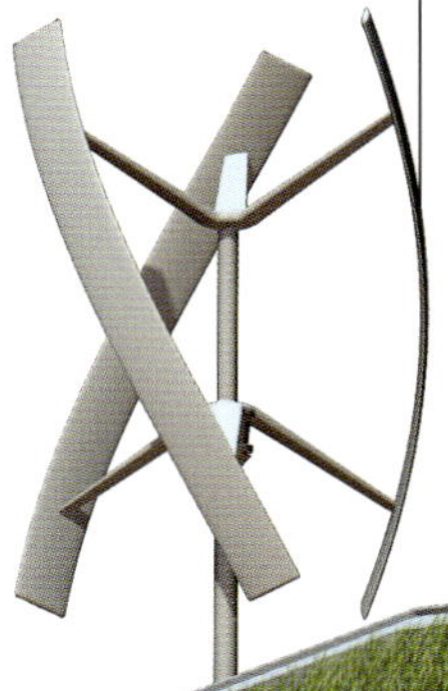

재생 가능 에너지
오늘날에는 발전된 기술로 천연자원에서 많은 에너지를 얻을 수 있다. 바람이 많이 부는 바다에서는 에너지를 공짜로 생산할 수 있다. 석유, 석탄과 달리 바람은 재생 가능한 자원이며 무한하다. 바람이 불어 와 풍력 발전기의 날개를 회전시키면, 이때 생긴 회전력으로 전기가 생산되어 가정, 학교, 사무실에 공급된다.

해수면 상승
해수면이 높아지면서 지대가 낮은 나라들이 물에 잠길 위험에 처해 있다. 태평양에 1만 2,000여 개 섬으로 이루어진 마셜 제도의 대부분 지역이 해수면 위로 높이가 몇 미터밖에 되지 않는다. 파도로 잦은 홍수가 일어 주택, 작물, 식수 공급이 위협받고 있다.

침수 상황
해수면이 계속 올라가면 마셜 제도의 주민들은 집을 떠나야 할지도 모른다.

단열 처리
단열재가 열이 빠져나가는 것을 막는다.

식물로 뒤덮인 벽
이산화탄소를 흡수하는 식물이 있어 공기를 맑게 한다.

저에너지 조명
이 백열전구는 열로 손실되는 에너지가 적어서 효율이 높다.

친환경 페인트
이 수성 페인트에는 환경에 해로운 물질이 들어 있지 않다.

멸종 위기에 처한 야생동물
오스트레일리아 산호에서 남극 펭귄에 이르기까지 전 세계 야생동물이 놀라운 속도로 사라지고 있다. 인간의 활동으로 서식지가 파괴된 것이 수많은 종들을 멸종의 위험에 빠뜨린 주요 원인이다.

생존을 위협받다
서식지가 사라지면서 오랑우탄 개체수가 줄고 있다.

벽돌 벽
벽돌은 열을 흡수한 뒤 서서히 방출하기 때문에 가정 난방에 에너지가 적게 든다.

가전제품
최근에 나온 세탁기, 냉장고, 식기 세척기 등은 물과 전기를 절약할 수 있게 설계되어 있다.

열 교환기
냉수는 땅속 파이프를 통해 흐르면서 열을 흡수한 뒤 집으로 되돌아와 라디에이터를 가열시키거나 샤워와 목욕에 사용된다.

전기 자동차
휘발유나 디젤 자동차와 달리 온실가스를 배출하지 않는다.

"우리는 인류가 초래한 재앙에 직면해 있다. 수천 년 만에 다가 온 가장 큰 위협은 바로 기후 변화다."
영국 방송인 데이비드 애튼버러가 2018년 유엔 기후 변화 회의에서.

친환경 주택
미래의 집은 사람들이 대기 중으로 방출하는 이산화탄소의 양, 즉 '탄소 발자국'을 줄이기 위해 최대한 친환경적으로 지어질 것이다. 친환경 주택은 태양과 바람이 전력을 공급해 주고, 지붕을 덮은 식물들이 주변 공기로부터 이산화탄소를 흡수시킨다. 단열도 잘 되어 있어서 열 손실을 막아 준다.

용어 풀이

가축화
야생 동물을 인간에게 유용하도록 길들임.

강제 수용소
정치, 군사적 이유로 사람들을 강제로 가두어 놓은 시설. 나치의 강제 수용소에서는 유대인을 비롯한 여러 집단이 국가의 적으로 간주되었다.

게릴라전
정규군이 아닌 사람들이 숨어 있다가 소규모로 기습 공격하는 전투 형태.

공물
한 국가 또는 군주의 지위가 자신보다 우월하다는 점을 인정하고 바치는 돈이나 물품.

공산주의
재산, 토지, 공장 및 기타 시설을 국가가 소유하는 정치 또는 경제 체제.

공화국
군주 또는 황제가 없는 나라. 오늘날 공화국은 주로 대통령이 통치한다.

군주제
실질적인 권력이 있든지 없든지 간에, 왕이 나라의 주인으로 간주되는 정부 형태.

내전
한 국가 안에서 서로 적대하는 세력들끼리 벌이는 전쟁.

냉전
미국을 비롯한 서방 국가들과 소련을 비롯한 공산주의 국가들이 적대했던 시기. 제2차 세계 대전 직후부터 1989년까지 지속되었다.

노예
다른 사람의 재산으로 소유되는 사람.

농노
영주의 땅에서 노동을 의무적으로 해야 하는 농민.

대공황
경제 활동이 급격히 감소하는 시기로, 흔히 1929년에 있었던 세계적인 공황을 가리킨다.

도시 국가
흔히 고대와 중세에, 정치적으로 독립되어 국가의 체계를 이룬 도시를 가리킨다. 고대 그리스 도시 국가에서는 각종 정치 제도, 철학 등이 발전하여 그리스·로마 문명의 기틀을 마련했다.

독재자
권력을 혼자서 제한 없이 사용하여 나라를 다스리는 통치자.

동방 정교회
러시아를 비롯한 동유럽과 아시아 일부 등에 분포되어 있는 기독교의 한 교파. 1054년 로마 가톨릭교회로부터 갈라져 나왔다.

르네상스
14세기 유럽에서 시작된 문예 부흥 운동. 고대 그리스와 로마 문화에 대한 새로운 관심에서 비롯된 것으로 이 시기 예술과 문학이 발전했다.

메소포타미아
오늘날 이라크에 위치한 티그리스 강과 유프라테스 강 사이의 지역으로, 초기 문명들이 이곳에서 탄생했다.

멸종
한 종의 생물이 완전히 사라지는 것을 뜻함.

무슬림
이슬람교도를 의미하는 아라비아어.

민권
시민들이 사회적, 정치적으로 평등할 권리.

박해
출신이나 신념이 다르다는 이유로 개인이나 집단을 억압하거나 괴롭히는 것.

반란
권력자를 무너뜨리기 위해 조직적으로 일으키는 봉기.

반종교 개혁
종교 개혁 이후 로마 가톨릭교회 내에서 일어난 변화의 움직임. 내부 개혁과 개신교에 대한 투쟁을 그 내용으로 한다.

볼셰비키
러시아 사회 민주당의 한 분파로, 1918년 공산당이 되었다.

사상자
전쟁이나 사고로 죽거나 다친 사람.

선교사
자신이 믿는 종교를 받아들이게끔 다른 사람들을 찾고 설득하는 종교인.

선사 시대
문자로 역사적 사실을 기록하기 이전의 시기.

순례자
종교적인 이유로 성지를 여행하는 사람.

술탄
11세기부터 사용된 이슬람 군주의 칭호. 이슬람 경전인 《쿠란》에 쓰여 있는 단어로, 도덕적 또는 정신적 권위를 의미한다.

식민화
다른 나라에 식민지를 건설하기 위해 정착민을 보내는 행위. 해당 지역에 이미 살고 있는 사람들에 대한 정치적 지배도 포함된다.

십자군 전쟁
11~13세기 기독교도 기사들이 무슬림으로부터 예루살렘을 되찾기 위해 나선 군사 원정들.

아대륙
더 큰 대륙의 일부를 이루는 커다란 육지. 보통은 인도 아대륙을 가리킨다.

아파르트헤이트
1948~1994년 남아프리카 공화국 정부가 실시한 인종 차별 정책.

암살
정치적, 종교적 이유 등으로 중요 인물을 기습적으로 살해하는 행위.

영묘
대형 무덤 또는 여러 무덤들을 수용하기 위해 만든 인상적인 건물.

왕조
여러 세대에 걸쳐 한 나라를 다스리는 왕실 가문.

유교
공자의 가르침을 바탕으로 하는 중국 종교. 유교를 믿는 사람들은 자신보다 신분이 높은 사람을 존경하라고 배웠다.

유목민
정착촌을 세우지 않고 이곳저곳을 이동하는 사람들.

유엔
제2차 세계 대전 이후 국제 평화, 안전, 협력을 유지하기 위해 결성된 국제기구. 국제 연합(United Nations)의 줄임말이다.

이단
한 종교 집단의 신념과 배치되는 이론이나 행동.

이슬람교
《쿠란》에 쓰여 있는 가르침을 토대로 하는 종교. 신도들은 신(알라)이 예언자 무함마드에게 전한 메시지를 믿는다.

이주민
정착하기 위해 다른 곳에서 온 사람.

자본주의
재산의 사적 소유와 자유 경쟁을 바탕으로 하는 경제 체제.

정찰
군대를 보내기 전에 한 지역을 미리 살펴보는 것. 적의 위치를 파악하기 위해서 한다.

제국
하나의 정부 또는 한 사람의 통치 아래 속하게 된 영토와 민족 집단들.

조약
각 나라들이 국제법상 법률관계를 설정하기 위해 공식 문서로 합의하는 일.

종
서로 비슷하고 번식할 수 있는 유기체 집단.

종교 개혁
16세기에 일어난 기독교 개혁 운동으로, 그 과정에서 유럽의 수많은 개신교인들이 로마 가톨릭 교회의 전통과 가르침에서 벗어났다.

차르
15세기부터 1917년까지 러시아의 통치자가 황제의 의미로 사용한 칭호.

참호
전쟁터에서 적의 공격을 막고 전투를 하기 위해 파는 도랑.

초강대국
정치적 군사적 힘이 막강한 나라로, 국제 사회에 막대한 영향력을 행사할 수 있다.

추축국
제2차 세계 대전 당시 연합국의 반대편에 가담한 독일, 이탈리아, 일본 등 국가들.

칼리프
이슬람 제국의 정치 및 종교 지도자를 부르는 이름.

콘키스타도르
아메리카 원주민 문명을 침략한 스페인인들을 뜻하는 말.

탈식민화
제2차 세계 대전 이후 아시아, 아프리카 등 제3 세계 국가들이 독립한 현상. 식민지였던 국가들이 정치적 지배권을 돌려받거나 독립 전쟁을 일으키기도 했다.

토착민
한 국가 또는 지역에서 원래부터 살아 온 이들을 가리킨다.

퇴위
권력이나 책임을 공식적으로 다른 사람에게 넘기는 것.

파라오
고대 이집트 군주의 칭호. 이집트 사람들은 파라오에게 신성한 권력이 있다고 믿었다.

파시즘
민족주의를 강조하는 정치 운동으로, 시민의 복지보다 국가의 부강을 우선으로 여긴다.

폐지
제도나 법규 등을 완전히 없애는 행위.

포위
한 도시나 요새를 점령할 목적으로 에워싸는 것.

프로테스탄트
종교 개혁 이후 로마 가톨릭에서 분리되어 나온 교파. 가톨릭에 대항하였다는 의미에서 프로테스탄트라는 단어를 사용하였으며, 이들을 신교 혹은 개신교라 부른다.

프로파간다
사람들의 생각과 행동을 변화시키고 통제하는 수단. 예를 들어 포스터, 방송 또는 하늘에서 뿌리는 인쇄물 같은 것일 수도 있다.

헌법
정부의 구성 및 정치 형태와 국민의 기본권 등을 담은 법.

혁명
조직화된 시위 집단이 일으킨 급진적이고 근본적인 사회 변화. 사람들이 무언가를 하거나 생각하는 방식이 변화하는 것을 가리킬 때도 이 말을 사용한다.

홀로코스트
제2차 세계 대전 기간 독일이 자행한 유대인 대량 학살.

찾아보기

ㄱ

가나 156, 184
가말 압델 나세르 184
가면 58, 65, 82
가미카제 전술 183
가부키 92, 118-119
가스 공격 166
간티야 18
갈리아 37, 48
갈리폴리 전투 165
갈릴레오 갈릴레이 112-113
감염 146-147
갑옷 36, 45, 50-51, 55, 58, 64-65, 70, 78, 106
강제 수용소 162, 178-179
거북선 92-93, 96-97
거석 18-19
건축 22-23, 27, 30, 36, 48-49, 52-53, 58-59, 61-66, 72, 88-89, 92, 94, 98-99, 102, 110, 116, 170-171
걸프 전쟁 162, 195
게르만 이교주의 54
게르만족 9, 49, 54-55
게릴라전 189
게이샤 119
게티즈버그 전투 149
겐코의 난 65
경기 호황 116, 198
고대 아메리카 86-87
고려 왕조 96, 97
고분 시대 64
고인돌 19
고전기 28-30
고트족 54
골드러시 134, 136
공동체 8, 12, 74, 75
공산주의 162-163, 169, 172-179, 186-187
공장 48, 89, 130-131, 153, 159, 170, 198-199
공중 정원 41
공포 정치 139, 197
과학 혁명 92, 112-113
교황 60-61, 108-109
교황청 60
교회 권력 60-61
구정 대공세 188
구호 기사단 79
국내 전선 165
굽타 제국 42
귀족 26, 70-71, 122, 139
그레이트 짐바브웨 58, 80-81
그레이트플레인스 75, 150-151
그리스 8-9, 20-21, 28-29, 30-33, 38-39, 40-41, 94, 126, 145, 147
그리스 독립 전쟁 126, 145
그린란드 69
그린즈버러의 연좌시위 190
금 왕조 47, 76
기근 47, 154
기독교 58-61 69, 73, 137
기사 70-71, 78-79
기자 피라미드 41
기후 변화 200-201
길가메시 21

ㄴ

나가사키 183
나라 시대 64
나일 강 8, 17, 22, 25-27
나치당 173, 179
나침반 8, 46
나토(NATO) 186
나폴레옹 보나파르트 127, 140-141
나폴레옹 전쟁 127, 140-141
난 마돌 82
난민 183, 185, 195
남극 8, 13, 136, 201
남부 맹방 148-149
남부 기독교 지도회의 190
남북조 시대 47
남아시아 42, 184
남아프리카 공화국 163, 196-197
내연 기관 152
네덜란드 116-117
네덜란드 독립 전쟁 109
네로 49
네안데르탈인 11-13
넬슨 만델라 163, 196-197
넬슨 제독 140
노르망디 상륙 183
노르테 치코 문명 86
노예 제도 120-121, 126, 148-149
농노제 103
농사 9, 16-17, 20, 74-75, 87, 172-173, 200
누에바그라나다 142
눈물의 길 134
뉘른베르크 법 178
뉴그레인지 18
뉴기니 82, 185
뉴딜 정책 163, 171
뉴암스테르담 115
뉴욕 115, 127, 154, 163, 170-171, 192, 193
뉴질랜드 58, 82, 136-137, 156
니콜라우스 코페르니쿠스 93, 112
니콜라이 2세 169

ㄷ

다리우스 1세 9, 38-39
다마스쿠스 67, 78
다비드 상 94
다이묘 64
다하우 178
단두대 127, 138-139
당 왕조 59, 76
당 태종 76
대공황 163, 170-171, 174
대량 생산 92, 101, 130, 152, 153, 170, 174
대서양 전투 177
대운하 47
대월 제국 72
덩샤오핑 199
데니소바인 12-13
데모크리토스 31
델리 93, 110
델포이 28
도르셋 75
도무스 52-53
도시 국가 9, 20, 28, 30, 40, 62, 72, 94
도요토미 히데요시 64-65
도쿠가와 이에야스 64-65, 118
독립 선언 132-133
독일 11, 15, 54-55, 101, 108-109, 126, 128, 137, 140, 145-146, 156-157, 162, 166, 168-169, 172, 176-179, 180-187
독재자 160-163, 172-173, 180-181, 196
동남아시아 58, 72-73, 82, 126, 156, 182, 184, 188
동로마 제국 49, 58, 59
동방 정교회 59, 61-62
동서 교회의 분열 59, 61
동인도 회사 111, 116-117
동티모르 185
됭케르크 철수 작전 177
드레스덴 폭격 183
드와이트 아이젠하워 180

ㄹ

라가시 전투 21
라스코 동굴 벽화 14
라오스 72
라이트 플라이어 127, 158-159
라이프치히 전투 141
라텐 문화 8, 36
라틴아메리카 142-143
라파엘로 94-95
람세스 2세 8, 23-25
러시아 93, 102-103, 144
러시아 혁명 162, 168-169
러일 전쟁 169
런던 164-165, 177, 192-193
런던 대공습 177
레바논 32
레오나르도 다 빈치 95
레이프 에이릭손 59, 69
레콩키스타 59-60
레호라크티 24-25
렘브란트 117
로도스 섬 41
로도스의 거상 41
로렌초 데 메디치 93, 94
로마 가톨릭 교회 59, 60-61, 93, 108
로마 군대 50-51
로마 제국 48-49, 52-53
로마노프 왕조 103, 162, 169
로물루스와 레무스 48
로버트 리 149
로버트 훅 112
로봇 163, 198
로사 파크스 162, 191
로스바흐 전투 128
로켓 호 127, 131
로키 69
롤링 스톤스 192
롤링 썬더 작전 188
롬바르드족 55
롱하우스 68-69
루이 14세 93, 122-123
루이 16세 138-139, 141
루이지애나 매입 134
뤼미에르 형제 174
류리크 왕조 102-103
르네 데카르트 112
르네상스 93-95
르완다 197
리비아 180
리처드 1세 78
리처드 닉슨 188
리틀록 9인 190
린다 브라운 190
린든 존슨 191

ㅁ

마라타 제국 110-111
마라톤 전투 39
마르틴 루터 93, 108
마리 앙투아네트 138-139
마리아 테레사 129
마상 시합 70
마야 문명 87, 106
마오리족 58, 82, 137
마오쩌둥 163
마우리아 제국 8, 42
마우솔로스 영묘 41
마추 픽추 86
마취제 146-147
마카오 185
마케도니아 제국 8, 40
마틴 루터 킹 주니어 190-192
막시밀리엥 로베스피에르 139
만리장성 34, 44, 88
말라카 왕국 73
말레이 반도 184
말레이시아 72-73, 199

말리 제국 81
말콤 엑스 191
맘루크 왕조 67, 78
망원경 93, 112-113, 116
메리 1세 109
메사버드 58, 74-75
메소포타미아 8-9, 20-21, 42
메스키타 60
메이플라워 호 115
메콩 강 72
멕시코 86-87, 93, 142
멘투호테프 2세 23
멸종 13, 82, 150, 201
명 왕조 59, 84, 88-89
모델 T 152-153
모스크 59-60, 67, 81, 92, 98-99, 102, 141
모스크바 대공국 102-103
모아이 석상 83
모한다스 간디 184-155
몬테수마 2세 106
몽골 제국 59, 65, 72, 76, 84-85, 88, 96
무굴 제국 92-93, 110-111
무어인 59-60, 66
무역 46-47, 88, 110, 114, 116, 120-121
무함마드 58, 66, 67
미국 120, 126-127, 132-135, 148-149, 154-155, 162, 170-171, 185-187, 190-191, 195
미국 남북 전쟁 126, 148-149
미국 독립 전쟁 126-127, 132
미노아 시대 9, 29
미드웨이 해전 182
미술 14, 23, 40, 42, 47, 117
미시시피 문화 58, 74
미얀마 72
미케네 시대 29
미켈란젤로 93-94
민권법 191
민주정 30

ㅂ

바그다드 68
바르바로사 작전 177
바르샤바 게토 179
바르샤바 조약 기구 186-187
바부르 93, 110-111
바빌로니아 제국 20-21, 41
바스쿠 다 가마 104
바스티유 습격 139
바실리우스 2세 62
바이킹 59, 68-69, 102
바지 라오 110
박테리아 112, 116
반달족 48
반전 시위 189
반제 회담 178
반종교개혁 93, 108
발명 8, 11, 20, 22, 46, 53, 92-93, 95, 100-101, 112, 116, 126, 152, 158-159
방글라데시 185
방패 8, 28, 36, 51, 55, 70, 92, 98
백산 전투 109
버나드 몽고메리 181
버스 보이콧 162, 191
버팔로 150-151
베냉 왕국 80
베네수엘라 142
베니토 무솔리니 173, 181
베다 42
베르사유 궁전 122-123
베르사유 조약 165
베를린 장벽 162, 186-187
베를린 혁명 145
베트남 전쟁 163, 186, 188-189, 192
벨기에 144, 164, 167
병마용 8, 44-45
보스턴 차 사건 132
보어 전쟁 157
볼리우드 175
볼셰비키 162, 169
봉건 제도 70-71
북부 연방 148
북아메리카 58, 68-69, 74-75, 92, 107, 114-115, 121, 125-128, 132
불교 42, 47, 73, 96
불평등 조약 156
브라질 121, 142
블라디미르 1세 61
블라디미르 레닌 168-169
비단 46-47, 139
비잔티움 제국 58, 62-63, 92, 98, 102
비틀스 192
비행 158-159
빈 회의 145
빌 클린턴 195
빌렘 얀스존 136
빌헬름 1세 126, 145
빌헬름 2세 164
빌헬름 콘라트 뢴트겐 147
빙하기 12, 14

ㅅ

사냥 8-9, 11-16, 21, 52, 69, 74-75, 82, 121, 136, 137, 150-151
사담 후세인 162, 195
사무라이 64-65
사뮈엘 샹플랭 114
사우델레우르 왕조 82
사원 20, 22, 27, 58, 64, 67, 72-73, 86-87, 107, 111, 119
사이공 188
사하라 사막 12-13, 80-81
사헬란트로푸스 차덴시스 8, 10
산드로 보티첼리 94
산스크리트 42
산업 혁명 125-126, 130-131, 156, 200
살라망카 전투 141
삼국 시대(중국) 47
삼국 시대(한국) 96
30년 전쟁 109
상 왕조 44
상퀼로트 139
상트페테르부르크 122
상형 문자 23
샌프란시스코 154
샤 자한 92, 110-111
샤를마뉴 55, 58, 60-61
서고트족 54
서로마 제국 9, 49, 54, 62, 81
서부 전선 164, 167
서예 47, 65, 99
석유 생산 195
선교사 42, 47, 73, 107, 137
선택적 번식 17
설형 문자 9, 20
섬터 요새 148
성경 61, 92, 101
성 베드로 대성당 61
성지 59, 61-62, 67, 78-79
세종 대왕 97
셀마 몽고메리 행진 191
소독제 127
소련(소비에트 연방) 162, 169, 173, 176-177, 182-183, 186-188
소크라테스 31, 94
솜 전투 165
송 왕조 59, 76, 84, 89
송가이 제국 59, 81
쇠사슬 갑옷 70
쇼군 64-65, 118
수 왕조 47, 76
수도회 61
수라트 110
수렵과 채집 12-16, 74-75, 80
수메르인 9, 20-21, 40
수술 극장 146-147
수에비족 54
수에즈 운하 156-157, 184
수족 150-151
수코타이 제국 72
술레이만 대제 92, 99
술탄 78, 93, 98-99, 110-111
슈퍼마린 스핏파이어 176
스리비자야 제국 72
스모 119
스코틀랜드 37, 49, 69, 108, 115
스키타이인 34
스탈린그라드 전투 182
스텝 지대 14, 34
스톤월 항쟁 192
스톤헨지 19
스파르타 28-29
스파르타쿠스 48
스페인 59-60, 92-93, 104, 106-107, 109, 114-115, 121, 126, 136, 142, 163, 172
스페인 내전 163, 172
슬라브족 102
시돈 32
시드니 127, 136
시리아 19, 20, 48, 67, 78, 99, 195
시몬 볼리바르 126, 142
시민 불복종 185
시바지 110-111
시베리아 12, 34, 103
식민지 81, 83, 91-92, 114-115, 126-130, 134-137, 156-157
식민지들의 독립 184-185
신성 로마 제국 58, 61, 140
십자군 전쟁 59, 61-62, 78-79
싱가포르 184, 198

ㅇ

아누비스 24
아데나 문화 74
아돌프 히틀러 162-163, 172-173, 177, 179, 181-183
아르미니우스 9, 54
아르테미스 31
아르테미스 신전 41
아르헨티나 142
아리스토텔레스 31, 94
아마존 강 104
아메리고 베스푸치 104
아메리카 원주민 58, 114-115, 126-128, 134-135, 150-151
아바스 왕조 59, 67, 84
아벌 타스만 136-137
아부심벨 24-25
아소카 대왕 8, 42
아슈르 20
아스카 시대 64
아시리아 제국 20-21
아야 소피아 성당 59, 61
아야쿠초 전투 142-143
아우구스투스 9, 49
아우슈비츠 179
아우스터리츠 전투 140-141
아이슬란드 69
아이작 뉴턴 93, 112
아이티 185
아일랜드 18, 37, 69, 154
아즈텍 86-87, 106
아카드 제국 20
아크나톤 23
아테나 31
아테네 28-30
아틸라 34
아파르트헤이트 163, 197
아프가니스탄 110-111
아프리카 11-12, 80-81, 120-121, 156-157, 162, 180-181, 184-185, 196-197
아프리카 통일 기구 197
아프리카계 미국인 148-149, 150, 162, 190-191
아헨 대성당 60
악바르 대제 110-111
악숨 왕국 80
안네 프랑크 178
안토니우 드 올리베이라 살라자르 172
안톤 판 레이우엔훅 93, 112, 116

206 찾아보기

알 카에다 195
알라리크 1세 54
알라하바드 요새 111
알렉산데르 둡체크 186
알렉산드로스 대왕 8, 28, 31, 40, 42
알렉산드리아 40-41
알파벳 29, 32
암스테르담 116-117, 178
암포라 33
암흑기 29
앙골라 공화국 197
앙코르 72-73
앙코르 와트 72-73
애니메이션 175
앤디 워홀 193
앤티텀 전투 148
앵글로-색슨족 55
야세르 아라파트 194
야전 전화 167
양제 47
언필드 문화 36
에도 시대 92, 118-119
에드워드 6세 109
에드워드 제너 147
에르난 코르테스 92-93, 106-107
에르빈 롬멜 180-181
에이브러햄 링컨 148-149
에티오피아 197
엑스레이 147
엘도라도 107
엘리스 섬 127, 154
엠파이어스테이트 빌딩 170-171
엥겔베르트 돌푸스 173
연합국 176, 182-183
열기구 159
영국 36-37, 55, 111, 114-115, 121, 127-129, 130-132, 136-137, 140-141, 156-157, 176-177, 184-185
영주 55, 64-65, 70-71
영화 163, 174-175
예루살렘 67, 78
예르마크 티모페예비치 103
예술 14, 93-95, 99, 117, 119, 193
예카테리나 대제 103, 122, 129
오닌의 난 65
오다 노부나가 64-65
오리건 가도 127, 134-135
오스만 제국 92, 98-99, 126, 145
오스트랄로피테쿠스 아파렌시스 10
오스트리아 122, 128-129, 140-141, 145, 153, 177
오스트리아-헝가리 제국 164
오슬로 협정 195
오시리스 24
오토 릴리엔탈 159
온실 효과 200
올림피아의 제우스 상 41
올림픽 경기 28-29
올멕 문명 86-87
와이탕이 조약 137
왕가리 마타이 197
외바퀴 손수레 46
요하네스 구텐베르크 61, 92, 100-101
욤키푸르 전쟁 195
우간다 197
우구데이 84
우드스톡 페스티벌 193
우루크 20-21
우르 20-21
우르반 2세 78
우줌 알 히리 19
운디드니 학살 127, 151
울리히 츠빙글리 109
워털루 전투 141
원 왕조 84, 88, 96
원근법 95
원자 폭탄 163, 183-186
월스트리트 대폭락 163, 171
월지 34
월트 디즈니 175
윈스턴 처칠 180, 186
윌리스 지프 152
윌리엄 하비 112, 147
유교 46-47
유대인 학살 162, 178-179
유목민 34, 54, 80, 84
유보트 164, 177
유스티니아누스 1세 58, 62
유인원 10
유틀란트 해전 165
유프라테스 강 20-21
유학자 47
6일 전쟁 194
율리시스 그렌트 149
율리우스 카이사르 37, 48, 49
은광 107
음식 14, 16-17, 26, 88
의복 11, 14-15, 19, 22, 26, 50-51, 69, 74-75, 150
의학 66, 97, 99, 146-147
이라크 20, 162, 194-195
이란-이라크 전쟁 194
이반 3세 102
이반 4세 93, 103
이븐 바투타 66-67
이븐 알 하이삼 66
이산화탄소 200
이성계 97
이순신 93, 97
이스라엘 163, 194-195
이스탄불 98
이스터 섬 82-83
이슬람 제국 57, 59, 61, 66-67, 84, 99
이슬람교 58-59, 67, 73, 185
이시스 24
이아누아 52
이오시프 스탈린 163, 169
이종 교배 13
이주 12-13, 82, 93, 127, 134, 150, 154-155
이집트 8, 9, 22-27, 157, 184, 195
이탈리아 126, 145, 157, 173
이프르 전투 164
인구 17, 48, 109, 111, 117, 200
인권 선언 139
인더스 문명 9, 42
인도 8, 42-43, 111, 127, 156, 163, 184-185
인도 국민 회의 184
인도 독립운동 185
인도네시아 184
인디언 이주법 134
인쇄 61, 92, 100-101, 108
인종 차별 190-191
인티와타나 86
인티파다 195
일본 58, 64-65, 92, 118-119, 154, 162-163, 169, 176, 182-184, 198
임진왜란 93, 97
잉글랜드 성공회 109
잉카 제국 86-87, 106-107

ㅈ

자금성 59, 88-89
자기 59, 89
자동차 126, 152-153, 201
자메이카 185
자발 알 누르 67
자본주의 186, 187
자연 재해 200
자유 승차 191
작센 128
잔 다르크 60
잠수함전 164-165, 177
장 칼뱅 109
장신구 14, 36, 47, 114
장택단 76-77
재생 가능 에너지 201
재즈 시대 162, 170
재활용 200
전격전 177
전국 시대 44, 64, 65
전사 44-45, 55, 64-65, 69, 70-71, 98
전염병 71, 127
절대 왕정 120-123, 139
절멸 수용소 162, 179
절벽 궁전 74-75
정보전 165
정착 8, 17, 36, 48, 54-55, 58, 69, 82-83, 92, 102, 114-115, 120, 135-137, 150, 154-155
정화 88
제1차 세계 대전 162, 164-169, 170, 177
제2차 세계 대전 162-163, 176-177, 179, 180-183
제국주의 182-183
제우스 30, 40-41
제임스 와트 126, 130
제임스 울프 128
제임스 쿡 136
제임스타운 92, 114-115
조각 8-9, 11, 18-20, 22, 25-26, 32-33, 36, 39, 40, 42, 44-45, 58, 73, 93-95, 106
조로아스터교 39
조선 왕조 93, 96-97
조세르 22
조지 스티븐슨 131
조지 워싱턴 128
조지프 리스터 146
종교 20-21, 24-25, 30-31, 37, 39, 42, 46-47, 54, 60-61, 69, 72-73, 75, 81, 82, 86, 92-93, 102-103, 107-109, 110-111, 115, 117, 154

종교 개혁 93, 108-109
주식 거래소 116-117, 163, 171
중국 8, 34, 44-47, 57-58, 59, 65, 76-77, 88-89, 156, 163, 176, 185-186, 199
중력 112
증기 기관 126, 130
지구라트 21
지미 카터 195
지미 헨드릭스 193
지진계 46
진 왕조 44, 46-47
진시황제 8, 34, 44-45
진자시계 112, 116
진주만 162, 182
짐 크로 법 190
짐바브웨 왕국 80-81
집시 179

ㅊ

차르 93, 103
차탈회위크 17
찬드라굽타 1세 42
찬드라굽타 2세 42
참파 왕국 72
천문학 30, 93, 99, 112, 116
천황 64
철도 127, 131
철의 장막 186
철판 갑옷 70
철학 9, 28, 30-31, 46-47, 94, 112
청명상하도 76-77
체로키족 134
체코슬로바키아 177
체펠린 비행선 165
추축국 176, 179
친환경 주택 201
7년 전쟁 126, 128-129
칠레 142
칭기즈 칸 59, 84

ㅋ

카넴-보르누 제국 80
카누 75, 82-83
카르나크 18
카르타고 제국 32, 48
카리브 해 106, 121, 128-129, 184-185
카시트인 21
카우보이 150

카이로 66
카자크족 103
카프라 22
칼 벤츠 126, 152
칼리굴라 49
칼리아스 평화 조약 39
칼리프 66-67
캐나다 75, 104, 114-115
캐벗 104
캘리포니아 115, 134-135, 154, 171
케냐 197
켄트 주립 대학교 발포 사건 188
켈트족 8, 36-37
코르도바 59-60, 66
코린트 29
코호트 51
콘스탄티노플 49, 59, 61-62, 78, 92, 98-99
콘스탄티누스 1세 49, 60
콘크리트 53
콘키스타도르 106
콜로세움 49
콩고 민주 공화국 197
콩고 왕국 81
콩코드 전투 132
쿠바 126, 185
쿠바 미사일 위기 186
쿠빌라이 칸 65, 84
쿠샨 왕조 34
쿠웨이트 162, 195
쿠푸 9, 23
퀘이커교도 121
크락 데 슈발리에 78-79
크리스마스 휴전 167
크리스토퍼 콜럼버스 92-93, 104-106
크리스티안 하위헌스 112
크리올 142
크메르 제국 58, 72-73
크세르크세스 1세 9, 38-39
클라우디우스 49
클레오파트라 7세 40
클로비스 1세 55
키루스 대왕 21, 38
키바 75
키예프 공국 61, 102-103
키케로 94

ㅌ

타지마할 92, 110
타히티 82
탄소 발자국 201
탈레스 31
태양 숭배 23
태양 전지판 200
태평양 57-58, 75, 82-83, 86, 92, 115, 125-126, 136-137, 157
탱크전 162, 165, 194
터키 17-18, 36, 48, 61, 66, 98
테노치티틀란 87, 93, 106-107
테러 163, 195
테무진 84
테베 23, 29
테오도라 황후 62-63
테오도시우스 1세 60
테헤란 혁명 194
토르 69
토머스 제퍼슨 132-133
토요타 프리우스 152
토트 24
통일 8, 22-23, 40, 42, 44, 47, 54, 64-65, 76, 92, 96, 102, 126, 144-145, 165, 187-189
투석기 79
투탕카멘 23
투트모세 3세
투표권 30, 149, 191
툴레 부족 75
튀니지 180
튜더 가문 109
트라야누스 49
트라팔가르 해전 140
트리엔트 공의회 93, 108
티그리스 강 20-21
티레 32

ㅍ

파간 제국 72
파나마 142
파니파트 전투 93, 110
파라오 8-9, 22-26, 40
파로스 40-41
파르테논 29
파리 93, 109, 122, 129, 138-141, 188, 192
파리 조약 129, 132
파키스탄 8, 42, 163, 185
파티마 왕조 67
팔레스타인 163, 194-195
팔레스타인 해방 기구(PLO) 194
팝 아트 193
패션 162, 170, 192-193
페니실린 147
페니키아인 9, 32-33
페루 86-87, 106, 107, 142
페르디난드 마젤란 92, 104
페르메이르 117
페르세폴리스 궁전 38-39
페르시아 전쟁 9, 39
페르시아 제국 8-9, 20-21, 28, 38-41
페리클레스 28, 30
펠리페 2세 109
평화 시위 162-163, 185, 190, 192
포르투갈 92, 104, 121, 126, 136, 142, 172
포세이돈 30
포에니 전쟁 32, 48
포와탄족 114-115
포카혼타스 115
폭스바겐 비틀 152
폰페이 82
폴란드 122, 176-177, 179
폴리네시아 58, 82-83, 137
표트르 대제 103, 122
푸에르토리코 185
푸에블로의 선조들 58, 74-75
프라하의 봄 186
프란시스코 프랑코 163, 172
프란시스코 피사로 106-107
프랑스 14, 18, 36-37, 48, 54-55, 60, 71, 126-129, 134, 138-139, 140-141, 145, 162-166, 174, 176-177, 183-185, 192
프랑스 혁명 122, 127, 138-139, 144
프랑크 왕국 55, 61
프랭클린 루스벨트 163, 171
프로이센 122, 126, 128-129, 140-141, 145
프로테스탄트 108
프리드리히 2세 122, 128-129
프리드리히 코에닉 101
프톨레마이오스 40
플라시 전투 111, 129
플라잉 맨 159
플라톤 30-31, 94
플랜테이션 120-121, 156
플로렌스 나이팅게일 146
피델 카스트로 185
피라미드 9, 22-23, 41, 86-87
피렌체 93-94
필리핀 184

ㅎ

하드리아누스 49
하버드 대학 115
하와이 82, 136-137
하트셉수트 23
한 고조 46
한 왕조 46-47
한국 19, 64, 96-97, 101, 186, 198-199
한국 전쟁 186-187
한글 97
한스 리퍼세이 116
할리우드 174
할슈타트 문화 36
함무라비 법전 20
항공기 127, 158-159, 188-189
항공모함 182-183
항해 32-33, 68-69, 82, 88-89, 91- 93, 104, 106-107, 116-117, 121, 136-137
해리엇 터브먼 121
해부학 112, 147
해수면 상승 200-201
향신료 73, 88, 116
허버트 후버 171
헌제 47
헝가리 145, 173, 186
헝가리 혁명 186
헤라클레스 31
헤이안 시대 58, 64
헨리 8세 109
헨리 포드 153
헬레니즘 40-41
현미경 93, 112, 116
현생 인류 8, 10-15
현종 76
호메로스 30
호모 네안데르탈렌시스 11
호모 사피엔스 11
호모 에렉투스 11
호모 플로레시엔시스 12
호모 하빌리스 10
호모 하이델베르겐시스 11
호미닌 10-11, 13
호세 데 산마르틴 142
호커 허리케인 176
호프웰 문화 74
홀로코스트 162, 178-179
홍무제 88
홍콩 185
화석 연료 200
환경 문제 200-201
황금 의자 전쟁 156
후버빌 171
후안 폰세 데 레온 107
훈족 34
흑사병 71
흑인 민권 운동 190-193
히로시마 183
히메지 성 64
히타이트 21, 23-24
히포크라테스 147
히피 운동 192
힌두교 42, 73, 110-111, 185

도움 주신 분

이 책을 만드는 데 도움을 주신 분들께 감사 말씀을 드립니다. 편집을 도와준 에드워드 아베스, 벤 프란콘 데이비스, 아비가일 모건, 마니 라마스와미, 디자인을 도와준 제인 유와트, 고빈드 미탈, 세이디 토머스, 지도 제작에 도움을 준 사이먼 뭄포드, 추가 텍스트 작업을 도와준 스티븐 해댈시, 추가 자문을 해 준 레지 그랜트, 추가 사진 조사를 도와준 윌리엄 콜리스와 린 머레이, 사진 보정을 도와준 경영 컨설턴트 버터플라이 크리에이티브 솔루션의 스티브 크로지에와 톰 모스, 교정에 도움을 준 빅토리아 파이크, 찾아보기를 도와준 헬렌 피터스.

The publisher would like to thank the following for their kind permission to reproduce photographs:
(Key: a-above; b-below/bottom; c-centre; f-far; l-left; r-right; t-top)

8 Alamy Stock Photo: Artokoloro Quint Lox Limited (crb); robertharding (cra); Georgios Kollidas (cla); Puwadol Jaturawutthichai (fbl). **Bridgeman Images:** Archaeological Museum, Sarnath, Uttar Pradesh, India / Dinodia (tl). **Getty Images:** SSPL (tr). **9 123RF.com:** Daniel Schildlowski / acanthurus (tc). **Alamy Stock Photo:** Jose Lucas (br); BibleLandPictures.com (bc); Peter Horree (crb); Granger Historical Picture Archive (tr). **Bridgeman Images:** National Museums Scotland (ca); Vatican Museums and Galleries, Vatican City (cra). **Dreamstime.com:** Xiaoma (clb). **12 Alamy Stock Photo:** The Natural History Museum (bl); Ariadne Van Zandbergen (bc). **Science Photo Library:** Sputnik (tc). **13 Science Photo Library:** S. Entressangle / E. Daynes (bc, bl). **14 Alamy Stock Photo:** Heritage Image Partnership (br). **15 Getty Images:** CM Dlxon / Print Collector (tr). **16 Dreamstime.com:** Irinabelokrylova (bc/pig, cow, horse, bc/goat, sheep, bc/llama); just_regress (not the chicken silhouette). **iStockphoto.com:** Vectorig (cra). **17 123RF.com:** Coroiu Octavian / taviphoto (cl); Victoriia Parnikova / 21kompot (cra/Sun burst). **Alamy Stock Photo:** BibleLandPictures.com (tc); Maurice Savage (ca). **Dorling Kindersley:** South of England Rare Breeds Centre, Ashford, Kent (clb). **18 Alamy Stock Photo:** Jerónimo Alba (bl); robertharding (bc); MNStudio (br). **19 Alamy Stock Photo:** Ian Dagnall (bc); Duby Tal / Albatross (bl). **Getty Images:** Eric Lafforgue / Art in All of Us / Corbis (br). **20 Alamy Stock Photo:** BibleLandPictures.com (bc). **21 Alamy Stock Photo:** Peter Horree (bl); Graham Mulrooney (fbl). **22 Alamy Stock Photo:** Jose Lucas (tr); Petr Bonek (br); World History Archive (cra); Anka Agency International (cr). **23 Alamy Stock Photo:** Artokoloro Quint Lox Limited (ftl); Ivy Close Images (tl); Incamerastock (tl); Prisma Archivo (tc); World History Archive (bl); Dan Breckwoldt (ca); Loop Images Ltd (bc); Science History Museum (br). **24 123RF.com:** Tatyana Borozenets (fcla, fcl, clb); Vladimir Zadvinskii / zadvinskiy (fclb); Tatyana Borozenets / tatyana (cla). **iStockphoto.com:** Getty Images Plus (cl). **25 Alamy Stock Photo:** Liquid Light (bl); NDP (tr). **26 Alamy Stock Photo:** Artokoloro Quint Lox Limited (tc). **Bridgeman Images:** Metropolitan Museum of Art, New York, USA (br). **26–27 TurboSquid:** 3d_molier International / Dorling Kindersley (bull); macrox / Dorling Kindersley (wheat field); SmartCGArt / Dorling Kindersley (Egyptian farmers); 3Dhedgehog / Dorling Kindersley (papyrus plants, bulrushes); Dzejsi Models / Dorling Kindersley (water Lily); 3dsam79 / Dorling Kindersley (tilapia); Pbr Game Ready / Dorling Kindersley (well); Torttuga / Dorling Kindersley (catfish). **27 Alamy Stock Photo:** Artokoloro Quint Lox Limited (tl); Oksana Mitiukhina (bl). **29 Dreamstime.com:** Sergio Bertino (bc); Xiaoma (bl). **30 Alamy Stock Photo:** The Picture Art Collection (ca). **Bridgeman Images:** De Agostini Picture Library (cb). **31 Bridgeman Images:** De Agostini Picture Library (ftl, cl); Granger (tl); Fitzwilliam Museum, University of Cambridge, UK (tc); Louvre, Paris, France (tr); Kunsthistorisches Museum, Vienna, Austria (ftr). **Dreamstime.com:** Marcorubino (cr). **32–33 CGTrader:** l3production / Dorling Kindersley (ship). **32 Alamy Stock Photo:** Heritage Image Partnership Ltd (bl). **33 akg-images:** Erich Lessing (bc). **Alamy Stock Photo:** Ancient Art and Architecture (bl); BibleLandPictures.com (br). **34–35 Bridgeman Images:** State Hermitage Museum, St. Petersburg, Russia (c). **36 Alamy Stock Photo:** robertharding (bc). **Bridgeman Images:** De Agostini Picture Library / A. De Gregorio (bl, cl); De Agostini Picture Library / G. Dagli Orti (br). **37 Alamy Stock Photo:** Atlaspix (bl); Hemis (tl); Heritage Image Partnership Ltd (cr); James Hadley (br). **39 Alamy Stock Photo:** Hemis (bl). **Bridgeman Images:** National Museums Scotland (br). **40 Alamy Stock Photo:** Georgios Kollidas (clb). **Bridgeman Images:** Louvre, Paris, France / De Agostini Picture Library / G. Dagli Orti (br). **42–43 Getty Images:** Maremagnum (c). **44 Dorling Kindersley:** University of Pennsylvania Museum of Archaeology and Anthropology (cl). **46 akg-images:** (cl). **Alamy Stock Photo:** Hans-Joachim Schneider (bl). **Bridgeman Images:** British Library, London, UK (tr). **Getty Images:** SSPL (c, bc). **47 Alamy Stock Photo:** age fotostock (crb); View Stock (br); Art Collection 2 (c). **Bridgeman Images:** Bibliothèque Nationale, Paris, France (bl); Pictures from History (tr); People's Republic of China (tl). **Dorling Kindersley:** The Trustees of the British Museum (tc). **48 Alamy Stock Photo:** GL Archive (cr); Peter Horree (tr). **Bridgeman Images:** Costa (bc). **49 Alamy Stock Photo:** Ruslan Gilmanshin (fcr); Loop Images Ltd (bc); Lautaro (cb). **Bridgeman Images:** Naples National Archaeological Museum, Naples (cr); Ny Carlsberg Glyptotek Museum, Copenhagen (fcra). **Dreamstime.com:** Kmiragaya (crb); Krzysztof Slusarczyk (bl/Trajan's column). **52 Dreamstime.com:** Floriano Rescigno (tc). **53 Alamy Stock Photo:** Jack Aiello (bl). **54–55 123RF.com:** ermess (bc). **54 123RF.com:** Daniel Schidlowski (cr). **Alamy Stock Photo:** Chronicle (cb); United Archives GmbH (bc). **Getty Images:** Werner Forman / UIG (cl). **55 Alamy Stock Photo:** Falksteinfoto (br). **Bridgeman Images:** Musée Picardie, Amiens, France (tr). **Dorling Kindersley:** Canterbury City Council, Museums and Galleries (bl). **Getty Images:** Universal Images Group (bc). **Rex by Shutterstock:** (tc). **58 Alamy Stock Photo:** Granger Historical Picture Archive (bl); Peter Horree (bl); Seyed pedram Mireftekhari (cr); George H.H. Huey (tc); Interfoto (c). **Bridgeman Images:** American Museum of Natural History, New York, USA / Photo © Boltin Picture Library (tl); Photo © Dirk Bakker (bc); Photo © Heini Schneebeli (ca). **59 Alamy Stock Photo:** Frederick Wood Art (cr); John Warburton-Lee Photography (tc); Peter Horree (tr). **Bridgeman Images:** Universitetets Oldsaksamlingen, University of Oslo, Norway / Photo © AISA (cb). **Dorling Kindersley:** University Museum of Archaeology and Anthropology, Cambridge (tl); University of Pennsylvania Museum of Archaeology and Anthropology (bl, c). **60 Bridgeman Images:** Ognissanti, Florence, Italy (tc). **61 Alamy Stock Photo:** Interfoto (tl). **Dorling Kindersley:** Glasgow Museums (tr). **62–63 Alamy Stock Photo:** Susana Guzman (c). **64 123RF.com:** Serhil Borodin / seregasss435 (bc/Emperor icon on panel); Christos Georghiou / Krisdog (bc/warrior mask icon on panel); Sergei Vidineev / ss1001 (bc/weapons icon on panel); Ivan Ryabokon / ylivdesign (bc/man in hat icon on panel). **akg-images:** Archives CDA / St-Genès (clb/figure). **Alamy Stock Photo:** The Picture Art Collection (bl). **Getty Images:** Kyodo News (cl). **65 Alamy Stock Photo:** Art Collection 2 (bl); Granger Historical Picture Archive (c/both masks). **Bridgeman Images:** American Museum of Natural History, New York, USA / Photo © Boltin Picture Library (cl); Pictures from History (br, bc). **66 Alamy Stock Photo:** Science History Images (br). **67 Alamy Stock Photo:** age fotostock (ftl); World History Archive (tr); Lebrecht Music & Arts (tc). **Bridgeman Images:** Bibliothèque Nationale, Paris, France / Archives Charmet (cb). **Dorling Kindersley:** Ashmolean Museum, Oxford (ftr). **69 Bridgeman Images:** Universitetets Oldsaksamlingen, University of Oslo, Norway / Photo © AISA (cr); Werner Forman Archive (br). **70 Bridgeman Images:** Biblioteca Nazionale, Turin, Italy / Index Fototeca (tl). **Dorling Kindersley:** Royal Armouries, Leeds (tc). **71 123RF.com:** Dusan Loncar / lddesign (cb/crown); Ivan Ryabokon (crb/sword). **Bridgeman Images:** Kupferstichkabinett, Berlin, Germany / Pictures from History (tr). **72 akg-images:** Heritage-Images / The Museum of East Asian Art (bc). **Alamy Stock Photo:** Eike Leppert (c). **Avalon:** Craig Lovell (cb). **Bridgeman Images:** Pictures from History / David Henley (bl); Luca Tettoni (clb). **74 Alamy Stock Photo:** Granger Historical Picture Archive (bl); George H.H. Huey (cl). **Bridgeman Images:** De Agostini Picture Library (bc); Photo © Dirk Bakker (br). **75 Alamy Stock Photo:** age fotostock (bc); George Ward (bc). **76–77 Alamy Stock Photo:** The Picture Art Collection (c). **78 Bridgeman Images:** Pictures from History (bl). **The Trustees of the British Museum:** Château de Versailles (cla). **80 Alamy Stock Photo:** Heritage Image Partnership Ltd (cl); World History Archive (br). **The Trustees of the British Museum:** (tl). **81 akg-images:** Album / NY Metropolitan Museum of Art (bl). **Alamy Stock Photo:** John Warburton-Lee Photography (br). **Bridgeman Images:** Photo © Heini Schneebeli (tr). **The Trustees of the British Museum:** (bc). **82 Dreamstime.com:** Theo Malings (clb). **Getty Images:** De Agostini / V.Giannella (crb). **83 Dorling Kindersley:** Rowan Greenwood Collection (br). **84–85 Bridgeman Images:** Pictures from History. **86 Alamy Stock Photo:** peace portrait photo (tl). **Getty Images:** DeAgostini (br). **87 Alamy Stock Photo:** Konstantin Kalishko (br); World History Archive (tr). **Getty Images:** Louis Acosta / AFP (cr). **88 Alamy Stock Photo:** Heritage Image Partnership (cr); avada (tr). **89 Alamy Stock Photo:** UK Alan King (ca); trevellinglight (tr); Pictures Now (cla); Peter Horree (fcla). **Dreamstime.com:** Pixattitude (cr). **92 Bridgeman Images:** © Michael Graham-Stewart (tl); Yale Center for British Art, Paul Mellon Collection, USA (cb). **Dorling Kindersley:** Durham University Oriental Museum (cr); Board of Trustees of the Royal Armouries (bc). **93 akg-images:** Heritage Images (ca). **Alamy Stock Photo:** Artokoloro Quint Lox Limited (bl); Nick Fielding (br); The Picture Art Collection (clb). **Dorling Kindersley:** Science Museum, London (tc); Whipple Museum of History of Science, Cambridge (cr, tr). **94 123RF.com:** sborisov (bl). **Alamy Stock Photo: Artokoloro Quint Lox Limited (bc). Bridgeman Images:** Nicolò Orsi Battaglini (c). **94–95 The Metropolitan Museum of Art:** (cb). **95 Alamy Stock Photo:** Artexplorer (tl). **Bridgeman Images:** Christie's Images (tr). **96 Alamy Stock Photo:** Historic Images (cla). **97 Alamy Stock Photo:** motive56 (tr). **Bridgeman Images:** Pictures from History (cr). **98 akg-images:** Interfoto / Hermann Historica GmbH (bc). **Bridgeman Images:** Lebrecht History (tr); Topkapi Palace Museum, Istanbul, Turkey / Sonia Halliday (tc, ftr). **Dorling Kindersley:** Board of Trustees of the Royal Armouries (bl, clb, crb, br). **98–99 Alamy Stock Photo:** Alex Segre (bc). **99 akg-images:** Roland and Sabrina Michaud (br). **Bridgeman Images:** Topkapi Palace Museum, Istanbul, Turkey (tr, ftr); Topkapi Palace Museum, Istanbul, Turkey / Sonia Halliday (ftl). **Dorling Kindersley:** Durham University Oriental Museum (fcl); University of Pennsylvania Museum of Archaeology and Anthropology (cl). **Getty Images:** Historica Graphica Collection / Heritage Images (tl). **101 Bridgeman Images:** Universitatsbibliothek, Gottingen, Germany / Bildarchiv Steffens (tr). **102 akg-images:** Heritage Images / Fine Art Images (cl, fbr). **Bridgeman Images:** Tarker (crb). **Dreamstime.com:** Vladimir Sazonov / Sazonoff (br). **103 akg-images:** Heritage Images (bc). **Alamy Stock Photo:** Chronicle (cr). **Bridgeman Images:** Scott Polar Research Institute, University of Cambridge, UK (tc). **Dreamstime.com:** Vasily Pakhomov (bl). **104–105 Bridgeman Images:** Index Fototeca (c). **106 Alamy Stock Photo:** Interfoto (bl). **Bridgeman Images:** Granger (c). **Getty Images:** Print Collector (br). **107 Alamy Stock Photo:** Lanmas (tl); Pictures Now (tr). **Bridgeman Images:** British Library, London, UK / © British Library Board (bc); Universal History Archive / UIG (cr); Tarker (ftr); Castillo Chapultepec, Museo Nacional de Historia, Mexico (tc). **Getty Images:** De Agostini / G. Dagli Orti (bl). **108 Alamy Stock Photo:** gameover (tl). **Bridgeman Images:** Germanisches Nationalmuseum, Nuremberg (tr). **109 Alamy Stock Photo:** Archivart (tr); Granger Historical Picture Archive (tl). **Bridgeman Images:** Bibliothèque Nationale, Paris, France (bc); Granger (tc). **111 Alamy Stock Photo:** Anders Blomqvist (br); Historical Images Archive (tc); Dinodia Photos (cr). **112–113 Alamy Stock Photo:** Science History Images (c). **114 Bridgeman Images:** Archives de la Manufacture, Sevres, France / Archives Charmet (tr). **115 Alamy Stock Photo:** National Geographic Image Collection (cr). **116 Bridgeman Images:** Pictures from History (cl). **116–117 Getty Images:** Heritage Images (tc). **117 akg-images:** Historic Images (bc). **Alamy Stock Photo:** Stefano Ravera (cr). **119 Alamy Stock Photo:** Granger Historical Picture Archive (ca, cra); The Picture Art Collection (tr). **120 Alamy Stock Photo:** North Wind Pictures Archives (bc). **121 Alamy Stock Photo:** Chronicle (tr). **Bridgeman Images:** © Michael Graham-Stewart (cla); Werner Forman Archive (tl); Granger (bc); Wilberforce House, Hull City Museums and Art Galleries, UK (c, cl). **122–123 akg-images:** (bc). **126 akg-images:** (bl). **Alamy Stock Photo:** Harvy Matters (cr). **Dorling Kindersley:** Powell-Cotton Museum, Kent (tl); Gettysburg National Military Park, PA (cra); Science Museum, London (bc). **127 Alamy Stock Photo:** Granger Historical Picture Archive (tl). **Bridgeman Images:** Musée Carnavalet, Musée de la Ville de Paris, Paris, France (bc). **Dorling Kindersley:** National Railway Museum, York (c); Adrian Shooter (ca). **Dreamstime.com:** Klausmeierklaus (tc). **128 Alamy Stock Photo:** Niday Picture Library (tr). **Bridgeman Images:** (bl); Washington National Gallery of Art, Washington DC, USA (cl). **129 Alamy Stock Photo:** Niday Picture Library (cr); World History Archive (br). **Bridgeman Images:** Kunsthistorisches Museum, Vienna, Austria (tl); Schloss Sanssouci, Potsdam, Brandenburg, Germany (ftl); Odessa Fine Arts Museum, Ukraine (tc). **130 Alamy Stock Photo:** Archive Pics (bl). **131 Dorling Kindersley:** National Railway Museum, York (br); Steve Noon (tr). **132–133 Alamy Stock Photo:** World History Archive (c). **134 Alamy Stock Photo:** Granger Historical Picture Archive (tl, bl); Pictorial Press Ltd (cl). **136 Alamy Stock Photo:** Historic Collection (bl). **Bridgeman Images:** Natural History Museum, London, UK (bc). **137 Bridgeman Images:** Alexander Turnbull Library, Wellington, New Zealand (bl); The Stapleton Collection (br); Granger (cr). **138 Bridgeman Images:** Musée Carnavalet, Musée de la Ville de Paris, Paris, France (tl, tc). **139 Alamy Stock Photo:** GL Archive (tr, cr); Granger Historical Picture Archive (bc). **Bridgeman Images:** Bibliothèque Nationale, Paris, France (crb). **140–141 Alamy Stock Photo:** Niday Picture Library (tr). **140 Alamy Stock Photo:** Heritage Image Partnership (bc). **Bridgeman Images:** Walker Art Gallery, National Museums Liverpool (br). **141 Alamy Stock Photo:** Interfoto (br). **Bridgeman Images:** Agra Art, Warsaw, Poland (bl); British Library, London, UK / © British Library Board (fbl). **142–143 Getty Images:** DeAgostini (c). **145 Alamy Stock Photo:** Aclosound Historic (tr). **146 Getty Images:** SSPL (bc). **147 Bridgeman Images:** Edinburgh University Library, Scotland / With kind permission of the University of Edinburgh (br); National Museum of Damascus, Syria / Photo © Luisa Ricciarini (tr); Granger (crb). **Getty Images:** Christophel Fine Art / UIG (cr). **148 Alamy Stock Photo:** Archive Images (bl). **Bridgeman Images:** Peter Newark American Pictures (crb); The Stapleton Collection (cr). **Dorling Kindersley:** Museum of Artillery, The Rotunda, Woolwich, London (cra). **149 Alamy Stock Photo:** Hemis (br); North Wind Pictures Archives (cb). **Bridgeman Images:** (tr); Massachusetts Historical Society, Boston, MA, USA (bl). **150 Alamy Stock Photo:** GL Archive (bl). **Bridgeman Images:** Peter Newark American Pictures (tl). **Getty Images:** Bettmann (clb). **151 Alamy Stock Photo:** Granger Historical Picture Archive (bl). **152–153 TurboSquid:** Next Image / Dorling Kindersley (Benz automobile). **153 Alamy Stock Photo:** Science History Images (cra). **Bridgeman Images:** Michelin Building, London, UK (br). **154–155 Alamy Stock Photo:** Gado images. **156 Alamy Stock Photo:** M&N (br). **Bridgeman Images:** Roy Miles Fine Paintings (bc). **Dorling Kindersley:** Adrian Shooter (bl). **162 Alamy Stock Photo:** Mark Scheuern (cra). **Dorling Kindersley:** Bate Collection (br); Imperial War Museum, London (c). **163 Alamy Stock Photo:** Charles O. Cecil (tl); Gunter Kirsch (bl); Design Pics Inc (br). **Dorling Kindersley:** Board of Trustees of the Royal Armouries (cb). **164 Bridgeman Images:** British Library, London, UK / © British Library Board (tr); Look and Learn (bl, br); SZ Photo / Scherl (cr). **165 Bridgeman Images:** Buyenlarge Archive / UIG (br); Universal History Archive / UIG (fbr); Look and Learn (crb). **Dorling Kindersley:** National Museums of Scotland (cb); Roger Symonds (tr). **166 Alamy Stock Photo:** akg-images (bl). **Bridgeman Images:** Universal History Archive / UIG (bc). **Getty Images:** SSPL (tl). **168–169 Alamy Stock Photo:** Pictorial Press Ltd (c). **170 Bridgeman Images:** Granger (bl). **Getty Images:** Stefano Blanchett / Corbis (tl); Lewis Hine / National Archive / Newsmakers (bc). **171 Getty Images:** American Stock (cl); MPI (c). **172–173 TurboSquid:** nikopol_c4d / Dorling Kindersley (Reichstag). **172 Bridgeman Images:** Granger (br); SZ Photo / Scherl (bl). **173 Bridgeman Images:** (bl, cr); De Agostini Picture Library (bc); SZ Photo / Scherl (ca, tl). **174 Alamy Stock Photo:** Gunter Kirsch (bl). **175 Getty Images:** Leonard Ortiz / Digital First Media / Orange County Register (tr); ullstein bild (tl, cra); Taxi (tc). **176–177 TurboSquid:** 3d_molier International / Dorling Kindersley (Hawker Hurricane, Spitfire); machine_men / Dorling Kindersley (aviator helmet); SANCHES_1985 / Dorling Kindersley (German fighter). **176 Bridgeman Images:** Granger (tc). **177 Alamy Stock Photo:** Nigel J Clarke (tl); dpa picture alliance (cr); Granger Historical Picture Archive (crb). **Getty Images:** Express / Archive Photos (br). **178 Alamy Stock Photo:** Shawshots (bc). **Bridgeman Images:** Granger (tl). **179 Bridgeman Images:** Buyenlarge Archive (tl); Tallandier (c). **180–181 Bridgeman Images:** Everett Collection (c). **182–183 TurboSquid:** chipbasschao / Dorling Kindersley (Grumman TBM-3 Avenger); file404 / Dorling Kindersley (SBD-3 Dauntless); PerspectX / Dorling Kindersley (Wildcat); xtrusion / Dorling Kindersley (crew). **182 Bridgeman Images:** Look and Learn (tr); Peter Newark Military Pictures (bc). **183 akg-images:** (bl). **Alamy Stock Photo:** Shawshots (bc). **Bridgeman Images:** Granger (crb); PVDE (br). **184 Alamy Stock Photo:** Everett Collection Inc (bc); RBM Vintage Images (cl); World History Archive (c). **184–185 Bridgeman Images:** SZ Photo / Scherl (tc). **Dreamstime.com:** Neezhom (bc). **185 Alamy Stock Photo:** TAO Images Limited (br); World History Archive (tc). **Getty Images:** George Freston / Fox Photos (cr). **186 Alamy Stock Photo:** A. Astes (c); FLHC (tl). **188–189 TurboSquid:** 3d_molier International / Dorling Kindersley (Chinook helicopter , FN magazine and stand, Howitzer); SANCHES_1985 / Dorling Kindersley (German bomber); HCGremlin / Dorling Kindersley (helmet); Glen Harris / Dorling Kindersley (paratrooper); PROmax3D / Dorling Kindersley (c/jeep); Omegavision / Dorling Kindersley (USS *Enterprise*). **188 Alamy Stock Photo:** Everett Collection Inc (cl). **Getty Images:** Keystone France / Gamma-Keystone (cla); STF / AFP (clb). **Rex by Shutterstock:** Sipa (bl). **189 Bridgeman Images:** Pictures from History (bl). **Getty Images:** Ted Streshinsky / Corbis (br). **190–191 Getty Images:** Central Press (c). **190 Getty Images:** The LIFE Picture Collection / A. Y. Owen (br). **191 Alamy Stock Photo:** Ian Dagnall (br); Granger Historical Picture Archive (bl); Everett Collection Historical (tr). **192 Alamy Stock Photo:** History Collection 2016 (cl). **Getty Images:** Reg Lancaster (bl); Harvey Lloyd / Photolibrary (clb). **193 Alamy Stock Photo:** MediaPunch (tr). **Getty Images:** Santi Visalli (tc). **194 Bridgeman Images:** Pictures from History (br); Tallandier (bl); Universal History Archive / UIG (fbr). **Dorling Kindersley:** Tank Museum, Bovington (crb). **Getty Images:** Kaveh Kazemi / Hulton Archive (cr). **195 Bridgeman Images:** Everett Collection (tr); Pictures from History (br, cla). **Getty Images:** Wayne Eastep (clb); Gokhan Sahin (crb); David Rubinger / The LIFE Collection (bl). **196–197 Getty Images:** Tom Stoddard. **198 Alamy Stock Photo:** Matt Naylor (bc). **Dorling Kindersley:** Museum of Design in Plastics, Bournemouth Arts University, UK (c). **Getty Images:** Kyodo News (br); Stone (bl). **199 Getty Images:** AFP (br); Stone (cl); Bloomberg (tr). **200 Alamy Stock Photo:** BrazilPhotos (bl). **Getty Images:** China Photos (cra). **201 Alamy Stock Photo:** Peter Adams Photography Ltd (tc). **Dorling Kindersley:** Thomas Marent (cr). **Getty Images:** Brandi Mueller (tr).

All other images © Dorling Kindersley
For further information see: www.dkimages.com